AF831535

Strafrechtlicher Vertrauensschutz durch Absicherung unternehmerischer Entscheidungen

Criminalia

Herausgegeben von Klaus Volk

Band 60

PL ACADEMIC RESEARCH

Maximilian Heim

Strafrechtlicher Vertrauensschutz durch Absicherung unternehmerischer Entscheidungen

Zugleich ein Vorschlag zur Bestimmung der untreuerelevanten Pflichtwidrigkeit bei Vorstandsentscheidungen einer Aktiengesellschaft

PL ACADEMIC RESEARCH

Bibliografische Information der Deutschen Nationalbibliothek
Die Deutsche Nationalbibliothek verzeichnet diese Publikation in der Deutschen Nationalbibliografie; detaillierte bibliografische Daten sind im Internet über http://dnb.d-nb.de abrufbar.

Zugl.: Augsburg, Univ., Diss., 2016

Umschlaggestaltung: Pierre Mendell

D 384
ISSN 0945-1811
ISBN 978-3-631-72218-3 (Print)
E-ISBN 978-3-631-72254-1 (E-PDF)
E-ISBN 978-3-631-72255-8 (EPUB)
E-ISBN 978-3-631-72256-5 (MOBI)
DOI 10.3726/b11121

© Peter Lang GmbH
Internationaler Verlag der Wissenschaften
Frankfurt am Main 2017
Alle Rechte vorbehalten.
PL Academic Research ist ein Imprint der Peter Lang GmbH.

Peter Lang – Frankfurt am Main · Bern · Bruxelles · New York · Oxford · Warszawa · Wien

Das Werk einschließlich aller seiner Teile ist urheberrechtlich geschützt. Jede Verwertung außerhalb der engen Grenzen des Urheberrechtsgesetzes ist ohne Zustimmung des Verlages unzulässig und strafbar. Das gilt insbesondere für Vervielfältigungen, Übersetzungen, Mikroverfilmungen und die Einspeicherung und Verarbeitung in elektronischen Systemen.

Diese Publikation wurde begutachtet.

www.peterlang.com

Meiner lieben Familie

Vorwort

Die vorliegende Arbeit wurde im Wintersemester 2016/2017 von der Juristischen Fakultät der Universität Augsburg als Dissertation angenommen.

Mein besonderer Dank gilt zunächst meinem Doktorvater Herrn Professor Dr. Johannes Kaspar für die sehr gute Betreuung und Unterstützung des Vorhabens. Bei zahlreichen persönlichen Treffen und Gesprächen war er stets für mich da, gab mir sehr wertvolle Denkanstöße und war immer bereit, vorhandene Probleme mit mir gemeinsam zu lösen. Herrn Professor Dr. Luís Greco, LL.M. danke ich für die Erstellung des Zweitgutachtens.

Herrn Professor Dr. Dr. h.c. Klaus Volk danke ich zunächst herzlich für die Aufnahme meiner Arbeit in seine Reihe. Ebenso danke ich ihm aber dafür, dass er mich bereits im Studium für das Strafrecht begeistert hat und mir als Mitarbeiter seines Lehrstuhls an der Ludwig-Maximilians-Universität die Möglichkeit gab, diese Begeisterung zu vertiefen. Ohne ihn wäre ich wahrscheinlich heute nicht im Strafrecht tätig.

Danken möchte ich auch einigen Freunden und Kollegen, die mich während der Entstehung der Arbeit unterstützt haben: Allen voran danke ich herzlich Herrn Dr. Stephan Beukelmann. Durch seine Hilfe bei der Themenfindung hat er bereits ganz zu Beginn meines Vorhabens einen elementaren Grundstein gelegt und mir im weiteren Verlauf unermüdlich und wie kein Zweiter in unzähligen Diskussionen immer und immer wieder bereitwillig Beistand geleistet. Mein besonderer Dank gilt auch Herrn Dr. Klaus Leipold, der ebenfalls stets ein offenes Ohr für mich hatte und mir gemeinsam mit Herrn Dr. Beukelmann den großzügigen Freiraum im Kanzleialltag zubilligte, mein Promotionsvorhaben neben dem Start ins Berufsleben zum Abschluss zu bringen. Stellvertretend für viele danke ich meinen lieben Freunden Dr. Stephan Hillenbrand und Dr. Jendrik Adam für all ihre Anmerkungen und wertvollen Hinweise.

Frau Amélie Mauruschat danke ich von ganzem Herzen dafür, dass sie in allen Lebenslagen an meiner Seite steht und ich auch die Höhen und Tiefen bei der Erstellung dieser Arbeit mit ihr teilen durfte.

Meine Eltern Andrea und Matthias Heim sowie meine Schwester Nike Heim haben mich auf meinem bisherigen Lebensweg in jeder nur erdenklichen Weise unterstützt, mich ermutigt und immer an mich geglaubt. Ihnen ist diese Arbeit in größter Dankbarkeit gewidmet.

München, im Februar 2017 — Maximilian Heim

Inhaltsverzeichnis

Vorwort 7

1. Kapitel: Einleitung 17

§ 1 Arbeitsteilung als Voraussetzung des modernen Wirtschaftens innerhalb eines Unternehmens 17

§ 2 Der Vertrauensgrundsatz in Literatur und Rechtsprechung 19

A. Der Vertrauensgrundsatz im Straßenverkehr 20

B. Der Vertrauensgrundsatz bei arbeitsteiligem Zusammenwirken 22

I. Arbeitsteilige medizinische Maßnahmen 22

II. Strafrechtliche Produkthaftung 26

III. Bauwesen 27

IV. Fahrlässige Mitwirkung an Vorsatztaten Dritter 30

C. Der Vertrauensgrundsatz bei Vorsatzdelikten 30

2. Kapitel: Vertrauen bei unternehmerischen Entscheidungen einer Aktiengesellschaft in rechtstatsächlicher Hinsicht 33

§ 1 Gestaltung der Organisation eines Unternehmens und damit einhergehendes Vertrauen 33

A. Arbeitsteilung im Unternehmen 34

I. Begriffsbestimmung 34

1. Unternehmensorganisation als Tätigkeit 34

2. Unternehmensorganisation als Zustand 35

a. Aufbauorganisation 35

b. Ablauforganisation 35

II. Betriebswirtschaftliche Grundsätze 35

1. Gestaltungsparameter der Organisation 36

a. Parameter 1: Aufgabenspezialisierung 36

aa. Mengenteilung 37

bb. „Echte“ Spezialisierung ... 37
(1) Artenteilung ... 37
(2) Funktionale Spezialisierung ... 38
(3) Objektorientierte Spezialisierung ... 39
b. Parameter 2: Weisungsbefugnisse ... 39
aa. Einliniensystem ... 39
bb. Mehrliniensystem ... 40
c. Parameter 3: Entscheidungsaufgaben (Dezentralisation und Zentralisation) ... 40
2. Idealtypen der Organisation ... 42
a. Funktionale Organisation ... 42
b. Divisionale Organisation ... 43
c. Matrixorganisation ... 44
III. Vorteile und Schwächen der jeweiligen Organisationsform ... 45
1. Funktionale Organisation ... 45
2. Divisionale Organisation ... 46
3. Matrixorganisation ... 47
IV. Organisatorische und geographische Verlagerung: „Outsourcing“ und „Offshoring“ ... 47
1. „Outsourcing“ ... 48
2. „Offshoring“ ... 48
B. Notwendigkeit von Vertrauen innerhalb der Organisation eines Unternehmens ... 49
I. Horizontale Ebene ... 51
1. Funktionale Organisation ... 51
a. Vertrauen innerhalb des Gesamtvorstands bzw. zwischen den Funktionsleitern ... 52
aa. Vorbetrachtung: Gesamtvorstandsbeschlüsse einer AG / Einzelentscheidungen der Vorstandsmitglieder ... 52
(1) Gesamtgeschäftsführung vs. Geschäftsverteilung ... 53
(2) Grenze der Geschäftsverteilung ... 54
(3) Die Rolle des Vorstandsvorsitzenden ... 55
bb. Vertrauen innerhalb des Gesamtvorstands ... 56

cc. Vertrauen zwischen den Funktionsleitern ... 58
b. Vertrauen zwischen den Abteilungsleitern ... 59
c. Vertrauen zwischen den Mitarbeitern ... 61
2. Divisionale Organisation ... 61
a. Vertrauen innerhalb des Gesamtvorstands ... 62
b. Vertrauen zwischen den Divisionsleitern ... 63
c. Vertrauen zwischen den Abteilungsleitern bzw. den Mitarbeitern ... 63
3. Matrixorganisation ... 63
a. Vertrauen innerhalb der Unternehmensführung ... 64
b. Vertrauen zwischen den Funktions-/Divisionsleitern ... 65
c. Vertrauen zwischen den Mitarbeitern „im Kreuz" ... 65
4. Zwischenfazit: Vertrauen als Voraussetzung horizontaler Arbeitsteilung ... 65
II. Vertikale Ebene ... 66
1. Funktionale Organisation ... 68
a. Vertrauen zwischen dem Gesamtvorstand und den Funktionsleitern ... 68
b. Vertrauen zwischen den Funktionsleitern und den Abteilungsleitern ... 70
c. Vertrauen zwischen den Abteilungsleitern und den Mitarbeitern ... 71
2. Divisionale Organisation ... 72
3. Matrixorganisation ... 72
a. Vertrauen zwischen dem Gesamtvorstand und den Funktionsleitern/Divisionsleitern ... 72
b. Vertrauen zwischen den Funktionsleitern/Divisionsleitern und den Mitarbeitern ... 72
4. Zwischenfazit: Vertrauen als Voraussetzung vertikaler Arbeitsteilung ... 74
III. Outsourcing und Offshoring ... 74
1. Outsourcing ... 74
2. Offshoring ... 77

§ 2 Ausgewählte Absicherungsarten bei unternehmerischen Entscheidungen 78
A. Entscheidung ohne Absicherung 80
B. Entscheidung nach Absicherung 80
I. Kompetenz eines spezialisierten Kollegen 80
II. Ausgewählte „Kontrollmechanismen“ 81
1. Konkrete interne Vorschriften 81
2. Interne Rechtsabteilung 82
3. Externe rechtliche Beratung 82
4. Aufsichtsrat 83
5. Hauptversammlung 83
6. Externe Unternehmensberatung 84
7. Einschätzung von Behörden (BaFin, Staatsanwaltschaft etc.) 85
C. Keine Entscheidung möglich 86

3. Kapitel: Vertrauensschutz bei unternehmerischen Entscheidungen einer Aktiengesellschaft in rechtsdogmatischer Hinsicht 87

§ 1 Negativabgrenzung 87
A. Individuelle Fehler 88
B. Mitwirkung an Kollegialentscheidungen 88

§ 2 Dogmatische Realisierung von Vertrauensschutz im Tatbestand der Untreue 89
A. § 266 StGB als typisches Wirtschaftsdelikt 89
B. Dogmatische Verortung des Vertrauensschutzes im Straftatbestand der Untreue 90
I. Objektiver Tatbestand: Ausschluss der Pflichtwidrigkeit 91
1. Akzessorietät des Untreuetatbestands (insbesondere Business Judgement Rule) 91
a. Haftung von Organmitgliedern als Ausgangspunkt der Business Judgement Rule 91
b. Business Judgement Rule in den USA 92
c. Umsetzung in Deutschland 93

aa. Tatbestandsmerkmale der „deutschen Business Judgement Rule“ 96
(1) Unternehmerische Entscheidung 96
(2) Keine Sonderinteressen 97
(3) Zum Wohle der Gesellschaft 98
(4) Angemessene Informationsbasis 98
(5) Guter Glaube 99
bb. Dogmatische Einordnung der „deutschen Business Judgement Rule“ 100
cc. Darlegungs- und Beweislast 101
dd. Rechtslage vor kodifizierter Business Judgement Rule 103
d. Zwischenergebnis 104
2. Das Erfordernis der gravierenden Pflichtverletzung (Asymmetrische Akzessorietät) 105
3. Eigener Vorschlag zur Feststellung der Pflichtverletzung bei unternehmerischen Entscheidungen: Das „Risiko-Punkte-System“ 113
a. Ausgangspunkt des Ansatzes 113
b. Überleitung zum „Risiko-Punkte-System“ 115
c. Risikobeherrschung anhand des „Risiko-Punkte-Systems“ 118
aa. Ermittlung der „Risiko-Basispunkte“ 118
bb. Absicherung mit Hilfe der „Beherrschungspunkte“ (2-Stufen-System) 119
(1) Stufe 1: „Risiko-Absicherungs-Relation“ 120
(2) Stufe 2: Anforderungen an die gewählte Art der Absicherung 123
d. Zwischenergebnis 124
II. Subjektiver Tatbestand: Ausschluss des Vorsatzes 126
1. Grundkonstellation: Risikoermittlung und Risikobeherrschung objektiv richtig 126
2. Irrtumskonstellationen 130
a. Streit- und Meinungsstand zur Abgrenzung von Tatbestands- und Verbotsirrtum bei der Untreue 131

b. Anwendung auf das „Risiko-Punkte-System“ ... 135
III. Schuld: Unvermeidbarer Verbotsirrtum ... 137
IV. Zwischenfazit ... 138
C. Anforderungen an die Absicherungsarten / „Vertrauenstatbestände“ des „Risiko-Punkte-Systems“ im Einzelnen ... 139
I. Vertrauensschutz nach Inanspruchnahme von „Kontrollmechanismen“ ... 140
1. Vertrauen auf externe rechtliche Beratung ... 141
a. Zivilrechtliche Beurteilung ... 141
aa. Kein Anwendungsbereich der Business Judgement Rule ... 141
bb. Voraussetzungen des BGH für einen unvermeidbaren Rechtsirrtum ... 144
b. Strafrechtliche Beurteilung / Eigener Vorschlag im Lichte des „Risiko-Punkte-Systems“ ... 149
2. Vertrauen auf die interne Rechtsabteilung ... 154
a. Zivilrechtliche Beurteilung ... 154
aa. Merkmal der „Unabhängigkeit“ ... 155
bb. Merkmal der „fachlichen Qualifikation“ ... 157
b. Strafrechtliche Beurteilung / Eigener Vorschlag im Lichte des „Risiko-Punkte-Systems“ ... 159
3. Vertrauen auf externe Unternehmensberater ... 161
a. Zivilrechtliche Beurteilung ... 162
b. Strafrechtliche Beurteilung / Eigener Vorschlag im Lichte des „Risiko-Punkte-Systems“ ... 163
4. Vertrauen auf konkrete interne Vorschriften ... 164
a. Zivilrechtliche Beurteilung ... 164
b. Strafrechtliche Beurteilung / Eigener Vorschlag im Lichte des „Risiko-Punkte-Systems“ ... 165
5. Vertrauen auf die Zustimmung des Aufsichtsrats ... 170
a. Zivilrechtliche Beurteilung ... 170
b. Strafrechtliche Beurteilung / Eigener Vorschlag im Lichte des „Risiko-Punkte-Systems“ ... 171
6. Vertrauen auf Beschlüsse der Hauptversammlung ... 173
a. Zivilrechtlicher Hintergrund ... 174

b. Strafrechtliche Beurteilung / Eigener Vorschlag im Lichte des „Risiko-Punkte-Systems“ ... 175
7. Vertrauen auf die Einschätzung von Behörden ... 179
II. Vertrauensschutz im Zwei-Personen-Verhältnis ... 183
1. Vertikale Arbeitsteilung ... 183
a. Aktienrechtliche Vorstandspflichten bei vertikaler Delegation ... 185
b. Strafrechtliche Beurteilung / Eigener Vorschlag im Lichte des „Risiko-Punkte-Systems“ ... 190
c. Beibehaltung oder Anpassung der Kriterien bei unterschiedlichen Organisationsformen (funktional/divisional/Matrix) ... 194
2. Horizontale Arbeitsteilung ... 196
a. Aktienrechtliche Vorstandspflichten bei horizontaler Delegation ... 197
aa. Aktienrechtliche Vorstandspflichten bei Entscheidung eines Kollegen mit Einzelgeschäftsführungsbefugnis im exklusiven Bereich seines Ressorts (Konstellation 1) ... 197
bb. Aktienrechtliche Vorstandspflichten bei Zuarbeit eines Vorstandskollegen bei Leitungsentscheidung des Gesamtvorstands (Konstellation 2) ... 205
b. Strafrechtliche Beurteilung / Eigener Vorschlag im Lichte des „Risiko-Punkte-Systems“ ... 208
aa. Anforderungen bei Vertrauen auf die Einzelentscheidung (Konstellation 1) ... 209
bb. Anforderungen bei Vertrauen auf die Zuarbeit (Konstellation 2) ... 211
c. Beibehaltung oder Anpassung der Kriterien bei unterschiedlichen Organisationsformen (funktional/divisional/Matrix) ... 215
aa. Entscheidung eines Kollegen mit Einzelgeschäftsführungsbefugnis im exklusiven Bereich seines Ressorts ... 216
bb. Zuarbeit eines Vorstandskollegen bei Leitungsentscheidung des Gesamtvorstands ... 217

(1) Beibehaltung der gefundenen Kriterien im Falle einer Entscheidung im Kern eines Ressorts bei funktionaler Organisation, divisionaler Organisation und Matrixorganisation ... 217
(2) Anpassung der gefundenen Kriterien im Falle einer divisionalen Entscheidung bei funktionaler Organisation bzw. im Falle einer funktionalen Entscheidung bei divisionaler Organisation ... 218
(3) Beibehaltung/Anpassung der gefundenen Kriterien bei Entscheidung in der Schnittmenge der Ressorts bei Matrixorganisation ... 221
III. Vertrauensschutz bei „Outsourcing" und „Offshoring" ... 223
1. Aktienrechtlicher Meinungsstand ... 223
2. Anwendung der Kriterien der vertikalen Arbeitsteilung ... 225

4. Kapitel: Schlussbetrachtung; praktische Anwendung der gefundenen Ergebnisse ... 227

Literaturverzeichnis ... 233

1. Kapitel: Einleitung

§ 1 Arbeitsteilung als Voraussetzung des modernen Wirtschaftens innerhalb eines Unternehmens

Was bereits im Jahre 1776 von Adam Smith in seinem ökonomischen Standardwerk „Der Wohlstand der Nationen“ aufgegriffen wurde,[1] ist heutzutage gängige Praxis: Arbeitsteiliges Zusammenwirken in Wirtschaftsunternehmen ist in der modernen Berufswelt nicht mehr wegzudenken. Eine Konsequenz der Arbeitsteilung ist es, dass sich individuelle Personen gegenseitig Vertrauen schenken müssen, da sie in aller Regel ein gemeinsames berufliches Ziel verfolgen. Wurde innerhalb eines Unternehmens eine „falsche Entscheidung“ getroffen, stellt sich in der heutigen Zeit im Nachgang oftmals die Frage, wer dafür zivil- oder sogar strafrechtlich verantwortlich ist, vor allem, wenn dem Unternehmen ein finanzieller Schaden entstanden ist. Bei der Aufarbeitung spielt es dann auch häufig eine Rolle, ob die Entscheidungsträger möglicherweise zu Recht oder zu Unrecht einem anderen Menschen bzw. auf tatsächliche oder rechtliche Umstände vertraut haben.

Aus diesem Grund ist auch die so genannte „Managerhaftung“ ein Thema, das die Presse Tag für Tag beherrscht. Dass es sich dabei um hochaktuelle Probleme handelt, zeigt auch die Tatsache, dass sich die Abteilung Wirtschaftsrecht des 70. Deutschen Juristentags in Hannover im September 2014 mit Fragen in diesem Umfeld beschäftigt hat.[2] Dabei ging es vor allem um die mögliche Reform der gesellschaftsrechtlichen Organhaftung. Die wirtschaftsrechtliche Abteilung hat dabei unter anderem beschlossen, dass klargestellt werden sollte, „dass ein Vorstandsmitglied grundsätzlich auf die ordnungsgemäße Wahrnehmung der Ressortverantwortlichkeit eines anderen Vorstandsmitglieds vertrauen darf, solange keine konkreten Anhaltspunkte für Fehlentwicklungen vorliegen“.[3] Dass diese Forderung nicht unumstritten ist, zeigt nicht zuletzt das Abstimmungsergebnis, wonach der Beschluss mit 46:28:9 Stimmen gefasst wurde.[4]

---

1 Vgl. dazu das berühmte „Stecknadel-Beispiel“ zur Steigerung der Produktivität durch Arbeitsteilung, in: Smith, Der Wohlstand der Nationen, München 1974, S. 10.

2 Vgl. Programmheft zum 70. Deutschen Juristentag: www.djt.de/fileadmin/downloads/70/djt_70_Programmheft_140910.pdf (letzter Abruf: 06.02.2017).

3 Vgl. die Beschlüsse des 70. Deutschen Juristentags: www.djt.de/fileadmin/downloads/70/140919_djt_70_beschluesse_web_rz.pdf, Seite 18 (letzter Abruf: 06.02.2017).

4 www.djt.de/fileadmin/downloads/70/140919_djt_70_beschluesse_web_rz.pdf, Seite 18 (letzter Abruf: 06.02.2017).

Pressewirksame Strafverfahren im Kontext der „Managerhaftung“ waren in jüngerer Zeit beispielsweise die Verfahren gegen ehemalige Verantwortliche der Bayerischen Landesbank (BayernLB) vor dem Landgericht München I[5] und gegen ehemalige Verantwortliche der Landesbank Baden-Württemberg (LBBW) vor dem Landgericht Stuttgart[6]. Bei den meisten Angeklagten wurden die Verfahren gemäß § 153a StPO gegen die Zahlung einer Geldauflage eingestellt. Ziel solcher Verfahren ist unter anderem die Klärung der Streitfrage, ob die Verantwortlichen in einer konkreten Situation eine bestimmte – meist riskante – Entscheidung treffen durften, die sich später als betriebswirtschaftlich falsch herausgestellt hat, sodass eine Strafbarkeit wegen Untreue gemäß § 266 StGB in Betracht gezogen werden kann. Im Fokus der Ermittlungen stehen dann regelmäßig Entscheidungsträger, die solche Risikoentscheidungen getroffen haben. Ein bedenkenswerter Aspekt ist es dabei, dass die betroffenen Entscheidungsträger lediglich die Spitze des (Unternehmens-)Eisbergs darstellen. Informationen und Hintergrundwissen, um etwaige Entscheidungen überhaupt treffen zu können, erhalten sie von ihren Kollegen und Mitarbeitern im Wege organisierter Arbeitsteilung im Unternehmen, aber auch von unternehmensexternen Stellen. Arbeitsteilung und Delegation sind schließlich anerkannte Notwendigkeit für das effektive Wirtschaften innerhalb eines modernen Unternehmens, genauso wie die externe Absicherung problematischer Fragestellungen.

Diese Überlegungen gaben letztlich den Anstoß für das Entstehen der vorliegenden Arbeit.

Gegenstand der nachfolgenden Untersuchung ist „Strafrechtlicher Vertrauensschutz durch Absicherung unternehmerischer Entscheidungen“. Im Fokus der Arbeit steht das nach wie vor ungeklärte und aktuelle Problem, inwiefern bei unternehmerischen Entscheidungen ein für das Strafrecht wirksamer Vertrauensschutz entstehen kann, der insbesondere die Strafbarkeit wegen Untreue gemäß § 266 StGB ausschließt. Dabei wird ein konkreter Vorschlag unterbreitet, in welchen Fällen bzw. unter welchen Voraussetzungen eine erfolgte Absicherung der unternehmerischen Entscheidung durch die Vorstandsmitglieder einer Aktiengesellschaft dazu führt, dass aufgrund schützenswerten Vertrauens eine Strafbarkeit der Entscheidungsträger ausgeschlossen ist, sie also aufgrund der erfolgten Absicherung beim Treffen der Entscheidung nicht „pflichtwidrig“ gehandelt haben. Alle Überlegungen erfolgen anhand des Straftatbestands der Untreue und bringen im Ergebnis einen neuen Vorschlag zur Bestimmung der

---

5 Aktenzeichen: 6 KLs 406 Js 44754/09.

6 Aktenzeichen: 14 KLs 151 Js 97163/08.

untreuerelevanten Pflichtwidrigkeit bei Risikoentscheidungen einer Aktiengesellschaft hervor.

Die Arbeit gliedert sich in zwei wesentliche Hauptteile, nämlich in einen rechtstatsächlichen (2. Kapitel) und in einen rechtsdogmatischen Teil (3. Kapitel).

Im 2. Kapitel erfolgt zunächst eine Darstellung, wie die Organisation eines Unternehmens betriebswirtschaftlich ausgestaltet werden kann und welche Konsequenzen dies für gegenseitiges Vertrauen hat, wo Vertrauen aufgrund der Organisationsform eines Unternehmens also tatsächlich erforderlich ist. Beleuchtet werden dabei verschiedene Parameter der betrieblichen Struktur, beispielsweise der unterschiedliche Bezugspunkt der Spezialisierung im Rahmen der Arbeitsteilung bei funktionaler, divisionaler und Matrix-Organisation.

Im 3. Kapitel der Arbeit wird ein Vorschlag unterbreitet, wie das tatsächlich erforderliche Vertrauen im Rahmen einer Prüfung des Straftatbestands der Untreue dogmatisch geschützt werden kann und welche Voraussetzungen für diesen Schutz erfüllt sein müssen. Im Zentrum stehen dabei vor allem die unterschiedlichen Möglichkeiten (Bausteine) der Absicherung unternehmerischer Entscheidungen und die Frage, welche Voraussetzungen erfüllt sein müssen, damit sich der Entscheidungsträger auf den gewählten Absicherungsbaustein verlassen darf. Im Rahmen der Darstellung des Vertrauensschutzes durch diverse Absicherungsmöglichkeiten wird an geeigneten Stellen der integrierte Versuch unternommen, den für Teile der Fahrlässigkeitsdelikte entwickelten so genannten „Vertrauensgrundsatz“ fruchtbar zu machen. Die Überlegungen dieses Grundsatzes sind für Zwei-Personen-Verhältnisse entwickelt und werden daher auch im Rahmen der Untersuchung in entsprechenden Konstellationen vergleichend beleuchtet.

Im Ergebnis werden bei alledem strafrechtliche Kriterien zu entwickeln sein, anhand derer eine Bestimmung erfolgen kann, ob strafrechtlicher Vertrauensschutz durch die im Einzelfall gewählte Absicherung entstanden ist und aus diesem Grund gegebenenfalls die untreuerelevante Pflichtwidrigkeit entfällt.

§ 2 Der Vertrauensgrundsatz in Literatur und Rechtsprechung

Um den Vertrauensgrundsatz im weiteren Verlauf der Untersuchung fruchtbar machen zu können, ist es einleitend erforderlich, einen allgemeinen Überblick voranzustellen.[7] Der Grundsatz wurde ursprünglich für den Bereich des Straßenverkehrs diskutiert, ist heute aber auch in anderen Konstellationen von Literatur und Rechtsprechung anerkannt.

---

7 Vgl. aktuell zu grundsätzlichen Überlegungen zum Vertrauensgrundsatz: Timpe, StraFo 2016, 11–22.

A. Der Vertrauensgrundsatz im Straßenverkehr

In seinem originären Anwendungsbereich im Straßenverkehr besagt der Vertrauensgrundsatz, dass derjenige, der selbst sorgfaltsgemäß am Straßenverkehr teilnimmt, darauf vertrauen darf, dass sich auch die anderen Verkehrsteilnehmer sorgfaltsgemäß verhalten; mit deren Fehlverhalten muss er erst dann rechnen, wenn er dafür konkrete Anhaltspunkte hat.[8] Oder anders gesagt: Wer keine Fehler macht, muss unter normalen Umständen auch nicht damit rechnen, dass dies andere tun.

Diese Grundhaltung ist letztlich zur Sicherung des reibungslosen Zusammenlebens in der Gesellschaft auch nötig, käme doch andernfalls der zügige Straßenverkehr zum Erliegen.[9] Der Vertrauensgrundsatz in diesem Bereich ist heute nahezu einhellig anerkannt,[10] auch wenn es gute Gründe gäbe, die eine gegenteilige Auffassung plausibel erscheinen lassen. Schließlich ist menschliches Fehlverhalten allgegenwärtig und sehr häufig anzutreffen, sodass sich durchaus auch vertreten ließe, dass nur derjenige sorgfältig handelt, der dafür Vorsorge trifft, dass es auch unter der Bedingung des Fehlverhaltens anderer nicht zu Gefahren oder Schäden kommt.[11] Anerkannt ist deshalb auch, dass der Vertrauensgrundsatz an seine Grenzen stößt, wenn Anhaltspunkte für das Fehlverhalten anderer ersichtlich sind.[12] Denkbar sind hier verschiedenste Konstellationen: Wer beispielsweise innerhalb einer Ortschaft zunächst mit ordnungsgemäßer Geschwindigkeit fährt, muss seine Geschwindigkeit dennoch deutlich verringern, wenn sich Personen am Straßenrand befinden, bei denen erkennbar die Gefahr besteht, dass sie aus Unachtsamkeit die Fahrbahn betreten werden.[13] Ein weiteres Beispiel ist, dass ein korrekt Fahrender mit dem Entgegenkommen unbeleuchteter Fahrzeuge zwar nicht bei Dunkelheit, wohl aber bei bloßer Dämmerung rechnen muss, obwohl § 17 Abs. 1 S. 1 StVO in beiden Fällen gleichermaßen

---

8 Mü-Ko StGB-Hardtung, § 222, Rn. 27; Schönke/Schröder-Sternberg-Lieben/Schuster, § 15, Rn. 208; NK StGB-Puppe, vor § 13, Rn. 162; Grundlegend BGH v. 12. 7. 54 VGS 1/54, BGHSt 7, 118 ff.

9 BGHSt 7, 118, 122; Kaspar, JuS 2012, 17, 20; Schönke/Schröder-Sternberg-Lieben/Schuster, § 15, Rn. 208.

10 Grundlegend BGHSt 7, 118 ff.; st. Rspr., vgl., BGHSt 9, 92 ff.; 10, 3 ff; 13, 169 ff.; 14, 97 ff.; BayObLGSt 1964, 41 ff.; BayObLG NJW 1978, 1491 ff.; OLG Oldenburg NZV 1992, 454 ff.; BGH NZV 1998, 369 ff.; OLG Saarbrücken NZV 2009, 38 ff.

11 LK-Vogel, § 15, Rn. 224.

12 Schönke/Schröder-Sternberg-Lieben/Schuster, § 15, Rn. 209; Mü-Ko StGB-Duttge, § 15, Rn. 141.

13 Kaspar, JuS 2012, 17, 20.

das Licht einzuschalten gebietet.[14] In derartigen Fällen stellt das mögliche Fehlverhalten anderer Personen eine Zäsur dar, die ein neuer Anknüpfungspunkt für eine Fahrlässigkeitsstrafbarkeit sein kann, auch wenn sich der Verkehrsteilnehmer an sich ordnungsgemäß verhält bzw. bis hierher verhalten hat. Derartige Zäsuren sind in verschiedenster Form denkbar, sodass im Ergebnis der Inhalt der Sorgfaltspflicht doch wieder anhand der Umstände des Einzelfalls bestimmt werden muss,[15] der Inhalt der Sorgfaltspflicht also auch gerade Vorkehrungen gegen Sorgfaltspflichtverletzungen anderer Verkehrsteilnehmer mitumfasst.[16]

Einen weiteren sehr interessanten Gedanken formuliert in diesem Zusammenhang *Kaspar*[17], der ebenfalls Zweifel an der Allgemeingültigkeit des Vertrauensgrundsatzes begründet:

> *„Auch der betrunkene Fahrer darf grundsätzlich darauf vertrauen, dass eine erwachsene Person nicht unvermittelt als Fußgänger die Fahrbahn betritt oder als Autofahrer Vorfahrtsregeln missachtet. Anders ist nur zu entscheiden, wenn gerade die eigene Sorgfaltspflichtverletzung die Gefahr erhöht. (...) Das folgt dann aber letztlich aus allgemeinen Erwägungen, ohne dass dafür der Vertrauensgrundsatz einschließlich seiner Ausnahmen bemüht werden müsste."*

Vor diesem Hintergrund kann der Vertrauensgrundsatz im Straßenverkehr allenfalls als Faustformel verstanden werden. Im Ergebnis ist richtigerweise immer das Verhalten in der konkreten Situation Anknüpfungspunkt einer Strafbarkeit. Die Frage, ob „vorwerfbares Verhalten" vorliegt, bleibt daher eine Einzelfallentscheidung.

Die Rechtsfolge des Vertrauensgrundsatzes ist es, dass ein Fahrlässigkeitsvorwurf nicht damit begründet werden kann, dass der Täter sich auf das Fehlverhalten des anderen hätte einstellen müssen; insofern muss ein Verkehrsteilnehmer, der sich auf einer vorfahrtsberechtigten Straße mit zulässiger Geschwindigkeit einer Kreuzung nähert, nicht ohne triftigen Anlass abbremsen, um für den Fall einer Vorfahrtsverletzung einen Unfall vermeiden zu können.[18]

Die Anwendung des Vertrauensgrundsatzes führt im Ergebnis also bei Vorliegen der entsprechenden Voraussetzungen zunächst zur Ablehnung eines Fahrlässigkeitsvorwurfs.[19]

---

14 Mü-Ko StGB-Hardtung, § 222, Rn. 27.

15 Kaspar, JuS 2012, 17, 20.

16 NK StGB-Puppe, vor § 13, Rn. 165.

17 Kaspar, JuS 2012, 17, 20 f.

18 BGHSt 7, 118, 122; LK-Vogel, § 15, Rn. 231.

19 Vgl. zur Anwendung des Vertrauensgrundsatzes bei Vorsatzdelikten: 1. Kapitel: § 2 C.

B. Der Vertrauensgrundsatz bei arbeitsteiligem Zusammenwirken

Während die Anwendung des Vertrauensgrundsatzes (sowie dessen Ausnahmen) im Straßenverkehr weitgehend anerkannt ist, stellt sich die Frage, ob daraus ein allgemeiner Rechtsgedanke in Bezug auf alle Formen des arbeitsteiligen Zusammenwirkens entwickelt werden kann.[20] Dies wird bisher vor allem bei arbeitsteiligen medizinischen Maßnahmen,[21] bei der strafrechtlichen Produkthaftung,[22] im Bauwesen[23] und bei der fahrlässigen Mitwirkung an Vorsatztaten anderer[24] diskutiert.

I. Arbeitsteilige medizinische Maßnahmen

Die moderne Medizin ist ohne arbeitsteiliges Zusammenwirken mehrerer Personen nicht mehr vorstellbar; dies gilt sowohl aufgrund des erhöhten Patientenaufkommens in Krankenhäusern als auch für niedergelassene Ärzte, da auch diese nur noch in den seltensten Fällen ohne jede fremde Hilfe auskommen können.[25] Die mit Arbeitsteilung verbundene Erweiterung und Vertiefung von Spezialwissen und die besonderen Erfahrungen auf dem jeweiligen Fachgebiet bringen neben all den positiven Aspekten für die medizinische Versorgung aber auch neue Risiken in Gestalt spezifischer Gefahrenquellen mit sich.[26] Denn „je größer die Zahl der an Diagnose und Therapie beteiligten Ärzte, Techniker und Hilfskräfte, je komplizierter und gefährlicher die apparativen und medikamentösen Mittel, je komplexer das arbeitsteilige medizinische Geschehen in einem großen Betrieb, desto mehr Umsicht und Einsatz erfordern die Planung, die Koordination und die Kontrolle der klinischen Abläufe“.[27] Mit einfachen Worten nimmt das Fehlerrisiko zu, je mehr Personen im Einzelfall in die Betreuung des

---

20 Vgl. für den Bereich der Fahrlässigkeitsdelikte: Hannes, Der Vertrauensgrundsatz bei arbeitsteiligem Verhalten, Aachen 2002.

21 Vgl. LK-Vogel, § 15, Rn. 275; vgl. zu „Problemen der Zusammenarbeit, der Übergabe und an Schnittstellen im Arzthaftungsrecht“: Hart, Vertrauen, Kooperation und Organisation, in: Humaniora, Medizin – Recht – Geschichte, Festschrift für Adolf Laufs zum 70. Geburtstag; vgl. Duttge, Arbeitsteilige Medizin zwischen Vertrauen und strafbarer Fahrlässigkeit, ZIS 2011, 349–353.

22 Vgl. LK-Vogel, § 15, Rn. 277.

23 Vgl. LK-Vogel, § 15, Rn. 282; vgl. auch Renzikowski, Strafrechtliche Haftung bei Arbeitsteilung am Bau, StV 2009, 443–446.

24 Vgl. LK-Vogel, § 15, Rn. 248.

25 Handbuch Widmaier-Erlinger/Warntjen, § 50, Rn. 50.

26 Ulsenheimer-Bock, Rn. 178.

27 Laufs/Kern-Laufs/Kern, § 101, Rn. 1.

Kranken eingeschaltet werden.[28] Denkbar sind dabei vielfältige Fehlerquellen, was dazu führt, dass die Zusammenarbeit von Ärzten untereinander sowie des nichtärztlichen Personals nicht nur Gefahren für die zu behandelnden Patienten birgt, sondern auch alle Behandlungsakteure Haftungs- und Strafbarkeitsrisiken aussetzt.[29] Im Hinblick auf die im Rahmen dieser Arbeit interessante strafrechtliche Verantwortlichkeit ist die Zusammenarbeit in der Medizin von zwei Grundsätzen geprägt, nämlich dem Prinzip der Einzel- und Eigenverantwortlichkeit (Prinzip der strikten Arbeitsteilung) und dem Vertrauensgrundsatz.[30] Neben seiner Anwendung im Straßenverkehr soll der Vertrauensgrundsatz nämlich überall dort zu einer Begrenzung der Sorgfaltsanforderungen führen, wo gefahrträchtige Handlungen arbeitsteilig vorgenommen werden,[31] und somit auch im Medizinrecht im Falle ärztlicher Arbeitsteilung.[32]

Nach dem Prinzip der strikten Arbeitsteilung ist bei der Zusammenarbeit von Ärzten untereinander als auch bei der hierarchischen Kooperation zwischen Ärzten und nicht-ärztlichem Personal die Verantwortung teilbar und jeder Einzelne für die ihm jeweils zur eigenständigen Erledigung übertragenen Aufgaben und Tätigkeiten vollumfänglich verantwortlich.[33]

Es geht also mit dem Übergang der fachlichen Zuständigkeit auch die rechtliche Verantwortung über:[34] „Jeder Arzt hat grundsätzlich nur den Facharztstandard desjenigen medizinischen Fachbereichs zu gewährleisten, in den die von ihm übernommene Behandlung fällt",[35] da strafrechtliches Einstehenmüssen für fremdes Verschulden unserer Rechtsordnung fremd ist.[36]

Der Vertrauensgrundsatz bei arbeitsteilig medizinischen Maßnahmen besagt als Kehrseite des Grundsatzes der Eigenverantwortlichkeit, dass jeder bei der Krankenbehandlung Beteiligte sich darauf verlassen darf, dass der oder die anderen den ihnen obliegenden Aufgabenteil mit den dazu erforderlichen Kenntnissen und der gebotenen Sorgfalt erfüllen.[37]

Der BGH hat in diesem Zusammenhang folgendermaßen formuliert:

---

28 Ulsenheimer-Bock, Rn. 198.

29 Ulsenheimer-Bock, Rn. 180.

30 Handbuch Widmaier-Erlinger/Warntjen, § 50, Rn. 53; Ulsenheimer-Bock, Rn. 198.

31 Schönke/Schröder-Sternberg-Lieben/Schuster, § 15, Rn. 151.

32 Eidam, JA 2011, 912, 914.

33 Handbuch Widmaier-Erlinger/Warntjen, § 50, Rn. 54.

34 Ulsenheimer-Bock, Rn. 199.

35 OLG Naumburg, MedR 2005, 232, 233.

36 Ulsenheimer-Bock, Rn. 199.

37 Handbuch Widmaier-Erlinger/Warntjen, § 50, Rn. 55; Ulsenheimer-Bock, Rn. 203.

„Jeder Arzt hat denjenigen Gefahren zu begegnen, die in seinem Aufgabengebiet entstehen. Solange keine offensichtlichen Qualitätsmängel oder Fehlleistungen erkennbar werden, muss er sich darauf verlassen dürfen, dass auch der Kollege des anderen Fachgebiets seine Aufgaben mit der gebotenen Sorgfalt erfüllt. Eine gegenseitige Überwachungspflicht besteht insoweit nicht.“[38]

Dieser Vertrauensgrundsatz stößt aber dann an seine Grenze, gilt also nicht, wenn man beim jeweils anderen Mängel erkennen kann, die das Vertrauen notwendigerweise zerstören müssen,[39] wenn also der Partner in der konkreten Situation erkennbar seinen Aufgaben nicht gewachsen ist, sich in einer Verfassung befindet, die ihm nicht mehr gestattet, seine Aufgaben ordnungsgemäß zu erfüllen, oder wenn aufgrund bestimmter Anhaltspunkte „ernsthafte Zweifel an der Ordnungsgemäßheit der Vorarbeiten des Kollegen erkennbar“ sind.[40] In diesem Fall kann man sich nicht mehr auf den Vertrauensgrundsatz berufen, sondern es gilt der Grundsatz der Gesamtverantwortung.[41] An die Stelle der Eigenverantwortung für den jeweiligen Teilbereich tritt dann für den an sich unzuständigen Arzt die Gesamtverantwortung für die gesamte – im Wege der Arbeitsteilung separierte – ärztliche Tätigkeit, da jeder Arzt unabhängig von der jeweiligen Fachkompetenz und Aufgabenstellung aufgrund seiner Verantwortung gegenüber dem Patienten verpflichtet bleibt, bei erkennbaren Fehlleistungen eines Kollegen den Eintritt eines Schadens zu verhindern.[42]

Diese Grundsätze gelten im medizinischen Bereich sowohl im Rahmen der horizontalen als auch der vertikalen Arbeitsteilung.

Für den Fall der horizontalen Aufgabenverteilung zwischen Ärzten verschiedener Fachgebiete hat der BGH in zwei hervorzuhebenden Entscheidungen[43] Grundsätzliches geklärt: Im ersten Urteil am 02.10.1979 hat der BGH den Vertrauensgrundsatz insofern bestätigt, „dass im Interesse eines geordneten Ablaufs der Operation sich die dabei beteiligten Fachärzte grundsätzlich auf die fehlerfreie Mitwirkung des Kollegen aus der anderen Fachrichtung verlassen können“[44], da andernfalls, „jede Form der Zusammenarbeit im Operationssaal fragwürdig und mit zusätzlichen Risiken für den Patienten verbunden (wäre), wenn Operateur und Anästhesist ihre Kräfte zugunsten einer wechselseitigen Überwachung

---

38 BGH NJW 1991, 1539, 1539; BGH VersR 1991, 695, 695.

39 Handbuch Widmaier-Erlinger/Warntjen, § 50, Rn. 55.

40 Ulsenheimer-Bock, Rn. 204; i. E. ebenso Spickhoff, NJW 2015, 1728, 1731.

41 Handbuch Widmaier-Erlinger/Warntjen, § 50, Rn. 55.

42 Ulsenheimer-Bock, Rn. 204.

43 BGH NJW 1980, 649 f.; BGH NJW 1980, 650 f.

44 BGH NJW 1980, 649, 650.

zersplittern (würden)".[45] Im zweiten Urteil am 16.10.1979 forderte der BGH eine „konkrete Verteilung der Zuständigkeiten, um Überschneidungen und Lücken in der ärztlichen Betreuung zu vermeiden".[46]

Maßgebend für die Aufgabenverteilung sei dabei eine im Krankenhaus bestehende „Zuständigkeitsverteilung (...), von der nur ausnahmsweise und aufgrund besonderer Vereinbarung zwischen Chirurg und Anästhesist wegen der Bedürfnisse des Einzelfalles abgegangen werden wird".[47]

Der Vertrauensgrundsatz ist daneben auch bei vertikaler Arbeitsteilung im medizinischen Bereich anerkannt, da auch der Weisungsberechtigte und Übergeordnete im Sinne einer funktionierenden Medizin darauf vertrauen können muss, dass der Untergeordnete die ihm übertragenen Aufgaben ordnungsgemäß erfüllt.[48] Der nachgeordnete Arzt ist haftungsrechtlich insofern geschützt, als er nur bei einem ausschließlich von ihm zu verantwortenden Verhalten (etwa bei Überlassung zur selbstständigen Ausführung oder voreiligem Handeln) weisungswidrig tätig wird.[49]

Daneben kommt aber auch der Vorwurf des Übernahmeverschuldens in Betracht, da auch der Weisungsunterworfene keineswegs die erteilten Anweisungen „blind" ausführen darf, sondern sich im Rahmen seiner jeweiligen fachlichen Qualifikation ein eigenes Urteil bilden und sich bei Zweifeln rückversichern muss, wobei zu beachten ist, dass eine eindeutig sorgfaltswidrige Anweisung in keinem Fall ausgeführt werden darf, selbst wenn der Vorgesetzte darauf besteht.[50]

Im Rahmen der vertikalen Arbeitsteilung bei medizinischen Maßnahmen ist ferner zu beachten, dass der Chefarzt im Sinne einer Allzuständigkeit den gesamten fachlich-medizinischen Bereich seiner jeweiligen Abteilung zu verantworten hat und ihm deshalb Fehler, die gerade durch die unzureichende Organisation dieses Bereichs entstehen, als eigenes Verschulden zur Last fallen.[51] Zusätzlich ist der Abteilungsleiter aber auch für die Risiken verantwortlich, die sich gerade aus der Arbeitsteilung ergeben: Nur wenn er seine untergeordneten Mitarbeiter sorgfältig auswählt, anleitet und überwacht, wird ihm im Sinne des Vertrauensgrundsatzes ein Sorgfaltsverstoß des Mitarbeiters nicht als eigener

45 BGH NJW 1980, 649, 650.
46 BGH NJW 1980, 650, 651.
47 BGH NJW 1980, 650, 651.
48 Handbuch Widmaier-Erlinger/Warntjen, § 50, Rn. 60.
49 Ulsenheimer-Bock, Rn. 250; Handbuch Widmaier-Erlinger/Warntjen, § 50, Rn. 60.
50 Handbuch Widmaier-Erlinger/Warntjen, § 50, Rn. 60.
51 Ulsenheimer-Bock, Rn. 251; Handbuch Widmaier-Erlinger/Warntjen, § 50, Rn. 60.

Verstoß angelastet, da er sich in diesem Fall auf die ordnungsgemäße Erfüllung der dem Untergeordneten übertragenen Aufgaben verlassen darf.[52]

II. Strafrechtliche Produkthaftung

Abseits der Medizin stellt sich auch innerhalb eines arbeitsteilig organisierten Produktions- und Vertriebsprozesses die Frage, wer jeweils für einen bestimmten Pflichtverstoß strafrechtlich verantwortlich ist.[53] Relevant ist das unter anderem im Bereich der strafrechtlichen Produkthaftung. Auch hier sollen nach vorzugswürdiger Auffassung[54] die allgemeinen Grundsätze zur Begrenzung von Sorgfaltspflichten durch den auf die ordnungsgemäße Erfüllung rollenspezifischer Anforderungen seitens Dritter bezogenen Vertrauensgrundsatz gelten:[55]

Weisungsabhängige Arbeitnehmer können sich danach auf ordnungsgemäße Anweisungen ihrer Vorgesetzten verlassen und diese wiederum auf die ordnungsgemäße Ausführung ihrer Vorgaben durch Untergebene. Begrenzt wird der Vertrauensgrundsatz auch hier – nach den allgemeinen Regeln, ebenso wie im Straßenverkehr oder in der Medizin – bei konkretem Anlass zur Annahme unsorgfältigen Verhaltens anderer, wie etwa im Falle von Nachlässigkeiten durch Arbeitnehmer bei der Fertigung, erkennbar fehlerhaften Weisungen durch Vorgesetzte, Gefahrschaffung durch in den Warenvertrieb Eingeschaltete oder bei einer für den Händler klar erkennbaren Fehlerhaftigkeit des Produkts oder bei ihm eingehenden Schadensmeldungen.[56]

Ebenso wie in der Medizin wird der Vertrauensgrundsatz im Bereich der strafrechtlichen Produktverantwortung vorwiegend auf den Sinn der Arbeitsteilung selbst gestützt.[57] Insgesamt sollen nach alledem die allgemeinen Überlegungen zur Beschränkung der Sorgfaltspflicht einmal mehr übertragen werden. Eine ausdrückliche Anerkennung seitens der Rechtsprechung ist bislang, soweit ersichtlich, für diesen Bereich allerdings nicht erfolgt.[58]

---

52 Handbuch Widmaier-Erlinger/Warntjen, § 50, Rn. 60.

53 Schönke/Schröder-Sternberg-Lieben/Schuster, § 15, Rn. 217.

54 Ablehnend äußern sich naturgemäß die Autoren, die den Vertrauensgrundsatz außerhalb des Straßenverkehrs für generell nicht anwendbar halten, vgl. dazu Hannes, S. 106.

55 Schönke/Schröder-Sternberg-Lieben/Schuster, § 15, Rn. 217.

56 Schönke/Schröder-Sternberg-Lieben/Schuster, § 15, Rn. 217.

57 Vgl. Hannes, S. 108.

58 Vgl. dazu Hannes, S. 99 ff., die trotz eines fehlenden ausdrücklichen Bekenntnisses der Rechtsprechung davon ausgeht, dass u.a. die dort besprochenen Entscheidungsgründe „eine prinzipielle Befürwortung des Vertrauensgrundsatzes“ nahelegen.

III. Bauwesen

Etwas anderes gilt für den Bereich des Bauwesens. Hier ist die Anwendbarkeit des Vertrauensgrundsatzes von der Rechtsprechung grundsätzlich anerkannt. Insbesondere zwei Urteile des 4. Strafsenats des BGH[59] hatten die Fahrlässigkeitsstrafbarkeit bei arbeitsteiligem Zusammenwirken am Bau zum Gegenstand, deren Dreh- und Angelpunkt die Frage nach der Reichweite des Vertrauensgrundsatzes war, der nach Auffassung des Senats in beiden Fällen in der jeweiligen Vorinstanz zu großzügig angewandt worden ist.[60]

Dem Urteil zur „Wuppertaler-Schwebebahn“ lag vereinfacht folgender Sachverhalt zugrunde:

Bei der Erneuerung des Tragegerüsts der Schwebebahn mussten Teile der Tragekonstruktion ausgetauscht werden. Nach Abschluss der Bauarbeiten wurde die Strecke freigegeben und es kam zu einem Unfall, als ein Schwebebahnzug mit einer in den Fahrbereich hineinragenden Stahlkralle kollidierte. Der Zug entgleiste und stürzte in die Wupper, wobei fünf Menschen getötet und zahlreiche schwer verletzt wurden.

Zur Ursache des Unfalls wurde unter anderem Folgendes festgestellt: Zwei Arbeiter waren zunächst von ihrem Vorgesetzten mit dem Abbau von Stahlkrallen beauftragt worden. Während sie mit dem Abbau beschäftigt waren, kamen zwei weitere Arbeiter hinzu und erklärten, ihnen helfen zu wollen, damit die Arbeiten zügig beendet werden könnten. Die ursprünglich beauftragten Arbeiter gingen davon aus, dass ihr Vorgesetzter die beiden Kollegen zur Unterstützung geschickt hatte. Die nunmehr vier Kollegen teilten die Arbeit auf und arbeiteten jeweils zu zweit. Nach dem vermeintlichen Abschluss der Arbeiten verließen sie die Baustelle. Tatsächlich wurde eine in die Strecke hineinragenden Stahlkralle nicht demontiert. Die beiden ursprünglich tätigen Arbeiter waren davon ausgegangen, dass diese Kralle von den hinzugekommenen Kollegen abgebaut worden war. Als die vier Kollegen ihrem Vorgesetzen begegneten, teilten sie ihm mit, dass der Abbau der Stahlkrallen ordnungsgemäß beendet sei.

Nach dem Urteil des Landgerichts waren alle vier Arbeiter freizusprechen. Das Gericht meinte,[61] den beiden ursprünglich tätigen Arbeitern könne es nicht zum Vorwurf gemacht werden, dass sie in dem Glauben, ihr Vorgesetzter habe die beiden Kollegen zur Unterstützung geschickt, diese in den Abbau der zweiten

---

59 BGHSt 47, 224 ff. („Wuppertaler Schwebebahn“); BGHSt 53, 38 ff. („Goldberger Walter-Husemann-Schule“).

60 Esser/Keuten, NStZ 2011, 314, 319.

61 BGHSt 47, 224, 228.

Stahlkralle eingebunden hatten. Denn „insoweit greife der Vertrauensgrundsatz ein, der den Verantwortungsbereich mehrerer Personen dahingehend eingrenze, dass jeder grundsätzlich sein eigenes Verhalten nur darauf auszurichten habe, dass er selbst nicht fremde geschützte Rechtsgüter verletzte".[62] Da „alle Arbeiter arbeitsteilig vorgegangen seien", seien die ursprünglich tätigen Arbeiter „nicht verpflichtet gewesen, sich davon zu überzeugen, dass ihre Kollegen die andere Stahlkralle ordnungsgemäß abgebaut hatten".[63]

Auch die hinzugekommenen Arbeiter waren nach Auffassung des Landgerichts freizusprechen:[64] Zwar habe zumindest einer der beiden schwerste Schuld auf sich geladen, es konnte aber nicht geklärt werden, welcher der beiden Arbeiter zuletzt für die Demontage verantwortlich gewesen ist.

Der BGH hat diese Erwägungen nicht geteilt und führte Folgendes aus:

> *„Die Staatsanwaltschaft beanstandete zu Recht, dass das Landgericht den einheitlichen Arbeitsvorgang unter Anwendung des Vertrauensgrundsatzes in einzelne Verantwortungsbereiche aufgeteilt und demgemäß ein pflichtwidriges Unterlassen allein in dem Verhalten desjenigen Angeklagten gesehen hat, der als letzter die Arbeitsbühne verließ und dessen Identität nicht festgestellt werden konnte. Damit hat sich das Landgericht den Blick dafür verstellt, (...) dass jeder der Angeklagten – unbeschadet der Aufteilung einzelner Arbeitsschritte – für die Abwendung der (...) ausgehenden Gefahren für die Allgemeinheit einzustehen hat (...)."*[65]

Der BGH wendet sich im Ergebnis also gegen „eine Trennung der Aufgaben- und Verantwortungsbereiche",[66] wenn eine einheitliche Gefahrenquelle vorliegt. Ein umfassender Vertrauensschutz soll nur dann in Betracht kommen, wenn klar abgrenzbare Aufgaben gegeben sind.[67]

Einem zweiten tragenden Urteil zur Arbeitsteilung am Bau, dem Urteil zur „Goldberger Walter-Husemann-Schule", lag nachfolgender Sachverhalt vereinfacht zugrunde:

Bauunternehmer T hatte nach öffentlicher Ausschreibung den Zuschlag für die Bauhauptleistung der Sanierung einer öffentlichen Schule erhalten. Mit einem Teil des Leistungsumfangs, insbesondere Abbruch und Entsorgung einer tragenden Wand, hatte T das Subunternehmen H beauftragt. Die Pflicht zur Sicherung vor Einstürzen verblieb allerdings im Pflichtenkreis des T. Vor Ort für

---

62 BGHSt 47, 224, 228.
63 BGHSt 47, 224, 228.
64 BGHSt 47, 224, 228.
65 BGHSt 47, 224, 228.
66 BGHSt 47, 224, 230.
67 Vgl. BGHSt 47, 224, 231.

H waren die beiden Angeklagten W und C. Nachdem die Vorgaben des Statikers im Ergebnis nicht eingehalten wurden, kam es zu einem Einsturz, bei welchem fünf Arbeiter getötet und fünf weitere verletzt wurden.

W und C wurden vom Landgericht freigesprochen. Im Ergebnis bestätigte der BGH dieses Urteil, allerdings aus tatsächlichen Gründen. Der BGH äußerte sich zu den Ausführungen des Landgerichts wie folgt:[68]

Zu Unrecht habe das Landgericht eine Verantwortlichkeit dieser Angeklagten für das Einsturzgeschehen schon aus Rechtsgründen verneint, als es seine Prüfung verkürzt hat, indem es T die alleinige Verantwortung zugewiesen hat. Der Umstand, dass nach der Aufgabenverteilung T für die Sicherungsmaßnahmen verantwortlich war, entließ aber nach Auffassung des BGH nicht die Firma H und damit auch nicht die Angeklagten W und C von vornherein aus der Haftung. Da die Firma H für den Abbruch zuständig war, war sie verpflichtet, Dritte vor den durch Abbruch drohenden Gefahren zu schützen und die erforderlichen Vorkehrungen zu treffen.

Der BGH wollte ganz offensichtlich den Vertrauensgrundsatz bei arbeitsteiligen Baumaßnahmen beschränken, als er Folgendes ausführte:

> *„Denn nach den in der Rechtsprechung entwickelten Grundsätzen sind mehrere Personen (oder Firmen), die an einer gefahrenträchtigen Baumaßnahme beteiligt sind, untereinander verpflichtet, sich in zumutbarer Weise gegenseitig zu informieren und abzustimmen (…). Insbesondere dann, wenn erkennbar Sicherungsmaßnahmen erforderlich sind, die vor Beginn der eigentlichen gefahrträchtigen Handlung durchgeführt werden müssen, muss sich der für die Gefahrenquelle Verantwortliche im Rahmen des ihm Zumutbaren vergewissern (…) und darf nicht blindlings darauf vertrauen, dass dies auch zutrifft."*[69]

Nach alledem bleibt festzuhalten, dass der Vertrauensgrundsatz bei arbeitsteiligem Vorgehen im Baugewerbe grundsätzlich anerkannt ist, sich nach der Rechtsprechung des BGH aber Einschränkungen ergeben. So ist ein Berufen auf den Vertrauensgrundsatz ausgeschlossen, wenn es sich um einen „einheitlichen Arbeitsvorgang" („Schwebebahn") handelt und lediglich eine interne Aufgabenteilung vorgenommen wird; in diesem Fall trägt jeder Einzelne die Verantwortung für das Gelingen der Gesamtaufgabe und kann sich nicht darauf berufen, er habe auf die ordnungsgemäße Erfüllung der (Teil-)Aufgaben durch seine Kollegen vertraut.[70]

---

68 BGHSt, 53, 38, 41 f.

69 BGHSt, 53, 38, 43.

70 Esser/Keuten, NStZ 2011, 314, 321.

Die zweite Einschränkung des Vertrauensgrundsatzes besteht zusammenfassend darin („Goldberger Walter-Husemann-Schule"), dass sich Arbeitnehmer nicht auf die ordnungsgemäße Erfüllung der ihnen zugewiesenen Aufgabe beschränken dürfen, wenn diese eng mit dem Tätigkeitsfeld anderer am Bau beteiligter Personen zusammenhängt und auf diesem aufbaut.[71]

Mit anderen Worten ist unter Berücksichtigung beider Ausnahmen für ein Berufen auf den Vertrauensgrundsatz erforderlich, dass die eigene Aufgabe klar abgrenzbar ist und keine untrennbare Verbindung zur Aufgabe eines anderen besteht.

IV. Fahrlässige Mitwirkung an Vorsatztaten Dritter

Ein weiterer Bereich, in dem die Anwendung des Vertrauensgrundsatzes in der Literatur diskutiert bzw. dogmatisch bemüht wird, ist die fahrlässige Mitwirkung an der Vorsatztat eines Dritten. Die Diskussion ist in den Bereich des Mitverschuldens Dritter einzuordnen und befasst sich mit der Frage, ob ein solches Mitverschulden den eigenen Fahrlässigkeitsvorwurf berührt bzw. einschränken kann. Dabei kann man verschiedene dogmatische Lösungsansätze vertreten. Die Palette reicht von einer Unterbrechung des Kausalverlaufs und der fehlenden Vorhersehbarkeit der Vorsatztat des Dritten bis hin zur heute herrschenden Lehre, die das Problem beim erlaubten Risiko und/oder dem Vertrauensgrundsatz verorten will und insbesondere Alltagshandlungen selbst dann, wenn sie in generell vorhersehbarer Weise von Dritten zur Begehung vorsätzlicher Taten missbraucht werden können, für erlaubt riskant bzw. vom Vertrauensgrundsatz gedeckt hält.[72]

Da sich die vorliegende Arbeit mit der „gewollten" Arbeitsteilung, also gerade nicht mit dem überraschenden Dazwischentreten eines Dritten, befasst, soll diese Diskussion hier nicht weiter vertieft werden.

C. Der Vertrauensgrundsatz bei Vorsatzdelikten

Einleitend bleibt zuletzt klarzustellen, dass der Vertrauensgrundsatz neben seiner dargestellten Anwendung bei Fahrlässigkeitsdelikten dogmatisch auch bei Vorsatztaten – und damit, wie im weiteren Verlauf dieser Untersuchung zu zeigen sein wird, konkret im Straftatbestand der Untreue – herangezogen werden kann.

Ausgangspunkt dieser Annahme ist eine im Vordringen befindliche Meinung namhafter Strafrechtslehrer, wonach der objektive Tatbestand des Vorsatzdeliktes

---

71 Esser/Keuten, NStZ 2011, 314, 321.

72 Vgl. LK-Vogel, § 15, Rn. 248.

auch die Voraussetzungen strafbarer Fahrlässigkeit enthält.[73] Begründet wird diese These zusammenfassend damit, „dass die Zurechnung zum objektiven Tatbestand die Verwirklichung einer vom Täter geschaffenen, nicht durch ein erlaubtes Risiko gedeckten Gefahr innerhalb der Reichweite des Tatbestands voraussetzt" und sich „in der Erfüllung des objektiven Tatbestands (…) stets schon eine fahrlässige – wenngleich nicht strafbare – Erfolgsherbeiführung (realisiert), so dass in jedem vorsätzlichen Delikt ein fahrlässiges darinsteckt".[74] Konsequenterweise muss aus diesem Grund der Vertrauensgrundsatz trotz seiner originären Entwicklung für den Fahrlässigkeitsbereich auch im objektiven Tatbestand eines Vorsatzdeliktes berücksichtigt werden können. Dafür spricht auch, dass zahlreiche Autoren den Vertrauensgrundsatz als ein allgemeingültiges Prinzip der Bestimmung von Sorgfaltspflichten und auch der objektiven Zurechnung ansehen wollen.[75]

An diese bereits etablierte, aber noch nicht auf Einzeldelikte heruntergebrochene Argumentation zur Anwendung des Vertrauensgrundsatzes bei Vorsatzdelikten will die vorliegende Arbeit anknüpfen und unter anderem aufzeigen, wie die oben dargestellten Aussagen zum Vertrauensgrundsatz konkret im Rahmen des Untreuetatbestandes fruchtbar gemacht werden können. Die Anwendung des Vertrauensgrundsatzes ist dann im Einklang mit obiger Auffassung auch bei der Untreue ein Prinzip zur Bestimmung der Sorgfaltspflicht und wird mitunter zur Ablehnung der „untreuerelevanten Pflichtwidrigkeit" führen.

Bevor aber unter anderem diese Überlegungen im Rahmen des dogmatischen 3. Kapitels untersucht werden können, soll zunächst der Blick auf das Vertrauen bei unternehmerischen Entscheidungen in rechtstatsächlicher Hinsicht gerichtet werden. Denn erst im Anschluss kann ein Vorschlag unterbreitet werden, wie das tatsächlich erforderliche Vertrauen dogmatisch geschützt werden kann.

---

73 So etwa Roxin, AT I, § 11, Rn. 49; Puppe, § 7, Rn. 1 ff.; Herzberg, JuS 1996, 377 ff.

74 Roxin, AT I, § 11, Rn. 49.

75 NK StGB-Puppe, vor § 13, Rn. 163 m.w.N.

2. Kapitel: Vertrauen bei unternehmerischen Entscheidungen einer Aktiengesellschaft in rechtstatsächlicher Hinsicht

Vertrauen spielt im täglichen Leben eines jeden Menschen eine tragende Rolle. Mag man bei dem Begriff des Vertrauens zunächst primär an den privaten Bereich, also zwischenmenschliche Beziehungen und Emotionen denken, so wird bei genauerer Betrachtung schnell deutlich, dass ein „aufeinander verlassen können" im beruflichen Alltag ebenso große Bedeutung besitzt. Die wenigsten Menschen sind in ihrem Privatleben Einzelgänger, ebenso verhält es sich in beruflicher Hinsicht. Die meisten Menschen haben auch beruflich Kollegen und sind somit nicht nur sich selbst verantwortlich.

Menschen sind auch in der Arbeitswelt aufeinander angewiesen; zu einer modernen Organisation gehört es dabei, dass man gemeinsam Dinge vorantreibt und nicht abgeschottet und isoliert arbeitet. Dieses gemeinsame Schaffen kann aber langfristig nur funktionieren, wenn sich die Beteiligten gegenseitig Vertrauen schenken. Vertrauen bedeutet Entlastung für den, der vertraut und somit eine Steigerung der Effizienz. Nur wer bereit ist, Angelegenheiten oder Entscheidungen aus der Hand zu geben und auf entsprechende Ergebnisse zu vertrauen, kann von Arbeitsteilung profitieren.

§ 1 Gestaltung der Organisation eines Unternehmens und damit einhergehendes Vertrauen

Ganz generell gilt, dass jedes zielgerichtete Zusammenwirken von Teilen eines Ganzen auf einer Ordnung beruhen muss, da ohne diese Ordnung Chaos herrscht und sich so komplexe Aufgaben nicht systematisch und zielgerichtet bewältigen lassen.[76]

Die Gestaltung der Organisation eines Unternehmens bestimmt daher, wie das gesamte Betätigungsfeld – die Gesamtaufgabe des Unternehmens – arbeitsteilig erfüllt werden kann.[77] Die Unternehmensleitung ist bemüht, den komplexen Prozess betrieblicher Leistungserstellung und Leistungsverwertung so zu strukturieren, dass die Effizienzverluste auf der Ausführungsebene minimiert werden.[78]

---

76 Vahs/Schäfer-Kunz, S. 233.

77 Hungenberg/Wulf, S. 178.

78 Wöhe/Döring/Brösel, S. 99.

Die Umsetzung der unternehmerischen Ziele, die Konzeption eines effizienten Handelns, soll durch Arbeitsteilung und die damit einhergehende Koordination so weit wie möglich auch tatsächlich erfolgen.

Bevor unter B. die Notwendigkeit von Vertrauen innerhalb der Organisation eines Unternehmens dargestellt werden kann, ist es unter A. erforderlich, sich mit den bestehenden Möglichkeiten betrieblicher Organisation, also den gängigen Möglichkeiten von Arbeitsteilung, vertraut zu machen. Da es sich dabei um allgemeine betriebswirtschaftliche Ansätze handelt, gelten die Ausführungen auch für eine Aktiengesellschaft.

A. Arbeitsteilung im Unternehmen

Ausgangspunkt der Arbeitsteilung ist, dass jeder Person eine bestimmte Teilaufgabe zugeordnet werden soll, sodass sich die Folgefrage stellt, wie eine solche Arbeitsteilung *organisatorisch* umgesetzt werden kann.[79]

Eine Annäherung erreicht man mit der Beantwortung der folgenden Fragen:

- Was sind die Grundbegriffe der Unternehmensorganisation?
- Wie werden sie in der heutigen Betriebswirtschaft praktisch umgesetzt?
- Was spricht für und wider die jeweilige Form der Arbeitsteilung?

I. Begriffsbestimmung

1. Unternehmensorganisation als Tätigkeit

Die Entwicklung und Umsetzung einer Unternehmensstrategie ist das zentrale Element der Unternehmenspolitik.[80] Nur wenn ein Unternehmen vorab Ziele definiert, die erreicht werden sollen, kann es diese Ziele mit Hilfe seiner Organisation auch erreichen.

Die Unternehmensorganisation als Tätigkeit trägt hierbei dafür Sorge, dass die jeweilige Strategie des Unternehmens bestmöglich umgesetzt werden kann.

Mit Hilfe der Unternehmensorganisation als Tätigkeit wird deshalb festgelegt, wie die Gesamtaufgabe des Unternehmens auf einzelne Bereiche, Abteilungen, Gruppen und letztlich Personen verteilt wird, wie diese Einheiten bei der Erfüllung der Aufgaben verfahren sollen und wie sich jede Einheit bei ihrer Aufgabenerfüllung mit anderen Einheiten abstimmen soll.[81] Organisation meint also

---

79 Thommen/Achleitner, S. 821.

80 Thommen/Achleitner, S. 1009.

81 Hungenberg/Wulf, S. 178.

zunächst die zielorientierte Schaffung von Regelungen zur dauerhaften Ordnung künftiger betrieblicher Tätigkeit.[82]

2. *Unternehmensorganisation als Zustand*

Nachdem diese Ordnung hergestellt wurde, lebt die Organisation in Form eines Zustandes – also als Ergebnis der oben genannten Schaffung – weiter.

Unternehmensorganisation als Tätigkeit ist demnach die Schaffung einer Ordnung, Unternehmensorganisation als Zustand das Bestehen einer Ordnung.[83]

Eine einmal bestehende Ordnung lässt sich in zwei Teilaspekte untergliedern: Zum einen die Aufbau-, zum anderen die Ablauforganisation.

a. Aufbauorganisation

Aufbauorganisation eines Unternehmens meint die Gestaltung der institutionellen Struktur von Aufgabenträgern.[84] Das Unternehmen wird also in aufgabenteilige, funktionsfähige Teileinheiten gegliedert und Kompetenz- und Unterstellungsverhältnisse werden geregelt.[85] Mit anderen Worten geht es um die Frage, auf welche Art und Weise Menschen im Unternehmen arbeitsteilig die anfallenden Aufgaben erfüllen, beziehungsweise ganz einfach formuliert: Wer macht was?

b. Ablauforganisation

Demgegenüber regelt die Ablauforganisation die zeitliche und räumliche Struktur der Aufgabenerfüllung; Aufgabenerfüllungsprozesse eines Unternehmens werden in sachlogischer, zeitlicher, räumlicher und mengenmäßiger Hinsicht beschrieben.[86] Wiederum vereinfacht geht es hier um die Frage: Wann wird was wo gemacht?

II. Betriebswirtschaftliche Grundsätze

Es ist heute allgemeine Meinung, dass durch Arbeitsteilung die Effizienz erheblich gesteigert werden kann. Mit dieser isolierten Erkenntnis lässt sich allerdings bei weitem noch nicht die Organisation eines modernen Unternehmens gestalten. Vielmehr muss diese grundsätzliche Erkenntnis auf die verschiedenen Gestaltungsmöglichkeiten innerhalb eines Unternehmens angewandt werden. Eine abschließende Darstellung der verschiedenen Spielarten der modernen Gestaltung

---

82 Wöhe/Döring/Brösel, S. 101.
83 Wöhe/Döring/Brösel, S. 101.
84 Hungenberg/Wulf, S. 178.
85 Bea/Schweitzer-Krüger, S. 182.
86 Bea/Schweitzer-Krüger, S. 182.

der Unternehmensorganisation würde den Umfang dieser – juristischen – Arbeit freilich sprengen. Allerdings ist es auch für den Juristen jedenfalls in den Grundzügen relevant, wie die Abläufe in einem modernen Unternehmen ausgestaltet sind, wenn er – wie im Rahmen dieser Arbeit – juristische Fragen mit betriebswirtschaftlichem Bezug klären möchte.

1. Gestaltungsparameter der Organisation

Obwohl es in der modernen Unternehmenspraxis sehr vielfältige organisatorische Einzellösungen gibt, mit deren Hilfe Unternehmen versuchen, Arbeitsteilung und Koordination zu regeln, lassen sich diese auf einige Idealtypen der Organisation zurückführen.[87] Je nachdem wie bestimmte organisatorische Gestaltungsparameter ausgeprägt und kombiniert werden, entstehen diese Idealtypen;[88] die vielfältigen Lösungen in der Praxis sind dann nichts anderes als der Versuch, unternehmensbezogen die Schwächen unterschiedlicher Grundmodelle zu reduzieren und die Stärken zu kombinieren.[89]

In Anlehnung an *Krüger*[90] werden drei Gestaltungsparameter der Organisation mit jeweils zwei Ausprägungen unterschieden:

Parameter 1 betrifft die *Aufgabenspezialisierung* und unterscheidet nach Verrichtungsgliederung und Objektgliederung. *Parameter 2* behandelt die Ausgestaltung der *Weisungsbefugnisse* nach dem Einlinien- oder Mehrliniensystem. Zuletzt bestimmt *Parameter 3* die Art der *Entscheidungsaufgaben* als Entscheidungszentralisation oder -dezentralisation.

Während *Krüger*[91] von den Idealtypen ausgehend die jeweiligen Parameter erläutert, erfolgt hier mit *Hungenberg* und *Wulf*[92] eine Annäherung von der anderen Seite: Ausgehend von den jeweiligen Gestaltungsparametern erfolgt im Anschluss eine Darstellung der Idealtypen.

a. Parameter 1: Aufgabenspezialisierung

Ausgangspunkt der Gestaltung der Organisation ist die Frage nach der Form der Arbeitsteilung, wobei zu entscheiden ist, auf welche Art und Weise die jeweiligen Aufgaben auf die verschiedenen Mitarbeiter verteilt werden. In jedem Fall

---

87 Hungenberg/Wulf, S. 186.

88 Hungenberg/Wulf, S. 186.

89 Krüger, S. 95.

90 Krüger, S. 95 ff., ebenso: Bea/Schweitzer-Krüger, S. 230 ff.; ebenso in Anlehnung an Krüger differenziert: Hungenberg/Wulf, S. 186.

91 Krüger, S. 95 ff., ebenso: Bea/Schweitzer-Krüger, S. 230 ff.

92 Hungenberg/Wulf, S. 186 ff.

werden in einem ersten Schritt zunächst die Aufgaben verteilt (organisatorischer Prozess, also „Tätigkeit“[93]) bevor es in einem zweiten (automatischen und somit logischen) Schritt zu einer Aufgabenspezialisierung kommt (organisatorisches Ergebnis, also „Zustand“).[94]

Auch wenn es somit in jedem Fall der Verteilung zu einer Spezialisierung kommt, heißt das nicht, dass es tatsächlich zu einer „echten“ Spezialisierung im Sinne einer inhaltlichen Arbeitsteilung kommt. Vereinfacht könnte man sagen, dass jeder Arbeiter durch die bloße Verteilung zu einem Spezialisten wird, völlig unabhängig davon, was die anderen Arbeiter erledigen.

aa. Mengenteilung

Exakt so verhält es sich nämlich bei der bloßen Mengenteilung. Im Rahmen der Mengenteilung wird die Gesamtaufgabe in inhaltlich identische Teilaufgaben zerlegt, sodass jede organisatorische Teileinheit jedenfalls sehr ähnliche - wenn nicht die gleichen - Aufgabeninhalte zu erledigen hat.[95] Eine solche Art der Verteilung bietet sich immer dann an, wenn ein Unternehmen im Rahmen seiner Gesamtaufgabe ein großes Volumen an (nahezu) identischen Aufgaben zu erfüllen hat.[96]

bb. „Echte“ Spezialisierung

(1) Artenteilung

Im Gegensatz dazu werden bei der Artenteilung die Aufgaben ihrer Art nach verteilt, was zu einer „echten“ Spezialisierung führt.[97] Zur Veranschaulichung könnte man sich die Arbeit an einem Fließband in einer Fabrik vorstellen, wobei sukzessive das Endprodukt entsteht.

Ausgehend von diesem Grundmodell gibt es eine Reihe von Möglichkeiten, nach welchen Kriterien bei der Aufgabenverteilung eine „echte“ Spezialisierung erreicht werden kann.

---

93 Mit diesem Zweisprung verhält es sich ähnlich wie oben die Unterscheidung zwischen „Unternehmensorganisation als Tätigkeit“ und „Unternehmensorganisation als Zustand“.

94 Hungenberg/Wulf, S. 186 f.

95 Burr/Stephan/Werkmeister, S. 180.

96 Burr/Stephan/Werkmeister, S. 180 mit dem Hinweis, dass beispielsweise das Unternehmen Airbus Rumpfkomponenten auf diese Art und Weise für alle Airbus-Flugzeugtypen parallel an den Standorten St. Naizaire, Hamburg und Nordenhan produziert. Ein weiteres Beispiel sind Versicherungsunternehmen, wobei die einzelnen Sachbearbeiter das inhaltlich identische Aufgabenspektrum erfüllen, verteilt nach den Nachnamen der Anfangsbuchstaben der Versicherungsnehmer.

97 Hungenberg/Wulf, S. 187.

In einem seiner Grundsatzwerke[98] beschreibt *Kosiol* unter anderem, nach welchen Merkmalen verschiedene Aufgaben im Rahmen einer Analyse zu gliedern sind. *Kosiol* geht hierbei von sechs Gesichtspunkten bei der Gliederung aus: nach den Verrichtungen, nach den Sachmitteln, nach den Objekten, nach dem Rang, nach der Phase und nach der Zweckbeziehung.[99] Allerdings sind die Merkmale „Funktion" und „Objekt" der unverzichtbare Kern einer Aufgabe und werden deswegen auch vorrangig zur Festlegung der Aufgabenspezialisierung herangezogen.[100] Unterschieden werden soll daher zwischen der funktionalen und der objektorientierten Spezialisierung.

(2) Funktionale Spezialisierung

Arbeitsteilung nach Funktionen liegt vor, wenn in den organisatorischen Teileinheiten Aktivitäten ähnlicher oder identischer Art gebündelt werden, sodass im Ergebnis die Anzahl der Tätigkeitsschwerpunkte darüber entscheidet, wie viele Organisationseinheiten notwendig sind.[101] So kann es beispielsweise auf einer übergeordneten Ebene die Einheiten „Beschaffung", „Fertigung" und „Vertrieb" geben, auf einer tieferen Ebene lässt sich dann zum Beispiel die „Fertigung" weiter untergliedern in „Bohren", „Fräsen" oder „Sägen".[102] Bezogen auf den einzelnen Arbeiter bedeutet dies, dass beispielsweise „Chef 1" ausschließlich für den Gesamtbereich „Beschaffung", „Chef 2" ausschließlich für den Gesamtbereich „Fertigung", „Mitarbeiter 1" ausschließlich für die Suche nach Händlern und „Mitarbeiter 2" ausschließlich für die Durchführung von Bohrarbeiten zuständig ist. Entscheidend ist, dass diese Arbeitsschritte an unterschiedlichen Objekten ausgeübt werden, also gerade keine Objektorientierung vorliegt.[103] Anschaulich wird dies erneut mit der Erweiterung von obigem Beispiel: Das entsprechende Unternehmen produziert Stühle und Tische. Bei einer funktionalen Spezialisierung ist „Chef 1" für die Beschaffung von Holz für Tische und Stühle verantwortlich. Welches Produkt mit dem beschafften Holz produziert wird, ist unerheblich. „Arbeiter 2" wiederum führt Bohrarbeiten durch – unabhängig davon, ob diese für Stühle oder für Tische notwendig sind.

98 Kosiol, Erich, Organisation der Unternehmung, 2. Aufl., Wiesbaden 1976.
99 Kosiol, S. 49.
100 Hungenberg/Wulf, S. 187.
101 Burr/Stephan/Werkmeister, S. 181.
102 Burr/Stephan/Werkmeister, S. 181.
103 Hungenberg/Wulf, S. 187.

(3) Objektorientierte Spezialisierung

Anders verhält es sich bei der objektorientierten Spezialisierung; hier orientiert sich die Arbeitsteilung an den Besonderheiten der Objekte, an denen die Aufgaben vollbracht werden.[104] Die Gliederung der Teileinheiten fasst hier Aufgaben zusammen, die auf einen bestimmten Gegenstand bzw. ein bestimmtes Sachgebiet gerichtet sind, typischerweise die drei Objekttypen „Produkte", „Regionen" und „Kunden".[105]

Um bei obigem Beispiel zu bleiben: Wiederum produziert das Unternehmen Tische und Stühle. „Chef 1" wäre hier aber verantwortlich für Stühle, „Chef 2" für Tische. Innerhalb ihres Objekts – in diesem Beispiel also ihres Produkts – hätten die beiden Chefs alle Funktionen, also Beschaffung, Fertigung und Vertrieb zu verantworten.

Ein weiteres Beispiel wäre es, wenn das entsprechende Objekt nicht das Produkt (Tisch oder Stuhl), sondern beispielsweise der Kunde wäre. „Chef 1" wäre also verantwortlich für die Großkunden, „Chef 2" für die kleineren Kunden. Wiederum müssten die beiden Chefs alle Funktionen verantworten und in diesem Beispiel sogar Stühle und Tische „produzieren", im Unterschied zu oben aber nur nach den Besonderheiten ihres Kundenstammes.

b. Parameter 2: Weisungsbefugnisse

Zweiter Parameter der Gestaltung der Organisation ist die Festlegung der Weisungsbefugnisse innerhalb einer Organisationseinheit. Ob die jeweilige Einheit nun nach den Grundsätzen der funktionalen oder der objektorientierten Spezialisierung gebildet wurde, ist dafür unerheblich. In jedem Fall müssen die Weisungsbefugnisse festgelegt werden, um die Aufgabenerfüllung in der jeweiligen Einheit zu sichern und eine möglichst reibungslose Abstimmung zu ermöglichen.[106] In der Betriebswirtschaft wird hierbei zwischen dem Einlinien- und dem Mehrliniensystem unterschieden.

aa. Einliniensystem

Das Einliniensystem ist dadurch gekennzeichnet, dass organisatorische Teileinheiten jeweils nur eine übergeordnete Instanz haben, diese über Weisungsbefugnisse verfügt und somit jeder Mitarbeiter genau einen direkten Vorgesetzten hat.[107]

---

104 Hungenberg/Wulf, S. 187.

105 Burr/Stephan/Werkmeister, S. 181.

106 Hungenberg/Wulf, S. 189.

107 Burr/Stephan/Werkmeister, S. 185.

Zur Veranschaulichung soll ein Beispiel dienen: Ein Unternehmen hat einen Geschäftsführer. Diesem sind drei Abteilungsleiter unterstellt und jedem der drei Abteilungsleiter ist wiederum ein Mitarbeiter unterstellt. In einem Einliniensystem sind die Mitarbeiter nur ihrem jeweiligen Abteilungsleiter verantwortlich, und nur der jeweilige Abteilungsleiter wiederum dem Geschäftsführer. Weisungsbefugnisse eines Abteilungsleiters gegenüber den Mitarbeitern eines anderen Abteilungsleiters bestehen gerade nicht. Der Vorteil dieses Systems ist die Eindeutigkeit der Kompetenzverteilung; die Weisungs- und Berichtskette entlang der vertikalen Organisation (und somit auch der vertikalen Arbeitsteilung) ist absolut transparent.[108] Ein negativer Aspekt dieses Systems ist allerdings, dass (je mehr Mitarbeiter ein Abteilungsleiter im Beispiel hat) hohe Belastungen bei der Koordination und Aufgabenverteilung entstehen.[109]

bb. Mehrliniensystem

Die gegenteilige Ausgestaltung der Weisungsbefugnisse beschreibt das Mehrliniensystem. Hier haben organisatorische Teileinheiten jeweils mehrere übergeordnete Instanzen, die allesamt über Weisungsbefugnisse verfügen, was spiegelbildlich dazu führt, dass jeder Mitarbeiter auch mehrere direkte Vorgesetze hat.[110] Jeder Vorgesetze ist auf bestimmte Funktionen oder Objekte festgelegt, wodurch Überschneidungen von Weisungsbefugnissen vermieden werden, die fachliche Kompetenz der Vorgesetzten erhöht wird und die Kommunikations- und Informationswege mit den Mitarbeitern verkürzt werden; problematisch ist hierbei aber dennoch, dass es gerade an der Klarheit des Einliniensystems fehlt, und somit oftmals eine Verunsicherung der Organisationsmitglieder die Folge ist.[111]

In obigem Beispiel wären nun also sämtliche Mitarbeiter sämtlichen Abteilungsleitern verantwortlich und auf der anderen Seite auch alle Abteilungsleiter gegenüber allen Mitarbeitern weisungsbefugt.

c. Parameter 3: Entscheidungsaufgaben (Dezentralisation und Zentralisation)

Dritter Parameter der Gestaltung der Organisation ist die Verteilung der Entscheidungsaufgaben. Während der zweite Parameter „Weisungsbefugnisse" die Frage behandelt, wer das Recht hat, den organisatorischen Einheiten Vorgaben

108 Burr/Stephan/Werkmeister, S. 185.
109 Hungenberg/Wulf, S. 189.
110 Burr/Stephan/Werkmeister, S. 185.
111 Burr/Stephan/Werkmeister, S. 185.

zu machen, wird mit Parameter 3 festgelegt, welchen Umfang der sachliche Zuständigkeitsbereich des jeweiligen Vorgesetzten hat und damit zugleich, wie breit der Horizont des Entscheidungsgegenstandes angelegt ist.[112] Hier geht es also nicht mehr um die Frage, wer gegenüber wem weisungsbefugt ist, sondern vielmehr darum, ob und wenn ja in welchem Rahmen eine Entscheidungskompetenz delegiert werden kann. Delegation wird hierbei definiert als die Zuweisung von einer Instanz (Delegierender) an in der Regel untergeordnete Instanzen (Delegationsempfänger).[113] Dabei wird die Verteilung von Entscheidungsaufgaben auf die verschiedenen Führungsebenen eines Unternehmens auch unter dem Stichwort Dezentralisation und Zentralisation diskutiert.[114]

Als gegensätzliche Extrempunkte kann die Dezentralisation als die vollständige Verteilung von Entscheidungsaufgaben auf untergeordnete Hierarchieebenen, die Zentralisation als vollständige Bündelung in der Spitze des Unternehmens erklärt werden.[115]

Verlässt man diese Extrempunkte, wird die Delegation umso größer, je mehr Entscheidungskompetenzen auf die unteren Hierarchieebenen verteilt werden. In diesem Zusammenhang unterscheiden *Hungenberg* und *Wulf*[116] verschiedene Stufen der Dezentralisation zwischen den Extremen, wobei der Anknüpfungspunkt des jeweiligen Modells immer die Rolle der obersten Führungsebene ist:

Hat die oberste Führungsebene tatsächlich die *Rolle der Führung*, werden alle wesentlichen Entscheidungen von ihr selbst getroffen. Die Konsequenz ist dann ein hohes Maß an Zentralisation in der Unternehmensspitze. Steht hingegen die *Rolle der Koordination* im Mittelpunkt, trifft die oberste Führungsebene „nur" alle Entscheidungen zur Koordination der Teileinheiten im Unternehmen. Soll die *Rolle der Direktion* eingenommen werden, trifft die oberste Führung alle Entscheidungen zur Zielsetzung der Teileinheiten im Unternehmen. Die Koordination als solche übernehmen die Teileinheiten dann selbst. Beim Modell der *Rolle der Kohäsion* werden nur Entscheidungen getroffen, die für den Zusammenhalt der Teileinheiten im Unternehmen erforderlich sind. Zuletzt kann die oberste Führungsebene auch lediglich die *Rolle der Information* einnehmen. In diesem Fall trifft sie keinerlei Führungsentscheidungen, sondern sichert lediglich den Informationsaustausch zwischen den Teileinheiten. Die Folge im Unternehmen ist dann die absolute Dezentralisation.

112 Burr/Stephan/Werkmeister, S. 187.
113 Burr/Stephan/Werkmeister, S. 188.
114 Hungenberg/Wulf, S. 190.
115 Hungenberg/Wulf, S. 190.
116 Hungenberg/Wulf, S. 190.

Trotz dieser Darstellung der verschiedenen Möglichkeiten weisen *Hungenberg* und *Wulf* darauf hin, dass aus theoretischer Sicht in einem Unternehmen die absolute Dezentralisation nicht denkbar ist, da in diesem Fall alle Entscheidungen vom jeweiligen Aufgabenträger autonom zu treffen wären, was gerade für das arbeitsteilige Handeln von Wirtschaftssubjekten auf Märkten typisch ist; streng genommen läge dann gar kein Unternehmen mehr vor. Zutreffend erläutern sie, dass aber auch eine vollständige Zentralisation nicht zielführend ist, da jedenfalls Routineentscheidungen bis zu einem bestimmten Ausmaß bei den ausführenden Stellen verbleiben sollen.

2. *Idealtypen der Organisation*

Nach der Darstellung der Parameter der Organisation können nun die aus der jeweiligen Kombination folgenden Idealtypen der Organisation erläutert werden. Stochastisch ergeben sich acht Kombinationsmöglichkeiten bei drei Parametern mit je zwei Alternativen; mit *Krüger*[117] soll die Darstellung aber auf die drei relevanten Strukturmodelle beschränkt werden: die funktionale Organisation, die divisionale Organisation und die Matrixorganisation.

a. Funktionale Organisation

Bei der funktionalen Organisation handelt es sich um eine verrichtungsorientierte (=funktionale Aufgabenspezialisierung im Sinne des 1. Parameters) Einlinienorganisation (2. Parameter) mit einer Tendenz zur Entscheidungszentralisation (3. Parameter).[118] Bezogen auf die Gliederung der Führungsebene bedeutet dies, dass unmittelbar unterhalb der Unternehmensführung nach den unterschiedlichen Aufgaben bzw. Funktionen unterschieden wird, die abhängig vom jeweiligen Leistungserstellungsprozess eines Unternehmens bestimmt werden.[119] Beispielsweise könnten so bei einem produzierenden Unternehmen auf der Ebene nach der Geschäftsführung die Funktionen Einkauf, Produktion und Absatz unterschieden werden. Ebenso wird dann auf den nachfolgenden Ebenen verfahren: Absatz könnte also wieder untergliedert werden in Marktforschung, Marketing und Vertrieb.

Um noch einmal auf die Parameter der Gestaltung zurückzukommen, bedeutet das weiterhin,[120] dass jeder Mitarbeiter nur von jeweils einem Vorgesetzten

117 Krüger, S. 95 ff.

118 Krüger, S. 95.

119 Hungenberg/Wulf, S. 192.

120 Zusammenfassend Krüger, S. 96.

Weisungen erhält, so genanntes Prinzip der Einheit der Auftragserteilung. Da zwischen den verschiedenen Funktionen zahlreiche produkt- und markenbezogene Interdependenzen bestehen (kein Bereich kann eigenständig und vollständig Marktleistung erbringen),[121] ist eine Abstimmung des „Großen Ganzen" notwendig, was wiederum dazu führt, dass die Entscheidungskompetenz in der Unternehmensspitze zentralisiert werden muss. Vor allem strategische Entscheidungen, die funktionsübergreifend und somit koordinierend getroffen werden müssen, aber auch die Beeinflussung operativer Entscheidungen obliegt hier in hohem Maße der Führung des Unternehmens.[122]

b. Divisionale Organisation

Auch bei der divisionalen Organisation werden die Weisungsbefugnisse im Einliniensystem ausgestaltet (1. Parameter), anders als bei der funktionalen Organisation ist dieses System hier aber objektorientiert (2. Parameter) und es besteht eine Tendenz zur Entscheidungsdezentralisation (3. Parameter).[123] Bezogen auf die Gliederung der Führungsebene bedeutet dies wiederum, dass unmittelbar unterhalb der Unternehmensführung die Organisationseinheiten (namensgebend auch Divisionen genannt) so zusammengefasst werden, dass sie gleichartige „Objekte" verantworten.[124] Nach welchem Objektmerkmal unterschieden wird, bestimmt sich nach den Anforderungen des Geschäfts des jeweiligen Unternehmens: mit *Krüger*[125] unterscheidet man typischerweise die Einteilung der Divisionen nach Produkten, nach Regionen oder nach Kundengruppen. Beispielsweise könnten so bei einem produzierenden Unternehmen auf der Ebene nach der Geschäftsführung die „Objekte" Produkt 1, Produkt 2 und Produkt 3 oder Asien, Europa und Amerika oder Großhandel, Fachhandel und Selbstbedienungshandel die verschiedenen Divisionen bezeichnen. Um auch hier noch einmal auf die Parameter der Gestaltung zurückzukommen, bedeutet das zunächst auch hier,[126] dass jeder Mitarbeiter nur von jeweils einem Vorgesetzten Weisungen erhält. Anders als bei der funktionalen Organisation gibt es hier zwischen den einzelnen Divisionen deutlich weniger bereichsübergreifende Interdependenzen, da weitgehend vollständige Marktleistungen erbracht werden, es sich

121 Hungenberg/Wulf, S. 193.
122 Hungenberg/Wulf, S. 193.
123 Krüger, S. 100.
124 Hungenberg/Wulf, S. 195.
125 Krüger, S. 100.
126 Erneut zusammenfassend Krüger, S. 100 f.

also quasi um „Unternehmen im Unternehmen“ handelt.[127] Eine Abstimmung des „Großen Ganzen“ steht hier also nicht im Vordergrund, was dazu führt, dass gerade keine Notwendigkeit besteht, die Entscheidungskompetenz in der Unternehmensspitze zu zentralisieren. Genau aus diesem Grund ist eine Tendenz zur Dezentralisation zu beobachten, schließlich wurden die Divisionen gerade geschaffen, um Fachleute für die Besonderheiten ihrer Produkte, Regionen oder Kunden zu etablieren. Diesen Fachkräften sodann keine Entscheidungsbefugnisse einzuräumen, würde dem erstrebten Ziel dieser Organisationsform zuwiderlaufen. Gleichwohl verbleiben aber auch bei dieser Organisationsform jedenfalls die strategischen Führungsaufgaben in der Unternehmensspitze – auch die Divisionen unterliegen also einer einheitlichen Führung.[128]

c. Matrixorganisation

Als dritte Idealform ist die Matrixorganisation als einzige eine Mehrlinienorganisation (1. Parameter) mit gleichzeitiger Verrichtungs- und Objektorientierung (2. Parameter) und einer Tendenz zur Entscheidungsdezentralisation (3. Parameter).[129] Bezogen auf die Gliederung der Führungsebene bedeutet dies hier, dass unmittelbar unterhalb der Unternehmensführung auf der zweiten Hierarchieebene gleichzeitig nach Funktionen und Objekten gegliedert wird, sodass typischerweise eine funktionale Organisation die Grunddimension bildet, über die eine beispielsweise nach Produkten gegliederte Objektdimension gelegt wird.[130] Funktional könnte hier also zwischen den Aufgaben Einkauf, Produktion und Absatz unterschieden werden, die jeweils für Produkt 1, Produkt 2 und Produkt 3 verantwortlich sind. Umgekehrt sind die jeweiligen Produktbereiche aber auch für alle drei Unternehmensfunktionen verantwortlich. Um wieder auf die Parameter der Gestaltung zu kommen, bedeutet das im Unterschied zu den ersten beiden Idealformen,[131] dass jeder Mitarbeiter nun von zwei gleichberechtigten Vorgesetzten Weisungen erhält. Im Beispiel erhalten die betroffenen Mitarbeiter also Weisungen vom zuständigen Abteilungsleiter für die Funktion Einkauf als auch vom zuständigen Abteilungsleiter für die Division des jeweiligen Produktes. Zusammenfassend entsteht also ein System von zwei sich kreuzenden Weisungslinien.[132] Entscheidungsdezentralisation besteht bei der Matrixorganisation insoweit, als dass diese im Verhältnis der

127 Hungenberg/Wulf, S. 196.
128 Hungenberg/Wulf, S. 197.
129 Krüger, S. 100.
130 Krüger, S. 111.
131 Erneut zusammenfassend Krüger, S. 111 f.
132 Krüger, S. 111.

ersten zur zweiten Hierarchieebene gegeben ist, eine weitergehende Dezentralisation ist aber nicht möglich, ohne die Funktionsfähigkeit der Matrix zu gefährden.[133] Gegenüber der Unternehmensleitung haben also sowohl die Funktionsleiter als auch die Divisionsleiter Entscheidungsbefugnisse, die dazwischen für beide „im Kreuz" agierenden Mitarbeiter hingegen nicht.

III. Vorteile und Schwächen der jeweiligen Organisationsform

Nach der Darstellung der Funktionsweisen der verschiedenen Idealformen betrieblicher Organisation bleiben die jeweiligen Vorteile oder Schwächen zu klären, ehe es um die Notwendigkeit gegenseitigen Vertrauens geht.

1. Funktionale Organisation

Der große Vorteil der funktionalen Organisation liegt in der *Spezialisierung* auf einzelne Verrichtungen und dem damit einhergehenden Aufbau funktionsspezifischer Fähigkeiten, wobei die Begrenzung auf ein engeres Aufgabenspektrum das Sammeln von Erfahrungen und den Aufbau von Routinen vorantreibt.[134] Es werden also Experten im jeweiligen Fachgebiet ausgebildet. Daneben werden auch die Größenvorteile (Economies of Scale)[135] durch die Zusammenfassung realisiert, sodass die effiziente Nutzung der *Unternehmensressourcen* zweifellos als die zentrale Stärke bezeichnet werden kann. Davon abgesehen ist diese Organisationsform *flexibel* bezüglich quantitativer Umweltveränderungen[136] und durch die oben angesprochene Spezialisierung sehr *innovationsfähig* und funktionsbezogen *netzwerkfähig*.[137]

Gleichwohl ist die Trennung in einzelne Funktionsbereiche auch die Ursache für alle Schwächen der funktionalen Organisation: Die Trennung bringt sehr viele Schnittstellen im Unternehmen mit sich und erfordert dadurch erstens einen hohen Koordinations- und Kommunikationsaufwand und birgt zum anderen die Gefahr, dass Egoismus innerhalb und Rivalität zwischen den Funktionsbereichen entsteht, was letztlich dazu führen kann, dass aufgrund der Isolierung der Teilbereiche im Ergebnis niemand für den Gesamterfolg des Unternehmens, also die Gesamtleistung der Organisation, verantwortlich sein möchte bzw. auch tatsächlich verantwortlich zu sein scheint.[138]

---

133 Krüger, S. 111.

134 Burr/Stephan/Werkmeister, S. 197.

135 Bea/Schweitzer-Krüger, S. 231.

136 Zum Beispiel hinsichtlich der Anpassung der Produktionsmenge.

137 Bea/Schweitzer-Krüger, S. 231.

138 Burr/Stephan/Werkmeister, S. 197.

In erster Linie sollte die funktionale Organisation daher in überschaubaren Unternehmen mit einem relativ homogenen Produktprogramm eingesetzt werden, das unter vergleichsweise stabilen Umweltbedingungen operiert, was dazu führt, dass in der Praxis hauptsächlich kleine und mittelständische Unternehmen der Industrie dergestalt organisiert sind.[139] Für größere Unternehmen mit einer breiteren Produktpalette bestehen ganz unterschiedliche Anforderungen an die einzelnen Funktionsbereiche, sodass die Funktionsbereiche und auch die Unternehmensführung mit ihren strategischen Entscheidungen überfordert wären; in diesen Fällen ist daher eine Organisation mit stärkerem Objekt- bzw. Produktbezug notwendig.[140]

2. Divisionale Organisation

Unternehmen mit einer größeren Produktvielfalt organisieren sich daher divisional, da somit überschaubare, eigenständige Einheiten entstehen, die sich vollständig auf die Besonderheiten eines bestimmten Produktmarktes, eines regionalen Marktes oder einer Kundengruppe konzentrieren können; die zentrale Stärke der divisionalen Organisation ist also ihre *Marktorientierung*.[141] Wie oben bereits angesprochen, handelt es sich bei den Teileinheiten hier quasi um „Unternehmen im Unternehmen“, was den positiven Effekt mit sich bringt, dass aufgrund der damit einhergehenden Autonomie eine große strukturelle Flexibilität entsteht, zur Not also auch eine isolierte Restrukturierung einer einzelnen Division möglich ist.[142] Diese Autonomie bringt darüber hinaus Vorteile für die Unternehmensführung und die Ebene des darunter angesiedelten Managements:[143] Koordinationsaufgaben werden nicht an der Unternehmensspitze, sondern an der Spitze der Division durch die jeweiligen Manager getroffen, was sich für beide Seiten positiv auswirkt. Zum einen führt es zu einer Entlastung der Unternehmensführung, die somit in der Lage ist, das dadurch flexiblere Unternehmen besser zu steuern, zum anderen wird die Motivation der Manager gesteigert, da sie in ihrer Führungsposition auch tatsächlich unternehmerische Verantwortung genießen.

Wie bei der funktionalen Organisation beinhaltet allerdings auch hier die größte Stärke, nämlich die Marktorientierung durch die Aufspaltung in Divisionen, die Ursache für sämtliche Schwächen: Im Extremfall ist es nämlich notwendig, dass in jeder Division sämtliche Funktionen isoliert ausgeführt werden,

---

139 Hungenberg/Wulf, S. 193.
140 Burr/Stephan/Werkmeister, S. 198.
141 Hungenberg/Wulf, S. 197.
142 Hungenberg/Wulf, S. 197.
143 Hungenberg/Wulf, S. 197 f.

was einer effizienten Nutzung der Ressourcen massiv zuwiderläuft. Somit gehen Spezialisierungen bei den einzelnen Funktionen notgedrungen verloren.

Jedes Unternehmen wird daher wohl für sich entscheiden müssen, ob nach den jeweiligen Besonderheiten eine Spezialisierung (bzw. Ressourceneffizienz) hinsichtlich der Funktionen oder aber hinsichtlich der Objekte erfolgsversprechender für das Unternehmensziel ist.

3. *Matrixorganisation*

Dem kann man entgegenhalten, dass eine derartige Entscheidung entfällt, wenn sich das Unternehmen für eine Matrixorganisation entscheidet, ist doch gerade eine zentrale Stärke dieser Organisationsform, dass durch die Querschnittsregelung sowohl Markt- und Kundennähe als auch verbesserte Geschäftsprozesse bei den Funktionen erreicht werden.[144] Schließlich ist die Matrixorganisation gerade deshalb entstanden, um die Stärken der beiden eindimensionalen Organisationsformen zu kombinieren und ihre jeweiligen Schwächen zu vermeiden.[145] Allerdings besitzt die Matrixorganisation auch eigene, zusätzliche Schwachstellen: Das Konzept der Matrixorganisation soll eigentlich dafür Sorge tragen, dass die Konflikte, die sich daraus ergeben, dass Mitarbeiter mehrere gleich berechtigte Vorgesetzte haben, zu kreativen und produktiven Problemlösungen führen; in der Praxis sind allerdings eher organisatorische Machtkämpfe der Alltag, Entscheidungsprozesse werden somit verlangsamt und negative Einflüsse sowohl auf die Funktionsprozesse als auch auf die Marktorientierung des Unternehmens hervorgerufen.[146]

IV. *Organisatorische und geographische Verlagerung: „Outsourcing" und „Offshoring"*

Während in diesem Abschnitt bis jetzt der Frage nachgegangen wurde, auf welche Art und Weise die Arbeitsteilung durch die Organisation eines Unternehmens grundsätzlich gestaltet werden kann, also das Unternehmen in einzelne Bereiche untergliedert werden kann, kann es auch eine organisatorische Entscheidung sein, unternehmerische Funktionen und Prozesse gerade nicht (unmittelbar) einzugliedern, sondern vielmehr zu *verlagern*, die Arbeit also dergestalt zu verteilen, dass man sie nicht mehr unmittelbar selbst – oder nicht mehr am inländischen Standort – erledigt. So war in den letzten Jahrzehnten zu beobachten, dass zunehmend Unternehmen ihre traditionelle Art der Leistungserstellung verändert

144 Bea/Schweitzer-Krüger, S. 238.
145 Hungenberg/Wulf, S. 201.
146 Hungenberg/Wulf, S. 201.

und Teilaktivitäten aus dem Unternehmen ausgelagert oder diese Aktivitäten vom inländischen Standort auf einen ausländischen Standort übertragen haben.[147] Die Auslagerung aus dem Unternehmen selbst wird als organisatorische Verlagerung mit dem Begriff „Outsourcing“ und die Übertragung ins Ausland als geographische Verlagerung mit dem Begriff „Offshoring“ beschrieben.

1. „Outsourcing“

Der Begriff „Outsourcing“ stammt aus der amerikanischen Managementpraxis der 80er Jahre des vergangenen Jahrhunderts; es handelt sich hierbei um ein Kunstwort, das sich aus den Worten outside, resource und using zusammensetzt und demnach die „Nutzung externer Ressourcen“ bedeutet.[148] Mit anderen Worten schließen Unternehmen also Werk- oder Dienstverträge mit anderen Unternehmen ab, die dann als „Outsourcing-Partner“ agieren und wichtige administrative oder wertschöpfende Aufgaben übernehmen.[149] Die Aktivität des „Outsourcing-Partners“ kann sich also sowohl auf eine Dienstleistung als auch auf eine Tätigkeit in der Produktionskette des Unternehmens beziehen. Oftmals werden sogar nicht nur einzelne Teilaktivitäten des Unternehmens ausgelagert, sondern sogar ganze Prozesse oder Prozessketten.[150] Bezog sich die Auslagerung früher lediglich auf Randfunktionen des Leistungsspektrums, sind heute auch Kernfunktionen wie Entwicklung, Produktion und Vertrieb betroffen.[151] Als Grund für eine Auslagerung kommt ein ganzes Motivbündel des jeweiligen Unternehmens in Betracht, genannt seien die Erzielung von Kostenvorteilen, die Konzentration auf strategisch relevante Kompetenzfelder, die Steigerung der Qualität der ausgelagerten Teilfunktion oder das Streben nach Finanzierungsvorteilen und einer Risikobegrenzung.[152]

2. „Offshoring“

Im Unterschied zum „Outsourcing“ knüpft der Begriff „Offshoring“ nicht an eine organisatorische Auslagerung an, sondern an einen regionalen Aspekt, nämlich die Auslagerung an einen unternehmenseigenen Standort außerhalb des Heimatlandes des Unternehmens.[153] Insofern erfolgt die Leistungserbringung hier zwar

147 Hungenberg/Wulf, S. 218.

148 Hermes/Schwarz, S. 15; ebenso Macharzina/Wolf, S. 304.

149 Burr/Stephan/Werkmeister, S. 178.

150 Hungenberg/Wulf, S. 219 mit dem Hinweis, dass beispielsweise die BMW AG das Modell MINI Countryman von der österreichischen Magna Steyr AG fertigen lässt.

151 Hungenberg/Wulf, S. 219.

152 Macharzina/Wolf, S. 304 f.

153 Hungenberg/Wulf, S. 219.

im eigenen Unternehmen und dessen Organisation, aufgrund der sich ergebenden tatsächlichen Besonderheiten sei diese unternehmerische Organisationsentscheidung trotzdem isoliert genannt. Der Grund für eine Offshore-Entscheidung sind in der Regel die im Ausland günstigeren Rahmenbedingen, insbesondere bei den Faktorkosten wie beispielsweise den Lohnkosten.[154]

B. Notwendigkeit von Vertrauen innerhalb der Organisation eines Unternehmens

Nachdem unter A. geklärt wurde, auf welche Art und Weise Arbeitsteilung durch die Organisation eines Unternehmens erfolgen kann, schließt sich aus rechtstatsächlicher Sicht die Frage an, wo in der täglichen Unternehmenspraxis gegenseitiges Vertrauen notwendig ist. Während früher Personalführung weitgehend als reine Machtausübung verstanden wurde, wobei Führungspersonen die Aufgabe hatten, Anordnungen zu erteilen und bei deren Nichtbeachtung zu disziplinieren, herrscht heute ein geändertes Rollenverständnis:[155] Führungskräfte und Mitarbeiter stehen sich wesentlich gleichberechtigter gegenüber, man ist auf den guten Willen des anderen angewiesen.[156] Diese neue Haltung kann aber nur dann umgesetzt werden, wenn die Führungskräfte bereit sind, ihren Mitarbeitern Vertrauen zu schenken und umgekehrt. Gegenseitiges Vertrauen ist zwingend nötig, um arbeitsteilig zu handeln.[157] Wie verhält sich dies aber konkret in einem Unternehmen? Diese Frage soll die nachfolgende Untersuchung beantworten, zunächst auf der horizontalen Ebene (Kollegen gleicher Hierarchieebene), sodann auf der vertikalen Ebene (Über- bzw. Unterordnungsverhältnis) und zuletzt bei den Organisationsformen „Outsourcing“ und „Offshoring“.

Im vorliegenden Kapitel geht es dabei zunächst um die rein rechtstatsächliche Betrachtung, wann Vertrauen „notwendig“ ist. Unter welchen Voraussetzungen dieses Vertrauen aber gerechtfertigt ist, ob der Einzelne also vertrauen „darf“, ist demgegenüber Gegenstand des dogmatischen Teils dieser Arbeit.[158]

---

154 Hungenberg/Wulf, S. 219.

155 Laufer, S. 11 f.

156 Laufer, S. 12.

157 Vgl. Hannes, S. 180 („Die Besonderheit arbeitsteiligen Verhaltens (…) liegt darin, dass Handlung und Vertrauen untrennbar miteinander verknüpft sind. In arbeitsteiligen Prozessen lassen sich Handlung und Vertrauen nicht voneinander abschichten (…)“).

158 Vgl. dazu ausführlich das 3. Kapitel.

Da der Gestaltung der Organisation in der Praxis keine Grenzen gesetzt sind, ist es im Rahmen dieser Arbeit nicht möglich, eine einzelfallgerechte Untersuchung zu liefern, wo Vertrauen notwendig ist. Betrachtet werden sollen daher die oben beschriebenen Idealtypen der Organisation in ihrer jeweiligen Grundform.

Dies erfolgt anhand einer fiktiven Aktiengesellschaft, der so genannten „Vertrauens-AG".

Diese ist für den Fall der **funktionalen Organisation** folgendermaßen besetzt:

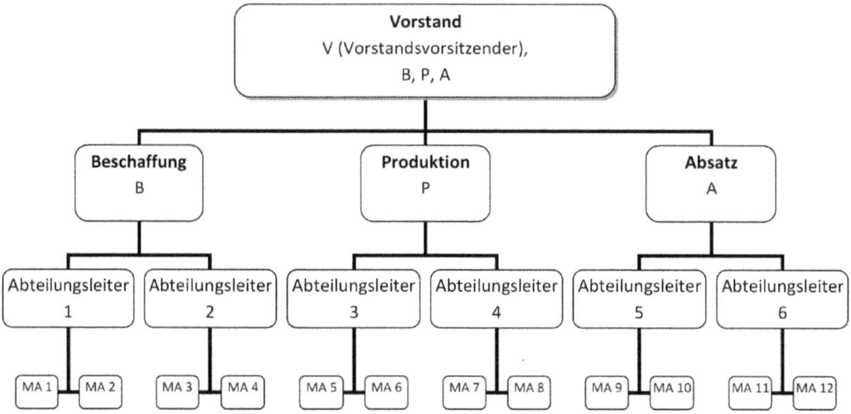

Bei **divisionaler Organisation** (hier nach Produkten) ergibt sich folgendes Organigramm der „Vertrauens-AG":

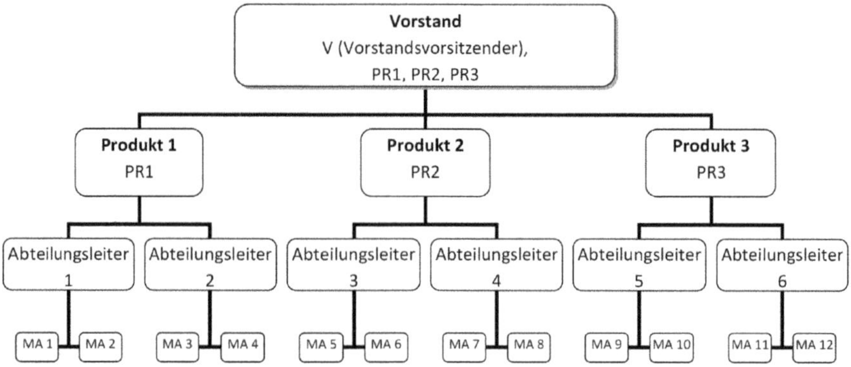

Für den Fall einer **Matrixorganisation** ergibt sich abschließend dieses Organigramm:

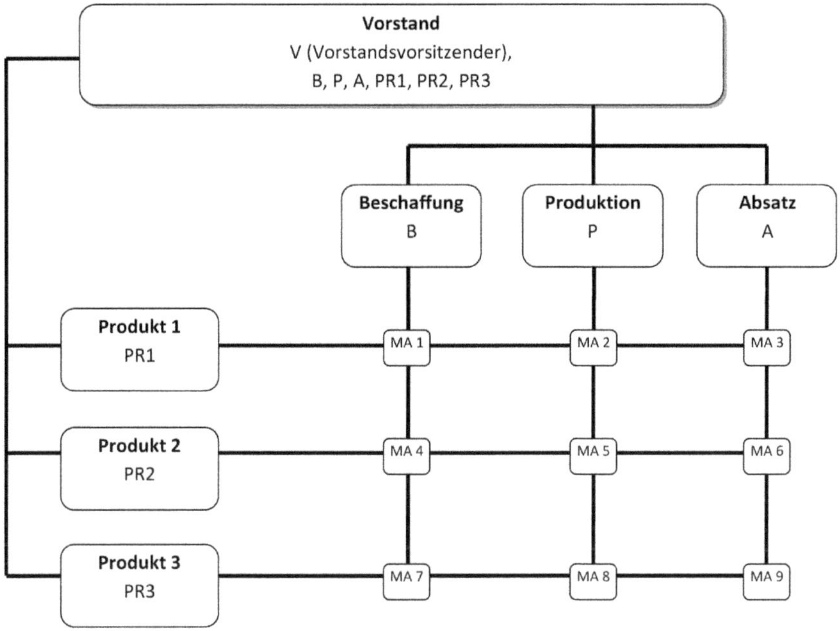

I. Horizontale Ebene

Gegenseitiges Vertrauen ist zunächst auf der horizontalen Ebene der Arbeitsteilung nötig. „Horizontal“ bedeutet, dass die handelnden Personen auf der gleichen Hierarchieebene angesiedelt sind. Die Arbeit wird hier also „nebeneinander“ verteilt. Ein Über- oder Unterordnungsverhältnis besteht nicht – die betreffenden Personen sind hierarchisch gleichberechtigte Kollegen.

1. Funktionale Organisation

Die „Vertrauens-AG“ besteht in dem hier gewählten Beispiel aus vier Hierarchieebenen.

Vertrauensbeziehungen sind insoweit denkbar innerhalb des Vorstands als Unternehmensführung, zwischen den Funktionsleitern, zwischen den Abteilungsleitern sowie zwischen den Mitarbeitern.

a. Vertrauen innerhalb des Gesamtvorstands bzw. zwischen den Funktionsleitern

Der Vorstand der fiktiven AG besteht aus 4 Personen: V ist der Vorsitzende des Vorstands, die übrigen drei Vorstandsmitglieder B, P, und A verantworten jeweils als Funktionsleiter eine Funktion des Unternehmens. Die erste Ebene der Hierarchie ist der Gesamtvorstand bestehend aus sämtlichen Vorstandsmitgliedern, die 2. Ebene stellen die einzelnen Ressorts dar unter Verantwortung jeweils eines Vorstandsmitglieds (mit Ausnahme des Vorsitzenden). B ist der Beschaffungsvorstand, P der Produktionsvorstand und A der für den Absatz zuständige Vorstand. Die Vorstände B, P und A sind also sowohl auf der obersten, als auch auf der zweiten Hierarchieebene als natürliche Personen angesiedelt, wobei mit der 2. Hierarchieebene gemeint ist, dass dort alleinige Entscheidungen mit Einzelgeschäftsführungsbefugnis im jeweiligen Ressort möglich sind.[159]

Vertrauen innerhalb der Unternehmensführung ist im Gesamtvorstand auf der obersten Ebene nötig, wenn eine gemeinsame Entscheidung aller Vorstandsmitglieder zu treffen, also ein Gesamtvorstandsbeschluss zu fassen ist. Vertrauen kann aber auch zwischen den Funktionsleitern auf der zweiten Hierarchieebene erforderlich sein.

aa. Vorbetrachtung: Gesamtvorstandsbeschlüsse einer AG / Einzelentscheidungen der Vorstandsmitglieder

In einer aktienrechtlichen Vorbetrachtung, die *für alle Organisationsformen gilt*, soll, um eine Basis für die nachfolgenden rechtstatsächlichen Ausführungen zu schaffen, dargestellt werden, wann die Vorstandsmitglieder einer AG gemeinsam und wann sie alleine eine Entscheidung treffen müssen bzw. können.

Da im ersten Teil der Arbeit zunächst eine rechtstatsächliche Betrachtung erfolgt, ist es bei dieser Vorbetrachtung ausreichend, *in Grundzügen* zu erläutern, wann die eine, wann die andere „Entscheidungsart“ erforderlich bzw. möglich

159 Möglich wäre es auch, die Vorstandsmitglieder als natürliche Personen nur auf der 1. Hierarchieebene zu verorten und dort zu unterscheiden, ob eine gemeinsame Entscheidung des Gesamtvorstands oder eine Einzelentscheidung getroffen wird. Da bei Einzelentscheidungen aber Kompetenzen des Gesamtvorstands auf einzelne seiner Mitglieder übertragen sind, erscheint die graphische Darstellung einer dahingehenden zweiten Hierarchieebene sachgerechter. Die „Doppelverortung“ der natürlichen Personen auf der 1. und 2. Hierarchieebene symbolisiert dabei auch zutreffend deren doppelte (und unterschiedliche) Aufgabe: einmal als Mitglied des Organs Vorstand, einmal als eigenverantwortlicher Ressortleiter.

ist. Dies ist zunächst ausreichend, um die *rechtstatsächliche Notwendigkeit* von Vertrauen beurteilen zu können.

Weitere Problemfelder in diesem Zusammenhang – insbesondere die Anforderungen an die jeweiligen Vorstandspflichten – werden erst im rechtsdogmatischen Teil der Arbeit relevant und dort vertieft behandelt.[160]

(1) Gesamtgeschäftsführung vs. Geschäftsverteilung

Gemäß § 76 Abs. 1 AktG hat der Vorstand in eigener Verantwortung die Gesellschaft zu leiten. Grundsätzlich[161] kann er aus einer oder mehreren Personen bestehen, § 76 Abs. 2 S. 1 AktG. Besteht der Vorstand aus mehreren Personen, sind sämtliche Mitglieder nur gemeinschaftlich zur Geschäftsführung befugt, § 77 Abs. 1 S. 1 AktG. Danach dürfte der Vorstand einer Aktiengesellschaft nur dann handeln, wenn alle Mitglieder einstimmig der Maßnahme ausdrücklich oder konkludent zugestimmt haben.[162]

Da dies den Vorstand bisweilen handlungsunfähig machen könnte, erlaubt § 77 Abs. 1 S. 2 HS. 1 AktG das gesetzliche Modell der Gesamtgeschäftsführung durch flexiblere Lösungen zu ersetzen, was in der Satzung oder der Geschäftsordnung des Vorstands festgelegt werden muss.[163] Beispielsweise die SIEMENS AG hat in § 4 der Geschäftsordnung für den Vorstand[164] die Geschäftsverteilung geregelt. In Absatz 1 wird die Gliederung des Unternehmens in das Ressort des Vorstandsvorsitzenden sowie in funktionale und divisionale Ressorts festgelegt.[165] Bei der Organisation der SIEMENS AG handelt es sich demnach um eine Matrix.

---

160 Vgl. 3. Kapitel: § 2 C. II. 2. a. aa. und bb.

161 Bei Gesellschaften mit einem Grundkapital von mehr als drei Millionen Euro hat er aus mindestens zwei Personen zu bestehen, es sei denn, die Satzung bestimmt, dass er aus einer Person besteht, § 76 Abs. 2 S. 2 AktG.

162 Hüffer-Koch, § 77, Rn. 6; Hölters-Weber, § 77, Rn. 5; Henssler/Strohn-Dauner-Lieb, § 77, Rn. 3 f.

163 Hüffer-Koch, § 77, Rn. 9; abweichende Regelungsmöglichkeiten im Überblick unter Rn. 10; Henssler/Strohn-Dauner-Lieb, § 77, Rn. 6; Hölters-Weber, § 77, Rn. 6.

164 Geschäftsordnung für den Vorstand der Siemens Aktiengesellschaft in der ab 1. Oktober 2015 geltenden Fassung, abrufbar unter: www.siemens.com/investor/pool/en/investor_relations/downloadcenter/governance_geschaeftsordnung_vorstand.pdf (letzter Abruf: 06.02.2017).

165 „Der Vorstand ist gegliedert in das Ressort des Vorstandsvorsitzenden, die Vorstandsressorts mit Verantwortung für Divisions, die eigenständig geführte Unternehmenseinheit Healthcare und Regionen und in die Vorstandsressorts für die Unternehmensfunktionen Controlling and Finance, Human Resources (Arbeitsdirektor), Technology."

So ist es möglich, dass im Rahmen der Geschäftsverteilung einzelnen Funktionsleitern für ihre Bereiche auf der 2. Hierarchieebene die Geschäftsführungsbefugnis übertragen wird. Denkbar ist insofern beispielsweise eine Einzelgeschäftsführungsbefugnis mit funktions- oder spartenbezogener Beschränkung.[166] Welchen Umfang die jeweilige Geschäftsführungsbefugnis hat, ist eine Frage des Einzelfalls der jeweiligen Regelung in der Satzung oder der Geschäftsordnung des Vorstands.

Wichtig ist allerdings, dass, soweit eine derartige Einzelgeschäftsführung besteht, die übrigen Vorstandsmitglieder nicht von ihrer Gesamtverantwortung gemäß § 76 Abs. 1 AktG befreit sind – aus der Gesamtverantwortung des Vorstands als Organ folgt vielmehr eine allgemeine Aufsichtspflicht jedes Vorstandsmitglieds.[167]

(2) Grenze der Geschäftsverteilung

Die Möglichkeit der Geschäftsverteilung wird aber nicht grenzenlos gewährt: Trotz der Zulässigkeit von abweichenden Regelungen hinsichtlich der Geschäftsführungsbefugnis (also für die 2. Hierarchiestufe) müssen nämlich gewisse Mindestzuständigkeiten des Gesamtvorstands (also auf der 1. Hierarchiestufe) verbleiben. Der Gesetzgeber hat festgelegt, dass Aufgaben, die der Leitung des Unternehmens – und nicht nur der (bloßen) Geschäftsführung – zuzuordnen sind (*Leitungsaufgaben*), dem Vorstand als Kollegialorgan vorbehalten sind. Ausdrücklich festgelegt ist dies für die §§ 83, 90, 91, 92, 110 Abs. 1, 118 Abs. 2, 121 Abs. 2, 124 Abs. 3 S. 1, 170 und 245 Nr. 4 AktG.[168]

Delegationsfähig sind demnach nur Maßnahmen der (einfachen) Geschäftsführung, nicht aber solche der Leitung der Gesellschaft.[169]

---

166 Vgl. zur Vielfalt der Regelungsmöglichkeiten: Henssler/Strohn-Dauner-Lieb, § 77, Rn. 10; Hüffer-Koch, § 77, Rn. 10; Spindler/Stilz-Fleischer, § 77, Rn. 19; Hölters-Weber, § 77, Rn. 18.

167 Hölters-Weber, § 77, Rn. 31; Mü-Ko AktG-Spindler, § 77, Rn. 56; Hüffer-Koch, § 77, Rn. 15 f.; dazu im Einzelnen im rechtsdogmatischen Teil: „Aktienrechtliche Vorstandspflichten bei Entscheidung eines Kollegen mit Einzelgeschäftsführungsbefugnis im exklusiven Bereich seines Ressorts (Konstellation 1)."

168 Mü-Ko AktG-Spindler, § 76, Rn. 15; Hölters-Weber, § 76, Rn. 9; Hüffer-Koch, § 76, Rn. 9; im Gesetzeswortlaut finden sich Formulierungen wie „der Vorstand hat", „der Vorstand kann" etc.

169 Hüffer-Koch, § 76, Rn. 8; Henssler/Strohn-Dauner-Lieb, § 76, Rn. 5; Hegnon, CCZ 2009, 57, 58; vgl. Fleischer, ZIP 2003, 1, 2, der „die Ausarbeitung einer aktienrechtlichen Kernbereichslehre, die dem Vorstand allgemein angibt, welche Aufgaben er (…) übertragen darf und welche er als Gesamtorgan selbst wahrnehmen muss", herbeiwünscht.

(3) Die Rolle des Vorstandsvorsitzenden

Diese beiden „Entscheidungsarten" (Gesamtvorstandsbeschluss oder Einzelentscheidung mit Einzelgeschäftsführungsbefugnis) sind abschließend. Die Existenz eines Vorstandsvorsitzenden ändert daran nichts. Der Vorsitzende hat nämlich nicht – wie man vielleicht meinen könnte – grundsätzlich „das letzte Wort".[170] Er hat vielmehr de lege lata gerade keine Richtlinienkompetenz und keine Weisungsrechte gegenüber einfachen Vorstandsmitgliedern,[171] sondern ist mit anderen Worten lediglich primus inter pares.[172]

Nach dem deutschen Aktienrecht muss zwar ein Vorstand bestehen, nicht aber ein Vorstandsvorsitzender. Insofern beantwortet das Gesetz nicht die Frage, welche hervorgehobene Position ein Vorstandsvorsitzender haben könnte – einzig die Möglichkeit, dass gleichwohl ein Vorsitzender des Vorstandes vom Aufsichtsrat ernannt werden kann, ergibt sich aus § 84 Abs. 2 AktG.[173] Das Gesetz hilft daher bei der Frage nach der *Rolle* des Vorstandsvorsitzenden nicht weiter. Die Lösung findet man vielmehr in der Satzung der jeweiligen Aktiengesellschaft beziehungsweise in der Geschäftsordnung des Vorstands. Üblicherweise wird dort festgelegt, dass dem oder den[174] Vorstandsvorsitzenden zum einen eine Koordinations-, zum anderen eine Repräsentationsaufgabe[175] übertragen wird. So obliegt dem Vorstandsvorsitzenden in der Regel unter anderem die sachliche Koordination aller Vorstandsressorts,[176] was ihn dazu ermächtigt, jederzeit Auskunft über Angelegenheiten der einzelnen Ressorts einzuholen bzw. darüber

---

170 Das Alleinentscheidungsrecht des Vorstandsvorsitzenden wurde 1965 abgeschafft, vgl. Hüffer-Koch, § 77, Rn. 2; Hölters-Weber, § 77, Rn. 1; denkbar ist aber beispielsweise eine Regelung, dass bei Stimmengleichheit die Stimme des Vorstandsvorsitzenden den Ausschlag gibt, vgl. Wicke, NJW 2007, 3755, 3756 bzw. als Beispiel aus der Praxis § 7 Abs. 6 S. 3 der Geschäftsordnung für den Vorstand der Siemens AG.

171 Fleischer, ZIP 2003, 1, 8 m.w.N.

172 Wicke, NJW 2007, 3755, 3755.

173 So zum Beispiel § 9 der Satzung der Siemens AG: „Der Aufsichtsrat kann einen Vorsitzenden des Vorstands sowie einen stellvertretenden Vorsitzenden ernennen", abrufbar unter: www.siemens.com/investor/pool/en/investor_relations/downloadcenter/satzung_0102_1039422.pdf (letzter Abruf: 06.02.2017).

174 Die Deutsche Bank AG hatte in der Vergangenheit zum Beispiel 2 Vorstandsvorsitzende, damals festgelegt in § 3 Abs. 1 der Geschäftsordnung für den Vorstand der Deutsche Bank AG gem. Beschluss des Aufsichtsrats vom 21. Dezember 2015: „Der Vorstand hat zwei Vorsitzende".

175 Bisweilen wird der Vorsitzende auch als „Sprecher" des Vorstands bezeichnet.

176 Vgl. § 6 Abs. 1 S. 1 der Geschäftsordnung für den Vorstand der Siemens AG, § 3 Abs. 2 S. 1 der Geschäftsordnung für den Vorstand der Deutsche Bank AG.

informiert zu werden.[177] Darüber hinaus werden dem Vorstandsvorsitzenden häufig die Koordination der Einberufung der Vorstandssitzungen sowie deren Leitung übertragen.[178] Im Rahmen der Repräsentationsaufgabe ist der Vorstandsvorsitzende meistens der direkte Ansprechpartner für den Aufsichtsrat,[179] aber auch Repräsentant des Unternehmens in der Öffentlichkeit.[180]

bb. Vertrauen innerhalb des Gesamtvorstands

Nach dieser aktienrechtlichen Vorbetrachtung ist Vertrauen innerhalb des Gesamtvorstands rechtstatsächlich immer dann notwendig, wenn der Vorstand in seiner Gesamtheit tätig wird, also ein Gesamtvorstandsbeschluss zu fassen ist.

Bei der fiktiven – funktional organisierten – „Vertrauens-AG" wäre eine solche Beschlussfassung gemeinschaftlich von den Vorstandsmitgliedern V (Vorsitz), B (Beschaffung), P (Produktion), und A (Absatz) zu treffen. Angenommen der Gesamtvorstand müsste eine gemeinsame Entscheidung auf dem Sektor des Absatzes treffen, ist rechtstatsächlich davon auszugehen, dass A aufgrund seiner Ressortzuständigkeit und der entsprechenden Einzelgeschäftsführungsbefugnis auf der 2. Hierarchiestufe weitaus größeres Fachwissen als seine drei Vorstandskollegen hat. Insofern ist es auch nachvollziehbar, wenn die übrigen Vorstandsmitglieder bei ihrer Entscheidungsfindung auf das vorhandene Fachwissen des spezialisierten A zurückgreifen.

Ein derartiger Rückgriff auf das Fachwissen des jeweiligen Ressortleiters erfordert Vertrauen der fachfremden Vorstandsmitglieder. Und nur wenn man bei einem derartigen Rückgriff auf die eingeholten Informationen grundsätzlich vertrauen darf, können die mit der Ressortverteilung einhergehenden Synergie-Effekte im Vorstand auch entsprechend genutzt werden. Rechtstatsächlich ist es daher nicht empfehlenswert, dass sich jeder Vorstand in die fachfremden Ressorts bis ins Detail einarbeiten muss, da andernfalls die Effizienz der gerade bezweckten Arbeitsteilung verloren ginge. Würden sich alle Vorstände in alle Bereiche des Unternehmens gleichermaßen einarbeiten, wären sämtliche Überlegungen zur effizienten Organisation eines Unternehmens obsolet. Gerade die Entscheidung für eine funktionale Unternehmensorganisation macht auch deutlich, dass es

---

177 Vgl. § 6 Abs. 2 der Geschäftsordnung für den Vorstand der Siemens AG, § 3 Abs. 2 S. 2 der Geschäftsordnung für den Vorstand der Deutsche Bank AG.

178 Vgl. § 7 Abs. 1 S. 1, Abs. 3 S. 1 der Geschäftsordnung für den Vorstand der Siemens AG.

179 Vgl. § 6 Abs. 4 der Geschäftsordnung für den Vorstand der Siemens AG.

180 Vgl. § 6 Abs. 3 der Geschäftsordnung für den Vorstand der Siemens AG, § 3 Abs. 3 der Geschäftsordnung für den Vorstand der Deutsche Bank AG.

tatsächlich gar nicht möglich ist, dass jede Führungskraft mit jeder Funktion des Unternehmens gleich intensiv verbunden ist. Die Trennung der einzelnen Funktionen des Unternehmens soll gerade ein effizienteres Handeln der Führungskräfte ermöglichen. Die funktionale Organisation soll gerade Spezialisten in der jeweiligen Unternehmensfunktion schaffen. Dies gilt auch auf der Ebene des Vorstands.

Insofern bestehen im Rahmen der Arbeitsteilung innerhalb des Unternehmensvorstands ähnliche tatsächliche Gegebenheiten wie im Bereich der arbeitsteiligen Medizin:[181] Denn unter den heutigen Bedingungen medizinischen Fortschritts und der damit verbundenen wissenschaftlichen Spezialisierung für alle Bereiche der Medizin ist auch dort Arbeitsteilung das Gebot der Stunde.[182] Nach dem im Medizinrecht geltenden Prinzip der Einzel- und Eigenverantwortlichkeit ist bei der Zusammenarbeit von Ärzten die Verantwortung teilbar und jeder Arzt nur für sein Fachgebiet verantwortlich.[183] Auch im medizinischen Bereich geht es also um eine Konstellation, in der mehrere Spezialisten synergetisch zusammenarbeiten, um dem Patienten einen Arzt des jeweiligen medizinischen Fachbereichs (= Unternehmensfunktion) zur Seite zu stellen und ihn dadurch optimal behandeln zu können. Krankenhausbehandlung wird heutzutage als Teamwork verstanden.[184] Gelingt diese Form der Arbeitsteilung, handelt es sich auch in einer Arztpraxis oder einem Krankenhaus (= Unternehmen) um effiziente Arbeitsteilung der beteiligten Ärzte (= Führungskräfte). Dies kann aber auch dort nur funktionieren, wenn sich nicht der jeweilige Arzt in das spezielle Feld des jeweils anderen Arztes „einarbeiten" muss. Die mit dem Prinzip der Arbeitsteilung verbundene Erwartung von Synergieeffekten erfüllt sich nur, wenn sich jeder Arzt auf seinen übertragenen Bereich konzentrieren kann.[185]

Fraglich ist, ob rechtstatsächlich im Gesamtvorstand auch dann Vertrauen notwendig sein kann, wenn eine Entscheidung zu treffen ist, die keinen direkten Bezug zu einem der eingerichteten Ressorts aufweist, also aufgrund der Organisation gerade kein Spezialist vorhanden ist. Dies ist denkbar, wenn eine Entscheidung des Gesamtvorstands getroffen werden soll, die aufgrund der funktionalen

181 Vgl. dazu 1. Kapitel: § 2 B. I.

182 Ulsenheimer-Bock, Rn. 178 m.w.N.

183 Zur Frage, ob auch dieser Grundsatz auf die Vorstandsmitglieder eines Unternehmens übertragen werden kann, vgl. 3. Kapitel: § 2 C. II. 2.

184 Ulsenheimer-Ulsenheimer, Rn. 876.

185 Handbuch Widmaier-Erlinger/Warntjen, § 50, Rn. 52 mit dem Hinweis, dass dies nur dann möglich ist, wenn „gleichzeitig für die an der Behandlung Beteiligten auch gewisse Haftungsbegrenzungen vorgesehen sind"; zur Haftungsbegrenzung vgl. 1. Kapitel: § 2 B. I.

Organisation keinem Ressort zugeordnet werden kann, weil sie den Kernbereich eines divisionalen (also hier nicht vorhandenen) Ressorts betreffen würde. Möglich wäre dies beispielsweise bei funktionaler Organisation für eine Entscheidung im Zusammenhang mit „Produkt 1". Denn aufgrund der funktionalen Organisation gibt es dann gerade keinen exklusiven Spezialisten für Produkt 1, sondern nur diverse Funktionsvorstände, die alle mit Produkt 1 beschäftigt sind, aber jeder nur im Zusammenhang mit seinem Funktionsbereich. In dieser Konstellation haben „Alle und Keiner" der Vorstandsmitglieder Spezialwissen, weil die Entscheidung nicht exklusiv einem Ressort zugeordnet werden kann.

Geht es aber um *Zusammenhänge mit dem eigenen funktionalen Ressort* ist dennoch davon auszugehen, dass der jeweilige Vorstand bei konkreten Fragen doch über Spezialwissen verfügen kann. Vertrauen der Kollegen kann also auch in diesem Fall notwendig sein, dann nicht aufgrund der funktionalen Organisation, aber aufgrund des natürlichen Bezugs der Entscheidung zum bestehenden Ressort – also rechtstatsächlich.

cc. Vertrauen zwischen den Funktionsleitern

Auf der zweiten Hierarchieebene der „Vertrauens-AG" sind die Vorstände B (Beschaffung), P (Produktion) und A (Absatz) als Funktionsleiter (also Vorstandsmitglieder mit Alleingeschäftsführungsbefugnis) angesiedelt.[186]

Mit der Entscheidung des Unternehmens für eine funktionale Organisation ist festgelegt, dass unterhalb des Vorstands funktional spezialisierte Ressorts angelegt werden. Diese Grundsatzentscheidung ist auch getragen von guten Gründen, wurden doch oben die Vorteile einer solchen Organisationsform dargestellt, insbesondere die Spezialisierung auf eine konkrete Unternehmensfunktion.[187] Stellt man nun die Frage nach der Notwendigkeit von gegenseitigem Vertrauen zwischen den Funktionsleitern, könnte man meinen, dass gerade durch die gewählte Separierung der Unternehmensfunktionen jeder Ressortleiter nur für den ihm übertragenen Bereich verantwortlich ist und es daher auf gegenseitiges Vertrauen nicht ankommen kann. Jeder kümmert sich um seinen Fachbereich. Dieser Ansatz ist grundsätzlich auch nicht abwegig, was ein Vergleich mit der Praxis bestätigt.

So heißt es beispielsweise in § 4 Abs. 5 der Geschäftsordnung für den Vorstand der SIEMENS AG:

---

186 Vgl. dazu Fn. 159.

187 Vgl. dazu 2. Kapitel: § 1 A. II. 2. a. bzw. III. 1.

> „Die Vorstandsressorts für die Unternehmensfunktionen haben im Rahmen ihrer Aufgaben (...) Richtlinienkompetenzen, Kontrollpflichten und Koordinationsaufgaben gegenüber allen Teilen des Unternehmens. Die Leiter der Unternehmensleitfunktionen (...) haben jeweils in Bezug auf ihre Funktionen uneingeschränkte fachliche Weisungsrechte gegenüber allen Teilen des Unternehmens. (...)"

Daran wird deutlich, dass den Ressortleitern zur Umsetzung der jeweiligen Unternehmensfunktion vom Gesamtvorstand Geschäftsführungsbefugnis übertragen wird, sodass grundsätzlich von einer gewissen Alleinverantwortlichkeit gesprochen werden kann. Genau dieses Ergebnis ist schließlich auch das Ziel einer funktionalen Organisation. Ein Organ bestehend aus den Funktionsmanagern der verschiedenen Ressorts auf der zweiten Hierarchieebene gibt es gerade nicht. Insofern haben die Funktionsleiter (in dieser Eigenschaft) generell keine gemeinsamen Entscheidungen zu treffen.

Festzuhalten ist daher, dass bei *isolierter Betrachtung* der zweiten Hierarchieebene keine horizontalen Vertrauensbeziehungen notwendig sind. Jeder Funktionsleiter verantwortet den ihm übertragenen Bereich, gemeinsame Entscheidungen sind grundsätzlich nicht vorgesehen.

Dieser Ansatz übersieht aber, dass die Funktionsleiter Mitglieder des Vorstands sind.

Nach obiger aktienrechtlicher Vorbetrachtung ist nämlich auch dann Vertrauen der übrigen Vorstandsmitglieder notwendig, wenn eine Einzelentscheidung auf der zweiten Hierarchieebene erfolgt. Dies gilt aufgrund des oben angeführten Umstands, dass alle Vorstandsmitglieder[188] Gesamtverantwortung besitzen – auch für Einzelentscheidungen der Kollegen mit Einzelgeschäftsführungsbefugnis, also hier auf der zweiten Hierarchieebene. Da die Vorstandsmitglieder rechtstatsächlich von dieser Gesamtverantwortung wissen, ist auch Vertrauen bei Einzelentscheidungen eines Funktionsleiters notwendig.

b. Vertrauen zwischen den Abteilungsleitern

Auf der dritten Hierarchieebene steht das Unternehmen erneut vor der Entscheidung, auf welche Art und Weise die (weitere) Arbeitsteilung erfolgen soll. Bleibt es bei einer funktionalen Organisation oder bietet sich ab hier vielmehr eine Produktorientierung oder sogar eine schlichte Mengenteilung zwischen

---

188 Also auch der Vorsitzende des Vorstands, obwohl er kein Ressort auf der zweiten Hierarchieebene leitet. Insofern könnte man das horizontale Vertrauen bei Einzelentscheidungen auch auf der ersten Hierarchieebene behandeln. Bei dieser Verortung würde man aber daran anknüpfen, wer vertrauen muss, und nicht wie hier, wer die Entscheidung trifft.

den Abteilungsleitern an? Wie zu zeigen ist, macht das aber für die Frage des Vertrauens zwischen den Abteilungsleitern keinen Unterschied. Um es vorwegzunehmen: Im Ergebnis ist zwischen diesen *kein horizontales Vertrauen notwendig*.

Anschaulich wird dies anhand gegensätzlicher Beispiele, wobei immer davon ausgegangen werden soll, dass die „Vertrauens-AG" ein Unternehmen ist, das Tische und Stühle herstellt. P ist dabei Funktionsleiter für die Produktion der Tische und Stühle. Ihm hierarchisch nachgeordnet sind Abteilungsleiter 3 und 4.

Denkbar wäre es zunächst, die funktionale Organisation auch auf der dritten Ebene beizubehalten und beispielsweise zwischen den Arbeitsschritten „Sägen" und „Leimen" funktional zu unterschieden. Abteilungsleiter 3 ist verantwortlich für den Produktionsschritt „Sägen", Abteilungsleiter 4 für das „Leimen". In der entsprechenden Abteilung befänden sich ausschließlich Fachkräfte für den jeweiligen Produktionsschritt.

Denkbar wäre ferner auf der dritten Ebene eine produktorientierte Organisation zu installieren und zwischen Tischen und Stühlen zu unterscheiden. In diesem Fall wäre Abteilungsleiter 3 verantwortlich für Tische, Abteilungsleiter 4 für Stühle. Nun befänden sich in beiden Abteilungen Fachkräfte sowohl für den Produktionsschritt „Sägen" als auch für den Produktionsschritt „Leimen".

Denkbar wäre zuletzt auch eine reine Mengenteilung auf der dritten Ebene. In diesem Fall wären beide Abteilungsleiter für das Sägen und Leimen von Tischen und Stühlen verantwortlich. Wiederum befänden sich in beiden Abteilungen beide Fachkräfte.

Bei funktionaler Aufspaltung nach den Arbeitsschritten „Sägen" und „Leimen" gibt es im Gegensatz zu divisionaler Organisation und Mengenteilung keine Überschneidungen zwischen den Abteilungen. Bei divisionaler Organisation wird nämlich in beiden Abteilungen gesägt und geleimt, bei Mengenteilung sind die Arbeitsschritte sogar exakt die gleichen.

Man könnte daher vermuten, dass es in den Fällen, wo es zu Schnittmengen zwischen den Abteilungen kommt (also bei divisionaler Organisation und Mengenteilung) auch auf gegenseitiges Vertrauen ankommen müsste. Denn während bei funktionaler Organisation die Abteilungsleiter völlig verschiedene Produktionsschritte verantworten, könnte man sich bei Überschneidungen wohl schon Entscheidungen bzw. Probleme vorstellen, die beide Abteilungsleiter gleichermaßen tangieren und es darauf ankommt, welche Einschätzung der jeweils andere Abteilungsleiter befürwortet.

Dieser Ansatz übersieht aber, dass es vorliegend um die Untersuchung von *notwendigem* – nicht: vielleicht sinnvollem – Vertrauen gehen soll.

Vertrauen ist nämlich nur dort horizontal *notwendig*, wo entweder eine gemeinsame Entscheidung getroffen werden muss oder man für die Entscheidung eines anderen (mit-)verantwortlich ist.

Beide Konstellationen sind bei der Betrachtung von Vorstandsmitgliedern erfüllt, liegen aber bei der Betrachtung der Abteilungsleiter gerade nicht vor.

Sie treffen weder eine gemeinsame Entscheidung noch sind sie für die Entscheidung des jeweils anderen verantwortlich. Eine „Gesamtverantwortung" trifft nur den Vorstand.

Zwischen den Abteilungsleitern ist daher kein gegenseitiges Vertrauen auf der horizontalen Ebene notwendig. Dies gilt vollkommen *unabhängig davon, ob eine funktionale oder eine alternativ ausgestaltete Organisation* der Arbeitsteilung auf der dritten Hierarchieebene vorliegt.[189]

c. Vertrauen zwischen den Mitarbeitern

Zu betrachten bleibt die letzte Hierarchieebene. Unabhängig davon, wie viele Zwischenebenen noch möglich sind (bei denen die gleichen Grundsätze gelten wie bei den Abteilungsleitern), soll hier diejenige Ebene gemeint sein, die ihrerseits keine Personalverantwortung mehr besitzt, sondern lediglich Anweisungen ausführt und gerade nicht weiter delegiert.

Auch hier gelangt man zu dem *gleichen Ergebnis wie bei den Abteilungsleitern.* Unabhängig davon, ob es Schnittmengen zwischen den Mitarbeitern gibt oder diese nur arbeitsteilig zusammenwirken, gibt es keine Situation, in welcher die Mitarbeiter gemeinsam eine Entscheidung treffen müssten oder für die Entscheidung eines Kollegen verantwortlich sind.

Insofern macht es erneut keinen Unterschied, nach welchen Grundsätzen der Arbeitsteilung auf dieser Ebene verfahren wird: *Notwendiges* horizontales Vertrauen besteht nicht.

2. Divisionale Organisation

Auch bei divisionaler Organisation besteht die „Vertrauens-AG" aus 4 Hierarchieebenen. Das Organigramm ist nahezu identisch mit dem einzigen Unterschied, dass es nun nicht die Funktionsvorstände B, P und A gibt. An deren

---

189 Aus diesem Grund erfolgte unter diesem Gliederungspunkt bereits ein Vorgriff auf die anderen Organisationsformen. Da sich die vergleichenden Gedanken hier anboten, erfolgt unten bei der jeweiligen Organisationsform nur noch ein Verweis nach oben.

Stelle treten die Divisionsvorstände PR1, PR2 und PR3, zuständig für Produkt 1, 2 bzw. 3. Diese sind zugleich Divisionsleiter auf der 2. Hierarchieebene.[190]

a. Vertrauen innerhalb des Gesamtvorstands

Hinsichtlich des notwendigen Vertrauens innerhalb des Gesamtvorstands kann auf die funktionale Organisation verwiesen werden. Der einzige Unterschied zu oben ist nämlich, dass hier keine Funktions-, sondern Produktressorts eingerichtet sind. Nur der Anknüpfungspunkt der Spezialisierung ist ein anderer.

Auch bei divisionaler Organisation handelt es sich daher bei den Vorstandsmitgliedern um Spezialisten mit besonderem Fachwissen in ihrem Bereich, das dem jeweils anderen fehlt. Jeder von ihnen hat den Überblick über (und die Verantwortung für) ein bestimmtes Produkt. Die Gemeinsamkeit (Spezialisierung) zwischen den beiden Organisationsformen ist daher für die Frage nach notwendigem Vertrauen wesentlich bedeutsamer als der festgestellte Unterschied (Anknüpfungspunkt der Spezialisierung).

Alle obigen Ausführungen gelten daher hier entsprechend.

Auch bei divisionaler Organisation ist Vertrauen innerhalb des Gesamtvorstands rechtstatsächlich immer dann notwendig, wenn der Vorstand in seiner Gesamtheit tätig wird und ein Gesamtvorstandsbeschluss zu fassen ist. Wurde oben auf spezielles funktionales Wissen zurückgegriffen, wird nun das Wissen zu einer bestimmten Division fruchtbar gemacht. Wie oben soll auch hier die Trennung in Divisionen zu mehr Effektivität führen.

Wie bei der funktionalen Organisation kann ferner rechtstatsächlich auch bei der divisionalen Organisation Vertrauen denkbar sein, obwohl eine Entscheidung getroffen werden soll, die aufgrund der divisionalen Organisation keinem Ressort zugeordnet werden kann, weil sie den Kernbereich eines funktionalen Ressorts betreffen würde. Denkbar wäre dies bei divisionaler Organisation beispielsweise für eine Entscheidung im Zusammenhang mit „Beschaffung". Denn aufgrund der divisionalen Organisation gibt es dann gerade keinen exklusiven Spezialisten für „Beschaffung", sondern nur diverse Experten hinsichtlich der Divisionen. Wie oben haben auch hier „Alle und Keiner" der Vorstände Spezialwissen, weil die Entscheidung nicht exklusiv einem bestehenden Ressort zugeordnet werden kann. Geht es aber um *Zusammenhänge mit dem eigenen divisionalen Ressort*, ist auch hier davon auszugehen, dass der jeweilige Vorstand bei konkreten Fragen doch über Spezialwissen verfügt. Gegenseitiges Vertrauen kann also auch in diesem Fall notwendig sein.

---

190 Vgl. Fn. 159.

b. Vertrauen zwischen den Divisionsleitern

Auch bei den Divisionsleitern (also Vorstandsmitgliedern mit Alleingeschäftsführungsbefugnis) auf der zweiten Hierarchieebene ergeben sich keine Unterschiede zu den obigen Ausführungen bei den Funktionsleitern bei funktionaler Organisation.

Bei der divisionalen Organisation erfolgt eine Separierung der Zuständigkeit nach verschiedenen Objekten (hier: nach Produkten), jeder Divisionsleiter ist auch hier grundsätzlich verantwortlich für seinen übertragenen Fachbereich, sodass bei *isolierter Betrachtung* der 2. Hierarchieebene *erneut kein horizontales Vertrauen* notwendig erscheint.

Wie oben sind die Divisionsleiter aber *Mitglieder des Vorstands,* sodass der Umstand zu beachten ist, dass sie als solche Gesamtverantwortung besitzen. Da die Vorstandsmitglieder rechtstatsächlich von dieser Gesamtverantwortung wissen, ist auch Vertrauen bei Einzelentscheidungen auf der zweiten Hierarchieebene notwendig. Das gilt somit unabhängig davon, ob funktionale oder divisionale Ressorts bestehen.

c. Vertrauen zwischen den Abteilungsleitern bzw. den Mitarbeitern

Hinsichtlich der Frage nach der Notwendigkeit von gegenseitigem Vertrauen zwischen den Abteilungsleitern sowie zwischen den Mitarbeitern ergeben sich ebenfalls keine Abweichungen zu oben. Auch hier könnte man auf der Ebene der Abteilungsleiter die verschiedenen Möglichkeiten der (weitergehenden) Arbeitsteilung durchspielen. Wie oben gesehen, kommt es darauf im Ergebnis aber gar nicht an.

Entscheidend ist erneut, dass es trotz möglicher Interessenschnittmengen sowohl horizontal zwischen den Abteilungsleitern als auch horizontal zwischen den Mitarbeitern der jeweiligen Abteilung weder gemeinsame Entscheidungen zu treffen gibt noch „Gesamtverantwortung" für die Entscheidung anderer besteht. Ob die betroffenen Personen nun in einem funktional oder einem divisional gegliederten Unternehmen tätig sind, ist dabei irrelevant.

3. *Matrixorganisation*

Gemeinsamkeiten *und* Abweichungen zu den beiden ersten Modellen ergeben sich, wenn ein Unternehmen als Matrixorganisation aufgebaut ist. Da es sehr viele Ausgestaltungsmöglichkeiten dieser Organisationsform gibt, soll hier das Grundmodell einer Matrixorganisation untersucht werden.[191] Im Unterschied zu

191 Vgl. das Organigramm am Anfang dieses Abschnitts.

den beiden anderen Organisationsformen werden hier nur 3 Hierarchieebenen unterschieden: der Vorstand, die Funktions- bzw. Divisionsleiter sowie die Mitarbeiter, die sich „im Kreuz“ zwischen den Leitern befinden.

a. Vertrauen innerhalb der Unternehmensführung

Anders als oben besteht der Vorstand der „Vertrauens-AG“ mit Matrixorganisation aus 7 Personen. Neben den von der funktionalen Organisation bekannten Funktionsleitern B, P und A sowie dem Vorsitzenden V kommen noch die Divisionsleiter PR1, PR2 und PR3 hinzu. Auch hier haben die 6 Ressortleiter Spezialwissen.

Die Erweiterung des Vorstands ändert also nichts daran, dass bei einem Gesamtvorstandsbeschluss Vertrauen auf das Spezialwissen eines Ressortleiters aus oben genannten Erwägungen notwendig ist. Im Unterschied zu oben existieren bei der Matrix schlichtweg mehr Spezialisten. An der Notwendigkeit von Vertrauen ändert dies aber nichts.

Ein möglicher Unterschied zu oben könnte sich aber daraus ergeben, dass es bei Installation einer Matrix Entscheidungen in der Schnittmenge zweier Vorstandsressorts geben kann. Diese Schnittmengen bestehen bei den anderen beiden Organisationsformen nicht, da dort nur eine „eindimensionale Gliederung“ gegeben ist. Entweder ist das Unternehmen nach Funktionen oder nach Objekten gegliedert. Bei der Matrix kommt es demgegenüber zu einer Kombination.

Zur Veranschaulichung: B ist für die Beschaffung im Allgemeinen – und damit für Produkt 1, 2 und 3 im Zusammenhang mit Beschaffung verantwortlich. PR1 wiederum ist für Produkt 1 im Allgemeinen verantwortlich – und damit wiederum für Beschaffung, Produktion und Absatz im Zusammenhang mit Produkt 1. Geht es nun also um eine Frage zur Beschaffung im Segment des Produktes 1, fällt dies sowohl in den Zuständigkeitsbereich von B als auch von PR1. Dies ändert aber nichts daran, dass sich in jedem Fall die fünf übrigen Vorstandsmitglieder, die weder mit Beschaffung noch mit Produkt 1 betraut sind, auf die Ausführungen von B und PR1 verlassen müssen, wenn das Unternehmen effizient funktionieren soll.

Insoweit ergeben sich keine Abweichungen zu oben; hier wird lediglich auf zwei Personen statt nur auf eine Person vertraut.

Interessant ist noch das direkte Verhältnis von B und PR1. B hat als Funktionsleiter einen besseren Überblick über die Beschaffung, er kennt daher die Besonderheiten bei Fragen im Zusammenhang mit der Beschaffung im Allgemeinen. PR1 hingegen ist der Fachmann für Produkt 1 und kennt daher die Besonderheiten bei Fragen im Zusammenhang mit Produkt 1 im Allgemeinen.

Insofern sind trotz der Schnittmenge *rechtstatsächlich Fälle denkbar*, in denen auch die beiden Spezialisten gegenseitig vertrauen müssen.

Diese Erkenntnis ist für die rechtstatsächliche Betrachtung zunächst ausreichend. Die dogmatische Betrachtung erfolgt im zweiten Teil der Arbeit.[192]

Festzuhalten ist, dass bei Gesamtvorstandsbeschlüssen auch in der Matrixorganisation Vertrauen notwendig ist.

b. Vertrauen zwischen den Funktions-/Divisionsleitern

Bezüglich des Vertrauens zwischen den Leitern auf der zweiten Hierarchieebene kann auf die Ausführungen bei den anderen beiden Organisationsformen verwiesen werden. Auch bei der Matrixorganisation verantworten die Funktions- bzw. Divisionsleiter ihr jeweiliges Ressort eigenverantwortlich und haben daher Einzelgeschäftsführungsbefugnis. Mag auch hier bei isolierter Betrachtung der 2. Hierarchieebene kein horizontales Vertrauen notwendig erscheinen, gilt das oben Gesagte zur Gesamtverantwortung aufgrund der Vorstandsmitgliedschaft erneut.

c. Vertrauen zwischen den Mitarbeitern „im Kreuz“

Hinsichtlich der Mitarbeiter ergeben sich keinerlei Abweichungen. Die Tatsache, dass diese in der Matrix „im Kreuz“ agieren, also sowohl gegenüber einem Funktions- als auch einem Divisionsleiter verantwortlich sind, ändert daran nichts, sondern wird erst für die Frage nach notwendigem Vertrauen auf vertikaler Ebene relevant.

4. Zwischenfazit: Vertrauen als Voraussetzung horizontaler Arbeitsteilung

Nach der rechtstatsächlichen Untersuchung auf horizontaler Ebene bleibt als Zwischenfazit festzuhalten:

Unabhängig davon, welches der drei Grundmodelle der Unternehmensorganisation gewählt wurde, kann eine horizontale Arbeitsteilung auf der Ebene des Vorstands nur dann effektiv funktionieren, wenn sich die betroffenen Personen zunächst bei *gemeinsamen Entscheidungen* vertrauen. Das Verteilen von Spezialaufgaben und damit das Zusammentreffen von Expertenwissen und die somit möglichen Synergie-Effekte innerhalb des Vorstands kann nur dann den gewünschten Ertrag liefern und nur so die oben beschriebenen Vorteile der Arbeitsteilung bewirken. Da dies für sämtliche Organisationsmodelle gilt, kann ein Unternehmen dieser rechtstatsächlichen Gegebenheit nicht „entkommen“; wer

192 3. Kapitel: § 2 C. II. 2. c. bb. (3).

arbeitsteilig handeln möchte, muss sich auf diese Konsequenz einlassen. Je nachdem, welche Organisationsform gewählt wurde, sind lediglich der Bezugspunkt der Spezialisierung und damit der Gegenstand des Vertrauens verschieden. In jedem Fall aber handelt es sich bei den verschiedenen Vorstandsressorts um Spezialbereiche mit der Konsequenz, dass die darin agierenden Personen tiefere Einblicke in die Materie besitzen als die Ressortfremden.

Dasselbe gilt bei Entscheidungen einzelner Ressortleiter im Rahmen ihrer Einzelgeschäftsführungsbefugnis, wenn beispielsweise keine Leitungsaufgabe vorliegt und deshalb ein Gesamtvorstandsbeschluss nicht erforderlich ist. Aufgrund der – trotz Geschäftsverteilung – bestehenden Gesamtverantwortung aller Vorstandsmitglieder muss auch in diesen Konstellationen dem entscheidenden Kollegen vertraut werden. Auch dies gilt unabhängig von der Organisationsform.

Anders verhält es sich aber horizontal auf den untergeordneten Hierarchieebenen, wenn kein Mitglied des Vorstands betroffen ist. Hier besteht – wiederum unabhängig von der Organisationsform – keine Notwendigkeit für gegenseitiges Vertrauen, weil – nicht zwingend – gemeinsame Entscheidungen zu treffen sind und keine „Gesamtverantwortung“ für die Entscheidung eines anderen besteht.

II. Vertikale Ebene

Auch auf der vertikalen Ebene der Arbeitsteilung ist gegenseitiges Vertrauen notwendig. Vertikal bedeutet, dass die handelnden Personen auf verschiedenen Hierarchieebenen, aber im gleichen Fachbereich angesiedelt sind. Oben wurde bei der horizontalen Ebene die Frage erörtert, wann Vertrauen auf die *fremde* Spezialisierung eines anderen Ressorts notwendig ist. Dies war unabhängig von der Art der Organisationsform im Ergebnis nur bei Gesamtvorstandsentscheidungen oder bei Gesamtverantwortung eines Vorstandsmitglieds für die Entscheidung eines anderen der Fall.

Auf vertikaler Ebene geht es demgegenüber nicht um das Vertrauen auf die *fremde* Spezialisierung, da diese ja gerade horizontal verteilt ist, sondern um Vertrauen auf die Mitarbeiter auf dem Feld der *eigenen* Spezialisierung, aber auf einer anderen Hierarchieebene.

Die Frage stellt sich deshalb, da nach betriebswirtschaftlichen Grundsätzen eine Delegation von Aufgaben an andere Hierarchieebenen erfolgt bzw. einer solchen zugearbeitet wird. Anweisungen zur Ausführung gibt dabei typischerweise die höhere an die niedrigere Hierarchieebene, Zuarbeit hingegen wird typischerweise von der niedrigeren für die höhere Ebene erbracht. Durch Delegation sollen die jeweiligen Ebenen entlastet werden.

Während auf der horizontalen Ebene also gerade die Frage beantwortet wurde, wann man sich bei einer Entscheidung auf die Einschätzungen „von links und rechts“ – also über den eigenen Fachbereich hinaus – verlassen muss, stellt sich bei der vertikalen Ebene die Frage, wann man den Ausführungen der Kollegen „von oben“ oder „von unten“ im gleichen Fachbereich vertrauen muss.[193]

Grundvoraussetzung der Notwendigkeit von Vertrauen ist auf vertikaler Ebene, dass eine Aufgabe erledigt werden muss, bei welcher man die Ausführungen eines anderen zur Grundlage seiner eigenen Einschätzung macht. Dabei können zwei Richtungen des Vertrauens unterschieden werden. Wird beispielsweise von einer höheren an eine niedrigere Hierarchieebene eine Anweisung gegeben, vertraut die niedrigere (ausführende) Ebene darauf, dass die Ausführung auch rechtmäßig erfolgen kann. Wird hingegen von der niedrigeren an die höhere Hierarchieebene eine Zuarbeit erbracht, vertraut die höhere Hierarchieebene auf die Richtigkeit der Zuarbeit. Mit anderen Worten kann im Organigramm des Unternehmens sowohl „von oben nach unten“ wie auch „von unten nach oben“ Vertrauen notwendig sein. Die Richtung des Vertrauens ist dabei stets entgegengesetzt zur Richtung der erbrachten Anweisung bzw. Zuarbeit, auf die sich das entgegengebrachte Vertrauen bezieht.

Ähnliche tatsächliche Gegebenheiten finden sich erneut im Bereich der arbeitsteiligen Medizin, da auch dort eine vertikale Zusammenarbeit zwischen Chefärzten und nachgeordneten Ärzten sowie zwischen der Ärzteschaft und dem Pflegepersonal stattfindet.[194] Insofern besteht auch im medizinischen Bereich die für die vertikale Arbeitsteilung typische hierarchische Struktur, bei der einerseits eine Unterordnung und Weisungsgebundenheit der Mitarbeiter gegenüber einer fachlich überlegenen und/oder arbeitsrechtlich vorgesetzten Person vorhanden ist und andererseits eine Delegation von Aufgaben von einer höheren auf eine niedrigere Hierarchieebene erfolgt.[195] Auch bei vertikaler Arbeitsteilung gilt in der Medizin das oben genannte Prinzip der Einzel- und Eigenverantwortlichkeit, sowohl zwischen Ärzten verschiedener Hierarchiestufen als auch zwischen Ärzten und nicht-ärztlichem Personal.[196] Erneut erfüllt sich die mit der – hier vertikalen – Arbeitsteilung verbundene Erwartung von Synergieeffekten nur,

193 Unter welchen rechtlichen Voraussetzungen man auf derartige Einschätzungen vertrauen „darf“, ist demgegenüber Gegenstand des dogmatischen Teils der Arbeit im 3. Kapitel.

194 Vgl. dazu 1. Kapitel: § 2 B. I.

195 Ulsenheimer-Bock, Rn. 202.

196 Handbuch Widmaier-Erlinger/Warntjen, § 50, Rn. 54.

wenn sich jeder an der Behandlung Beteiligte auf seinen übertragenen Bereich konzentrieren kann.[197]

1. Funktionale Organisation

Bei der funktionalen Organisation der „Vertrauens-AG" bleibt es nach wie vor bei den vier bekannten Hierarchieebenen, also dem Vorstand, den Funktionsleitern, den Abteilungsleitern sowie den Mitarbeitern. Bei Betrachtung des Organigramms der „Vertrauens-AG" ist Vertrauen in vertikaler Richtung daher grundsätzlich möglich zwischen Vorstand und Funktionsleitern, zwischen Funktionsleitern und Abteilungsleitern und zwischen Abteilungsleitern und Mitarbeitern. Dabei ist es ferner denkbar, dass eine Stufe „übersprungen" wird, wenn beispielsweise ein Mitarbeiter unmittelbar an ein Vorstandsmitglied berichtet bzw. diesem zuarbeitet.

a. Vertrauen zwischen dem Gesamtvorstand und den Funktionsleitern

Die Unternehmensführung der „Vertrauens-AG" besteht aus den Vorstandsmitgliedern V, B, P und A. Drei dieser vier natürlichen Personen sind zudem als Funktionsleiter auf der zweiten Hierarchieebene tätig, wobei die zweite Hierarchieebene dabei Einzelgeschäftsführungsbefugnis im jeweiligen Ressort meint.[198]

aa. Zunächst könnte bei Gesamtvorstandsbeschlüssen das Vertrauen des Vorstands in die Ausführungen eines Funktionsleiters notwendig sein. Aufgrund der Organisationsform untergliedert sich die „Vertrauens-AG" ab der zweiten Hierarchieebene in die drei Unternehmensfunktionen.

Notwendiges Vertrauen in die Informationen eines Funktionsleiters ist aber gerade die Folge der horizontalen Arbeitsteilung im Gesamtvorstand und wurde deshalb bereits oben behandelt.

Die graphische Aufbereitung des Organigramms erweckt insofern einen falschen Eindruck, wenn man meinen möchte, dass zwischen Gesamtvorstand und Funktionsleiter vertikales Vertrauen notwendig wäre. Vielmehr ist es so, dass der einzelne Funktionsleiter die von seinen Mitarbeitern vertikal erlangten Informationen im Gesamtvorstand an seine Vorstandskollegen weitergibt, weil er

---

197 Handbuch Widmaier-Erlinger/Warntjen, § 50, Rn. 52 mit dem Hinweis, dass dies nur dann möglich ist, wenn „gleichzeitig für die an der Behandlung Beteiligten auch gewisse Haftungsbegrenzungen vorgesehen sind"; zur Haftungsbegrenzung vgl. 1. Kapitel: § 2 B. I.

198 Vgl. Fn. 159.

selbst Mitglied des Gesamtvorstands ist. Zu diesen Kollegen (als natürliche Personen) besteht daher nur eine horizontale Beziehung. Die vertikale Beziehung symbolisiert nur den Aufbau des Unternehmens, nicht aber die Beziehung der natürlichen Personen zueinander.

bb. Während unter aa. die zeitliche Phase vor der Fassung eines Gesamtvorstandsbeschlusses behandelt wurde, befindet sich die zweite Konstellation, bei welcher der Gesamtvorstand den Funktionsmanagern Vertrauen entgegen zu bringen hat, zeitlich nach der Fassung eines Beschlusses durch den Gesamtvorstand. Gemeint ist das Vertrauen des Vorstands darauf, dass seine Beschlüsse auch ordnungsgemäß umgesetzt werden. Hat der Vorstand also beispielsweise im Rahmen seiner Gesamtgeschäftsführungsbefugnis eine Entscheidung getroffen, die im gesamten Unternehmen umzusetzen ist, sind unter Umständen alle Hierarchieebenen betroffen. In diesem Fall ist es dem Vorstand natürlich nicht möglich, diese Entscheidung im gesamten Unternehmen persönlich zu kommunizieren und auch deren Umsetzung zu kontrollieren. Genau daher ist in dieser Konstellation erneut Vertrauen des Vorstands in die Funktionsmanager als „Bindeglieder“ notwendig. Von der Unternehmensleitung erfolgen entsprechende Anweisungen zur Umsetzung ab der 2. Hierarchieebene.

Das Thema dieser Arbeit wurde allerdings eingekreist auf den Vertrauensschutz **bei** unternehmerischen Entscheidungen. Wurde eine Entscheidung bereits getroffen und bezieht sich das Vertrauen (nur noch) auf die Umsetzung des Beschlusses, geht es nicht mehr um die Frage, wann Vertrauen *bei einer Entscheidung* erforderlich ist. Denn in den zu behandelnden Konstellationen soll das Vertrauen die *Grundlage der Entscheidung* sein. Dies ist aber gerade nicht der Fall, wenn es – wie hier unter bb. – (nur noch) um die Umsetzung geht.

Da der rechtstatsächliche Teil aber eine Vorbetrachtung der Thematik darstellt, sollen gleichwohl auch solche Konstellationen aufgezeigt werden, die nicht im Fokus der Arbeit stehen. Der rechtstatsächliche Teil agiert daher auch als „Filter“ dafür, was im dogmatischen Teil zu untersuchen sein wird – und was gerade nicht.

cc. Rechtstatsächlich denkbar ist ferner auch die umgekehrte Konstellation, in welcher die Funktionsleiter dem Vorstand notwendigerweise vertrauen. Dies ist zum einen bei der Umsetzung von Gesamtvorstandsbeschlüssen des Vorstands der Fall. Schließlich muss nicht nur der Vorstand rechtstatsächlich darauf vertrauen, dass die Funktionsleiter die Gesamtvorstandsentscheidung ab der 2. Hierarchieebene auch umsetzen, sondern die Funktionsleiter müssen ihrerseits auch darauf vertrauen, dass sie diese Umsetzung nach den gesetzlichen Vorgaben überhaupt vornehmen bzw. veranlassen dürfen. Rechtstatsächlich ist insofern Vertrauen in die entsprechenden Anweisungen notwendig.

Während unter bb. vom Gesamtvorstand *in die Umsetzung* seines Beschlusses vertraut wurde, geht es hier um Vertrauen *bei der Umsetzung* eben dieses Beschlusses.

Auch dies ist aber keine Konstellation von Vertrauen bei einer Entscheidung.

b. Vertrauen zwischen den Funktionsleitern und den Abteilungsleitern

Für das Vertrauensverhältnis zwischen den Funktionsleitern und den Abteilungsleitern auf der 3. Hierarchieebene gilt Folgendes:

aa. Bei den Funktionsleitern laufen die Informationen aus dem jeweiligen Unternehmensbereich zusammen. Aufgrund der vertikalen Delegation berichten die Abteilungsleiter dabei an ihre direkten Vorgesetzten, die Funktionsleiter. Diese müssen auf die Informationen der Abteilungsleiter in zwei verschiedenen Konstellationen vertrauen:

Zunächst dann, wenn die Funktionsleiter die Informationen der Abteilungsleiter zur Grundlage einer eigenen Entscheidung im Rahmen der übertragenen Geschäftsführungsbefugnis machen. In diesem Fall vertraut der jeweilige Funktionsleiter abschließend in seiner Person auf die Ausführungen und Einschätzungen des Abteilungsleiters.[199]

Da die Funktionsleiter aber auch Mitglieder des Gesamtvorstands sind, müssen sie auf die Informationen der Abteilungsleiter auch dann vertrauen, wenn keine Einzelentscheidung getroffen wird, sondern die Informationen der Abteilungsleiter an den Vorstand im Vorfeld eines Gesamtvorstandsbeschlusses weitergegeben werden. Auch hier vertraut der Funktionsleiter auf die Zuarbeit „von unten", diesmal aber ohne eine eigene Entscheidung zu treffen. In diesem Fall ist der Funktionsleiter vielmehr ein „Sammelpunkt", ehe die Informationen an den Gesamtvorstand gelangen.

Die übrigen Mitglieder des Vorstands vertrauen dann aber nicht vertikal auf die Informationen des Abteilungsleiters, sondern vielmehr auf die Informationen, die ihnen horizontal von ihrem Vorstandskollegen (der seinerseits als Funktionsleiter vertikal auf die Zuarbeit „seines" Abteilungsleiters vertraut) zur Verfügung gestellt werden.

bb. Das oben erwähnte Vertrauen des Gesamtvorstands *in die Umsetzung* von Vorstandsbeschlüssen setzt sich zwischen den Funktionsleitern und den

199 Ob ohne weiteres vertraut werden „darf", ist Gegenstand des rechtsdogmatischen Teils der Arbeit, vgl. dazu 3. Kapitel: § 2 C. II. 1.

Abteilungsleitern fort: Der Vorstand vertraut darauf, dass die Funktionsleiter auf der nächsten Hierarchieebene seine Beschlüsse ordnungsgemäß umsetzen. Handelt es sich nun um einen Vorstandsbeschluss, der auch die Ebene der Abteilungsleiter berührt, ergibt sich die gleiche Situation für die Funktionsleiter. In diesem Fall müssen auch diese darauf vertrauen, dass wiederum die Abteilungsleiter auf der nächsten Hierarchieebene ihre Anweisungen (in der Folge des Vorstandsbeschlusses) ordnungsgemäß umsetzen.

Dieses Vertrauen ist zwar rechtstatsächlich notwendig, betrifft aber wie oben nicht die Konstellationen *bei einer Entscheidung*. Eine Behandlung im dogmatischen Teil ist daher nicht erforderlich.

cc. Umgekehrt ist auch hier rechtstatsächlich die Konstellation denkbar, in der die Abteilungsleiter den Funktionsleitern vertrauen müssen. Wie oben geht es dabei um das Vertrauen *bei Umsetzung* eines Gesamtvorstandsbeschlusses. Hier vertrauen die Funktionsleiter darauf, dass die Abteilungsleiter auf der nächsten Hierarchieebene die Vorstandsbeschlüsse weiter umsetzen. Die Abteilungsleiter ihrerseits müssen deshalb auch darauf vertrauen, dass sie die Anweisungen auch in rechtmäßiger Weise umsetzen dürfen.

Auch hier geht es aber nicht um Vertrauen *bei einer Entscheidung*; das oben Gesagte gilt entsprechend.

c. Vertrauen zwischen den Abteilungsleitern und den Mitarbeitern

Auch für das Vertrauensverhältnis zwischen den Abteilungsleitern und den Mitarbeitern auf der letzten Hierarchieebene kann in weiten Teilen auf das bisher gefundene Ergebnis zurückgegriffen werden.

aa. Auch die Mitarbeiter geben Informationen an die nächsthöhere Ebene an die Abteilungsleiter weiter. In der Folge gilt das zu den Funktionsleitern Gesagte erneut: Die Abteilungsleiter können auf Grundlage der Informationen der Mitarbeiter im Rahmen ihrer Geschäftsführungsbefugnis (sofern an sie weiter übertragen) entweder eine eigene Entscheidung treffen oder aber diese Informationen „nach oben" (im Ergebnis möglicherweise über die Funktionsleiter bis an den Gesamtvorstand) weitergeben. In jedem Fall ist Vertrauen in die Aussagen der Mitarbeiter notwendige Voraussetzung.

bb. Die Umsetzung der Vorstandsbeschlüsse kann sich bis auf die letzte Ebene der Hierarchie durchziehen. Insofern ist es denkbar, dass die Abteilungsleiter auch noch Vertrauen *in die ordnungsgemäße Umsetzung* durch ihre Mitarbeiter haben müssen.

Aber das oben Gesagte gilt auch hier, es handelt sich dabei nicht um Vertrauen bei einer Entscheidung.

cc. Entsprechendes gilt auch umgekehrt. Wenn die Mitarbeiter der letzten Ebene von Vorstandsbeschlüssen betroffen sind, diese also auch noch mit umsetzen sollen, müssen auch sie darauf vertrauen, dass diese Umsetzung im Einzelfall rechtmäßig ist. Auch sie müssen dann Vertrauen *bei der Umsetzung* haben.

Das oben Gesagte gilt erneut, es handelt sich auch in dieser Konstellation nicht um Vertrauen bei einer Entscheidung.

2. *Divisionale Organisation*

Für die divisionale Organisation ergeben sich für die Notwendigkeit von Vertrauen auf der vertikalen Ebene keinerlei Abweichungen zu den Erkenntnissen bei der funktionalen Organisation. Das Organigramm und somit die möglichen Vertrauensbeziehungen gestalten sich identisch. Auch hier erfolgt die vertikale Arbeitsteilung innerhalb eines Spezialbereichs, im Beispiel der „Vertrauens-AG" innerhalb der verschiedenen Produkte im Unterschied zu den verschiedenen Unternehmensfunktionen bei der funktionalen Organisation. Aufgrund dieses Gleichlaufs der vertikalen Arbeitsteilung können die Ausführungen von oben entsprechend herangezogen werden.

3. *Matrixorganisation*

Bei der Organisation eines Unternehmens in Form einer Matrix ergeben sich demgegenüber teilweise Abweichungen.

a. Vertrauen zwischen dem Gesamtvorstand und den Funktionsleitern/Divisionsleitern

Keine Abweichungen ergeben sich in Bezug auf die Notwendigkeit von Vertrauen zwischen der Unternehmensführung, also dem Vorstand, und der zweiten Hierarchieebene. Hier gilt das oben Gesagte entsprechend.[200]

b. Vertrauen zwischen den Funktionsleitern/Divisionsleitern und den Mitarbeitern

Abweichungen zur funktionalen und divisionalen Organisation können aber auf der Ebene zwischen den Funktionsleitern/Divisionsleitern und den Mitarbeitern der letzten Hierarchieebene bestehen, da diese „im Kreuz" als „Diener zweier Herren" agieren. Im Beispiel der „Vertrauens-AG" sind beispielsweise B und PR1 beide weisungsbefugt gegenüber Mitarbeiter 1. Dieser wiederum ist umgekehrt sowohl B als auch PR1 unterstellt und damit beiden verantwortlich.

---

200 Vgl. 2. Kapitel: § 1 B. II. 1. a.

Diese Überlagerung ändert aber zunächst nichts daran, dass ebenso hier grundsätzlich die oben genannten Konstellationen denkbar sind, lediglich mit dem Unterschied, dass die möglichen Vertrauensbeziehungen sowohl zwischen Mitarbeiter 1 und B, als auch zwischen Mitarbeiter 1 und PR1 bestehen können. Denn auch hier vertraut jeder der beiden Ressortleiter (oben waren es die Abteilungsleiter, die aber im Grundmodell der Matrix wegfallen) für seinen Fachbereich auf die Einschätzungen und Informationen des gemeinsamen Mitarbeiters (oben aa). Aufgrund dieser Informationen treffen sie sodann in ihrer Funktion als Ressortleiter auf der zweiten Hierarchieebene Einzelentscheidungen oder geben die Einschätzungen des Mitarbeiters im Gesamtvorstand, dem sie angehören, weiter.

Ebenso vertrauen auch hier die beiden Ressortleiter darauf, dass Mitarbeiter 1 im Rahmen des jeweiligen Fachbereichs Anweisungen zur Umsetzung von Gesamtvorstandsbeschlüssen auf seiner Ebene ausführt (Konstellation bb). Erneut handelt es sich um Vertrauen *in die Umsetzung* und nicht *bei einer Entscheidung*.

Auch für das Vertrauen von Mitarbeiter 1 *bei der Umsetzung* ändert sich nichts (Konstellation cc.). Problematisch wäre in diesem Zusammenhang jedoch eine Situation, in welcher Mitarbeiter 1 gegenteilige Weisungen erhält und sich entscheiden muss, welche er befolgt bzw. welchem Vorgesetzten er vertraut. Da es sich dabei, wie oben bereits ausgeführt, aber nicht um eine Konstellation von Vertrauen **bei** einer Entscheidung handelt, sollte dieses Problem zwar zur Vollständigkeit genannt, in der vorliegenden Arbeit aber nicht vertieft werden, da es nicht das eingekreiste Themenfeld betrifft. Trotz dieses Gleichlaufs der möglichen Konstellationen könnte sich aufgrund der Besonderheiten der Matrix ein Unterschied ergeben. Schließlich bestehen die jeweiligen Vertrauensbeziehungen bei dieser Organisationsform jeweils in *doppelter Ausführung*, sodass man die Frage aufwerfen könnte, ob dies Konsequenzen für die jeweilige Vertrauensbeziehung haben könnte. Mit anderen Worten: Ist das Vertrauen von B in die Informationen von Mitarbeiter 1 weniger (schützens-)wert, da er weiß, dass dieser auch PR1 verantwortlich und ihm somit nur mit der *Hälfte seiner Kapazität* verpflichtet ist?

Diese Frage ändert aber nichts an der rechtstatsächlichen Notwendigkeit von Vertrauen. Eine Beurteilung der Qualität des jeweiligen Vertrauens oder die Reichweite des Vertrauensschutzes im Einzelfall ist gerade keine Frage der rechtstatsächlichen Gegebenheiten, sondern von deren rechtlicher Beurteilung. Die aufgeworfene Problematik wird daher im dogmatischen Teil dieser Arbeit zu klären sein.[201]

---

201 3. Kapitel: § 2 C. II. 1. c.

4. *Zwischenfazit: Vertrauen als Voraussetzung vertikaler Arbeitsteilung*

Nach der rechtstatsächlichen Untersuchung auf vertikaler Ebene bleibt als Zwischenfazit festzuhalten: Unabhängig von der gewählten Organisationsform des Unternehmens sind auch vertikal Vertrauensbeziehungen notwendig und zwar sowohl von höheren zu niedrigeren Ebenen als auch umgekehrt.

Bei einer Entscheidung ist vertikales Vertrauen immer dann notwendig, wenn auf einer höheren Ebene auf die Zuarbeit einer nachgeordneten Ebene vertraut wird. Ob es sich dann um eine Einzelentscheidung eines Ressortleiters oder um die Weitergabe der Informationen für einen Gesamtvorstandsbeschluss handelt, spielt für die grundsätzliche Notwendigkeit von vertikalem Vertrauen keine Rolle. Anzumerken ist aber, dass bei einem Gesamtvorstandsbeschluss nur der jeweilige Ressortleiter vertikal vertraut, die übrigen Vorstandsmitglieder demgegenüber horizontal gerade diesem Ressortleiter (und nicht dessen vertikalen Mitarbeitern) vertrauen.

Vertikales Vertrauen ist ferner *in die Umsetzung* bzw. *bei der Umsetzung* von Gesamtvorstandsbeschlüssen erforderlich. Da dieses Vertrauen aber nicht Grundlage einer Entscheidung, also nicht *bei einer Entscheidung* notwendig, ist, sollten diese Fälle zwar rechtstatsächlich festgestellt, im dogmatischen Teil der Arbeit aber nicht weiter vertieft werden.

Bei allen Organisationsformen konnte daher festgestellt werden, dass Vertrauen auch die Voraussetzung vertikaler Arbeitsteilung ist. Unabhängig von der Frage, welcher Anknüpfungspunkt der Spezialisierung gewählt wurde, wird innerhalb des Fachbereichs über die verschiedenen Ebenen der Hierarchie arbeitsteilig zusammengewirkt. Die damit angestrebte Entlastung der jeweiligen Ebene kann nur dann umgesetzt werden, wenn auch den über- oder untergeordneten Kollegen vertraut wird. Nur so bringt die Arbeitsteilung den gewünschten Mehrwert hinsichtlich der Effizienz des Unternehmens.

III. Outsourcing und Offshoring

Zu klären bleibt, ob die oben beschriebenen Sonderformen Outsourcing und Offshoring auch Besonderheiten hinsichtlich der rechtstatsächlichen Notwendigkeit von Vertrauen mit sich bringen.

1. Outsourcing

Beim Outsourcing werden Teile der Leistungserbringung an Drittunternehmen abgegeben. Werden nun im eigenen Unternehmen Entscheidungen getroffen, die gerade auf der externen Zuarbeit beruhen, beziehungsweise mit der Zuarbeit im Zusammenhang stehen, können auch hier Vertrauensbeziehungen notwendig sein.

Wo aber besteht der Unterschied des Vertrauens zu Outsourcing-Partnern zu demjenigen Vertrauen, das internen Mitarbeitern – wie oben bei der vertikalen Arbeitsteilung beschrieben – entgegengebracht werden muss? Anknüpfungspunkt ist gerade die Besonderheit des Outsourcings, nämlich dass eine Verlagerung aus der Organisation des Unternehmens erfolgt. Neben den oben erwähnten Vorteilen sind damit schließlich auch diverse Risiken für das Unternehmen verbunden, welche wiederum spezielle Anforderungen an das Vertrauen der Entscheidungsträger des auslagernden Unternehmens stellen. Risiken des Outsourcings sind unter anderem die Gefahr von Abhängigkeitseffekten sowie von Leistungs- und Qualitätsdefiziten.[202]

Beim Outsourcing werden oftmals neben den Geschäftsprozessen selbst auch Personal und unternehmensspezifische Sachgüter an den Outsourcing-Partner übertragen, was dazu führt, dass sich das auslagernde Unternehmen in eine Abhängigkeit zum Outsourcing-Anbieter begibt.[203] Dies ist insbesondere deshalb der Fall, da das Know-how für ausgelagerte Tätigkeiten nicht mehr im eigenen Unternehmen vorhanden ist, die Entscheidungsverantwortung über den ausgelagerten Fachbereich abgegeben wird und in der Konsequenz Entscheidungen des Outsourcing-Partners auch Einfluss auf den Erfolg des auslagernden Unternehmens haben können.[204] Eine Beurteilung der Qualität des Produktes – aber auch ganz generell Fragestellungen im Zusammenhang mit der ausgelagerten Thematik – werden daher im auslagernden Unternehmen zunehmend schwieriger. Folglich muss Vertrauen in die Kompetenz des Outsourcing-Partners aufgebracht werden. Dies zum einen dann, wenn der Outsourcing-Partner eigene Entscheidungen treffen kann, die sich auf den Erfolg des auslagernden Unternehmens auswirken können; allerdings auch dann, – und das ist für die hier zu beurteilende Frage wesentlich relevanter – wenn Informationen des Outsourcing-Partners ins eigene Unternehmen gelangen und auf dieser Grundlage Entscheidungen zu treffen sind. Trotz Auslagerung sind schließlich weiterhin Schnittstellen zwischen der ausgelagerten Abteilung und Fachbereichen im eigenen Unternehmen denkbar. Da in das Unternehmen des Outsourcing-Partners üblicherweise Einblicke nicht in der gleichen Tiefe wie in das eigene Unternehmen möglich sind, bestehen hier größere Anforderungen an das Vertrauen als bei der vertikalen Arbeitsteilung im eigenen Unternehmen, was die Gefahr der Abhängigkeit deutlich zum Ausdruck bringt. Um die Gefahren des hohen

---

202 Hermes/Schwarz, S. 22 ff.

203 Hermes/Schwarz, S. 22 f.

204 Hermes/Schwarz, S. 23 f.

Maßes an notwendigem Vertrauen rechtlich einzudämmen, ist dem auslagernden Unternehmen unter anderem präventiv zu raten, Probleme und Fehler des Outsourcing-Partners ausreichend zu dokumentieren, um gegebenenfalls für die Geltendmachung von Haftungsansprüchen gerüstet zu sein.

Abhängigkeit und daher notwendiges Vertrauen bestehen auch hinsichtlich der vom Outsourcing-Partner zu liefernden Leistung und deren Qualität. Versäumnisse in diesem Bereich können weit reichende Konsequenzen haben, insbesondere zu Mängeln im späteren Endprodukt oder zu Liefer- und Zahlungsverzögerungen führen.[205] Im schlimmsten Fall wäre sogar eine Gefährdung des gesamten Projektes denkbar, obwohl nur ein minimaler Anteil ausgelagert wurde. Während Mängel im Endprodukt primär im Rahmen der Produkthaftung oder für zivilrechtliche Ansprüche relevant sind, sind auch Konstellationen denkbar, in denen auch hier unternehmerische Entscheidungen tangiert sein können. Verhandelt das auslagernde Unternehmen beispielsweise mit einem Kunden über Produktspezifikationen oder die Bestimmung eines Liefertermins, ist es auf die Informationen und Einschätzungen des Outsourcing-Partners angewiesen. Auf Grundlage dieser Informationen erfolgt die eigene Meinungsbildung und somit die unternehmerische Entscheidung. In diesem Zusammenhang gilt wie oben, dass das Vertrauen aufgrund der organisatorischen Entfernung des Partners weiter gehen muss als im Falle der vertikalen Arbeitsteilung im eigenen Unternehmen.

Festzuhalten bleibt, dass auch im Falle des Outsourcings vielfältig Situationen denkbar sind, bei welchen Entscheidungen des auslagernden Unternehmens auf Grundlage von Informationen des Outsourcing-Partners getroffen werden. Insoweit ergeben sich für die Notwendigkeit des Vertrauens keine Unterschiede zur internen Leistungserbringung. Wird die Leistung allerdings extern erbracht, dürfte es der Regelfall sein, dass das notwendige Vertrauen weiter reichen muss (bzw. nicht ohne weiteres durch „Kontrollen" verifiziert werden kann), als dies bei unternehmensinternen Vorgängen der Fall ist. Aufgrund der Eigenständigkeit des Outsourcing-Partners besteht eine deutlich größere Distanz als bei der Leistungserbringung im eigenen Unternehmen. Diesem tatsächlichen Umstand muss das auslagernde Unternehmen aber rechtlich entgegenwirken.[206]

---

205 Hermes/Schwarz, S. 24.

206 Vgl. dazu unten 3. Kapitel: § 2 C. III. 1.: Das auslagernde Unternehmen muss sicherstellen, dass eine sachgerechte Aufgabenwahrnehmung in gleicher Weise gewährleistet ist wie bei unternehmensinterner Delegation; das fehlende arbeitsrechtliche Weisungsrecht muss durch schuldrechtliche Vereinbarungen ersetzt werden.

2. Offshoring

Insofern könnte man argumentieren, dass es folgerichtig beim Offshoring keine Abweichungen zu den obigen Ergebnissen gibt, schließlich handelt es sich hierbei um „gewöhnliche, interne Leistungserbringung“, wenn auch an einem Standort außerhalb des Heimatlandes des Unternehmens. Allerdings birgt auch das Offshoring Gefahren und Besonderheiten, die bei der Beurteilung der Notwendigkeit von Vertrauen zu berücksichtigen sind.

Wie beim Outsourcing ist auch beim Offshoring eine Distanz zwischen der Leistungserstellung und dem auslagernden Unternehmen vorhanden. Während die Distanz beim Outsourcing durch die Übertragung auf ein anderes Unternehmen zustande kommt, liegt der Grund beim Offshoring in der Verlagerung in ein anderes Land. Das Ergebnis ist allerdings in beiden Fällen ähnlich. Auch beim Offshoring bestehen daher nicht die gleichen Einblicke in die Leistungserstellung wie dies bei inländischer unternehmensinterner Arbeitsteilung der Fall ist. Angenommen, ein Unternehmen hat große Teile seiner IT-Abteilung nach Indien ausgelagert, liegt es auf der Hand, dass eine Beurteilung der Qualität von Deutschland aus bisweilen Schwierigkeiten bereitet. Die Arbeit in Indien kann daher nicht so einfach kontrolliert werden wie dies in Deutschland der Fall wäre. Nun geht es aber hier nicht um Kontrolle, sondern um Vertrauen. Gleichwohl sind diese beiden Begriffe miteinander verknüpft. Zum einen insofern, als dass das Vertrauen immer größer wird, je häufiger eine Kontrolle ohne Beanstandung erfolgt ist. Zum andern ist Vertrauen aber die einzige Möglichkeit, wenn Kontrolle nicht oder nur eingeschränkt möglich ist. Zu behaupten, Kontrollen in Indien seien nicht möglich, wäre freilich überspitzt und würde die Probleme des Offshoring überzeichnen. Richtig ist aber, dass Kontrollen in Indien mit weitaus größerem Aufwand verbunden sind als dies in Deutschland der Fall wäre. Folglich ist für eine Zusammenarbeit mit Indien – von vornherein und unabhängig von der Qualität der Arbeit – ein größeres Maß an Vertrauen notwendig als dies im Inland der Fall wäre. Dies liegt nicht an der spezifischen Arbeitsleistung, sondern schlichtweg an der großen räumlichen Distanz. Je näher sich der ausländische Standort an Deutschland befindet, umso weniger Vertrauen wäre daher aus diesem Ansatz heraus notwendig. Schließlich ist ein persönlicher Kontakt die Grundlage zum Aufbau einer Vertrauensbasis.

Die zweite wichtige Besonderheit des Offshoring sind die gegebenenfalls bestehenden kulturellen Unterschiede zwischen dem Heimatland des Unternehmens und dem Land der Leistungserstellung. Auf Grundlage dieser Unterschiede kann es sodann zu Spannungsverhältnissen kommen, die das Entstehen von (begründetem) Vertrauen schwierig werden lassen. Trotzdem ist es für die

Zusammenarbeit notwendig. So beschweren sich beispielsweise europäische Unternehmen, die Teile der Arbeit nach Indien ausgelagert haben, über ständiges Ja-Sagen statt konstruktiver Kritik, mangelnde Eigeninitiative oder das häufige Überschreiten von Deadlines.[207] Die Lösung ist erneut persönlicher Kontakt zum Aufbau einer Vertrauensbasis. Vorgeschlagen werden in diesem Zusammenhang beispielsweise gemeinsame Kick-off-Meetings, regelmäßige Treffen sowie engmaschige Kommunikations- und Feedbackstrukturen.[208]

Festzuhalten bleibt, dass auch beim Offshoring gegenseitiges Vertrauen die Basis für eine erfolgreiche Partnerschaft darstellt.[209] Diese ist zur Überwindung kultureller Unterschiede essentiell und dies wiederum notwendig, um den Besonderheiten des Offshoring gerecht werden zu können.

§ 2 Ausgewählte Absicherungsarten bei unternehmerischen Entscheidungen

In § 1 dieses Kapitels wurde festgestellt, dass jede Organisationsform eines Unternehmens nur dann effektiv umgesetzt werden kann, wenn in bestimmten Situationen zwischen den Mitarbeitern Vertrauen besteht. Erfolgt dieses Vertrauen aber nicht „blind", sondern vor dem Hintergrund, dass der Entscheidungsträger weiß, dass es sich um kompetente Zuarbeit des Kollegen oder Mitarbeiters handelt, kann es sich dabei auch um eine Form der Absicherung im Vorfeld einer eigenen Entscheidung handeln. Das Vertrauen bezieht sich dann gerade auf die Qualität der Zuarbeit. In § 2 wird dargestellt, welche (weiteren) Arten der Absicherung bzw. welche Kontrollmechanismen in einem Unternehmen rechtstatsächlich installiert werden können. Wann man sich hingegen auf eine Absicherung verlassen kann ist Gegenstand des 3. Kapitels.

Ausgehend vom Thema dieser Arbeit wird bei der Darstellung zwischen verschiedenen Kategorien einer unternehmerischen Entscheidung unterschieden. Symbolisch soll dabei auf die Ampeltechnik im Straßenverkehr zurückgegriffen werden. Die Kreuzung im Straßenverkehr symbolisiert dabei die Phase vor einer unternehmerischen Entscheidung. Die Ampel gibt dem Autofahrer Auskunft darüber, wie er sich an der Kreuzung zu verhalten hat. Eben diese Zielsetzung soll

207 Becker, KMU LIFE 1/09, 17, 17 f., www.lets-bridge-it.com/downloads/kulturschock_kmu_life.pdf (letzter Abruf: 06.02.2017).

208 Becker, KMU LIFE 1/09, 17, 18, www.lets-bridge-it.com/downloads/kulturschock_kmu_life.pdf (letzter Abruf: 06.02.2017).

209 Ebenso: Becker, KMU LIFE 1/09, 17, 19, www.lets-bridge-it.com/downloads/kultur schock_kmu_life.pdf (letzter Abruf: 06.02.2017).

auch auf den Mitarbeiter im Vorfeld einer Entscheidung übertragen werden: In Anlehnung an § 37 Abs. 2 StVO bedeutet grün „Freigabe", gelb „Auf das nächste Zeichen warten" und rot „Halt!". Je nachdem welches „Lichtzeichen" im Einzelfall einschlägig ist, ist gegebenenfalls ein Rückgriff auf die verschiedenen Absicherungsarten/Kontrollmechanismen möglich bzw. nötig.

Nicht unerwähnt bleiben soll an dieser Stelle, dass die Frage der Absicherung auch ein zentrales Thema bei der nach wie vor anhaltenden Diskussion um die Notwendigkeit der Einführung eines Unternehmensstrafrechts ist.[210] Anders als hier geht es dort aber nicht um die Frage, unter welchen Voraussetzungen bei einer *eigenen Entscheidung* Vertrauensschutz zu gewähren ist, sondern welche Kriterien erfüllt sein müssen („Absicherung"), dass ein Unternehmen nicht für das *individuelle Fehlverhalten* eines Mitarbeiters verantwortlich gemacht werden kann.

Der nordrhein-westfälische „Entwurf eines Gesetzes zur Einführung der strafrechtlichen Verantwortlichkeit von Unternehmen und sonstigen Verbänden"[211] knüpft in diesem Zusammenhang in § 2 Abs. 2 des Entwurfs an das Unterlassen von „Aufsichtsmaßnahmen, insbesondere technischer, organisatorischer oder personeller Art" an. Ferner kann nach diesem Entwurf gemäß § 5 von Sanktionen abgesehen werden, wenn entsprechende Compliance Maßnahmen (auch für die Zukunft) eingerichtet worden sind.

Ähnliches soll beim Entwurf des Deutschen Instituts für Compliance[212] gelten, wenn man sich dort auch mit einer Änderung der entsprechenden Vorschriften des Ordnungswidrigkeitengesetzes (OWiG) begnügen möchte: „Der Gesetzesvorschlag umfasst ein dreistufiges Sanktionssystem und enthält Ergänzungen der Vorschriften der §§ 30, 130 OWiG (Ordnungswidrigkeitengesetz): Für den Fall, dass zum Zeitpunkt einer Zuwiderhandlung im Unternehmen bereits geeignete Compliance-Maßnahmen ergriffen worden waren, kann ein Bußgeld wegen einer Aufsichtspflichtverletzung nach § 130 OWiG nicht mehr verhängt werden. Werden aus Anlass des Verstoßes nachträglich Compliance-Maßnahmen ergriffen, kann das Bußgeld gegen das Unternehmen oder die verantwortlichen Personen nach gerichtlichem Ermessen gemindert oder es kann ganz darauf

---

210 Vgl. dazu Leipold, Plädoyer gegen die Einführung eines Unternehmensstrafrechts, in: Recht und Politik – Festschrift für Peter Gauweiler, München 2009, S. 375–386; Leipold, Unternehmensstrafrecht – Eine rechtspolitische Notwendigkeit?, ZRP 2013, 34–37.

211 Abrufbar unter: www.justiz.nrw.de/JM/leitung/jumiko/beschluesse/2013/herbstkon ferenz13/TOP_II_5_Gesetzentwurf.pdf (letzter Abruf: 06.02.2017).

212 www.dico-ev.de (letzter Abruf: 06.02.2017).

verzichtet werden."[213] Im Rahmen dieser Diskussion geht es also letztlich immer auch um die Frage, wie sich ein Unternehmen gegen eine spätere Verantwortlichkeit *absichern* kann, obwohl eine Verfehlung, also ein strafbares Verhalten durch einen Mitarbeiter begangen wurde. Das Vertrauen in den Mitarbeiter soll also mit einer Rückfallsicherung versehen sein, damit die Unternehmensleitung nicht ein grenzenloses Vertrauen verantworten muss.

A. Entscheidung ohne Absicherung

„Freie Fahrt" hat ein Entscheidungsträger immer dann, wenn er in der Lage ist, alleine eine Entscheidung zu treffen. Bei „grünem Signal" ist daher gerade kein Rückgriff auf fremde Einschätzungen oder etwaige Kontrollmechanismen nötig, da alle Informationen vorliegen und selbstständig eingeschätzt werden können. Eine Absicherung ist nicht erforderlich.

B. Entscheidung nach Absicherung

Demgegenüber ist es im Vorfeld einer Entscheidung auch denkbar, dass sich der Entscheidungsträger nicht in der Lage sieht, ohne Rücksprache oder weitergehende Nachforschungen eine eigene Entscheidung zu treffen. Er sieht sich also einem gelben Ampelsignal ausgesetzt und muss daher „auf das nächste Zeichen warten".

Die folgenden Absicherungsarten werden in der Realität nicht immer zur Gänze ausgeschöpft, sondern stellen ein Auswahlkontingent für die Entscheidungsträger dar. Denn der erforderliche Grad der Absicherung ist auch rechtstatsächlich immer von der konkreten Entscheidung abhängig.[214]

I. Kompetenz eines spezialisierten Kollegen

Zunächst kann sich der Entscheidungsträger, wie oben bereits gesagt, dadurch absichern, dass er die Einschätzung von kompetenten Kollegen einholt. Sein Vertrauen bezieht sich dann auf die Kompetenz der Zuarbeit. Im Ergebnis handelt es sich in diesen Fällen um die Absicherung durch personenbezogenes Spezialwissen aufgrund der betrieblichen Organisation. Die Tatsache, dass es sich dabei um betriebswirtschaftlich notwendiges Vertrauen handelt[215], ändert nichts daran, dass

---

213 Pressemitteilung vom 12.08.2014, abrufbar unter: www.dico-ev.de/wp-content/uploads/2016/11/PM_DICO_Compliance-Anreiz-Gesetz__2_.pdf (letzter Abruf: 06.02.2017).

214 Vgl. dazu unten die Ausführungen zur „Risiko-Absicherungs-Relation", 3. Kapitel § 2 B. I. 3. c. bb. (1).

215 Vgl. dazu ausführlich § 1 B. dieses Kapitels.

damit auch ein Absicherungsmotiv verbunden ist. Mit anderen Worten muss sich der Entscheidungsträger zwar auf die Zuarbeit verlassen, um die Vorteile der Arbeitsteilung nicht zu verlieren („Notwendigkeit"), geht aber möglicherweise dabei auch davon aus, dass er gerade aufgrund der Spezialisierung des zuarbeitenden Kollegen in der Lage ist, die problematische Entscheidung richtig zu treffen („Absicherung").

II. Ausgewählte „Kontrollmechanismen"

Daneben besteht alternativ wie additiv die Möglichkeit, auf einen *Kontrollmechanismus* zurückzugreifen. Dabei wird nicht (nur) die spezialisierte Zuarbeit zur Grundlage der Entscheidung gemacht, sondern vorliegende Tatsachen werden im Vorfeld der Entscheidung einer weiteren „Kontrolle" unterzogen. Auch hier hat der Entscheidungsträger erkannt, dass er alleine nicht weiter tätig werden kann. Je nachdem wie die „Antwort" des Kontrollmechanismus ausfällt, kann das gelbe Lichtzeichen in ein grünes, aber auch in ein rotes umschlagen. Entweder kann der Entscheidungsträger sodann eine Entscheidung treffen oder seine Bedenken werden bestätigt und die beabsichtigte Entscheidung kann auch trotz der Absicherung nicht getroffen werden. Geht er davon aus, dass er aufgrund des Kontrollmechanismus seine Entscheidung treffen kann, bezieht sich sein Vertrauen rechtstatsächlich auf diese Absicherung.

Dabei sind beispielsweise folgende „Kontrollmechanismen" denkbar.

1. Konkrete interne Vorschriften

Zunächst kann der zweifelnde Entscheidungsträger interne Vorschriften des Unternehmens zu Rate ziehen. Dies ist vor allem dann sinnvoll, wenn anzunehmen ist, dass es sich vorliegend um ein Problem handelt, das exakt so immer wieder im Unternehmen vorkommt. Denn nur dann ist eine allgemeine Regelung wahrscheinlich. Derartige Vorschriften können zum Beispiel sämtliche interne Regelungen sein (Antikorruptionsrichtlinien etc.), Compliance-Regelungen oder auch organisatorische Regelungen wie beispielsweise der Geschäftsverteilungsplan des Unternehmens. Im Wesentlichen können solche Vorschriften den Entscheidungsträger bei zweierlei Problemfeldern weiterbringen: Die organisatorischen Regelungen helfen bei Fragen der Zuständigkeit („Warum ich? Wenn nicht: Wer?"), Compliance-Richtlinien bei Fragen rund um die zulässige Ausführung („Wie?"). In beiden Fällen kann die zu treffende Entscheidung „grün" oder „rot" werden, je nachdem ob der Entscheidungsträger Zweifel an seiner Zuständigkeit oder an der gesetzmäßigen Art der Ausführung hatte.

2. *Interne Rechtsabteilung*

Die Befragung der unternehmensinternen Rechtsabteilung stellt eine weitere Möglichkeit der Klärung dar. Sie hat unternehmensintern darüber zu wachen, dass die maßgeblichen Vorschriften und Regeln sowie die unternehmensintern selbst gesetzten ethischen Vorgaben durch das Unternehmen und seine Mitarbeiter eingehalten werden.[216] Nach einer Klärung durch die Rechtsabteilung ist der jeweilige Entscheidungsträger oftmals in der Lage, auf Grundlage der Einschätzung der Rechtsabteilung die richtige Entscheidung zu treffen. Richtig meint in diesem Zusammenhang allerdings alleine die Frage der rechtlichen Zulässigkeit. Bestehen mehrere gesetzmäßige Handlungsalternativen ist die Auswahl keine rechtliche Entscheidung mehr und kommt daher in aller Regel auch nicht der Rechtsabteilung zu.[217] Die Rechtsabteilung hilft demnach weiter, sofern es um das „ob" bzw. das „wie" (im Sinne der rechtlichen Gestaltung) einer Entscheidung geht.

3. *Externe rechtliche Beratung*

Denkbar sind allerdings auch Problemfelder, bei welchen eine unternehmensinterne Rechtsabteilung an ihre Grenzen stößt, da oftmals Experten eines Spezialgebietes zur Beurteilung notwendig sind. Trotz eigener Rechtsabteilung werden in diesem Fall externe Anwälte zu Rate gezogen und sei es nur, um die intern erarbeiteten Entwürfe noch einmal auf „Herz und Nieren" prüfen zu lassen – nicht zuletzt, um somit die Haftungsfrage auf die externen Dienstleister zu verlagern.[218] Unabhängig von dieser taktischen (haftungsrechtlichen) Überlegung sind aber auch Momente denkbar, in denen es tatsächlich auf die Expertise der externen Anwälte ankommt. Insbesondere bei der strafrechtlichen Prävention und der damit verbundenen Beurteilung von Sachverhalten handelt es sich um ein Feld, das in der Regel nicht zum Spezialgebiet der internen Unternehmensjuristen gehört. Davon abgesehen ist ein externer und damit objektiver und unverklärter Blick bisweilen auch zielführender – nicht zuletzt, wenn das Ergebnis der rechtlichen Prüfung den unternehmerischen Vorstellungen zuwiderlaufen sollte. Auf Basis dieser externen Bewertung können sodann die Entscheidungsträger des Unternehmens handeln – und dies ohne sich dem Vorwurf ausgesetzt zu sehen, lediglich „befangene" Experten, also solche, die zu „nahe dran sind", zu Rate gezogen zu haben.

---

216 Merkt, NJW 2014, 2310, 2313.

217 Wagner, BB 2012, 651, 654.

218 Creutz, Die Stunde der Anwälte, Handelsblatt Online vom 29.05.2009, abrufbar unter: www.handelsblatt.com/unternehmen/handel-dienstleister/top-wirtschaftsjuristen-die-stunde-der-anwaelte/3187298.html (letzter Abruf: 06.02.2017).

4. *Aufsichtsrat*

Ein weiterer Kontrollmechanismus im Unternehmen ist der Aufsichtsrat. Wie beim Vorstand handelt es sich auch beim Aufsichtsrat zwar um ein Leitungsorgan der Aktiengesellschaft, allerdings wird der Aufsichtsrat von Gesetzes wegen (§ 111 AktG) primär auf Überwachungsaufgaben verwiesen.[219] Gemäß § 111 Abs. 1 AktG hat der Aufsichtsrat die allgemeine Verpflichtung, die Geschäftsführung, also den Vorstand, zu überwachen; i.V.m. § 116 AktG ergibt sich hieraus eine allgemeine Leistungs- und Sorgfaltspflicht.[220]

Anknüpfungspunkt des möglichen Umfangs der Überwachung sind grundsätzlich die sich aus § 76 Abs. 1 AktG ergebenden Tätigkeiten des Vorstands, wobei besondere Aufmerksamkeit dabei den so genannten zustimmungspflichtigen Geschäften (im Sinne des § 111 Abs. 4 S. 2 AktG) zu widmen ist,[221] wodurch das Geschäftsführungsverbot des Aufsichtsrats relativiert und die vorbeugende Überwachung erleichtert wird.[222] Aus rechtstatsächlicher Sicht ist festzustellen, dass auch die Hinzuziehung des Aufsichtsrates einen denkbaren Mechanismus darstellt, der es dem Entscheidungsträger bei – zunächst – zweifelhaften Konstellationen – danach – erlaubt, eine Situation als „grün" oder „rot" zu beurteilen.

5. *Hauptversammlung*

Das dritte Organ einer Aktiengesellschaft – neben Vorstand und Aufsichtsrat – stellt die Hauptversammlung dar, deren Aufgabe es ist, in den gesetzlich vorgesehen Fällen intern den Willen der Gesellschaft zu bilden, vgl. § 118 Abs. 1 S. 1 AktG.[223] Folglich ist es das regelmäßige Ziel einer Hauptversammlung, im Rahmen ihrer Zuständigkeit über die zur Tagesordnung angekündigten Gesellschaftsangelegenheiten durch Beschluss zu entscheiden.[224] Die Zuständigkeit der Hauptversammlung ergibt sich aus § 119 AktG. Neben in der Satzung ausdrücklich geregelten Fällen entscheidet die Hauptversammlung demnach namentlich über die Bestellung der Mitglieder des Aufsichtsrats (Abs. 1 Nr. 1), die Verwendung des Bilanzgewinns (Abs. 1 Nr. 2), die Entlastung der Mitglieder des Vorstands und des Aufsichtsrats (Abs. 1 Nr. 3), die Bestellung des Abschlussprüfers

---

219 Hüffer-Koch, § 76, Rn. 2; Hüffer-Koch, § 111, Rn. 2; Henssler/Strohn-Henssler, § 111, Rn. 2; Mü-Ko AktG-Habersack, § 111, Rn. 3.

220 Bihr/Philippsen, DStR 2011, 1133, 1133.

221 Bihr/Philippsen, DStR 2011, 1133, 1133.

222 Mü-Ko AktG-Habersack, § 111, Rn. 100.

223 Hüffer-Koch, § 118, Rn. 2; Henssler/Strohn- Liebscher, § 118, Rn. 2; Hölters-Drinhausen, § 118, Rn. 1; Mü-Ko AktG-Kubis, § 118, Rn. 1.

224 Hüffer-Koch, § 119, Rn. 2; Mü-Ko AktG-Kubis, § 119, Rn. 3.

(Abs. 1 Nr. 4), Satzungsänderungen (Abs. 1 Nr. 5), Maßnahmen der Kapitalbeschaffung und der Kapitalherabsetzung (Abs. 1 Nr. 6), die Bestellung von Prüfern zur Prüfung von Vorgängen bei der Gründung oder der Geschäftsführung (Abs. 1 Nr. 7), die Auflösung der Gesellschaft (Abs. 1 Nr. 8) und über Fragen der Geschäftsführung, wenn der Vorstand es verlangt (Abs. 2). Insofern besteht ein deutlicher Unterschied zwischen den Entscheidungen des ersten Absatzes und der Möglichkeit der Hinzuziehung der Hauptversammlung in Absatz 2: Um beim Bild der verschiedenen Ampelfarben zu bleiben, hat der Gesetzgeber selbst die Konstellationen des Absatzes 1 als gelbe Entscheidungen kategorisiert – der Vorstand ist nicht befugt diese alleine zu treffen, sondern das Organ der Hauptversammlung. Zwar handelt es sich dabei nicht um einen klassischen Kontrollmechanismus, sondern mehr um die Verlagerung von Zuständigkeiten, gleichwohl kann der Vorstand nach einem Beschluss der Hauptversammlung in den Fällen des Absatzes 1 rechtstatsächlich „freie Fahrt", also grünes Licht für die Umsetzung sehen.

Anders verhält es sich aber bei Absatz 2, wonach die Hauptversammlung *auf Verlangen* des Vorstands über Fragen der Geschäftsführung entscheiden kann. Im Rahmen seiner Zuständigkeit ist der Gesamtvorstand befugt, derartige Entscheidungen in Form eines Antrags in die Hauptversammlung einzubringen.[225] Hier besteht anders als bei Absatz 1 ein klassischer Kontrollmechanismus. Der Gesamtvorstand beurteilt eine bestimmte Entscheidung selbst als gelb und entschließt sich deshalb „auf das nächste Zeichen – nämlich die Entscheidung der Hauptversammlung – zu warten".

6. *Externe Unternehmensberatung*

Ein weiterer denkbarer Kontrollmechanismus zur Beurteilung, ob eine gelbe Konstellation in eine grüne oder eine rote umschlägt, ist die Hinzuziehung von externen Unternehmensberatern. Ähnlich der Hinzuziehung von externen Rechtsanwälten besteht der große Vorteil hierbei zum einen in der besonderen – hier also vor allem betriebswirtschaftlichen – Expertise der externen Berater, aber auch in der Möglichkeit, die gegebenenfalls bestehende eigene „Betriebsblindheit" zu überwinden. Die Expertise der Unternehmensberater und die damit möglichen Einsatzgebiete sind sehr weitreichend;[226] unabhängig davon,

225 Henssler/Strohn-Liebscher, § 119, Rn. 8; Hüffer-Koch, § 119, Rn. 14.

226 Bezeichnend dazu die eigene Einschätzung der „Expertise von A – Z" von *Roland Berger*, www.rolandberger.de/expertise/expertise_index/ (letzter Abruf: 27.01.2016).

wie man über deren Geschäftsfeld denken möchte,[227] sprechen jedenfalls die erzielten Umsätze für sich: Im Jahr 2010 erwirtschaftete allein die Beratungsfirma „McKinsey“ über 500 Millionen Euro, die gesamte Branche im Jahr 2011 über 20 Milliarden Euro.[228]

7. Einschätzung von Behörden (BaFin, Staatsanwaltschaft etc.)

Um externe Einschätzungen handelt es sich auch dann, wenn nicht private Rechtsanwälte oder Unternehmen beauftragt werden, sondern staatliche Behörden auf den Plan treten bzw. gerufen werden. Nicht selten kommt es schließlich vor, dass Unternehmen manche Praktiken einzelner Mitarbeiter für bedenklich halten und daher bestimmte Sachverhalte – gegebenenfalls nach der Durchführung so genannter „Internal Investigations“ – der Staatsanwaltschaft zur Überprüfung vorlegen.[229] Angenommen die Staatsanwaltschaft kommt zu dem Ergebnis, dass der überprüfte Sachverhalt nicht zu beanstanden ist, dürfte davon auszugehen sein, dass die Entscheidungsträger des Unternehmens „grünes Licht“ für die Fortführung dieser Geschäftspraktiken sehen. Ähnliches ist auch denkbar im Zusammenhang mit dem Finanzamt oder der Bundesanstalt für Finanzdienstleistungsaufsicht (BaFin).[230] Als selbstständige Anstalt des öffentlichen Rechts vereinigt die BaFin die Aufsicht über Banken und Finanzdienstleister, Versicherer und den Wertpapierhandel unter einem Dach.[231] Kommt diese also beispielsweise zu dem Prüfergebnis, dass es sich bei dem Geschäftsmodell eines Unternehmens um ein zunächst kritisches, im Ergebnis aber erlaubtes

227 So zum Beispiel: „Consultants schmeißen Leute raus, interessieren sich nur für ihre Karriere und streichen obszöne Gehälter ein – soweit die Klischees“, Zeitler, „Unternehmensberatungen – Supermann für vier Jahre“, Karriere Spiegel am 19.03.2012, abrufbar unter: www.spiegel.de/karriere/berufsleben/ueberblick-ueber-den-job-des-unternehmensberaters-a-821628.html (letzter Abruf: 06.02.2017).

228 Zeitler, „Unternehmensberatungen – Supermann für vier Jahre“, Karriere Spiegel am 19.03.2012, abrufbar unter: www.spiegel.de/karriere/berufsleben/ueberblick-ueber-den-job-des-unternehmensberaters-a-821628.html (letzter Abruf: 06.02.2017).

229 „Das Durchführen von internal investigations gehört bei entdeckter oder mutmaßlicher Unternehmensdelinquenz größeren Ausmaßes mittlerweile zum Standard“, Sahan/Urban, in: Criminal Compliance Handbuch, § 35, Rn. 22; vgl. zu der Frage, in welcher Reihenfolge die betreffenden Behörden zu informieren sind, wenn sich das Unternehmen entschließt, den aufgeklärten Sachverhalt gegenüber den Ermittlungsbehörden offenzulegen: Sahan/Urban, in: Criminal Compliance Handbuch, § 35, Rn. 24 ff.

230 www.bafin.de (letzter Abruf: 06.02.2017).

231 www.bafin.de/DE/DieBaFin/diebafin_node.html (letzter Abruf: 06.02.2017).

Finanzgeschäft handelt, wird das Unternehmen rechtstatsächlich in dieser Einschätzung „grünes Licht" für die Zukunft sehen.

C. Keine Entscheidung möglich

Zuletzt besteht die Möglichkeit, dass sich der Entscheidungsträger von Anfang an oder nach dem Versuch einer Absicherung einer „roten Ampel" gegenüber sieht. In diesem Fall ist er – auch nach Zuhilfenahme der oben beschriebenen Möglichkeiten – nicht in der Lage, die Entscheidung zu treffen, da sie seine Zuständigkeit übersteigt oder per se zu riskant ist. In diesem Fall erfolgt falls möglich eine Delegation an die jeweils zuständige Stelle. Dort kann es sich wiederum für die betroffene Person gegebenenfalls um eine „grüne" oder eine „gelbe" Konstellation handeln, sodass auf die dortigen Ausführungen verwiesen werden kann.

3. Kapitel: Vertrauensschutz bei unternehmerischen Entscheidungen einer Aktiengesellschaft in rechtsdogmatischer Hinsicht

Im 2. Kapitel wurde aufgezeigt, in welchen Konstellationen in der betrieblichen Organisation Vertrauen rechtstatsächlich zu beobachten bzw. notwendig ist und welche Möglichkeiten der rechtstatsächlichen Absicherung einer unternehmerischen Entscheidung bestehen. Das tatsächliche Vertrauen bezieht sich dabei jeweils auf die gewählte Art der Absicherung. Bis hierher erfolgte demnach eine Bestandsaufnahme, ein „Status Quo" des unternehmerischen Alltags, zielgerichtet anhand der strukturierten Analyse von Vertrauensbeziehungen und möglichen Absicherungsarten. Dieser unternehmerische Alltag ist es gerade, der die Juristen vor extreme Herausforderungen stellt. Die Frage ist nun, unter welchen Voraussetzungen das tatsächlich vorhandene Vertrauen rechtsdogmatisch strafrechtlichen Schutz verdient. Es ist zu untersuchen, welche Anforderungen erfüllt sein müssen, damit sich der Entscheidungsträger auf die gewählte Art der Absicherung verlassen kann. Während im rechtstatsächlichen 2. Kapitel dargestellt wurde, wann das Vertrauen eines Entscheidungsträgers betriebswirtschaftlich „notwendig" ist, wird im weiteren Verlauf der Arbeit beleuchtet, unter welchen Voraussetzungen das tatsächlich notwendige Vertrauen rechtlich zulässig ist. Mit anderen Worten geht es um die Frage, unter welchen rechtlichen Rahmenbedingungen auf die gewählte Art der Absicherung vertraut werden „darf".

Nach einer Negativabgrenzung (§ 1) wird ein Vorschlag zur dogmatischen Realisierung von Vertrauensschutz im Tatbestand der Untreue unterbreitet (§ 2). Die im ersten Teil der Arbeit vorgestellten Absicherungsarten, auf die sich das Vertrauen im Einzelfall rechtstatsächlich beziehen kann, werden dabei unter C. einer dahingehenden dogmatischen Prüfung unterzogen, wann auf sie bezogenes Vertrauen rechtlich schützenswert ist.

§ 1 Negativabgrenzung

Ziel der Negativabgrenzung ist zunächst die Darstellung, wann es auf Vertrauensschutz bei unternehmerischen Entscheidungen einer Aktiengesellschaft gerade nicht ankommt. Denkbar sind zum einen Konstellationen, in denen ein *individueller* Fehler begangen wird und es sodann um die Beurteilung der

Strafbarkeit gerade dieser Person geht. Zum anderen sind aber auch bei *„Kollegialentscheidungen“* Konstellationen denkbar, in welchen es nicht auf Vertrauensschutz ankommt.

A. Individuelle Fehler

Wird bei einer unternehmerischen Entscheidung ein ausschließlich individueller Fehler begangen, erfolgt die Beurteilung der Strafbarkeit einzig und allein auf Grundlage von Umständen, die in der konkreten Person des Entscheidungsträgers liegen. Da es sich um ein individuelles Versagen ohne das Zutun eines Dritten handelt, ist die Frage des Vertrauensschutzes hierbei nicht relevant. Dogmatisch kommt es alleine darauf an, ob der Entscheidungsträger in seiner Person alle relevanten Tatbestandsmerkmale verwirklicht hat. Lässt sich die konkrete Entscheidung also beispielsweise unter das Tatbestandsmerkmal der Pflichtwidrigkeit im Rahmen der Untreue gemäß § 266 StGB subsumieren und liegen auch die übrigen Voraussetzungen eben dieses Straftatbestandes vor, gibt es keine dogmatischen Besonderheiten, die beachtet werden müssen.

Derartige Fälle sind in aller Regel eindeutig – jedenfalls was das hier zu beurteilende Problemfeld des (dort nicht relevanten) Vertrauensschutzes angeht.

B. Mitwirkung an Kollegialentscheidungen

Ebenso verhält es sich bei der viel diskutierten Frage der strafrechtlichen Verantwortlichkeit durch Mitwirkung an Kollegialentscheidungen: Gemeint ist die Situation, dass die betroffene Person weiß oder ahnt, dass die getroffene Entscheidung des Gremiums falsch ist, aber aufgrund der Mehrheitsverhältnisse überstimmt wird bzw. die zu treffende Entscheidung nicht weiter hinterfragt und zustimmt.

Der im Rahmen dieser Arbeit zu untersuchende Vertrauensschutz ist in dieser Konstellation nicht relevant, da es dort nicht – wie gerade hier – um die Frage des Einzelabstimmungsverhaltens geht, sondern um die Konsequenzen einer falschen Mehrheitsentscheidung als solcher. Dabei geht es aber im Kern nicht um Vertrauensschutz, sondern um die Frage der Strafbarkeit aufgrund der Mitgliedschaft in dem „sich irrenden“ Gremium, im Ergebnis also um die Zurechnung des Abstimmungsverhaltens der Mitglieder zueinander.

Die dogmatischen Probleme in diesem Zusammenhang sind gleichwohl immens und werden daher zu Recht vielfach in der Literatur diskutiert.[232] Im Zentrum stehen dort insbesondere dogmatische Überlegungen zum Verhältnis von Kausalität und Mittäterschaft – aber eben nicht solche des Vertrauensschutzes.

§ 2 Dogmatische Realisierung von Vertrauensschutz im Tatbestand der Untreue

Eben dieser Vertrauensschutz ist aber Gegenstand des dogmatischen Teils dieser Arbeit. Wie sind die im ersten Teil gefundenen Ergebnisse rechtlich zu bewerten, wie können die tatsächlichen Gegebenheiten rechtsdogmatisch behandelt werden?

A. § 266 StGB als typisches Wirtschaftsdelikt

Die dogmatischen Überlegungen erfolgen allesamt anhand des Tatbestands der Untreue, § 266 StGB, dem „Zentraldelikt des modernen Wirtschaftsstrafrechts".[233] Zwar kommen bei unternehmerischen Entscheidungen auch andere Straftatbestände in Betracht, das typische Delikt bei unternehmerischen Entscheidungen stellt aber die Untreue dar, ist sie doch „für die moderne Volkswirtschaft der entwickelten Industriegesellschaft mit ihrem Auseinanderfallen von Eigentumszuständigkeit und Management in Großunternehmen (…) zum kennzeichnenden Delikt der Wirtschaftskriminalität geworden".[234] Aufgrund dieses Auseinanderfallens müssen die Vorstände einer Aktiengesellschaft bei ihren unternehmerischen Entscheidungen also immer darauf achten, dass nicht die Vermögensinteressen der Aktionäre verletzt werden. Da unternehmerische Entscheidungen aufgrund der betriebswirtschaftlichen Organisation nicht ohne Vertrauen möglich sind, stellt sich die Frage, an welcher Stelle im Aufbau des Untreuetatbestands dieser Umstand dogmatisch verortet werden kann, also Vertrauensschutz zu realisieren ist.

---

232 Vgl. zu diesem weiten Problemfeld: Knauer, Die Kollegialentscheidung im Strafrecht – Zugleich ein Beitrag zum Verhältnis von Kausalität und Mittäterschaft, München 2001; Corell, Strafrechtliche Verantwortlichkeit durch Mitwirkung an Kollegialentscheidungen auf der Leitungsebene von Wirtschaftsunternehmen bei vorsätzlichen Begehungsdelikten, Köln 2007.

233 LK-Schünemann, § 266, Rn. 3.

234 LK-Schünemann, § 266, Rn. 2.

B. Dogmatische Verortung des Vertrauensschutzes im Straftatbestand der Untreue

Der Tatbestand der Untreue umfasst zwei Varianten, nämlich Missbrauch und Treubruch, wobei es nach h.M. in beiden Fällen erforderlich ist, dass der Täter eine ihm obliegende Pflicht zur Betreuung fremden Vermögens verletzt[235] und dadurch dem betreuten Vermögen einen Nachteil zufügt.[236] Unabhängig davon, welche Tatbestandsalternative im Einzelfall einschlägig ist,[237] muss immer festgestellt werden, ob in der jeweiligen Konstellation von einer Verletzung der Vermögensbetreuungspflicht ausgegangen werden muss. Anknüpfungspunkt für die Verortung von Vertrauensschutz im Rahmen des Untreuetatbestandes ist daher zunächst das Merkmal der Pflichtwidrigkeit bei Ausübung der Vermögensbetreuung im objektiven Tatbestand.

Weitere grundsätzlich denkbare Möglichkeiten der dogmatischen Verortung wären der subjektive Tatbestand (II.) und die Ebene der Schuld (III.), wenn man – entgegen der hier vertretenen Auffassung – das schützenswerte Vertrauen stets erst auf der Ebene des Vorsatzes als Anknüpfungspunkt für einen Tatbestandsirrtum nach § 16 StGB bzw. auf Schuldebene als Anknüpfungspunkt für einen Verbotsirrtum nach § 17 StGB berücksichtigen wollte.

Im Ergebnis ist, wie im Folgenden dargelegt wird, aber bereits die Pflichtwidrigkeit abzulehnen, wenn aufgrund schützenswerten Vertrauens gehandelt wurde, auch wenn ex-post eine betriebswirtschaftlich falsche Entscheidung getroffen wurde, die zu einem Vermögensnachteil geführt hat. Trotz dieser Auffassung verbleiben allerdings (wenige) Konstellationen, in welchen der Vertrauensschutz erst auf der Ebene des Vorsatzes und der Schuld Berücksichtigung finden kann. Dies sind aber lediglich Ausnahmefälle und nicht das grundsätzliche Vorgehen zur Realisierung des Vertrauensschutzes.[238]

---

235 Nach Rspr. und hL ist auch beim Missbrauchstatbestand eine Vermögensbetreuungspflicht erforderlich, die mit der des Treubruchstatbestands inhaltlich übereinstimmen soll, BeckOK StGB-Wittig, § 266, Rn. 12; vgl. BGHSt 187, 192 („Die Vermögensbetreuungspflicht des Angeklagten K. im Sinne des Mißbrauchstatbestands und seine Vermögensfürsorgepflicht im Sinne des Treubruchtatbestands stimmten hier überein"); vgl. BGHSt 50, 331, 342 („Denn die verletzte Pflicht zur Betreuung fremden Vermögens ist für beide Tatbestandsalternativen identisch").

236 Feddersen, in: Humaniora Medizin – Recht – Geschichte, S. 1189.

237 Dies entspricht auch dem Vorgehen der Praxis, offen gelassen beispielsweise in BGHSt 50, 331, 341.

238 Aufgrund des Sachzusammenhangs werden diese Aspekte erst unter II. und III. vertieft behandelt.

I. *Objektiver Tatbestand: Ausschluss der Pflichtwidrigkeit*

1. *Akzessorietät des Untreuetatbestands (insbesondere Business Judgement Rule)*

Die Pflichtwidrigkeit im Rahmen der Untreue kann zunächst deshalb abzulehnen sein, da das Handeln des Täters zivilrechtlich nicht zu beanstanden ist und er darauf vertraut, dass diese Beurteilung auch im Strafrecht gilt. Der zivilrechtliche Vertrauensschutz schlägt dann auf das Strafrecht durch.

Generell lässt sich nämlich festhalten, dass sich Umfang und Grenzen der Pflichten des potentiellen Täters der Untreue nach dem zugrunde liegenden Rechtsverhältnis richten, mithin also eine Anbindung an zivilrechtliche Grundlagen gegeben ist.[239] So leuchtet es ein, dass zivilrechtlich zulässiges Verhalten in der Regel eine Pflichtverletzung ausschließt, mit anderen Worten also ein Verhalten, das zivilrechtlich erlaubt ist, keine strafrechtliche Pflichtwidrigkeit im Sinne des Untreuetatbestands begründen kann.[240] Das Strafrecht verhält sich hier also akzessorisch zu den Bezugsnormen des Zivilrechts.[241] Dies gebietet nicht zuletzt der Gedanke der Einheit der Rechtsordnung.

Zivilrechtlicher Vertrauensschutz findet demnach also auch im Strafrecht Berücksichtigung. Ein typisches Instrument des Vertrauensschutzes im Aktienrecht ist die so genannte Business Judgement Rule (BJR). Liegen deren Voraussetzungen vor, ist eine gesellschaftsrechtliche Haftung des Vorstands ausgeschlossen. Da in diesem Fall aufgrund der Akzessorietät des Strafrechts auch eine Strafbarkeit ausgeschlossen ist, soll an dieser Stelle vertieft auf die Business Judgement Rule eingegangen werden.

a. Haftung von Organmitgliedern als Ausgangspunkt der Business Judgement Rule

Gemäß § 93 Abs. 1 S. 1 AktG haben die Vorstandsmitglieder einer Aktiengesellschaft bei ihrer Geschäftsführung die Sorgfalt eines ordentlichen und gewissenhaften Geschäftsleiters anzuwenden. Diese Umschreibung beinhaltet konkreter die an § 76 Abs. 1 AktG anknüpfenden allgemeinen Verhaltensstandards der §§ 276 Abs. 2 BGB, 347 Abs. 1 HGB und fordert von den Vorstandsmitgliedern, wie ein pflichtbewusster selbstständig tätiger Leiter eines Unternehmens der konkreten Art zu handeln, der nicht mit eigenen Mitteln wirtschaftet, sondern

239 Fischer, § 266, Rn. 58.

240 Fischer, § 266, Rn. 59; Mü-Ko StGB-Dierlamm, § 266 Rn. 173.

241 Mü-Ko StGB-Dierlamm, § 266, Rn. 173; zur „asymmetrischen Akzessorietät" vgl. unten 3. Kapitel: § 2 B. I. 2.

ähnlich wie ein Treuhänder fremden Vermögensinteressen verpflichtet ist.[242] Verletzt ein Vorstand eben diese Pflichten, ist er nach § 93 Abs. 2 S. 1 AktG der Gesellschaft zum Ersatz des daraus entstehenden Schadens verpflichtet. Gerade diese Regelung der Haftung der Organmitglieder stellt den Ausgangspunkt für die Diskussion der so genannten „Business Judgement Rule“ dar. Anerkannt ist nämlich, dass Vorstandsmitgliedern bei ihren Entscheidungen regelmäßig ein weiter Handlungsspielraum zukommen muss, da nur so eine sinnvolle unternehmerische Tätigkeit erst ermöglicht werden kann.[243]

b. Business Judgement Rule in den USA

Zum generellen Verständnis der Business Judgement Rule ist es angezeigt, sich zunächst mit der Frage auseinanderzusetzen, wo die Überlegungen ihren Ursprung haben: Seit dem Jahre 1829 ist die „Business Judgement Rule“ der Maßstab, an welchem die Entscheidungen der Geschäftsführung US-amerikanischer Gesellschaften gemessen werden, wobei die dortigen Gerichte bereits früh erkannt haben, dass unternehmerische Entscheidungen kaum justiziabel sind und infolgedessen lange Zeit sehr zurückhaltend waren.[244] Erst in jüngerer Vergangenheit (ab ca. 2002) war ein Umschwenken zur stärkeren gerichtlichen Überprüfung zu beobachten.[245] In den Gesellschaftsrechten der US-Bundesstaaten, insbesondere in Delaware, ist die Business Judgement Rule als common law (Richterrecht) weit verbreitet,[246] wird allerdings in den einzelnen Bundesstaaten immer noch unterschiedlich formuliert und ausgelegt.[247] Während sich in den Principles of Corporate Governance des American Law Instituts (ALI) eine abstrakt-generelle Ausformulierung der Business Judgement Rule befindet,[248] besteht daneben die Fassung des Bundesstaates Delaware, das in den USA verbreitetste Gesellschaftsstatut.[249] Im Wesentlichen beschränken sich die Bundesstaaten auf diese beiden „Ausgestaltungen“:[250]

---

242 Hüffer-Koch, § 93, Rn. 6 m.w.N.
243 Peters, Die AG 2010, 811, 812.
244 Kock/Dinkel, NZG 2004, 441, 445 m.w.N.
245 Kock/Dinkel, NZG 2004, 441, 445 m.w.N. und Details zu den Entwicklungen in den USA in „jüngster Zeit“.
246 Pfaefgen, AG 2004, 245, 246.
247 Kock/Dinkel, NZG 2004, 441, 445.
248 Pfaefgen, AG 2004, 245, 246 f.
249 Hauschka, ZRP 2004, 65, 66.
250 Kock/Dinkel, NZG 2004, 441, 445 m.w.N.

Formulierung des ALI:[251]

> *„A director or officer who makes a business judgement* ***in good faith*** *fulfills the duty of care if the director or officer:*
> *(1) is* ***not interested in*** *the subject of the business judgement;*
> *(2) is* ***informed*** *with respect to the subject of the business judgement to the extent the director or officer reasonably believes to be appropriate under the circumstances; and*
> *(3) rationally believes that the business judgement is* ***in the best interests*** *of the corporation.*

Demgegenüber die Formulierung in Delaware:[252]

> *„(...) a presumption that the board acted* ***independently****, on an* ***informed*** *basis,* ***in good faith*** *and in the honest belief that its action taken were* ***in the best interest*** *of the company"*

Die Gegenüberstellung der fett gedruckten Begriffe macht deutlich, dass sich bezüglich der Voraussetzungen der Business Judgement Rule keine Unterschiede ergeben, sodass sich folgende deutsche Übersetzung finden lässt:

> *„ein Direktor, der* ***gutgläubig*** *eine unternehmerische Entscheidung getroffen hat, der ihm obliegenden Sorgfaltspflicht genügt, wenn er* ***unparteiisch und unabhängig*** *die Entscheidung nach seiner Überzeugung auf einer* ***angemessenen Informationsbasis*** *getroffen hat und vernünftigerweise annehmen darf, dass eine Entscheidung* ***im besten Interesse*** *der Gesellschaft liegt"*[253].

Unterschiede bestehen allerdings dergestalt, dass in Delaware von einer Vermutung des ordnungsgemäßen Handelns ausgegangen wird, während bei der Formulierung des ALI die Direktoren die Beweislast dafür tragen, dass sie pflichtgemäß gehandelt haben.[254]

c. Umsetzung in Deutschland

Seit dem 1.11.2005 lautet § 93 Abs. 1 S. 2 AktG folgendermaßen:

> *„Eine Pflichtverletzung liegt nicht vor, wenn das Vorstandsmitglied bei einer unternehmerischen Entscheidung* ***vernünftigerweise*** *annehmen durfte, auf der Grundlage* ***angemessener Information*** *zum* ***Wohle der Gesellschaft*** *zu handeln."*

Dass diese Regelung der US-amerikanischen Business Judgement Rule entspringt, liegt auf der Hand.

---

251 Pfaefgen, AG 2004, 245, 247; Kock/Dinkel, NZG 2004, 441, 445; Hauschka, ZRP 2004, 65, 66.

252 Hauschka, ZRP 2004, 65, 66; Kock/Dinkel, NZG 2004, 441, 445.

253 Kock/Dinkel, NZG 2004, 441, 446 m.w.N.

254 Kock/Dinkel, NZG 2004, 441, 445 m.w.N.

Auch in Deutschland ging die Tendenz zu einer Business Judgement Rule zunächst von der Rechtsprechung aus: Schließlich hat der BGH in seinem ARAG/Garmenbeck-Urteil[255] zum ersten Mal ausgesprochen, dass dem Vorstand „ein weiter Handlungsspielraum zugebilligt werden muss" und dass erst bei Überschreiten dieses Spielraums gehaftet wird, sodass bereits in den ersten Stellungnahmen[256] zu dem Urteil Parallelen zu der US-amerikanischen Business Judgement Rule gezogen wurden.[257] Während den Vorständen in Amerika ein „safe haven", also ein „sicherer Hafen" im Sinne eines haftungsfreien Raums geboten werden soll, ging der BGH diesen Weg nicht, sondern erklärte, dass eine Haftung des Vorstands erst in Betracht komme,

> *„wenn die Grenzen, in denen sich ein von Verantwortungsbewusstsein getragenes, ausschließlich am Unternehmenswohl orientiertes, auf sorgfältiger Ermittlung der Entscheidungsgrundlagen beruhendes unternehmerisches Handeln bewegen muss, deutlich überschritten sind, die Bereitschaft, unternehmerische Risiken einzugehen, in unverantwortlicher Weise überspannt worden ist oder das Verhalten des Vorstands aus anderen Gründen als pflichtwidrig gelten muss".*[258]

Im Anschluss an das Urteil kam es in der Folgezeit zur gesetzlichen Regelung der Business Judgement Rule. Ausgangspunkt war erneut die Regelung der Haftung der Organmitglieder: Die oben dargestellte Ausgestaltung des § 93 Abs. 2 S. 1 AktG kodifiziert eine Haftung der Vorstandsmitglieder bei Verletzung ihrer Sorgfaltspflichten – allerdings nur gegenüber der Gesellschaft als

---

255 BGH: Urteil vom 21.04.1997 – II ZR 175/95; NJW 1997, 1926; DStR 1997, 880; ZIP 1997, 883.

256 Horn, ZIP 1997, 1129, 1134 („Indem der Bundesgerichtshof einen Handlungsspielraum des Vorstandes als Haftungsschranke anerkennt, öffnet er den im Zusammenhang mit der business judgement rule angestellten Überlegungen eine Tür ins deutsche Aktienrecht"); Kindler, ZHR 162 (1998), 101, 107 („Freilich werden weder der BGH noch das deutsche Schrifttum hierfür die alleinige Urheberschaft beanspruchen können. Bei rechtsvergleichender Betrachtung fällt auf, daß sich die im „ARAG/Garmenbeck"-Urteil aufgezeigten Voraussetzungen der Berufung auf unternehmerisches Ermessen im Kern mit der – dreigliedrigen – „business judgmente rule" des traditionellen US-amerikanischen Gesellschaftsrechts decken"); Ulmer, ZHR 164 (1999), 290, 298 („Mit diesen Aussagen hat der BGH unter Fortführung und Akzentuierung entsprechender früherer Ansätze in der Rechtsprechung zu den Sorgfaltspflichten von Organmitgliedern tragende Grundgedanken der aus dem amerikanischen Gesellschaftsrecht bekannten „business judgement rule" (BJR) in die Interpretation des § 93 Abs. 2 AktG einbezogen").

257 Von Falkenhausen, NZG 2012, 644, 645.

258 BGH NJW 1997, 1926, 1928; Von Falkenhausen, NZG 2012, 644, 645.

solcher. Nachvollziehbar ist bzw. war allerdings das Bedürfnis der Anleger, in wirtschaftlich schwierigen Zeiten, die geprägt waren durch Unternehmenskrisen und -zusammenbrüche und einen Verfall der Aktienkurse,[259] hierfür einen Schuldigen auszumachen, der gegebenenfalls für die eingetretenen Verluste und Schäden einsteht.[260] Offensichtlich berechtigte Ansprüche gegen Organe einer Aktiengesellschaft wurden oftmals nicht geltend gemacht.[261] Als nach den Übertreibungen und Skandalen an den Aktienmärkten in den Jahren 1999 und 2000 der Ruf nach einer Erleichterung von Ersatzansprüchen gegen Gesellschaftsorgane erneut lauter geworden war, hatte die Bundesregierung im Januar 2005 den Entwurf des Gesetzes zur Unternehmensintegrität und Modernisierung des Anfechtungsrechts (UMAG) vorgelegt,[262] womit die aktienrechtlichen Änderungsvorschläge der Regierungskommission Corporate Governance umgesetzt werden sollten.[263] Mit diesem Gesetz sollte es unter anderem den Aktionären erleichtert werden, den Vorstand bei Pflichtverletzungen in die Haftung zu nehmen, da die Möglichkeiten, die bis dahin die §§ 147 ff. AktG boten, schon lange als unzureichend empfunden wurden.[264] Seit dem Inkrafttreten des UMAG am 1.11.2005[265] haben daher die Aktionäre stärkere Rechte erhalten: Seither wird ihnen unter anderem bei dem Verdacht, dass sich Auffälligkeiten in der Geschäftsführung des Vorstands zu einer Treuepflichtverletzung oder einem Schadensersatzanspruch verdichtet haben, die Einleitung einer Sonderprüfung erleichtert. Im Falle einer positiven Prüfung (=Pflichtverletzung) kann eine Aktionärsminderheit im eigenen Namen eine Klage auf Leistung an die Gesellschaft erheben, vgl. § 148 Abs. 1 S. 1 AktG.[266] Ziel dieser gesetzlichen Neuregelungen der Verschärfung des Verfolgungsrechts der Aktionäre war es unter anderem, die ausgeprägte Risikofreude

259 Gemeint ist das Platzen der so genannten „Dotcom"-Blase, vgl. Von Falkenhausen, NZG 2012, 644, 645.

260 Feddersen, in: Humaniora Medizin – Recht – Geschichte, S. 1169.

261 RegE UMAG BT-Drucks. 15/5092, 1.

262 Feddersen, in: Humaniora Medizin – Recht – Geschichte, S. 1171.

263 RegE UMAG BT-Drucks. 15/5092, 10.

264 Von Falkenhausen, NZG 2012, 644, 645.

265 BGBl I 2005, 2802.

266 Langenbucher, DStR 2005, 2083, 2083; vgl. ferner ausführlich zu den Neuerungen durch das UMAG: Spindler, Die Reform der Hauptversammlung und der Anfechtungsklage durch das UMAG, NZG 2005, 825 ff.; Seibert, Berufsopponenten – Anfechtungsklage – Freigabeverfahren – Haftungsklage: Das UMAG, eine Rechtsfolgenanalyse, NZG 2007, 841 ff.; Priester, Neue Entwicklungen im Recht der Hauptversammlung – UMAG und jüngste Rechtsprechung, DNotZ 2006, 403 ff.

bei der Nutzung des Handlungsspielraums des Vorstands einzudämmen, was allerdings auch dazu führen könnte, dass sich die Vorstände einem übertriebenen Haftungsrisiko gegenüber sehen und somit sehr zurückhaltend agieren.[267]

Genau aus diesem Grund hat der Gesetzgeber gewissermaßen als „Gegengewicht" die Business Judgement Rule in § 93 Abs. 1 S. 2 AktG aufgenommen, um somit deutlich zu machen, dass die Vorstandsmitglieder – trotz der schärferen Haftung – nicht für jeden Fehlschlag verantwortlich sein sollen.[268] Man wollte eine Ausgewogenheit der Gesamtregelung erreichen.[269]

Gelingt einem Vorstandsmitglied der mit § 93 Abs. 1 S. 2 AktG verlangte Nachweis,[270] hat er pflichtgemäß gehandelt, haftet somit nicht und hat auch keine Sanktionen zu befürchten, die an eine Pflichtverletzung anknüpfen.[271] Gelingt der Nachweis nicht, ist allerdings auch noch keine Pflichtverletzung festgestellt, vielmehr kommt es dann zu einer inhaltlichen Prüfung.[272]

aa. Tatbestandsmerkmale der „deutschen Business Judgement Rule"

Damit die Regelung des § 93 Abs. 1 S. 2 AktG zur Anwendung kommt, müssen 5 Voraussetzungen erfüllt sein:[273] Es muss sich um eine unternehmerische Entscheidung handeln (1), das Handeln des Vorstandsmitglieds muss frei von Sonderinteressen und sachfremden Einflüssen gewesen sein (2), das Handeln muss dem Wohle der Gesellschaft gedient haben (3) und auf angemessener Information basieren (4). Hinsichtlich der Voraussetzungen (2) bis (4) ist als fünfte Voraussetzung guter Glaube erforderlich (5).[274]

(1) Unternehmerische Entscheidung

Als erste der 5 Voraussetzungen muss eine unternehmerische Entscheidung vorliegen. Dieses Merkmal ist nur schwer zu konkretisieren; der Gesetzgeber[275] gibt in diesem Zusammenhang allerdings einen ersten Ansatzpunkt dahingehend,

---

267 Langenbucher, DStR 2005, 2083, 2083.

268 Von Falkenhausen, NZG 2012, 644, 645.

269 Hüffer-Koch, § 93, Rn. 10.

270 Zur Beweislastverteilung siehe unten „Darlegungs- und Beweislast".

271 Langenbucher, DStR 2005, 2083, 2085.

272 Mü-Ko AktG-Spindler, § 93, Rn. 40.

273 Vgl. dazu Hüffer-Koch, § 93, Rn. 15 ff., der nur drei Voraussetzungen prüft, die übrigen beiden dort aber integriert.

274 Vgl. dazu Hüffer-Koch, § 93, Rn. 24.

275 Hölters-Hölters, § 93, Rn. 30 mit dem Verweis auf die Begründung zum Regierungsentwurf, RegE UMAG BT-Drucks. 15/5092, 11.

dass unternehmerische Entscheidungen infolge ihrer Zukunftsbezogenheit durch Prognosen und nicht justiziable Einschätzungen geprägt sind.[276] Sofern bisweilen darüber diskutiert wird, ob das Merkmal der Zukunftsbezogenheit tatsächlich notwendig ist, stellt dies im Ergebnis einen rein akademischen Streit dar, da jegliche unternehmerische Entscheidung eine Zukunftsbezogenheit aufweist, weil sich auch Entscheidungen, die auf den ersten Blick die Vergangenheit betreffen, jedenfalls auf die Situation des Unternehmens in der Zukunft – also auf die bilanzielle Darstellung – auswirken.[277] Derartige Entscheidungen sind also gefordert, soweit ein Handeln des Vorstands nicht durch Gesetz, Satzung, Anstellungsvertrag oder Geschäftsordnung rechtlich gebunden ist,[278] und sind folglich stets mit einem gewissen Risiko bzw. Unsicherheit verbunden.[279] Ein weiterer Anknüpfungspunkt ist die Beurteilung aus betriebswirtschaftlicher Sicht: Eine unternehmerische Entscheidung kann insofern auch als bewusste Auswahl einer unternehmerischen Handlungsmöglichkeit von besonderer wirtschaftlicher Tragweite aus mehreren Alternativen verstanden werden, wobei dabei im Hintergrund stets die Gefahr eines richterlichen „Rückschaufehlers" mitschwingt („hindsight bias").[280] Gemeint ist der Umstand, dass „jeder – auch ein Richter – im Nachhinein dazu neigt, Risiken höher zu bewerten und anzunehmen, dass sie auch ex-ante hätten erkannt werden müssen",[281] was im Ergebnis zu einer Verrechtlichung von unternehmerischen, prognosebehafteten Entscheidungen führen würde.[282] Ganz generell kann eine unternehmerische Entscheidung nicht nur auf positives Tun bezogen sein, sondern kann auch im Unterlassen einer unternehmerischen Chance liegen – lediglich die reine (grundlose) Untätigkeit ist nicht von diesem Tatbestandsmerkmal erfasst.[283] Entscheidend ist, dass Ermessen ausgeübt wird – gleich in welche „Richtung".[284]

(2) Keine Sonderinteressen

Die zweite Voraussetzung für die Anwendung der „deutschen Business Judgement Rule" ist das Fehlen von Sonderinteressen, also das Nichtverfolgen eigener Interessen bei der Entscheidungsfindung oder positiv formuliert: Es darf

276 Mü-Ko AktG-Spindler, § 93, Rn. 41.
277 Mü-Ko AktG-Spindler, § 93, Rn. 42.
278 Hölters-Hölters, § 93, Rn. 30 m.w.N.
279 Mü-Ko AktG-Spindler, § 93, Rn. 41 m.w.N.
280 Mü-Ko AktG-Spindler, § 93, Rn. 41.
281 Von Falkenhausen, NZG 2012, 644, 649.
282 Mü-Ko AktG-Spindler, § 93, Rn. 41.
283 Mü-Ko AktG-Spindler, § 93, Rn. 43 f.
284 Kock/Dinkel, NZG 2004, 441, 443.

ausschließlich auf die Interessen der Gesellschaft ankommen.[285] Nötig ist also, dass das Vorstandsmitglied seine Entscheidungen unbeeinflusst von Interessenkonflikten sowie Fremdeinflüssen und ohne unmittelbaren Eigennutz trifft, außer die eigenen Interessen decken sich mit denjenigen der Gesellschaft.[286] Gemeint ist demnach eine sachliche Unbefangenheit.[287]

(3) Zum Wohle der Gesellschaft

Die unternehmerische Entscheidung muss ferner zum Wohle der Gesellschaft getroffen werden. Der Gesetzgeber versteht darunter die langfristige Stärkung des Ertrags und der Wettbewerbsfähigkeit, einschließlich der Tochtergesellschaften und des Gesamtkonzerns,[288] wobei die Auslegung dieses Begriffes nicht zu eng erfolgen sollte, da der Gesetzgeber insoweit letztlich nur den Minimalkonsens herangezogen hat.[289] Der Begriff dieses Tatbestandsmerkmals ist gleichbedeutend mit dem des „Unternehmensinteresses" im Rahmen des § 76 AktG, an das der Vorstand bei der Leitung der Gesellschaft gebunden ist.[290] Der Vorstand hat sich insofern von den Grundsätzen der ordnungsgemäßen Unternehmensleitung lenken zu lassen, wobei es sich hierbei erneut um unbestimmte Rechtsbegriffe handelt, sodass eine abschließende Darstellung, was exakt unter dem „Wohle der Gesellschaft" zu verstehen ist, nicht möglich ist, sondern dessen Bestimmung immer im Einzelfall zu erfolgen hat. Beispiele für die Grundsätze, welche dem Wohle der Gesellschaft dienen, wären beispielsweise Gemeinwohlbindung, Sozialbindung oder Gewinnmaximierung.[291]

(4) Angemessene Informationsbasis

Erforderlich für die Anwendbarkeit des § 93 Abs. 1 S. 2 AktG ist weiter, dass die Grundlage der unternehmerischen Entscheidung sorgfältig ermittelt wurde. Obwohl teilweise missverständlich formuliert wird, dass <u>alle</u> für die konkrete Entscheidung dienenden Informationsquellen tatsächlicher und rechtlicher Art

---

285 Mü-Ko AktG-Spindler, § 93, Rn. 60 m.w.N.

286 Mü-Ko AktG-Spindler, § 93, Rn. 60 mit dem Verweis auf die insofern explizite Begründung zum Regierungsentwurf, BT-Drucks. 15/5092, 11.

287 Hüffer-Koch, § 93, Rn. 25.

288 Mü-Ko AktG-Spindler, § 93, Rn. 46 mit dem Verweis auf die Begründung zum Regierungsentwurf, RegE UMAG BT-Drucks. 15/5092, 11.

289 Mü-Ko AktG-Spindler, § 93, Rn. 46.

290 Hölters-Hölters, § 93, Rn. 37 m.w.N.

291 Im Einzelnen: Mü-Ko AktG-Spindler, § 76, Rn. 60 ff.

genutzt werden müssen,[292] ergibt sich aus dem insoweit eindeutigen Wortlaut der Vorschrift („angemessen“) gerade, dass dies nicht notwendigerweise zu erfolgen hat. Es reicht vielmehr aus, eine angemessene, ausreichende Tatsachenbasis zu schaffen.[293] Dabei ist die im Einzelfall „angemessene“ Informationsgrundlage nach Art und Bedeutung der Entscheidung, nach dem zur Verfügung stehenden Zeitumfang zur Informationsgewinnung und nach anerkannten betriebswirtschaftlichen Verhaltensmaßstäben zu bestimmen.[294] Mit anderen Worten dürfen im Rahmen der bei der Angemessenheitsprüfung vorzunehmenden Abwägung neben der Art und der Bedeutung der zu treffenden Entscheidung auch der jeweilige zeitliche Vorlauf, die tatsächliche und rechtliche Möglichkeit eines Informationszugangs und der voraussichtliche Nutzen der zu erlangenden Informationen von Bedeutung sein.[295]

(5) Guter Glaube

Die letzte Voraussetzung der Business Judgement Rule ist, dass der Vorstand gutgläubig ist hinsichtlich der Voraussetzungen (2) bis (4). Diese Anforderung ergibt sich unmittelbar aus der Begründung des entsprechenden Regierungsentwurfs.[296] Dabei handelt es sich um ein ungeschriebenes Tatbestandsmerkmal, das sich nicht direkt aus dem Wortlaut der Vorschrift ergibt. Entscheidend für die Bejahung der Gutgläubigkeit ist in den Grenzen des objektiv Nachvollziehbaren die ex-ante Sicht des unter Unsicherheit handelnden Vorstandsmitglieds.[297] Maßgeblich ist also, dass der Vorstand zum Zeitpunkt seiner Entscheidung selbst davon überzeugt ist, richtig zu handeln, also keine Pflichtverletzung zu begehen.[298] Nur dann kann er sich auf die Business Judgement Rule berufen.

---

292 Hölters-Hölters, § 93, Rn. 34 unter Bezugnahme auf die Formulierung in BGH NZG, 2008, 705, 706 für GmbH-Geschäftsführer.

293 Henssler/Strohn-Dauner-Lieb, § 93, Rn. 22 m.w.N.; vgl. auch RegE UMAG BT-Drucks. 15/5092, 12 („Es wird dem Vorstand also in den Grenzen seiner Sorgfaltspflicht ein erheblicher Spielraum eingeräumt, den Informationsbedarf abzuwägen und sich selbst eine Annahme dazu zu bilden. Information kann nicht allumfassend sein (...)“).

294 Hölters-Hölters, § 93, Rn. 34 m.w.N.

295 Henssler/Strohn-Dauner-Lieb, § 93, Rn. 22 m.w.N.

296 RegE UMAG BT-Drucks. 15/5092, 11 („Diese Tatbestandseinschränkung setzt fünf – teils implizite – Merkmale voraus: Unternehmerische Entscheidung, Gutgläubigkeit, Handeln ohne Sonderinteressen und sachfremde Einflüsse, Handeln zum Wohle der Gesellschaft und Handlung auf der Grundlage angemessener Information“).

297 Hüffer-Koch, § 93, Rn. 21.

298 Henssler/Strohn-Dauner-Lieb, § 93, Rn. 25.

Es wird vertreten, dass die Voraussetzung der Gutgläubigkeit denklogisch sei, da ein Vorstandsmitglied, das seine Handlung selbst für unrichtig hält, pflichtwidrig handelt und insofern nicht schutzwürdig ist, sodass eine Berufung auf das unternehmerische Ermessen in derartigen Fällen missbräuchlich wäre.[299] Wenn damit allerdings tatsächlich gemeint sein sollte, dass allein „böser Glaube" bereits die Pflichtwidrigkeit (und damit die Haftung des Vorstandsmitglieds) begründen kann, so ist dieser Auffassung entgegenzutreten. Richtig ist vielmehr, dass auch „böser Glaube" nicht schadet, wenn die Maßnahme im Interesse der Gesellschaft lag, da es dann an der Pflichtwidrigkeit fehlen muss; allein für den fehlenden guten Glauben soll das Vorstandsmitglied nicht haften.[300] Mithin ist guter Glaube zwar positive Voraussetzung der „Business Judgement Rule" des § 93 Abs. 1 S. 2 AktG, führt aber bei Nichtvorliegen nicht automatisch zu einer Pflichtverletzung, also einer Haftung des Vorstandsmitglieds. Es muss in diesem Fall im Rahmen einer inhaltlichen Prüfung (die gerade nicht erforderlich ist, wenn die Voraussetzungen des § 93 Abs. 1 S. 2 AktG vorliegen) positiv eine Pflichtverletzung festgestellt werden.[301]

bb. Dogmatische Einordnung der „deutschen Business Judgement Rule"

Liegen die 5 Voraussetzungen der Vorschrift vor, ist nach dem Wortlaut eine Pflichtverletzung des Vorstands ausgeschlossen. Wie diese Rechtsfolge aber dogmatisch einzuordnen ist, wird im Schrifttum unterschiedlich beurteilt.

Zunächst wird vertreten, dass die in § 93 Abs. 1 S. 2 AktG aufgestellte Regelung dogmatisch einen Tatbestandsausschlussgrund darstellt.[302] Gemeint ist offenbar der Ausschluss der zivilrechtlichen Haftungsnorm des § 93 Abs. 2 S. 1 AktG.

Nach anderer Auslegung soll unter den formulierten Voraussetzungen bereits keine Pflichtverletzung vorliegen, nicht erst der – zunächst erfüllte – Haftungstatbestand ausgeschlossen werden, und damit von vornherein kein Raum für eine Ersatzpflicht der Vorstandsmitglieder nach § 93 Abs. 2 S. 1 AktG gegeben sein; gemeint ist hier schon der Ausschluss einer objektiven Sorgfaltspflichtverletzung, nicht erst ein Verschuldensmaßstab.[303] Als Argument wird dabei

---

299 Hölters-Hölters, § 93, Rn. 40.

300 Mü-Ko AktG-Spindler, § 93, Rn. 66.

301 Vgl. dazu auch die entsprechenden Ausführungen im Rahmen der „Darlegungs- und Beweislast" unter cc.

302 Henssler/Strohn-Dauner-Lieb, § 93, Rn. 19.

303 Hüffer-Koch, § 93, Rn. 12; in diese Richtung geht auch die Begründung des Regierungsentwurfs, vgl. RegE UMAG BT-Drucks. 15/5092, 11 („Die Vorschrift soll

aufgeführt, dass die gesetzliche Anerkennung eines unternehmerischen Freiraums mit einer bloßen Exkulpation nicht gelungen wäre und insofern von einem „sicheren Hafen“ nicht die Rede sein könnte, da dann zwar Haftungsfreiheit des Vorstands gesichert werden könnte, nicht aber Fortbestand der von ihm getroffenen Entscheidung.[304] Nach dieser Ansicht handele es sich bei § 93 Abs. 1 S. 2 AktG um keine bloße Beweislastregel wie in § 93 Abs. 2 S. 2 AktG, vielmehr führe die Tatsache, dass in diesem Fall bereits objektiv keine Pflicht verletzt sei dazu, dass schon materiell-rechtlich das Eingreifen eines Haftungstatbestands ausgeschlossen sei.[305] § 93 Abs. 1 S. 2 AktG enthalte insofern eine unwiderlegbare Rechtsvermutung dergestalt, dass beim Vorliegen der entsprechenden Tatbestandsmerkmale keine objektive Pflichtverletzung vorliege und jede weitere rechtliche Prüfung ausgeschlossen sei.[306]

Zuletzt wird vertreten, dass sich gerade vor dem Hintergrund der historischen Entwicklung und Rezeption der US-amerikanischen Judikatur die Einschränkung der Haftung in § 93 Abs. 1 S. 2 AktG als gesetzliche Konkretisierung der dem Vorstand abverlangten objektiven Pflichten darstellt.[307]

Welcher dogmatischen Einordnung man sich auch anschließen möchte – im Ergebnis muss jedenfalls beim Vorliegen der oben beschriebenen Voraussetzungen eine zivilrechtliche Haftung des Vorstands ausgeschlossen sein. Da nur dieses Ergebnis Anknüpfungspunkt für den Ausschluss einer Strafbarkeit sein wird – dazu unten –, kann es an dieser Stelle dahinstehen, auf welchem dogmatischen Weg dieses Ergebnis erreicht wird.

cc. Darlegungs- und Beweislast

Dies gilt umso mehr aufgrund der Regelung und der dazu ergangenen Rechtsprechung zur Darlegungs- und Beweislast. Aufgrund deren Eindeutigkeit macht es keinen Unterschied, welcher Meinung man sich oben zur dogmatischen Einordnung der „deutschen Business Judgement Rule“ anzuschließen vermag. § 93 Abs. 2 S. 2 AktG bestimmt nämlich, dass die Vorstandsmitglieder die Beweislast trifft, sofern streitig ist, ob sie die Sorgfalt eines ordentlichen und gewissenhaften

---

den Bereich unternehmerischen Handlungsspielraums ausgrenzen aus dem Tatbestand der Sorgfaltspflichtverletzung nach Satz 1“); wie diese Auffassung aber mit dem Fordern des subjektiven Elements der Gutgläubigkeit in Einklang zu bringen ist (so aber auch die Begründung des Regierungsentwurfs), erscheint fraglich.

304 Hüffer-Koch, § 93, Rn. 12 f.

305 Hüffer-Koch, § 93, Rn. 12.

306 Hüffer-Koch, § 93, Rn. 14.

307 Mü-Ko AktG-Spindler, § 93, Rn. 39.

Geschäftsleiters angewandt haben. Diese Ausgestaltung steht im Widerspruch zur allgemeinen zivilprozessualen Beweislastverteilung und beruht auf der Überlegung, dass das betreffende Organmitglied die Umstände seines Verhaltens und die Gesichtspunkte, die für eine pflichtgemäße Amtsführung sprechen, besser überblicken kann als die Gesellschaft, die insoweit regelmäßig in Beweisnot geriete.[308]

Will die Gesellschaft einen Schadensersatzanspruch geltend machen, folgt daraus, dass sie nur dreierlei darzulegen und zu beweisen hat, nämlich das Verhalten des Vorstandsmitglieds, das sich als möglicherweise pflichtwidrig darstellt, den Eintritt und die Höhe des entstandenen Schadens sowie die Kausalität zwischen Vorstandshandeln und Schaden.[309] Das in Anspruch genommene Vorstandsmitglied hat demgegenüber darzulegen und zu beweisen, dass es nicht pflichtwidrig gehandelt hat (wie oben angesprochen) oder dass es im Falle eines pflichtwidrigen Handelns kein Verschulden trifft.[310] Von der Beweislast erfasst sind die objektive Pflichtwidrigkeit (Rechtswidrigkeit) und die subjektive Pflichtwidrigkeit (Schuld).[311]

Eben diese Beweislast gilt auch im Rahmen der „deutschen Business Judgement Rule“, sodass Vorstandsmitglieder die tatsächlichen Voraussetzungen ihres pflichtkonformen Verhaltens i.S.d. § 93 Abs. 1 S. 2 AktG darlegen und beweisen müssen.[312]

Insofern macht es auch diesbezüglich keinen Unterschied, welcher dogmatischen Einordnung man sich oben anschließen möchte – gelingt die Darlegung der Voraussetzungen der Business Judgement Rule, ist eine Haftung des Vorstandsmitglieds ausgeschlossen. In diesem Zusammenhang sei noch einmal darauf hingewiesen, dass aber umgekehrt nicht automatisch eine Pflichtverletzung und damit per se eine Haftung gegeben ist, wenn die Darlegung der Voraussetzungen der Business Judgement Rule nicht gelingen sollte; vielmehr muss das Gericht in diesem Fall positiv feststellen, ob die Pflichten des § 93 Abs. 1 S. 1 AktG verletzt wurden, auch wenn der Verletzung der Business Judgement Rule regelmäßig eine Indizwirkung zukommt.[313] Die obigen Darlegungs- und Beweislastregeln des § 93 Abs. 2 S. 2 AktG gelten aber auch dann: In diesem Fall muss das Vorstandsmitglied nicht die Voraussetzungen der Business Judgement Rule

308 Spindler/Stilz-Fleischer, § 93, Rn. 220 m.w.N.; Hölters-Hölters, § 93, Rn. 269.
309 Spindler/Stilz-Fleischer, § 93, Rn. 221 m.w.N.
310 Spindler/Stilz-Fleischer, § 93, Rn. 222 m.w.N.; Hölters-Hölters, § 93, Rn. 269 m.w.N.
311 Mü-Ko AktG-Spindler, § 93, Rn. 181.
312 BGH NZG 2011, 549, 550; Hüffer-Koch, § 93, Rn. 54 m.w.N.; Mü-Ko AktG-Spindler, § 93, Rn. 181 f.; Spindler/Stilz-Fleischer, § 93, Rn. 222; Fest, NZG 2011, 540, 541 m.w.N.
313 Mü-Ko AktG-Spindler, § 93, Rn. 40.

darlegen, sondern allgemein, dass die Sorgfalt eines ordentlichen und gewissenhaften Geschäftsleiters angewandt wurde.[314]

dd. Rechtslage vor kodifizierter Business Judgement Rule

Der Vollständigkeit halber wird am Ende der (zunächst allgemeinen) Darstellung der „deutschen Business Judgement Rule" noch kurz auf die bestehende Rechtslage vor deren Kodifizierung im Aktiengesetz eingegangen – nicht zuletzt deshalb, weil Stimmen in der Literatur der Ansicht sind, dass die Rechtslage durch deren Einführung gar nicht geändert wurde bzw. auch außerhalb ihres Anwendungsbereichs nicht schärfer gehaftet wird, sodass die Business Judgement Rule tatsächlich gar keine Privilegierung beinhalte.[315] Zu unterscheiden sind also zwei Thesen: Der Aussage, dass sich durch die Kodifizierung der Business Judgement Rule an der rechtlichen Beurteilung der Sachverhalte, auf die die Regelung Anwendung findet, nichts geändert hat, ist zuzustimmen. Die Grundsätze der Regelung waren bereits zuvor von der Rechtsprechung[316] herausgearbeitet worden und wurden vom Gesetzgeber durch das UMAG lediglich in das Aktiengesetz aufgenommen[317] – die neue Vorschrift versteht sich also nicht als „Ablösung (der Rechtsprechung), sondern als ihre Kodifikation".[318]

Auch die zweite These, die Business Judgement Rule beinhalte gar keine Privilegierung, da außerhalb ihres Anwendungsbereichs der gleiche Haftungsmaßstab gelte, ist nicht ohne weiteres von der Hand zu weisen. *Von Falkenhausen* kommt zu dem Ergebnis, dass „wie man es dreht und wendet, kein Unterschied bei der Haftung innerhalb und außerhalb der Business Judgement Rule in der Fassung des heutigen § 93 Abs. 1 S. 2 AktG" festzustellen ist.[319] Schließlich hafte ein Entscheidungsträger auch außerhalb des Anwendungsbereichs der Regelung nicht für das Ergebnis, sondern für einen sorgfältigen Entscheidungsprozess und müsse auch dort nur sorgfältig zwischen den Entscheidungsalternativen wählen, um seine Sorgfaltspflicht zu erfüllen.[320] Diese Auffassung will demnach aber

---

314 Hölters-Hölters, § 93, Rn. 269; Mü-Ko AktG-Spindler, § 93, Rn. 181; Hüffer-Koch, § 93, Rn. 53.

315 Von Falkenhausen, NZG 2012, 644, 644 ff.

316 Vgl. die „ARAG/Garmenbeck-Entscheidung" des BGH: Urteil vom 21.04.1997 – II ZR 175/95; NJW 1997, 1926 ff.; DStR 1997, 880 ff.; ZIP 1997, 883 ff.

317 Mü-Ko AktG-Spindler, § 93, Rn. 36 m.w.N.; Henssler/Strohn-Dauner-Lieb, § 93, Rn. 17.

318 Hüffer-Koch, 11. Auflage, § 93, Rn. 11.

319 Von Falkenhausen, NZG 2012, 644, 651.

320 Von Falkenhausen, NZG 2012, 644, 649.

nicht die Anforderungen der Business Judgement Rule zur Enthaftung des Vorstands in Frage stellen, sondern bezweifelt lediglich die gesetzgeberische Notwendigkeit des Instruments der Business Judgement Rule als solche.

d. Zwischenergebnis

Als Zwischenergebnis ist festzuhalten, dass beim Vorliegen der oben genannten Voraussetzungen der Business Judgement Rule (und damit Ausschluss einer zivilrechtlichen Haftung) keine untreuerelevante Pflichtverletzung im Strafrecht gesehen werden kann. Die Pflichtwidrigkeit ist in diesem Fall ausgeschlossen. Dies gilt gerade auch für Ermessensentscheidungen und damit im Anwendungsbereich der Business Judgement Rule. Der Grundsatz der Akzessorietät des Strafrechts gilt nämlich nicht nur dann, wenn es zivilrechtlich die „eine richtige Lösung" gibt, sondern insbesondere auch dann, wenn das Zivilrecht mehrere vertretbare Lösungen anbietet und sich die handelnde Person für eine dieser Lösungen entscheidet – also Ermessen ausübt.[321] Die Akzessorietät gilt aber natürlich auch, wenn es sich um keine Ermessensentscheidung handelt, die Business Judgement Rule also nicht anwendbar ist: Kommt in diesem Fall das Gericht nach materieller Prüfung zu dem Ergebnis, dass keine zivilrechtliche Pflichtverletzung vorliegt, verhält sich das Strafrecht ebenso akzessorisch. Die Akzessorietät ist also keine Besonderheit im Zusammenhang mit der Business Judgement Rule, sondern knüpft allgemein an zulässiges zivilrechtliches Handeln an. Gleichwohl ist die Business Judgement Rule ein typisches Beispiel für die Realisierung von Vertrauensschutz im Zivil- bzw. Aktienrecht. Denn dank dieser Regelung dürfen Entscheidungsträger darauf vertrauen, dass ihnen eine betriebswirtschaftlich fehlgeschlagene Entscheidung nicht expost zum Vorwurf gemacht wird, so lange ex-ante gewisse Standards bei der Entscheidungsfindung eingehalten wurden. Sie können darauf vertrauen, dass für „Fehler im Rahmen des unternehmerischen Ermessensspielraums nicht gehaftet wird."[322]

Während es sich dabei aber mehr um das Vertrauen in die Rechtsfolge der Business Judgement Rule handelt, wird das Vertrauen der Entscheidungsträger, das sie bei ihrer Entscheidung aufbringen müssen, ebenfalls geschützt. Denn die Business Judgement Rule schützt insbesondere auch das Vertrauen in die Informationen (gleich welcher Art), die zur Grundlage der Entscheidung gemacht werden. Schließlich sind nicht alle denkbaren Informationsquellen auszuschöpfen, so lange

321 Mü-Ko StGB-Dierlamm, § 266, Rn. 173.
322 RegE UMAG BT-Drucks. 15/5092, 11.

eine ordnungsgemäße Abwägung erfolgt ist. Ist eine solche aber erfolgt, dürfen die Entscheidungsträger den Informationsquellen grundsätzlich vertrauen und haben keine zivilrechtliche Haftung zu befürchten,[323] selbst wenn sich später herausstellen sollte, dass die Entscheidung – auch aufgrund der womöglich „falschen" Informationen – ex-post betrachtet betriebswirtschaftlich fehlgeschlagen ist.

2. Das Erfordernis der gravierenden Pflichtverletzung (Asymmetrische Akzessorietät)

Nach überwiegender Auffassung gilt umgekehrt allerdings nicht per se das Prinzip der Akzessorietät des Strafrechts, sodass eine zivilrechtliche Pflichtverletzung nicht automatisch zur Pflichtwidrigkeit im Rahmen der Untreue führen soll. Dies gilt nicht zuletzt aufgrund des Verständnisses des Strafrechts als „Ultima Ratio". Relevanz hat in diesem Zusammenhang die Diskussion um das Erfordernis einer „gravierenden Pflichtverletzung" im Rahmen der Untreue. Bevor man an dieser Stelle die mögliche Realisierung des Vertrauensschutzes darstellen kann, ist es angezeigt, zumindest kurz den Streitstand zum Erfordernis eben dieser „gravierenden Pflichtverletzung" nachzuvollziehen:

Nachdem das Tatbestandsmerkmal der Pflichtverletzung bis zur Entscheidung BGHSt 46, 30[324] ganz und gar nicht im Fokus der Judikatur stand, ist es der „Verdienst des 1. Strafsenats" mit dieser sowie zwei weiteren Entscheidungen[325] „diese zentrale Voraussetzung einer Strafbarkeit auf der Landkarte der strafrechtlichen Dogmatik markiert zu haben".[326] Während in BGHSt 46, 30[327] das Merkmal „gravierend" zwar noch nicht ausdrücklich genannt wurde, sondern lediglich festgestellt wurde, dass eine Verletzung einzelner normierter Verhaltensanforderungen nicht ausreicht, um eine Pflichtwidrigkeit im Sinne der Untreue zu begründen, kommt diese Anforderung in der nachfolgenden Entscheidung BGHSt 47, 148[328] eindeutig zum Ausdruck, als der Senat wie folgt postulierte:[329]

323 Vorausgesetzt, dass die übrigen Voraussetzungen der Business Judgement Rule ebenfalls erfüllt sind.

324 BGH Urteil vom 6.4.2000 – 1 StR 280/99 (LG Hamburg), Stichwort: „Kreditvergabe".

325 BGHSt 46, 30 ff., BGHSt 47, 148 ff., BGHSt 47, 187 ff.

326 Handbuch Volk-Beukelmann, § 18, Rn. 43 mit dem Hinweis, dass erst seit dieser Entscheidungsserie das Stichwort „Pflichtwidrigkeit" in der Entscheidungssammlung BGHR gelistet ist.

327 BGH Urteil vom 6.4.2000 – 1 StR 280/99 (LG Hamburg), Stichwort: „Kreditvergabe".

328 BGH Urteil vom 15.11.2001 – 1 StR 185/01 (LG Mannheim), Stichwort: erneut „Kreditvergabe".

329 Handbuch Volk-Beukelmann, § 18, Rn. 44 f.

„Für die Pflichtverletzung im Sinne des § 266 StGB ist indessen maßgebend, ob die Entscheidungsträger bei der Kreditvergabe ihre bankübliche Informations- und Prüfungspflicht bezüglich der wirtschaftlichen Verhältnisse des Kreditnehmers gravierend verletzt haben.“[330]

In der Folge stellte sodann die 3. Entscheidung der Serie des 1. Strafsenats, BGHSt 47, 187,[331] einen konkreten Bezug zu aktienrechtlichen Pflichtverletzungen her: Nachdem das Gericht zunächst für die Frage der Pflichtwidrigkeit im Rahmen der Untreue auf die aktienrechtlichen Pflichten des Vorstands (§§ 76, 93 AktG) abgestellt und sodann auf das oben beschriebene „ARAG/Garmenbeck“-Urteil des zweiten Zivilsenats verwiesen hat, stellt der Senat ausdrücklich auf die dortigen Aussagen zum weiten Handlungsspielraum bei Leitungsaufgaben ab und nimmt expressis verbis Stellung zum Verhältnis einer gesellschaftsrechtlichen Pflichtverletzung und einer Pflichtwidrigkeit nach § 266 StGB:[332]

„Vergibt der Vorstand aus dem Vermögen einer Aktiengesellschaft Zuwendungen zur Förderung von Kunst, Wissenschaft, Sozialwesen oder Sport, genügt für die Annahme einer Pflichtwidrigkeit im Sinne des Untreuetatbestands des § 266 StGB nicht jede gesellschaftsrechtliche Pflichtverletzung; diese muss vielmehr gravierend sein.“[333]

Zur Bestimmung eben dieser „gravierenden Pflichtverletzung“ stellt der Senat auf eine „Gesamtschau insbesondere der gesellschaftsrechtlichen Kriterien“ ab, nennt hierbei als bedeutsam die fehlende Nähe zum Unternehmensgegenstand, die Unangemessenheit im Hinblick auf die Vertrags- und Vermögenslage, die fehlende innerbetriebliche Transparenz sowie das Vorliegen sachwidriger Motive und gelangt zu dem Statement, dass „jedenfalls dann, wenn bei der Vergabe sämtliche dieser Kriterien erfüllt sind, (…) eine Pflichtverletzung im Sinne des § 266 StGB vor(liegt)“.[334]

Auch in einer an die Serie anschließenden Entscheidung, namentlich BGH NStZ 2006, 221,[335] bestätigt der 1. Strafsenat seine Rechtsprechung zur „gravierenden Pflichtverletzung“, wiederholt unter Verweis auf das „ARAG/Garmenbeck“-Urteil die entwickelten Grundsätze seiner „Sponsoring“-Entscheidung und subsumiert zwar nicht unter den zuvor aufgestellten Kriterien-Katalog;

330 BGHSt 47, 148, 150.
331 BGH Urteil vom 6.12.2001 – 1 StR 215/01 (LG Offenburg), Stichwort: „Sponsoring“.
332 Handbuch Volk-Beukelmann, § 18, Rn. 46.
333 BGHSt 47, 187, 197.
334 BGHSt 47, 187, 197.
335 BGH Urteil vom 22.11.2005 – 1 StR 571/04 (LG München I), Stichwort: „Kinowelt“.

dennoch ist die faktische Übernahme des Merkmals „gravierend“ nicht zu übersehen.[336]

Mit dieser Rechtsprechung auf den ersten Blick „nur begrenzt in Einklang zu bringen“ ist die „Mannesmann-Entscheidung“ des 3. Strafsenats,[337] in welcher der Senat das Urteil der Vorinstanz aufgehoben hat, die eine Untreuestrafbarkeit trotz Pflichtverstoß noch deshalb verneinte, weil nach umfassender Gesamtschau insbesondere der am Unternehmensinteresse orientierten Kriterien eine vermögensbezogene gravierende Pflichtverletzung zu verneinen sei.[338] Der 2. Leitsatz dieser Entscheidung lautet wie folgt:

> *„2. Die zur Erfüllung des Tatbestands der Untreue erforderliche Verletzung der Vermögensbetreuungspflicht muss auch bei unternehmerischen Entscheidungen eines Gesellschaftsorgans nicht zusätzlich „gravierend“ sein (...).“*[339]

Losgelöst von Einzelfragen ist die von *Beukelmann*[340] aufgeworfene Überlegung der richtige Ansatz, nämlich dass es „für die Einordnung in die bisherige – und zeitgleiche – Rechtsprechung zu § 266 StGB (...) indes allein entscheidend (ist), ob die Herausarbeitung einer spezifischen strafrechtlichen Pflichtwidrigkeit – im Sinne einer gravierenden Verletzung nichtstrafrechtlicher Normanforderungen – durch die Entscheidung des 3. Strafsenats eine Retardierung erfahren hat oder die für eine Restriktion des Untreuetatbestands zwingend erforderliche Neugestaltung des Merkmals der Pflichtwidrigkeit durch den 1. Strafsenat weiterhin Geltung beansprucht“. Im „Mannesmann-Urteil“ wollte sich der 3. Strafsenat aber offensichtlich nicht von den Neugestaltungen des Tatbestandsmerkmals der Pflichtwidrigkeit des 1. Strafsenates distanzieren: Schließlich hat der 3. Strafsenat bewusst die Unterschiede zu den Entscheidungen des 1. Senats herausgearbeitet und im Ergebnis eine Vergleichbarkeit der Sachverhalte verneint.[341] *Saligers* Einschätzung ist zuzustimmen, dass der 3. Strafsenat in dieser Entscheidung „die Bedeutung dieses Merkmals (Anm.: gravierende Pflichtverletzung) stark (relativiert), indem er es explizit auf risikobehaftete unternehmerische Entscheidungen wie Kredituntreue und Sponsoring begrenzt, seine Irrelevanz für

---

336 Handbuch Volk-Beukelmann, § 18, Rn. 47.

337 BGH Urteil vom 21.12.2005 – 3 StR 470/04 (LG Düsseldorf), NJW 2006, 522 ff.

338 Handbuch Volk-Beukelmann, § 18, Rn. 48 mit einer anschaulichen Darstellung der Aussagen des 3. Strafsenats, aus welchem Grund der beurteilte Sachverhalt nicht mit denjenigen, die der 1. Strafsenat zuvor (oder zeitgleich) jeweils zu beurteilen hatte, vergleichbar war.

339 BGH NJW 2006, 522, 522 = BGHSt 50, 331, 332.

340 Handbuch Volk-Beukelmann, § 18, Rn. 49.

341 Ausführlich dazu Handbuch Volk-Beukelmann, § 18, Rn. 48.

die andersgelagerte Frage der Pflichtwidrigkeit der Zahlung kompensationsloser Anerkennungsprämien explizit feststellt und in einem obiter dictum bemerkt, dass er nicht zu entscheiden brauche, welche Aussagekraft den Indizien im Fall der Untreue durch Sponsoring im Einzelnen zukommt und ob ihre Zusammenstellung insgesamt hilfreich ist".[342]

Unabhängig von diesen Erwägungen wird bei genauerer Betrachtung allerdings deutlich, dass tatsächlich kein Widerspruch zwischen dem 1. und dem 3. Strafsenat existiert und es sich vielmehr um einen bloß scheinbaren Widerspruch handelt. Denn die Anforderungen des 1. Strafsenats beziehen sich offenbar auf die außerstrafrechtlichen Pflichten, der 3. Strafsenat meint aber die Vermögensbetreuungspflicht im Sinne des § 266 StGB. Im „Mannesmann-Urteil" kommt der 3. Strafsenat in diesem Zusammenhang selbst zu folgender Einschätzung, die belegt, dass sich der 3. Strafsenat tatsächlich jedenfalls nicht in Widerspruch zum 1. Strafsenat setzen, sondern vielmehr eine Klarstellung herbeiführen wollte:

„Für ihre Meinung hat sich die Strafkammer auf zwei Urteile des 1. Strafsenats des Bundesgerichtshofs (...) gestützt, aus denen auch Teile der Literatur (...) entsprechende Folgerungen ableiten. Eine nähere Analyse dieser Urteile erweist indes, dass auch der 1. Strafsenat bei risikobehafteten unternehmerischen Entscheidungen keineswegs eine gravierende Verletzung der Vermögensbetreuungspflicht verlangt."[343]

Noch deutlicher verhält sich der 3. Strafsenat an zwei weiteren Stellen der „Mannesmann-Entscheidung":

„Für die Pflichtverletzung im Sinne des Untreuetatbestands sei – so die Entscheidung wörtlich – „maßgebend, ob die Entscheidungsträger ... ihre Informations- und Prüfungspflichten bezüglich der wirtschaftlichen Verhältnisse des Kreditnehmers gravierend verletzt haben" (BGHSt 47, 148, 150). Danach bezieht sich das Merkmal „gravierend" nicht auf das Tatbestandsmerkmal der Verletzung der Vermögensbetreuungspflicht. Es ist vielmehr – sowohl nach dem Wortlaut der zitierten Wendung als auch nach dem Gesamtzusammenhang der Urteilsgründe – unmissverständlich auf die Verletzung der Informations- und Prüfungspflicht bezogen."[344]

Auch in seinem Urteil BGHSt 47, 187, das sich mit Fragen der Untreue durch Unternehmensspenden befasst, hat der 1. Strafsenat nicht die Auffassung vertreten, dass im Bereich risikobehafteter unternehmerischer Entscheidungen der Untreuetatbestand lediglich auf gravierende Verletzungen der Vermögensfürsorgepflicht angewandt werden könne. Das kommt schon im Leitsatz des Urteils „... genügt für die Annahme einer Pflichtwidrigkeit

342 SSW StGB-Saliger, § 266, Rn. 47.
343 BGH NJW 2006, 522, 526 = BGHSt 50, 331, 343 f.
344 BGH NJW 2006, 522, 526 = BGHSt 50, 331, 344.

im Sinne des Untreuetatbestands des § 266 StGB nicht jede gesellschaftsrechtliche Pflichtverletzung; diese muss vielmehr gravierend sein" deutlich zum Ausdruck und steht nach dem Gesamtzusammenhang der Urteilsgründe außer Zweifel."[345]

Der 1. Strafsenat hat das grundsätzliche Erfordernis einer gravierenden Pflichtverletzung in jüngerer Zeit in seiner Entscheidung zur „Kölner-Parteispendenaffäre"[346] bestätigt. Ohne expressis verbis Stellung zu beziehen, scheint er die außerstrafrechtliche Pflicht zu meinen und bezieht sich auf die oben genannten früheren Entscheidungen des 1. Strafsenats. Dieser Auffassung scheinen sich auch die Obergerichte anzuschließen. So hat im August 2012 das OLG Hamm[347] festgestellt, dass die Untreue einen gravierenden Pflichtverstoß voraussetzt.[348] Diesem Weg verschließt sich offenbar auch nicht der 3. Strafsenat des BGH gänzlich: In einer Entscheidung vom 11.12.2014 hat auch dieser Senat jedenfalls von einem „besonders gravierenden Pflichtenverstoß" gesprochen.[349]

Nicht unerwähnt bleiben soll, dass das Merkmal der gravierenden Pflichtverletzung in der Literatur auch gewichtiger Kritik ausgesetzt ist:[350] So ist *Schünemann* der Auffassung, dass die asymmetrische Akzessorietätstheorie das Verhältnis von Strafrecht und Zivilrecht „verzeichnet" und die Benennung „Zivilrechtsaffinität" bzw. „sektorale Zivilrechtsakzessorietät" treffender wäre.[351] Zugegeben wird aber, dass dieser theoretische Unterschied nicht zwingend zu abweichenden Ergebnissen führt, „weil beide Theorien darin übereinstimmen, dass eine Handlung, die nach der speziellen rechtlichen Regelung des Geschäftsbesorgungsverhältnisses rechtmäßig ist, nicht bestraft werden kann".[352] Die theoretische Diskrepanz sei aber dennoch nicht irrelevant, weil die Anknüpfung an eine zivilrechtliche Pflichtverletzung dahingehend missverstanden werden kann,

345 BGH NJW 2006, 522, 526 = BGHSt 50, 331, 345.

346 BGH Urteil vom 13.4.2011 – 3 StR 94/10 (LG Köln), NStZ 2011, 403 ff.

347 OLG Hamm Urteil vom 21.8.2012 – III-4 RvS 42/12, NStZ-RR 2012, 374 ff.

348 Das OLG Hamm geht in dieser Entscheidung entgegen der hier vertretenen Auffassung von einem „echten" Widerspruch zwischen dem 1. und dem 3. Strafsenat des Bundesgerichtshofs aus.

349 BGH NJW 2015, 1618, 1620.

350 Vgl. etwa: Schünemann, NStZ 2005, 473 ff.; NStZ 2006, 196 ff.; ZIS 2012, 183 ff.; LK-Schünemann, § 266, Rn. 93 ff.; SK StGB-Hoyer, § 266, Rn. 54 ff.; NK StGB-Kindhäuser, § 266, Rn. 75a ff.; Schönke/Schröder-Perron, § 266, Rn. 19b; Beckemper, NStZ 2002, 322, 326; Brammsen, Wistra 2009, 85, 88.

351 LK-Schünemann, § 266, Rn. 94; vgl. Dinter, S. 56, der es für zweifelhaft hält, ob der Unterschied zwischen Zivilrechtsakzessorietät und -affinität qualitativer oder tatsächlich bloß begrifflicher Natur ist.

352 LK-Schünemann, § 266, Rn. 94.

dass anschließend nach dem Grundsatz des Strafrechts als ultima ratio noch einmal „draufgesattelt" werden müsse.[353] *Schünemann* ist der Meinung, dass „in Wahrheit (...) die bei dem falschen Ausgangspunkt naturgemäß zunächst vermisste strafrechtsspezifische Höhenmarke im Untreuetatbestand selbst und der darin vorgenommenen Beschreibung der Unrechtsmaterie in Gestalt der vorsätzlichen Schädigung anvertrauten fremden Vermögens, aus der die Pflichtverletzung grundsätzlich rückgeschlossen werden kann, (steckt)", die verletzte Pflicht nichts anderes als „die dem Straftatbestand logisch vorausliegende Primärnorm" sei und es deshalb nicht notwendig auf eine außerstrafrechtliche Rechtsnorm ankomme.[354] Einen anderen Aspekt beleuchtet *Hoyer,* wenn er anmerkt, dass die „Abkoppelung des § 266 (StGB) vom Primärrecht zu keinem Gewinn an Tatbestandsbestimmtheit" führt, weil „den Indizien, die für einen gravierenden Pflichtverstoß sprechen sollen, eher die Rolle von Regelbeispielen als von echten Tatbestandsmerkmalen zukäme".[355] Und *Kindhäuser* bemängelt in ähnlichem Zusammenhang, dass es „unklar bleibt (...), in welchem Maße die einzelnen zivil- und gesellschaftsrechtlichen Kriterien innerhalb der vom 1. Senat geforderten Gesamtschau zu gewichten sind, was zu einer beliebigen Abwägung durch den Tatrichter führen kann".[356] *Perron* hingegen sieht schon kein Erfordernis für die Einordnung einer Pflichtverletzung als gravierend, da bei Einhaltung der allgemeinen Untreuegrundsätze kein Bedürfnis nach einer zusätzlichen Einschränkung bestehe,[357] und auch *Beckemper* meinte anlässlich einer Entscheidungsanmerkung, dass es des Merkmals der „Gravität" gar nicht bedurft hätte, da schon die Anwendung der anerkannten Untreuedogmatik zu demselben Ergebnis führt.[358] Als letzter der hier exemplarisch genannten Kritiker meint *Brammsen*, dass vom BGH auch Pflichten erfasst würden, die keinen vermögensschützenden Charakter haben und hält darüber hinaus die genannten Kriterien für nicht geeignet, eine Begrenzung des Tatbestands zu erreichen.[359]

Nach hier vertretener Auffassung handelt es sich beim oben beschriebenen Festhalten am Erfordernis der gravierenden Pflichtverletzung und der damit verbundenen zweistufigen Prüfung trotz der vorgebrachten Kritikpunkte um die richtige Entwicklung, insbesondere aufgrund der Entscheidung des

---

353 LK-Schünemann, § 266, Rn. 94; ZIS 2012, 183, 189.
354 LK-Schünemann, § 266, Rn. 94; ZIS 2012, 183, 189.
355 SK StGB-Hoyer, § 266, Rn. 56.
356 NK StGB-Kindhäuser, § 266, Rn. 75b.
357 Schönke/Schröder-Perron, § 266, Rn. 19b.
358 Beckemper, NStZ 2002, 322, 326.
359 Brammsen, Wistra 2009, 85, 88.

Bundesverfassungsgerichts,[360] dass die „Anwendung des Untreuetatbestands auf Fälle klarer und deutlicher (evidenter) Fälle pflichtwidrigen Handelns zu beschränken“ ist.[361] Der vom BGH und dem BVerfG eingeschlagene Weg erscheint vor diesem Hintergrund der sachgerechteste zu sein, um den Untreuetatbestand durch einschränkende Kriterien zu konkretisieren und für den Rechtsanwender vorhersehbar(er) zu machen.[362] Die Tatbestandsbegrenzende Funktion dieses Vorgehens überzeugt. Die Kritiker liefern zwar eine dogmatisch fundierte Argumentation, die Punkte sind aber nach hiesiger Auffassung nicht ausreichend, um sich letztlich von den Vorgaben des BGH und des BVerfG und den damit verbundenen Vorteilen in der Rechtsanwendung zu distanzieren. Auch der Einwand, dass sich dem Wortlaut des Tatbestands das Erfordernis einer gravierenden Pflichtverletzung nicht entnehmen lasse, überzeugt angesichts der dargelegten Notwendigkeit einer Beschränkung des sehr weiten Untreuetatbestandes nicht.[363] Die entwickelten Leitkriterien sind insgesamt ein probates Mittel, den Kernbereich möglicher Pflichtverletzungen mit Konturen zu versehen und näher zu konkretisieren.[364] Nach alledem ist *Beukelmann* zuzustimmen, wenn er ausführt, dass die zweistufige Prüfung – wie vom 1. Strafsenat installiert – integraler Bestandteil der Pflichtwidrigkeit ist und neben einer Verletzung von rechtlich verankerten Verhaltensanforderungen ergänzend eine Gesamtschau erforderlich ist, die dem Verstoß das Testat einer „gravierenden“ Pflichtverletzung verleiht.[365] Dem Erfordernis der Gravität bezogen auf eine außerstrafrechtliche Pflichtverletzung steht wie ausgeführt auch die Rechtsprechung des 3. Strafsenats des BGH, und insbesondere auch die Mannesmann-Entscheidung“, nicht im Weg.

Zusammenfassend kann an dieser Stelle festgehalten werden, dass nach hiesiger Auffassung also nicht jeder Verstoß gegen eine zivilrechtliche Pflicht automatisch zu einer Pflichtverletzung im Sinne des § 266 StGB führt.[366] Insgesamt soll es sich also vielmehr um eine asymmetrische Akzessorietät[367] des Strafrechts handeln, was

---

360 BVerfG Urteil vom 23.6.2010 – 2 BvR 2559/08 u.a., NJW 2010, 3209 ff.

361 BVerfG NJW 2010, 3209, 3215 (Rn. 111).

362 So auch Mü-Ko StGB-Dierlamm, § 266, Rn. 183.

363 So auch BVerfG Urteil vom 23.6.2010 – 2 BvR 2559/08 u.a., NJW 2010, 3209 ff.

364 So auch Mü-Ko StGB-Dierlamm, § 266, Rn. 176.

365 Handbuch Volk-Beukelmann, § 18, Rn. 51.

366 So auch Mü-Ko StGB-Dierlamm, § 266, Rn. 174.

367 Vgl. Lüderssen, Primäre oder sekundäre Zuständigkeit des Strafrechts?, in: Entkriminalisierung des Wirtschaftsstrafrechts II, 48, 55 („Vielmehr ist die Akzessorietät – das muss hier vielleicht noch einmal betont werden – insoweit asymmetrisch zu verstehen“); Lüderssen, Gesellschaftsrechtliche Grenzen der strafrechtlichen Haftung

bedeutet, „dass ein Verhalten, das im Zivilrecht erlaubt ist, nicht zu einem strafrechtlichen Verbot führen kann, während das, was im Zivilrecht verboten ist, gleichwohl ohne Strafe bleiben kann, etwa weil noch andere Möglichkeiten der Sanktionierung zur Verfügung stehen oder zusätzliche Voraussetzungen im Hinblick auf die Schwere der Sanktion zu fordern sind".[368] Die Verletzung einer außerstrafrechtlichen Pflicht sei also lediglich die Mindestvoraussetzung[369] für eine Untreuestrafbarkeit und stelle eine notwendige, aber keine hinreichende Bedingung dar.[370] Liegen also beispielsweise nicht alle Voraussetzungen der Business Judgement Rule vor, bedeutet das nicht zwingend, dass eine strafrechtlich relevante Pflichtverletzung gegeben ist. Dies ist umso einleuchtender, da – wie oben ausgeführt – damit noch nicht einmal gesagt ist, dass eine zivilrechtliche Haftung gegeben ist. Das Gericht muss vielmehr die konkreten Umstände des Einzelfalles beurteilen, also eine materielle Prüfung der Handlung vornehmen. Kommt es zum Ergebnis, dass trotz Nichtanwendung der Business Judgement Rule keine zivilrechtliche Pflichtverletzung vorliegt, gilt die oben genannte Akzessorietätsregel, dass auch dann keine Strafbarkeit zu bejahen ist. Gleichwohl ist davon auszugehen, dass in der Praxis die Abwesenheit der Voraussetzungen der Business Judgement Rule zunächst einen Anfangsverdacht der Ermittlungsbehörden zu begründen vermag. Dies kann aber lediglich als erstes Indiz verstanden werden und keinesfalls das Ergebnis der strafrechtlichen Ermittlungen vorwegnehmen. Liegen die Voraussetzungen der Business Judgement Rule nicht vor und kommt das Gericht zu dem Ergebnis, dass eine zivilrechtliche Pflichtverletzung gegeben ist, ist daraus aber auch noch nicht auf die Strafbarkeit zu schließen (asymmetrische Akzessorietät). Ob ein strafrechtlich relevanter Vorwurf erhoben werden kann, muss vielmehr stets im Einzelfall geprüft werden.

---

des Aufsichtsrats, in: Entkriminalisierung des Wirtschaftsstrafrechts II, 114, 115 („Insofern kann man von einem asymmetrischen Akzessorietätsprinzip sprechen: das nicht-strafrechtliche Verbot ist die notwendige, aber nicht hinreichende Voraussetzung für ein strafrechtliches Verbot"); Dierlamm, StraFo 2005, 397, 398 („Asymmetrische Akzessorietät in diesem Sinne beinhaltet demnach, dass die Untergrenze des strafbaren Verhaltens durch die Grenze zur zivilrechtlichen Rechtmäßigkeit markiert wird, während eine zweite Prüfungsebene durch spezifisch strafrechtliche Kriterien definiert wird").

368 Mü-Ko StGB-Dierlamm, § 266, Rn. 174.

369 Vgl. Lüderssen, Gesellschaftsrechtliche Grenzen der strafrechtlichen Haftung des Aufsichtsrats, in: Entkriminalisierung des Wirtschaftsstrafrechts II, 114, 115; Dierlamm, StraFo 2005, 397, 404; Mü-Ko StGB-Dierlamm, § 266, Rn. 174; a.A. LK-Schünemann, § 266, Rn. 94.

370 Theile, Wistra 2010, 457, 459 m.w.N.

In welcher Beziehung steht all das aber nun zum Vertrauensschutz bei unternehmerischen Entscheidungen? Bisher jedenfalls scheint bei der „gravierenden Pflichtverletzung“ kein spezifisches Einfallstor für den Vertrauensschutz zu bestehen. Die dargestellte Diskussion um das Erfordernis der „gravierenden Pflichtverletzung“ zeigt gerade, dass eine verlässliche Aussage darüber, wann der potentielle Täter einer Untreue eine strafrechtlich relevante Pflichtverletzung begeht, mit den bisher etablierten Merkmalen nur sehr schwer zu treffen ist, da es stets auf die „Gesamtschau im Einzelfall“ ankommen soll. Dieses Ergebnis dürfte für die Entscheidungsträger ein unbefriedigendes sein und vermittelt keine hinreichende Rechtssicherheit. Aus diesem Grund soll nun ein Versuch geleistet werden, die Anforderungen an die Pflichtverletzung der Untreue – speziell bei unternehmerischen Entscheidungen – näher zu konkretisieren und somit einen kleinen Beitrag zu leisten, die Rechtsunsicherheit ein Stück weit zu verringern. Dieser Vorschlag beinhaltet zugleich eine Möglichkeit, Vertrauensschutz im Rahmen der Pflichtwidrigkeit dogmatisch zu verorten.

3. *Eigener Vorschlag zur Feststellung der Pflichtverletzung bei unternehmerischen Entscheidungen: Das „Risiko-Punkte-System“*

a. Ausgangspunkt des Ansatzes

Ausgangspunkt der Überlegungen ist die Fragestellung, wann die Vermögensbetreuungspflicht im Rahmen der Untreue *pflichtgemäß* ausgeübt wird. Zur Vorarbeit des eigenen Ansatzes (konkret bei unternehmerischen Entscheidungen) soll zunächst dargestellt werden, welche Überlegungen allen Fällen der Untreue gemein sind:

Wie oben bereits dargestellt ist unbestritten, dass aufgrund der Akzessorietät zivilrechtlich zulässiges Verhalten stets die Pflichtwidrigkeit der Tathandlung der Untreue ausschließt. Zivilrechtlich (bzw. gesellschaftsrechtlich) pflichtwidriges Verhalten soll demgegenüber von § 266 StGB erfasst werden, wenn der strafrechtliche Schutzbereich verletzt wird.[371] Festzuhalten ist insofern, dass das Merkmal der Pflichtwidrigkeit im Lichte des zugrunde liegenden Rechtsverhältnisses, also des Innenverhältnisses zwischen Vermögensinhaber und Betreuer, auszulegen ist; es besteht eine Anbindung an zivilrechtliche Grundlagen.[372] Aus diesem Umstand folgt bereits die erste wichtige Erkenntnis: Wurde die in Rede stehende Pflicht ausdrücklich und hinreichend konkret im Innenverhältnis durch den Treugeber geregelt, stellt eine Überschreitung der Grenzen dieser Vorgabe stets eine strafrechtlich

371 Fischer, § 266, Rn. 59.
372 Fischer, § 266, Rn. 58.

gravierende Pflichtverletzung dar. Diese Auffassung vertritt ebenso *Kubiciel* und begründet sie damit, dass sich in diesen Fällen nämlich „der Täter (…) eine Dispositionsbefugnis über das Vermögen (anmaßt), welche ihm ausdrücklich nicht übertragen worden ist (und damit) (…) mit seiner Entscheidung in einen Organisationsbereich ein(greift), welcher ihm verschlossen bleiben sollte (…)".[373] Gibt es also konkrete Vorgaben im Innenverhältnis durch den Treugeber, bedarf es keiner weiteren Auslegung des Merkmals der Pflichtwidrigkeit.[374]

Entscheidend sind daher Konstellationen, in denen gerade keine konkreten Vorgaben im Innenverhältnis getroffen wurden, man also lediglich auf Generalklauseln zurückgreifen kann. Geht es um die Pflichten des Vorstands bei unternehmerischen Entscheidungen für eine Aktiengesellschaft, wird hierbei regelmäßig auf die Verpflichtung zur Geschäftsführung nach den Maßstäben eines „ordentlichen und gewissenhaften" Geschäftsleiters zurückgegriffen.[375] Nach hier vertretener Auffassung muss man sich sodann die Frage stellen, was in der konkreten Situation als im Innenverhältnis vereinbart gelten *soll*.[376] Fehlt es an einer konkreten Vorgabe, bedarf es schließlich der Auslegung. Diesen Gedanken verfolgt auch *Kubiciel*, wenn er seinen „Blick von der Motivation des Täters ab(wendet) und den Interessen des Vermögensinhabers zuwendet"[377] und im weiteren Verlauf zur Verknüpfung der gesellschaftsrechtlichen Generalklauseln und dem Tatbestand der Untreue ausführt, dass sich die Regelung des § 93 Abs. 1 AktG als „normative Simulation dessen verstehen (lässt), was der Vermögensinhaber in der konkreten Situation als Ausübung seiner eigenen Freiheit toleriert hätte".[378] *Kubiciel* verwendet bewusst das Wort „toleriert", da somit die „Bandbreite an zulässigem Handeln (…) (als) systemimmanente Folge des Einsatzes eines mit einer gewissen Selbstständigkeit ausgestatteten Geschäftsführers"[379]

---

373 Kubiciel, NStZ 2005, 353, 358.

374 Vgl. Waßmer, S. 32, der unter Verwendung des Begriffs der „risikopolitischen Anweisung" nach Hillenkamp, NStZ 1981, 161, 167 f. darauf hinweist, dass der Berechtigte, soweit seine Dispositionsbefugnis reicht, das Eingehen von Risiken gestatten oder verbieten kann.

375 So auch Kubiciel, NStZ 2005, 353, 359, wenn auch nicht bezogen auf eine Aktiengesellschaft.

376 Vgl. zu anderen Kriterien wie bspw. dem „Eigennützigkeitskriterium" oder der „Einhaltung von Entscheidungsprozeduren": Kubiciel, NStZ 2005, 353, 359 ff., der aber im Ergebnis auch u.a. danach abgrenzen will, was als eine „(…) den Vermögensinhaber vertretende Entscheidung gedacht werden kann".

377 Kubiciel, NStZ 2005, 353, 359.

378 Kubiciel, NStZ 2005, 353, 360.

379 Kubiciel, NStZ 2005, 353, 360.

zum Ausdruck kommt. Im Ergebnis kommt er sodann zu der Einschätzung, dass eine gravierende Pflichtverletzung dann vorliegt, wenn „sich eine Entscheidung nicht mehr auf die Verfolgung von Gesellschaftszwecken zurückführen lässt, wenn sie nicht mehr als eine den Vermögensinhaber vertretende Entscheidung gedacht werden kann“[380] und dabei auch „die konkreten Gegebenheiten des Unternehmens berücksichtigt“[381] werden müssen. Dieser Ansatz überzeugt insbesondere deshalb, da somit dem Wesen der Tathandlung der Untreue als „Schädigung *von innen heraus*“ optimal Rechnung getragen werden kann. Um der großen Bedeutung des konkreten Innenverhältnisses für den Tatbestand gerecht zu werden, ist es stets angezeigt, auf dessen Besonderheiten einzugehen und bei der Bestimmung der Pflichtwidrigkeit zu berücksichtigen. Basierend auf diesem Ansatz wird hier das „Risiko-Punkte-System“ entwickelt und damit der Versuch einer weitergehenden Konkretisierung unternommen.

b. Überleitung zum „Risiko-Punkte-System“

Was also würde der Geschäftsherr tolerieren oder anders gefragt: Wann würde er „genauso handeln“? Nach Ausarbeitung dieser Fragestellung kann erneut ein wesentliches Zwischenergebnis festgehalten werden: Aufgrund der Tatsache, dass stets die Besonderheiten des Innenverhältnisses zwischen Vermögensinhaber und Vermögensbetreuungspflichtigem entscheidend sind, ist eine Generalisierung der Kriterien für eine gravierende Pflichtverletzung für alle Fälle der Untreue nicht zu erreichen. Das Innenverhältnis ist verschieden gestaltbar: Was für den einen absolut pflichtgemäß ist, kann für den anderen pflichtwidrig sein. Dieser Umstand ist auch im „Risiko-Punkte-System“ zu berücksichtigen, es wird aber der Versuch unternommen, Kriterien herauszuarbeiten, die bei der Beurteilung der Pflichtwidrigkeit bei unternehmerischen Entscheidungen eines Vorstands auf alle Aktiengesellschaften angewendet werden können.

Ausgangspunkt bleibt der obige Ansatz: Was würde der Geschäftsherr, der Vermögensinhaber tolerieren bzw. wann würde er genauso handeln? Nach Auffassung des Autors ist die Besonderheit einer unternehmerischen Entscheidung, dass sie (nahezu) immer ein finanzielles Risiko birgt. Fruchtbar gemacht werden können an dieser Stelle einige Gedanken von *Höffler*, die sich in jüngerer Vergangenheit mit zentralen Fragen einer möglichen Risikokriminologie beschäftigt hat.[382] Ausgehend von dem spätmittelalterlichen Begriff der See- und Kaufleute

---

380 Kubiciel, NStZ 2005, 353, 360.

381 Kubiciel, NStZ 2005, 353, 360.

382 Höffler, MschrKrim 2012, 95 (4), 252 ff.

„risco“[383], der so viel bedeutete wie „das Umschiffen einer Klippe“, wird unter anderem darauf hingewiesen, dass ein Risiko – als Unterscheidungsmerkmal zur Gefahr – gerade auch „umschifft“ werden kann.[384] Auch die heutige italienische Vokabel „rischiare“ (zu Deutsch: wagen) fügt sich in diesen Ansatz, wenn man davon ausgeht, dass das „Kalkulieren von Unsicherheiten letztlich als Versuch betrachtet werden kann, ein berechenbares Wagnis zu unternehmen“.[385]

Stellt man vor diesem Hintergrund die Frage, wann die Vermögensinhaber, also die Aktionäre der Aktiengesellschaft mit dem „Umschiffen“ durch den Vorstand einverstanden wären, was sie also tolerieren würden, muss die Antwort Risiko*beherrschung* lauten. Das Urinteresse der Aktionäre ist es doch, dass mit „ihrem Geld“ vernünftig gehandelt wird; insofern muss auch nicht stets jegliches Risiko ausgeschlossen sein. Notwendig ist aber, dass die Entscheidung auf einem Fundament getroffen wird, das den Betreuer in die Lage versetzt, das Risiko ordnungsgemäß einzuschätzen und angepasst zu handeln, kurzum: das Risiko zu beherrschen oder mit anderen Worten, es so weit wie möglich und nötig zu minimieren. Im Lichte dessen liegt im „Risiko-Punkte-System“ eine relevante Pflichtverletzung dann vor, wenn die Pflicht zur Risikobeherrschung verletzt wurde. Klarzustellen ist, auf welchen Zeitpunkt (ex-post/ex-ante) es bei der Beurteilung der pflichtgemäßen bzw. pflichtwidrigen Risikobeherrschung ankommen soll. Im hier vorgeschlagenen System sind bei der Beantwortung dieser Fragestellung keine Abweichungen zu den allgemein anerkannten Grundsätzen der Untreuedogmatik bei Risikogeschäften angezeigt. Denn soweit ersichtlich, ist es allgemeine Meinung, dass bei der Beurteilung der Pflichtwidrigkeit aus **objektiver ex-ante Sicht** auf den Zeitpunkt der Handlung abzustellen ist.[386] Nichts

---

383 Vgl. die heutige italienische Vokabel „rischio“ als Übersetzung für „Risiko“, „Wagnis“, „Gefahr“.

384 Höffler, MschrKrim 2012, 95 (4), 252, 254 m.w.N.

385 Höffler, MschrKrim 2012, 95 (4), 252, 254 m.w.N.

386 Fischer, § 266, Rn. 68; OLG Karlsruhe, NJW 2006, 1682, 1683 („bei der aus ex-ante-Sicht objektiv gegebenen Sachlage nicht mehr vertretbar“); Schröder, NJW 2010, 1169, 1171 („Die Prüfung (…) muss – wie bei sonstigen Risikogeschäften auch – ex ante erfolgen“); SSW StGB-Saliger, § 266, Rn. 62 („Danach beurteilt sich das Risikogeschäft mit der heute h.M. ex ante aus dem Innenverhältnis zum Vermögensinhaber und bezeichnet daher primär eine Frage der Pflichtwidrigkeit“); LK-Schünemann, § 266, Rn. 116 („Vielmehr kommt es selbstverständlich auf die Situation zum Zeitpunkt der Tathandlung an und hier wiederum auf den Inhalt und Grenzen des durch Gesetz, Verwaltungsakt oder Rechtsgeschäft erteilten und geregelten Treuhandauftrags“); BeckOK StGB-Wittig, § 266, Rn. 19 („Hierbei ist bei einer objektiven ex-ante Sicht auf den Zeitpunkt der Handlung abzustellen“); vgl. auch Hannes, S. 174 m.w.N. im Rahmen der

anderes soll im „Risiko-Punkte-System" gelten: Wurde zum Zeitpunkt der Tathandlung, also der unternehmerischen Entscheidung, das Risiko gemessen an der objektiven ex-ante Sicht der Treugeber beherrscht, ist die Pflichtwidrigkeit der Handlung abzulehnen. Unterliegt der Entscheidungsträger dabei einem Irrtum, handelt er also bei objektiver ex-ante Betrachtung nicht im Sinne der Treugeber, ist die Pflichtwidrigkeit demgegenüber objektiv zu bejahen und eine dogmatische Lösung über die §§ 16 und 17 StGB möglich.[387]

Davon zu unterscheiden, und für die Bestimmung der Pflichtwidrigkeit unerheblich, ist es, wenn erst **ex-post** erkennbar wird, dass eine (betriebswirtschaftlich) **falsche Entscheidung** getroffen wurde und ein finanzieller Nachteil eingetreten ist. Dieses Ergebnis ändert nichts daran, dass das vorhandene Risiko gegebenenfalls aus der für die Pflichtwidrigkeit maßgeblichen objektiven **ex-ante** Perspektive **beherrscht** und somit pflichtgemäß gehandelt wurde – so unerfreulich die betriebswirtschaftliche Konsequenz im Einzelfall ex-post auch sein kann. Auch bei dieser Beurteilung ist keine Abweichung zu der üblichen dogmatischen Behandlung bei Risikoentscheidungen erforderlich. Es ist allgemein anerkannt, dass der bloße Fehlschlag riskanter Geschäfte keine strafbare Untreue begründet.[388] Nach *Fischer* darf der Tatbestand „nicht in eine strafrechtliche „Misserfolgs-Haftung" für wirtschaftliche Wagnisse umgedeutet werden, deren Gelingen dem Handelnden als bewundernswerte Weitsicht zugerechnet

---

Sorgfaltspflichtverletzung bei Fahrlässigkeitsdelikten („Die Rechtswidrigkeit von Verhalten bestimmt sich damit nicht ex post vom eingetretenen Erfolg her, sondern als ex ante zu beurteilender Widerspruch zu den strafrechtlichen Verhaltensanforderungen").

387 Vgl. 3. Kapitel: § 2 B. II. bzw. III.

388 SSW StGB-Saliger, § 266, Rn. 61; BGH StV 2004, 424, 424 („Bei den von ihm abgeschlossenen Geschäften handelte es sich um sog. Risikogeschäfte, also um Geschäfte, die für den Treugeber das Risiko des Vermögensverlustes beinhalten. Der Abschluss eines mit einem Risiko behafteten Geschäfts erfüllt aber nicht schon wegen des Risikos als solchem oder wegen des Eintritt eines Verlustes den Tatbestand der Untreue"); Fischer, § 266, Rn. 64 („Aus der Verwirklichung eines Risikos, also dem Eintritt eines Vermögensnachteils, kann nicht ohne weiteres auf eine Verletzung der im Einzelfall konkretisierten Vermögensbetreuungspflicht zurückgeschlossen werden"); BeckOK StGB-Wittig, § 266, Rn. 19 („Verwirklicht sich ein unternehmerisches Risiko und kommt es zu einer Vermögensminderung, darf daraus allein nicht der Schluss gezogen werden, das Verhalten des Täters sei pflichtwidrig gewesen, denn risikobehaftete unternehmerische Entscheidungen sind im Wirtschaftsleben durchaus üblich und auch erwünscht"); NK StGB-Kindhäuser, § 266, Rn. 73 („Risikogeschäfte, bei denen die Gefahr eines Fehlschlags besteht, sind im Wirtschaftsleben nicht unüblich und sozial adäquat. Allein ihr Fehlschlag lässt daher keinen Rückschluss auf eine Pflichtverletzung zu").

worden wäre".[389] Und *Matt* kritisiert in diesem Zusammenhang, dass es sich „um ein zentrales Strukturproblem des Untreuetatbestands (handelt), dass Tathandlung und Taterfolg nicht sorgfältig unterschieden werden und insoweit häufig eine Verschleifung in zwei Formen erfolgt, als Rückschluss (oft Fehlschluss) von dem Nachteil auf die Pflichtwidrigkeit und umgekehrt von der Tathandlung auf den Taterfolg".[390] Auch an dieser Stelle ist daher auf die bereits im Rahmen der Business Judgement Rule erwähnte Gefahr eines richterlichen „Rückschaufehlers" („hindsight bias") hinzuweisen.[391]

Bis hierher handelt es sich bei der Risikobeherrschung allerdings erneut lediglich um eine weitere konkretisierungsbedürftige Formulierung zur Bestimmung der Pflichtwidrigkeit. Wie also kann das Risiko konkret beherrscht und in der Folge die Pflichtwidrigkeit ausgeschlossen werden?

c. Risikobeherrschung anhand des „Risiko-Punkte-Systems"

Die Risikobeherrschung anhand des entwickelten „Risiko-Punkte-Systems" soll in Form eines zweistufigen Vorgehens erreicht werden: Zunächst erfolgt die Ermittlung der so genannten „Risiko-Basispunkte" einer Entscheidung („Wie riskant ist die zu treffende Entscheidung?"). Im zweiten Schritt erfolgt die konkrete Risikobeherrschung („Wie kann das konkrete Risiko im Sinne der Aktionäre beherrscht werden?").

aa. Ermittlung der „Risiko-Basispunkte"

Zunächst ist erforderlich, dass der Vorstand die Risikostufe der zu treffenden Entscheidung bestimmt. Nach dem System des Autors erfolgt die Bestimmung der Risikostufe mittels der Vergabe so genannter „Risiko-Basispunkte". *Basispunkte* deshalb, weil hier das generelle, also das *anfängliche* Risiko der konkreten Entscheidung *ohne jegliche Absicherung* bewertet werden soll. Zu vergeben sind in diesem Schritt zwischen 0 und 10 „Risiko-Basispunkten". Nach der Vorstellung des Autors sollen für ein kleines 1–3, für ein mittleres 4–7 und für ein großes Risiko 8–10 „Risiko-Basispunkte" vergeben werden. Anknüpfungspunkt des Risikos ist dabei stets der mögliche finanzielle Nachteil für das Unternehmen – denn nur dieser ist im Rahmen des Untreuetatbestandes relevant. Die Vergabe der „Risiko-Basispunkte" soll anhand einer konkreten betriebswirtschaftlichen Risikobewertung erfolgen und muss daher im Einzelfall den Spezialisten in

---

389 Fischer, § 266, Rn. 68.

390 Matt, NJW 2005, 389, 390; ebenso SSW StGB-Saliger, § 266, Rn. 8.

391 Vgl. 3. Kapitel: § 2 B. I. 1. c. aa. (1).

diesem Fachbereich überlassen werden. Dabei können verschiedene Erwägungen Berücksichtigung finden (Reputationsschaden des Unternehmens, Berichterstattung in der Presse), solange sie geeignet sind (wenn auch nur mittelbar), einen Vermögensnachteil herbeizuführen.

bb. Absicherung mit Hilfe der „Beherrschungspunkte" (2-Stufen-System)

Wurde die Entscheidung anhand der „Risiko-Basispunkte" bewertet, erfolgt die Absicherung der Interessen der Aktionäre (=Risikobeherrschung) anhand der Vergabe so genannter „Risiko-Beherrschungspunkte" an die jeweils gewählte Form der Absicherung. Risikobeherrschung im Sinne des „Risiko-Punkte-Systems" ist immer dann gegeben, wenn die Anzahl der erreichten „Risiko-Beherrschungspunkte" zu einem Aufwiegen der ermittelten „Risiko-Basispunkte" führt. Oder mathematisch ausgedrückt: Die Differenz zwischen den „Risiko-Basispunkten" („Minuend") und den „Risiko-Beherrschungspunkten" („Subtrahend") muss mindestens 0 ergeben. Eine „Über-Absicherung" („negative Differenz") schadet nicht. Ist die Differenz kleiner oder gleich 0, wurde das Risiko pflichtgemäß beherrscht; bereits objektiv ist die Pflichtwidrigkeit zu verneinen. Die Ermittlung der „Risiko-Beherrschungspunkte" erfolgt auf der gedanklichen 1. Stufe mit Hilfe der „Risiko-Absicherungs-Relation". Es muss geklärt werden, welche Absicherung oder Absicherungskombination für das konkrete Risiko erforderlich ist, um die „Risiko-Basispunkte" aufzuwiegen. Unter welchen Voraussetzungen die gewählte Art der Absicherung verlässlich, also geeignet ist – losgelöst von der Frage ihrer generellen Erforderlichkeit aufgrund der ermittelten Anzahl an „Risiko-Beherrschungspunkten" – ist eine andere, weitergehende Problematik und wird auf einer gedanklichen 2. Stufe gelöst. Nur wenn die Anforderungen an die jeweilige Absicherungsart eingehalten sind (gedankliche 2. Stufe), realisiert sich der Vertrauensschutz. Insofern handelt es sich bei den hier beschriebenen Stufen mehr um zwei gedankliche Schritte als um tatsächliche Handlungsabfolgen. Die ermittelten „Risiko-Beherrschungspunkte", also die gewählte Art der Absicherung bzw. eine Absicherungskombination, ist nur dann geeignet, ermitteltes Risiko aufzuwiegen (1. Stufe), wenn die Anforderungen an die gewählte Absicherungsart eingehalten sind (2. Stufe). Es besteht insofern eine Rückkoppelung der 2. Stufe an die 1. Stufe oder mit anderen Worten: Nur wenn die auf der 2. Stufe erforderlichen Anforderungen an die Absicherungsart erfüllt sind, kann das Ergebnis der 1. Stufe Bestand haben. Sind umgekehrt die Anforderungen der 2. Stufe hingegen nicht erfüllt, läuft auch das Ergebnis der 1. Stufe ins Leere mit der Konsequenz, dass die Absicherungsart per se ungeeignet zur Beherrschung des ermittelten Risikos ist. Denn alle theoretischen Beherrschungspunkte einer Absicherungsart (gedankliche 1. Stufe) helfen nicht bei der Risikobeherrschung, wenn die Qualitätsanforderungen der Absicherungsart im konkreten Fall nicht eingehalten sind (gedankliche 2. Stufe).

Zur Veranschaulichung des bisher Gesagten dient folgende Übersicht:

Risikobeherrschung anhand des „Risiko-Punkte-Systems“:

1. Ermittlung der Risikopunkte der Entscheidung (0–10 **Basispunkte**)
(betriebswirtschaftliche Risikobewertung)

2. Absicherung der Interessen der Aktionäre (0–10 **Beherrschungspunkte**)
Stufe 1: „Risiko-Absicherungs-Relation“
(= *Art* der Absicherung)
Stufe 2: Anforderungen an die gewählte Absicherung
(= *Qualität* der konkreten Absicherung)

(1) Stufe 1: „Risiko-Absicherungs-Relation“

Auf der gedanklichen 1. Stufe erfolgt die „Risiko-Absicherungs-Relation“: Der Vorstand muss sich zunächst für eine bestimmte *Art der Absicherung* oder eine Kombinationsmöglichkeit aus mehreren Absicherungen (Bausteine) entscheiden. Dabei haben die verschiedenen Absicherungsarten je eine Wertigkeit an „Risiko-Beherrschungspunkten“, die von der Anzahl der „Risiko-Basispunkte“ abgezogen werden.

An dieser Stelle ist es zum besseren Verständnis angezeigt, die nach der Vorstellung des Autors möglichen Arten der Absicherung im „Risiko-Punkte-System“ einzuführen. Hier schließt sich auch der Kreis zum Thema der vorliegenden Arbeit, nämlich dem Vertrauensschutz. Allen Absicherungsarten ist es gemein, dass sie als selbst geschaffene „Vertrauenstatbestände“ der Vorstände behandelt werden. Wann die jeweilige Absicherungsart ihrerseits aber Vertrauenswirkung für die Vorstände entfaltet, wann der selbst geschaffene „Vertrauenstatbestand“ also greift, ist keine Frage der gedanklichen 1. Stufe, sondern erst im Anschluss, wenn es um die Anforderungen an die konkret gewählte Form der Absicherung geht.

Im „Risiko-Punkte-System“ haben die Vorstände die Wahl zwischen folgenden Bausteinen zur Absicherung einer unternehmerischen Entscheidung:

Zum einen kann sich das jeweilige Vorstandsmitglied (sowohl bei Einzelgeschäftsführungsbefugnis als auch bei Gesamtvorstandsbeschlüssen) dadurch absichern, dass es einen der „Kontrollmechanismen“ in Gang setzt, die auch bereits im rechtstatsächlichen Teil der Arbeit aufgeführt worden sind. Im Einzelnen handelte es sich dabei um:

- Externen Rechtsrat
- Interne Rechtsabteilung
- Unternehmensberatung
- Konkrete interne Vorschriften
- Einholung der Zustimmung des Aufsichtsrates
- Herbeiführung eines Beschlusses der Hauptversammlung
- Einschätzung von Behörden, beispielsweise der Staatsanwaltschaft

Neben den „Kontrollmechanismen" kann sich das einzelne Vorstandsmitglied aber auch dadurch absichern, indem es die Einschätzung von kompetenten Kollegen einholt. Im Ergebnis handelt es sich in diesen Fällen um die Absicherung durch personenbezogenes Spezialwissen aufgrund der betrieblichen Organisation. Unterscheidbar sind insofern folgende Fälle:

- Vertikale Absicherung (Spezialwissen eines Mitarbeiters auf einer nachfolgenden Hierarchieebene)
- Horizontale Absicherung bei gemeinsamer Entscheidung des Vorstands (Spezialwissen eines Vorstandskollegen = Zuarbeit vor gemeinsamer Entscheidung)
- Absicherung bei Outsourcing / Offshoring (ausgelagertes Spezialwissen)

Ein Sonderfall besteht, wenn ein Vorstandsmitglied im Rahmen der internen Organisation Einzelgeschäftsführung für ein Ressort besitzt. Aufgrund des Grundsatzes der Gesamtverantwortung sind auch die übrigen Vorstandsmitglieder (trotz Ressortverteilung) berufen, ein etwaiges Risiko einer Entscheidung zu beherrschen, obwohl sie im eigentlichen Sinne gar keine Entscheidung treffen. In diesem Fall ist eine

- Absicherung durch Überwachung eines Vorstandskollegen bei Einzelgeschäftsführungsbefugnis

möglich.

Nach der Aufzählung der möglichen Absicherungsarten bleibt die Frage zu klären, nach welchem System die „Risiko-Beherrschungspunkte" zu vergeben sind. Dies ist abgesehen von den Kontrollmechanismen „Hauptversammlung" und „interne Vorschriften"[392] als Fremdkörper bei den Absicherungsarten eine

392 Vgl. dazu die jeweiligen Ausführungen unter C.: Im Ergebnis ist bei diesen beiden Mechanismen u.U. gar kein Vertrauen erforderlich, da der Treugeber selbst über sein Vermögen disponiert, also die Ausübung der Vermögensbetreuungspflicht

Frage des Einzelfalles. Der Grad der Beherrschung durch die gewählte Art der Absicherung (also die Anzahl der „Risiko-Beherrschungspunkte") hängt von den konkreten Umständen im jeweiligen Unternehmen ab. Hier zeigt sich erneut der Grundgedanke der Untreue, nämlich die große Relevanz des Innenverhältnisses. Der Vorstand muss sich nach Ermittlung der „Risiko-Basispunkte" die Frage stellen, mit Hilfe welcher Absicherungsarten er in der Lage ist, das konkrete Risiko „in den Griff zu bekommen". Ausschlaggebend sind hier zum einen die Möglichkeiten, aber auch die Notwendigkeiten im konkreten Unternehmen. Zum besseren Verständnis dient folgendes Beispiel:

> *„Betrachtetet werden zwei verschiedene Gesellschaften: die eine hat es sich zur Aufgabe gemacht, Gelder für kranke Kinder zu erwirtschaften und diese gewinnbringend, aber absolut sicher anzulegen. Die andere Gesellschaft betreibt für ihre Anleger hochspekulative Geschäfte und schüttet die Gewinne an diese aus. Beide Gesellschaften haben nun die Möglichkeit durch das gleiche – riskante – Geschäft die bereits erwirtschafteten Gewinne spürbar zu vermehren."*

Die betriebswirtschaftliche Risikobewertung der Entscheidung zum Abschluss des Geschäfts muss bei beiden Gesellschaften zum gleichen Ergebnis kommen. Die „Risiko-Basispunkte" sind in beiden Unternehmen identisch. Betrachtet wird isoliert das Risiko des Geschäfts.

Unterschiede ergeben sich aber, wenn es um die Frage geht, was im konkreten Unternehmen (zur Erinnerung: aus Sicht der Aktionäre) notwendig ist, um das gleiche Risiko zu beherrschen. In Unternehmen 1 („kranke Kinder") muss das Risiko wesentlich höher abgesichert werden, da der Unternehmenszweck hier seinem Wesen nach gerade kein Risiko duldet. Im Extremfall muss dieses Geschäft sogar gänzlich unterlassen werden. Anders in Unternehmen 2. Dort kann man aufgrund der generellen Risikofreude der Aktionäre viel schneller von einer Beherrschbarkeit ausgehen. Die gleiche Art der Absicherung hätte also in Unternehmen 1 wesentlich weniger Beherrschungspunkte als in Unternehmen 2.

Dieses Beispiel verdeutlicht, dass die Risikobeherrschung immer aus Sicht der Aktionäre im Innenverhältnis beurteilt werden muss.[393]

---

vorgibt. Hält sich der Entscheidungsträger an diese Vorgabe, ist die Pflichtwidrigkeit von vornherein abzulehnen bzw. das Risiko im Sinne der Treugeber beherrscht. Diese Kontrollmechanismen wiegen per se die „Risiko-Basispunkte" auf (für die Hauptversammlung gilt das allerdings nur, sofern ein rechtmäßiger Beschluss erfolgt, vgl. unten).

393 Vgl. dazu auch Fischer, § 266, Rn. 66 mit der Feststellung, dass es auf die Frage, was im Einzelfall als „sorgfältig kalkuliert" zu gelten hat gerade ankommt bzw. der Abschluss auch hochriskanter Geschäfte vom Treugeber gerade gewollt sein kann.

Aus diesem Grund kann bereits an dieser Stelle festgehalten werden, dass auch das hier vertretene „Risiko-Punkte-System" kein Allheilmittel für die Vorstände der Aktiengesellschaften ist. Das Selbstverständnis des Systems ist es vielmehr, ein Instrument für die Vorstände zu sein, das ihnen die Möglichkeit gibt, gedanklich die einzelnen Schritte ihrer Entscheidungsfindung pflichtgemäß zu vollziehen. Zwingend ratsam ist daher eine transparente Dokumentation dieses Entscheidungsweges des Vorstands. Ein System ohne Auslegung im Einzelfall ist nach Auffassung des Autors aufgrund der individuellen Gestaltbarkeit des Innenverhältnisses nicht möglich. Gleichwohl dient das „Risiko-Punkte-System" als gedanklicher Anhaltspunkt für die Vorstände und enthält daher einen Vorschlag für die weitere Konkretisierung der Pflichtwidrigkeit. Die Umsetzung muss aber – dem Wesen der Untreue immanent – im Einzelfall beurteilt werden.

(2) Stufe 2: Anforderungen an die gewählte Art der Absicherung

Hat der Vorstand die „Risiko-Absicherungs-Relation" richtig durchgeführt, also grundsätzlich die der Art nach ex-ante richtige Absicherung(skombination) gewählt, um die „Risiko-Basispunkte" aufzuwiegen, bleibt als letzter gedanklicher Schritt des „Risiko-Punkte-Systems" zu klären, unter welchen Voraussetzungen die einzelnen Absicherungsarten ihre Sicherungswirkung, also *Vertrauensschutz* für den Vorstand entfalten. Ein dahingehender Vorschlag wird aufgrund der Übersichtlichkeit der Darstellung unten – im Rahmen des Gliederungspunktes C. –, wo nach den Vertrauenstatbeständen unterschieden wird, geleistet. Klarzustellen ist aber bereits an dieser Stelle Folgendes: Bei allen Absicherungsarten handelt es sich um einzelne Bausteine zur Beherrschung des Risikos einer unternehmerischen Entscheidung. Wenn die jeweiligen Anforderungen an eine Absicherungsart eingehalten sind, seien es die aktienrechtlichen Vorgaben oder die zu entwickelnden strafrechtlichen Anforderungen im „Risiko-Punkte-System", heißt das noch nicht automatisch, dass damit das Risiko einer Entscheidung insgesamt ausreichend beherrscht wurde, sondern nur, dass sich der Entscheidungsträger dann auf diese konkrete Absicherungsart (als Teil der Gesamtabsicherung mithilfe mehrerer Bausteine) verlassen darf. Um der Vermögensbetreuungspflicht zu genügen, kann im Einzelfall nämlich mehr erforderlich sein („Risiko-Absicherungs-Relation"), als sich für nur eine Absicherungsart zu entscheiden und die aktien- bzw. strafrechtlichen Vorgaben dieses einen Bausteins zu beachten. Dies steht auch nicht im Widerspruch zum Gesellschaftsrecht bzw. zur Akzessorietät des Strafrechts: Denn die Sorgfalt eines ordentlichen und gewissenhaften Geschäftsleiters kann es auch zivilrechtlich erforderlich machen, eine Entscheidung auf mehrere Standbeine (Bausteine) zu stellen.[394]

d. Zwischenergebnis

Als Zwischenergebnis ist daher Folgendes festzuhalten:

In folgenden Konstellationen wird das „Risiko-Punkte-System" *objektiv richtig* angewendet mit der Folge, dass die Pflichtwidrigkeit abzulehnen ist und eine Strafbarkeit wegen Untreue bereits auf der Ebene des objektiven Tatbestands ausgeschlossen ist:

1. Die „Risiko-Basispunkte" wurden objektiv richtig ermittelt und die Risikobeherrschung („Risiko-Absicherungs-Relation", ggf. mithilfe mehrerer Bausteine, und Erfüllen der Anforderungen an die einzelne Absicherung) wurde objektiv richtig durchgeführt. Hierbei handelt es sich aus Sicht des Vorstands um den Idealfall, welcher zur Vermeidung eines Strafbarkeitsrisikos anzustreben ist.
2. Die Pflichtwidrigkeit ist aber auch dann abzulehnen, wenn die „Risiko-Basispunkte" zwar falsch (tatsächlich liegt ein höheres Risiko vor) ermittelt wurden, die Beherrschung aber trotzdem objektiv richtig erfolgte. In diesem Fall wurde zufällig das tatsächliche Risiko beherrscht, auch wenn sich der Vorstand dieser Tatsache gar nicht bewusst war. In diesem Fall hat der Vorstand schlichtweg „Glück gehabt".[395]
3. Zuletzt ist die Pflichtwidrigkeit auch dann abzulehnen, wenn die „Risiko-Basispunkte" in entgegengesetzter Richtung falsch (tatsächlich liegt ein geringeres Risiko vor) ermittelt wurden, das Risiko aber objektiv richtig beherrscht wurde. Ob in diesem Fall nur das tatsächlich geringere Risiko beherrscht wurde, oder das vom Vorstand vorgestellte höhere, ist zunächst unerheblich, da eine Über-Absicherung grundsätzlich für eine pflichtgemäße Risikobeherrschung unschädlich ist. Lediglich in Extremsituation, wenn ein tatsächlich sehr geringes Risiko zu Unrecht unverhältnismäßig kostspielig beherrscht wurde, könnte man in der extremen Über-Absicherung wiederum einen Anknüpfungspunkt für die Pflichtwidrigkeit erblicken. Da

394 Dieser Grundsatz wird nicht zuletzt durch das Erfordernis einer „angemessenen Informationsgrundlage" im Tatbestand der Business Judgement Rule belegt, wonach es auch im Zivilrecht erforderlich ist, dass die Grundlagen einer Entscheidung sorgfältig ermittelt werden, vgl. dazu auch 3. Kapitel: § 2 C. I. 3. a.

395 Dogmatische Überlegungen zu einem etwaigen Versuch in dieser Konstellation erübrigen sich, da der Versuch des § 266 StGB nicht strafbar ist.

diese Konstellation aber weniger die Anforderungen an die Risikobeherrschung, sondern ein Überschreiten derselben betrifft und auf evidente Ausnahmefälle zu beschränken sein wird, soll dieser Gedanke vorliegend nicht weiter vertieft werden.[396]

Als Zwischenergebnis ist ferner festzuhalten, in welchen Konstellationen das „Risiko-Punkte-System" *objektiv falsch* angewendet wird, der Vertrauensschutz auf der Ebene des objektiven Tatbestandes daher keine Berücksichtigung findet und die Pflichtwidrigkeit objektiv zu bejahen ist. Ob in diesen Konstellationen eine Strafbarkeit gegeben ist, hängt – unterstellt alle anderen Tatbestandsmerkmale der Untreue liegen vor – dann davon ab, ob vorsatz- oder schuldausschließende Irrtümer vorliegen.

1. Die „Risiko-Basispunkte" wurden zwar richtig ermittelt, die Risikobeherrschung („Risiko-Absicherungs-Relation" und/oder Anforderungen nicht erfüllt) ist allerdings objektiv fehlerhaft. In diesem Fall ist die Pflichtwidrigkeit objektiv zu bejahen. Der Vorstand wusste, was es zu beherrschen gilt und hat dabei objektiv fehlerhaft gehandelt.
2. Die Pflichtwidrigkeit ist ebenso zu bejahen, wenn die „Risiko-Basispunkte" falsch ermittelt werden (tatsächlich liegt ein höheres Risiko vor) und die Risikobeherrschung nur relativ richtig – also bezüglich der falsch vorgestellten Risikostufe – erfolgt. Im Ergebnis ist die Risikobeherrschung gleichwohl objektiv fehlerhaft.
3. Gleiches gilt, wenn die „Risiko-Basispunkte" falsch ermittelt werden (tatsächlich liegt ein höheres Risiko vor) und die Risikobeherrschung sogar relativ falsch erfolgt. Nicht einmal das vorgestellte niedrigere Risiko würde richtig beherrscht werden, es handelt sich also um einen objektiven „Doppelfehler" des Vorstands. Im Ergebnis ist auch hier die Risikobeherrschung objektiv fehlerhaft.

Abschließend verdeutlichen folgende Übersichten noch einmal in Kürze, in welchen Konstellationen der *Vertrauensschutz* im „Risiko-Punkte-System" bereits im objektiven Tatbestand der Untreue verwirklicht werden kann, und in welchen nicht:

396 Davon abgesehen dürfte in dieser Konstellation in der Regel jedenfalls kein Vorsatz vorhanden bzw. nachweisbar sein.

„R-P-S“ objektiv richtig angewendet

Risiko-Basispunkte: richtig Risiko-Beherrschung: richtig ↓ Pflichtwidrigkeit (-) § 266 StGB (-)	Risiko-Basispunkte: falsch (tatsächlich höheres Risiko) Risiko-Beherrschung: richtig ↓ „Glück gehabt“ Pflichtwidrigkeit (-) § 266 StGB (-)	Risiko-Basispunkte: falsch (tatsächlich geringeres Risiko) Risiko-Beherrschung: richtig ↓ „obj. Übersicherung“ Pflichtwidrigkeit (-) § 266 StGB (-)

„R-P-S“ objektiv falsch angewendet

Risiko-Basispunkte: richtig Risiko-Beherrschung: obj. falsch ↓ Pflichtwidrigkeit (+)	Risiko-Basispunkte: falsch (tatsächlich höheres Risiko) Risiko-Beherrschung: relativ richtig ↓ Pflichtwidrigkeit (+)	Risiko-Basispunkte: falsch (tatsächlich höheres Risiko) Risiko-Beherrschung: auch „relativ falsch“ („Doppelfehler“) ↓ Pflichtwidrigkeit (+)

II. Subjektiver Tatbestand: Ausschluss des Vorsatzes

Alternativ zum hier vertretenen Ansatz könnte als dogmatischer Anknüpfungspunkt für die Verortung von Vertrauensschutz im Tatbestand der Untreue grundsätzlich, also in sämtlichen Fallgestaltungen, auch der subjektive Tatbestand gewählt werden. Würde man sich dafür entscheiden, müsste man zunächst objektiv die Pflichtwidrigkeit der Handlung bejahen und erst auf Ebene des Vorsatzes dem Handelnden das Wissen und Wollen um die Verwirklichung dieser pflichtwidrigen Handlung absprechen – eben weil er aufgrund schützenswerten Vertrauens gehandelt hat.

1. Grundkonstellation: Risikoermittlung und Risikobeherrschung objektiv richtig

Im hier vertretenen „Risiko-Punkte-System“ liegt in den oben dargelegten Fällen aber bereits objektiv keine Pflichtwidrigkeit vor. Bereits auf objektiver Tatbestandsebene soll der Vertrauensschutz verwirklicht werden. Unerheblich ist, ob sich die betriebswirtschaftliche Entscheidung selbst ex-post als falsch herausstellt, da gerade darin der Vertrauensschutz zum Ausdruck kommt.

Diese Konstellationen könnte man aber gleichwohl auf der Ebene des Vorsatzes lösen, wenn man abweichend zum „Risiko-Punkte-System" des Autors bzw. zur oben dargestellten allgemeinen Meinung bei Risikoentscheidungen argumentiert, dass die betriebswirtschaftliche Entscheidung im Nachhinein beurteilt („ex-post") falsch und damit objektiv pflichtwidrig war.[397] Anknüpfungspunkt der Pflichtwidrigkeit wäre dann nicht die fehlerhafte Beherrschung, sondern das Misslingen der Entscheidung als solches. Den Vertrauensschutz könnte man sodann dogmatisch im subjektiven Tatbestand über den Tatbestandsirrtums gemäß § 16 Abs. 1 StGB verwirklichen und den Vorsatz entfallen lassen, wenn man davon ausgeht, dass der Täter aufgrund des Vertrauens das Merkmal der Pflichtwidrigkeit nicht kannte.

Die Einordnung der hier vertretenen Risikobeherrschung (beurteilt aus **objektiver ex-ante Sicht** im Zeitpunkt der Entscheidung)[398] als für die Pflichtgemäßheit ausreichendes Handeln wäre mit diesem Ansatz aber nicht in Einklang zu bringen.

Nach Auffassung des Autors soll schützenswertes Vertrauen im Rahmen der Untreue bei unternehmerischen Entscheidungen bereits im objektiven Tatbestand Berücksichtigung finden.[399] Dies gelingt mit dem Gedanken der Risikobeherrschung als relevantem Anknüpfungspunkt der Pflichtwidrigkeit. Diese grundsätzliche Entscheidung hat verschiedene Gründe – zum einen rechtspolitische, zum anderen rechtsdogmatische:

Auf rechtspolitischer Seite muss es nach Auffassung des Autors vermieden werden, dass in derartigen Fällen (Handeln aufgrund schützenswerten Vertrauens) ein Ermittlungsverfahren gegen den betroffenen Vorstand eingeleitet bzw. nach unumgänglicher Einleitung länger als unbedingt nötig fortgeführt wird. Eine Möglichkeit, diesen Effekt zu erreichen, ist es, bei schützenswertem

397 Vgl. dazu ausführlich 3. Kapitel: § 2 B. I. 3. b.

398 Vgl. dazu ausführlich 3. Kapitel: § 2 B. I. 3. b.

399 Vgl. für Fahrlässigkeitsdelikte den Ansatz von Hannes, S. 173 und S. 193, wonach der Vertrauensgrundsatz den objektiven Sorgfaltsmaßstab mitbestimmen und deshalb im objektiven Tatbestand des Fahrlässigkeitsdelikts verortet werden soll („bei Eingreifen des Vertrauensgrundsatzes ist die vertrauensvolle Handlung schon nicht sorgfaltswidrig", S. 173, „Bei erfolgreicher Berufung auf den Vertrauensgrundsatz handelt der Einzelne somit sorgfältig und verwirklicht kein Handlungsunrecht", S. 193); vgl. für den Bereich des Kapitalgesellschaftsrechts Fleischer, ZIP 2009, 1397, 1406 („Liegen die Voraussetzungen eines berechtigten Vertrauens im Einzelfall vor, so fehlt es nicht erst am Verschulden, sondern bereits an einer Pflichtverletzung des Organmitglieds").

Vertrauen bereits den objektiven Tatbestand der Untreue abzulehnen und diesen Umstand nicht erst auf der Ebene des Vorsatzes zu berücksichtigen. Im Ermittlungsverfahren werden zunächst die objektiven Merkmale des Tatbestands ermittelt und bewertet. Erst im Anschluss fragt man nach dem Vorsatz des Täters. Liegen also bereits die objektiven Tatbestandsmerkmale nicht vor, kommt es auf einen möglichen Vorsatz des potentiellen Täters nicht mehr an. Die Ermittlungen müssen nicht andauern.

Davon abgesehen würde man das schützenswerte Vertrauen auch entwerten, wenn man ihm erst auf subjektiver Seite Bedeutung beimisst, der Handlung des „Täters" also objektiv Unrechtsgehalt attestieren würde. Nach Auffassung des Autors ist Vertrauensschutz so wichtig, dass es rechtspolitisch angezeigt ist, diesen bereits objektiv zu verwirklichen und nicht erst „durch die zweite Tür" des subjektiven Tatbestands.

In der Praxis der Ermittlungsbehörden ist zudem zu beobachten, dass oftmals vom Beschuldigten erwartet wird, die Gründe darzulegen, die seine Vorsatzstrafbarkeit ausschließen. Dieses Vorgehen ist weniger „böse Absicht" der Ermittlungsbehörden, sondern mehr dem geschuldet, was in der Realität möglich ist.[400] Die subjektive Seite einer Tat steht gerade nicht wie in Lehrbuchfällen von Anfang an fest, sondern kann zumeist nur im Gespräch beleuchtet werden, gerade wenn die objektiven Umstände nicht auf die innere Seite des Täters schließen lassen. Schlägt ein Täter beispielsweise auf sein Opfer ein, ist ohne weiteres davon auszugehen, dass er dieses somit körperlich misshandeln wollte, also vorsätzlich handelte. Bei einer unternehmerischen Entscheidung ist dies aber nicht so einfach. Hier müsste der Täter schon erklären, was er sich genau bei der konkreten Entscheidung gedacht hat und welche Motive sein Handeln bestimmt haben. Der Vorstand wäre also faktisch „gezwungen", seine Unschuld im Verfahren selbst darzulegen. Er müsste sich verteidigen. In Fällen, in denen aufgrund schützenswerten Vertrauens gehandelt wurde, stellt dies aber nach Auffassung des Autors eine übermäßige Belastung des Beschuldigten dar.

400 Vgl. dazu bspw. die Stellungnahme der BRAK zum Grünbuch über die Unschuldsvermutung vom 26. April 2006 (KOM(2006)174), 4 („Eine andere Problematik stellen Fallkonstellationen dar, in denen bestimmte entlastende Aspekte (nur) dem Kenntnisbereich des Beschuldigten entstammen. Liegen schuldindizierende Faktoren vor, kann es faktisch die Aufgabe des Beschuldigten bzw. seines Verteidigers sein, entlastende Tatsachen vorzutragen und unter Beweis zu stellen"), abrufbar unter: www.brak.de/zur-rechtspolitik/stellungnahmen-pdf/stellungnahmen-europa/2006/juni/stellungnahme-der-brak-2006-18.pdf (letzter Abruf: 06.02.2017).

Neben dieser rechtspolitischen Argumentation spricht auch dogmatisch vieles dafür, den Vertrauensschutz bereits auf objektiver Ebene zu verwirklichen. Anknüpfungspunkt ist hierbei, dass die objektive Verwirklichung des Vertrauensschutzes im Ergebnis zu einer Einschränkung der Anwendbarkeit des Untreuetatbestandes führt. Vor dem Hintergrund des Urteils des Bundesverfassungsgerichts[401] mit der Kernaussage, dass „die Anwendung des Untreuetatbestands auf Fälle klarer und deutlicher (evidenter) Fälle pflichtwidrigen Handelns zu beschränken"[402] ist, ist der Autor nämlich der Auffassung, dass in Fällen von schützenswertem Vertrauen gerade keine deutliche und evidente Pflichtwidrigkeit gegeben ist. Das Gegenteil ist der Fall. Wie oben bei der Erläuterung des entwickelten „Risiko-Punkte-Systems" ausgeführt, liegt nach der hier vertretenen Auffassung gerade keine Pflichtwidrigkeit vor, wenn aufgrund schützenswerten Vertrauens gehandelt wurde. Dies gilt allerdings nur dann, wenn das „Risiko-Punkte-System" objektiv richtig angewandt wurde. In derartigen Fällen sind nach Auffassung des Autors die Anforderungen des Bundesverfassungsgerichts für die allgemeine Anwendbarkeit[403] des Tatbestands („Die Ziele dementsprechender Auslegung müssen von Verfassungs wegen darin bestehen, die Anwendung des Untreuetatbestands auf Fälle klarer und deutlicher (evidenter) Fälle pflichtwidrigen Handelns zu beschränken")[404] nicht im Ansatz erfüllt, da hier gerade keine evidente Pflichtwidrigkeit vorliegt. Folglich scheidet in dieser Konstellation eine Berücksichtigung des Vertrauensschutzes erst auf Vorsatzebene aus. Wurde aufgrund schützenswerten Vertrauens objektiv richtig (beurteilt aus **objektiver ex-ante Sicht** der Aktionäre im Zeitpunkt der Entscheidung) gehandelt, ist vielmehr schon die Pflichtwidrigkeit zu verneinen und der objektive Tatbestand bereits damit nicht erfüllt, selbst wenn sich die getroffene Entscheidung ex-post als betriebswirtschaftlicher Fehlschlag herausstellt und es zu einem Vermögensnachteil kommt.[405] Insofern bleibt hier kein Raum für eine Berücksichtigung des Vertrauensschutzes auf der Ebene des Vorsatzes.

---

401 BVerfG Urteil vom 23.6.2010 – 2 BvR 2559/08 u.a., NJW 2010, 3209 ff.

402 BVerfG NJW 2010, 3209, 3215 (Rn. 111).

403 Bei der Beschränkung der Pflichtwidrigkeit auf „klare und deutliche (evidente) Fälle" handelt es sich soweit ersichtlich um eine allgemeine Anforderung des BVerfG für alle Fälle des Untreuetatbestandes; vgl. dazu auch die Entscheidungsbesprechung von Saliger, NJW 2010, 3195, 3196 f., der diesen Aspekt ebenfalls nach dem zunächst einleitenden Satz „Maßgaben (…) für die begrenzte Auslegung des Untreuetatbestands im Allgemeinen" behandelt.

404 BVerfG NJW 2010, 3209, 3215 (Rn. 111).

405 Vgl. dazu ausführlich 3. Kapitel: § 2 B. I. 3. b.

2. *Irrtumskonstellationen*

Etwas anderes gilt aber auch beim hier vertretenen Ansatz, wenn der Vorstand die Risikobeherrschung auf Grundlage eines Irrtums vorgenommen hat. Denkbar ist dies in allen Konstellationen, in denen das „Risiko-Punkte-System“ objektiv falsch angewendet wurde (vgl. die obige Abbildung). Zu klären ist allerdings, ob diese Konstellationen auf der Ebene des Vorsatzes oder der Schuld zu lösen sind, ob es sich also im Einzelfall um einen Tatbestandsirrtum gemäß § 16 StGB oder um einen Verbotsirrtum gemäß § 17 StGB handelt. Eine Berücksichtigung des Vertrauens auf objektiver Ebene scheidet nach Auffassung des Autors demgegenüber deshalb aus, da bei einem Irrtum des Vorstands nicht mehr davon gesprochen werden kann, dass die Aktionäre genauso gehandelt, die Entscheidung also toleriert hätten. In der Grundkonstellation liegt im Ergebnis zwar auch eine betriebswirtschaftlich „falsche Entscheidung“ vor, bei der Entscheidungsfindung (also der Beherrschung als solcher) erfolgte dort aber gerade kein Irrtum. Dass die fehlgeschlagene Entscheidung im Ergebnis nicht zur Pflichtwidrigkeit führt, ist gerade der Grundgedanke des Vertrauensschutzes auf objektiver Ebene im „Risiko-Punkte-System“. Da nämlich Anknüpfungspunkt der Pflichtwidrigkeit nur die Risikobeherrschung sein soll, kann ein Irrtum über das betriebswirtschaftliche Ergebnis der Entscheidung nicht relevant sein. Ein Irrtum bei der Entscheidungsfindung und somit im Kernbereich der Risikobeherrschung muss demgegenüber Relevanz haben und objektiv zur Pflichtwidrigkeit führen.

Folgende Irrtümer (⊗) sind bei objektiv falscher Anwendung des „Risiko-Punkte-Systems“ denkbar:

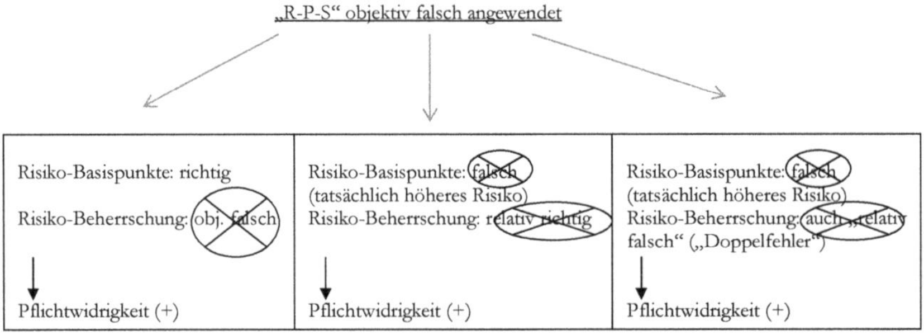

a. Streit- und Meinungsstand zur Abgrenzung von Tatbestands- und Verbotsirrtum bei der Untreue

Zu klären ist zunächst, bei welchen Konstellationen die Vorsatzebene bei einem Irrtum das richtige Einfallstor für den Vertrauensschutz darstellt, bzw. wann dieser vielmehr auf der Ebene der Schuld Berücksichtigung finden sollte. Entscheidend ist hier die Abgrenzung zwischen dem Tatbestandsirrtum gemäß § 16 StGB und dem Verbotsirrtum gemäß § 17 StGB im Rahmen der Pflichtwidrigkeit der Untreue, welche in der Literatur strittig bzw. unklar ist. In der Literatur lassen sich mehrere Auffassungen unterscheiden:[406]

Nach der so genannten These vom **generellen Vorsatzausschluss** soll jede Fehlvorstellung des Täters über die Pflichtgemäßheit seines Handelns zu einem Vorsatzausschluss nach § 16 Abs. 1 StGB führen.[407] Davon ausgehend, dass der Täter die seiner besonderen Pflichtenstellung zugrunde liegenden Tatsachen kennen und diese richtig einordnen muss, mithin also der Pflichtenverstoß vom Tatvorsatz umfasst sein muss, kommt diese These zu dem Schluss, dass ihm bei unzutreffender Vorstellung darüber, dass sein Handeln mit seinen besonderen Treuepflichten vereinbar sei, das Bewusstsein der Pflichtwidrigkeit fehle.[408] Dadurch soll nicht nur ein Verbotsirrtum gemäß § 17 StGB, sondern ein vorsatzausschließender Tatbestandsirrtum gemäß § 16 StGB begründet sein.[409] *Lüderssen* bringt diese Ansicht auf den Punkt, wenn er resümiert, dass derjenige, der „sich über die Verletzung der Vermögensbetreuungspflicht nicht im Klaren ist, gleichviel ob aus tatsächlichen oder rechtlichen Gründen, (…) nicht einmal die Umstände (kennt), welche die erste Vermutung für ein Unrecht im Sinne des § 266 StGB begründen und (…) deshalb nicht vorsätzlich (handelt)“.[410]

Demgegenüber soll nach der These vom **normativen Tatbestandsmerkmal** die Pflichtwidrigkeit ein normatives Tatbestandsmerkmal sein, sodass der Täter

---

406 Vgl. zusammenfassend: SSW StGB-Saliger, § 266, Rn. 128.

407 Mü-Ko StGB-Dierlamm, § 266, Rn. 282; Lüderssen, Bemerkungen zum Irrtum über die Wahrnehmung fremder Vermögensinteressen im Sinne des § 266 StGB, in: Festschrift für Christian Richter II – Verstehen und Widerstehen, 373, 378; im Ergebnis offenbar ebenso Schönke/Schröder-Perron, § 266, Rn. 49 („Der Vorsatz wird daher durch die irrtümliche Annahme ausgeschlossen, im Rahmen der Zweckbestimmung des betreuten Vermögens (…) bzw. eines Einverständnisses des Betroffenen zu handeln“).

408 Mü-Ko StGB-Dierlamm, § 266, Rn. 282.

409 Mü-Ko StGB-Dierlamm, § 266, Rn. 282.

410 Lüderssen, Bemerkungen zum Irrtum über die Wahrnehmung fremder Vermögensinteressen im Sinne des § 266 StGB, in: Festschrift für Christian Richter II – Verstehen und Widerstehen, 373, 378.

vorsätzlich handelt, wenn er aufgrund einer Parallelwertung in der Laiensphäre die Pflichtwidrigkeit seines Handelns nachvollzieht.[411] Wer also über die aus dem Innenverhältnis fließenden Grenzen seiner Befugnis oder über den Inhalt seiner Vermögensbetreuungspflicht irrt, sei es über *tatsächliche oder rechtliche Umstände*, befinde sich in einem vorsatzausschließenden Tatbestandsirrtum gemäß § 16 StGB, da die Treupflichtverletzung der Untreue ein normatives Tatbestandsmerkmal darstelle.[412]

Ferner wird die These vom **generellen Verbotsirrtum** vertreten:[413] Genau diesen Weg geht *Schünemann*, wenn er die Pflichtwidrigkeit als so genanntes ***gesamttatbewertendes Merkmal*** oder *Rechtspflichtmerkmal* qualifiziert, wobei der Vorsatz nur die dieses Merkmal begründenden Tatsachen umfassen muss, das Bewusstsein der Pflichtwidrigkeit hingegen als aus dieser Kenntnis gezogene Konsequenz ein Teil des Unrechtsbewusstseins ist.[414] Die Konsequenz ist sodann, dass kein Tatbestandsirrtum gemäß § 16 StGB vorliegt, sondern ein Verbotsirrtum gemäß § 17 StGB, wenn der Täter fälschlicherweise *rechtlich* annimmt, aufgrund der ihm bekannten Tatsachen zu seinem Handeln befugt zu sein.[415] Dieser Abgrenzung scheinen sich weitere Stimmen in der Literatur grundsätzlich angeschlossen zu haben bzw. darauf Bezug zu nehmen:

Marwedel formuliert in diesem Zusammenhang, dass zum Vorsatz die Kenntnis abstrakter Verbote gehört, die Kenntnis der konkreten Verbotenheit der Tat dagegen eine Frage der Schuld ist, was bezogen auf § 266 StGB bedeuten soll, dass „für den Vorsatz unter anderem die Kenntnis von Rechtsverhältnissen (wie der Schadensabwendungspflicht *in abstracto*) erforderlich" sei, „das Urteil über die Schadensabwendungspflicht *in concreto* bzw. die Unerlaubtheit

---

411 Jakobs, NStZ 2005, 276, 277; Arzt/Weber-Weber, 2. Auflage, § 22, Rn. 69; Hantschel, S. 85 („Die Treupflichtverletzung ist also ein „gewöhnliches" normatives Merkmal, dessen Kenntnis eine laienhafte rechtliche Bewertung durch den Täter voraussetzt").

412 Arzt/Weber-Weber, 2. Auflage, § 22, Rn. 69; a.A. nach dem Wechsel des Bearbeiters: Arzt/Weber-Heinrich, 3. Auflage, § 22, Rn. 69, wonach ein Tatbestandsirrtum nur angenommen werden soll, „sofern sich der Irrtum auf tatsächliche Umstände bezieht. (…) Liegt dem Irrtum hingegen eine falsche rechtliche Bewertung eines vom tatsächlichen her zutreffend erkannten Sachverhalts zugrunde, ist ein Verbotsirrtum gegeben."

413 LK-Schünemann, § 266, Rn. 193; NK StGB-Kindhäuser, § 266, Rn. 122; vgl. i.E. auch: Marwedel, ZStW 2011, 548, 569.

414 LK-Schünemann, § 266, Rn. 193.

415 LK-Schünemann, § 266, Rn. 193; im Ergebnis nach einem Wechsel des Bearbeiters nun auch Arzt/Weber-Heinrich, 3. Auflage, § 22, Rn. 69, wenn auch dort (wie bereits in der Vorauflage) von einem normativen Tatbestandsmerkmal ausgegangen wird, vgl. auch Fn. 412.

der Gefahrschaffung (...) indessen unter § 17 StGB (falle)".[416] Diese Überlegung entspricht wohl im Ergebnis *Schünemanns* Ansatz, wenn auch mit anderer Begründung:[417] Denn die dortigen Tatsachen, die die Pflichtwidrigkeit begründen, erscheinen im Wesentlichen vergleichbar mit der Kenntnis abstrakter Verbote bei *Marwedel* (§ 16 StGB) und *Schünemanns* Bewusstsein der Pflichtwidrigkeit entspricht offenbar wiederum dem Urteil über die Unerlaubtheit der Gefahrschaffung in concreto bei *Marwedel* (§ 17 StGB).

Auch *Leite* nimmt im weitesten Sinne auf *Schünemanns* Abgrenzung Bezug, wenn er auch der Auffassung ist, dass die Pflichtwidrigkeit teils ein Blankett-, teils ein gesamttatbewertendes Merkmal ist, so dass der Irrtum des Täters manchmal Tatbestands-, manchmal Verbotsirrtum sei; entscheidendes Kriterium für diese Unterteilung der Pflichtwidrigkeit soll der ex ante zu bestimmende Evidenzgrad des Schädigungsverbots sein.[418] Das Bewusstsein der Pflichtwidrigkeit gehöre deshalb zum Untreuevorsatz, wenn der Irrtum sich auf den Randbereich der Pflichtwidrigkeit bezieht, sodass hier in der Regel ein Tatbestandsirrtum gemäß § 16 StGB vorliegen soll.[419] Bei einem Irrtum im Kernbereich der Pflichtwidrigkeit umfasse der Vorsatz demgegenüber lediglich die pflichtbegründenden Tatsachen, was zur Folge haben soll, dass ein Irrtum über die Pflichtwidrigkeit dann ein Verbotsirrtum gemäß § 17 StGB ist.[420]

Hinzuweisen ist zuletzt auf *Dinter*, der mit seiner Dissertation einen lesenswerten Überblick über die Vorsatzmodelle beim Pflichtwidrigkeitsmerkmal bietet.[421] Er selbst will sodann den Gegenstand des Pflichtwidrigkeitsvorsatzes in Abhängigkeit zur Quelle der Vermögensbetreuungspflicht bestimmen:[422] Der Vertragsinhalt sei „Umstand" im Sinne des § 16 StGB, weil es sich dabei um eine konkret-individuelle Pflicht handle, die vom Täter nachvollzogen werden muss, um pflichtwidrig zu handeln, nicht hingegen die gesetzlichen Pflichten.[423] Trotz der auch hier im Vergleich zu *Schünemann* unterschiedlichen Bezeichnung und

---

416 Marwedel, ZStW 2011, 548, 569.

417 So auch Saliger, SSW StGB-Saliger, § 266, Rn. 128, der Marwedel im Ergebnis als Befürworter der These vom generellen Verbotsirrtum anführt; so auch Schünemann selbst, LK-Schünemann, § 266, Rn. 193, verbunden mit dem Hinweis auf Marwedels eigenständige Begründung aus der Natur des Untreueunrechts.

418 Leite, GA 2015, 517, 517.

419 Leite, GA 2015, 517, 529.

420 Leite, GA 2015, 517, 529.

421 Vgl. Dinter, S. 18 ff.

422 Dinter, S. 82.

423 Dinter, S. 76; vgl. dazu auch Leite, GA 2015, 517, 521.

Begründung ist eine gewisse Annäherung zu beobachten, bzw. jedenfalls eine argumentativ größere Nähe zu dessen Theorie als zu den beiden erstgenannten (genereller Vorsatzausschluss/normatives Tatbestandsmerkmal) festzustellen: Der Vertragsinhalt begründet bei *Dinter* die Pflichtwidrigkeit mit der Folge, dass der Täter, wenn er diese Inhalte nicht erfasst hat, gemäß § 16 StGB vorsatzlos handelt. *Schünemann* drückt sich an dieser Stelle zwar allgemeiner aus, wenn er von „Tatsachen", die die Pflichtwidrigkeit begründen, spricht; die dahinter stehende Abgrenzungsweise scheint aber vergleichbar zu sein und der Vertragsinhalt, der die Pflichtwidrigkeit auslöst, nur ein konkret bezeichneter „tatsächlich begründender Umstand". Die Annäherung der Abgrenzung zeigt sich ferner dadurch, dass *Dinter* den Vorsatz bei einem Irrtum über gesetzliche Vorgaben nicht entfallen lassen möchte, sondern dann § 17 StGB anwendet. Parallel bringt *Schünemann* letztlich ähnliches zum Ausdruck, wenn er von einer „falschen rechtlichen Annahme" bzw. vom „Bewusstsein der Pflichtwidrigkeit" spricht.[424]

Um die Darstellung des Streitstandes abzurunden, ist auszuführen, dass *Schünemann*[425] ferner zu Recht darauf hinweist, dass auch das Mannesmann-Urteil[426] in diesem Zusammenhang keine Klarheit gebracht hat, da sich der 3. Strafsenat lediglich auf die „diffuse Wendung zurückgezogen"[427] habe, „eine sachgerechte Einordnung etwaiger Fehlvorstellungen oder -bewertungen wird sich nicht durch schlichte Anwendung einfacher Formeln ohne Rückgriff auf wertende Kriterien und differenzierende Betrachtungen erreichen lassen"[428]. Ebenso zuzustimmen ist der Aussage, dass vom BGH „damit nur ein Allgemeinplatz anstelle einer dogmatischen Präzisierung (normatives Tatbestandsmerkmal oder Rechtspflichtmerkmal?) angeboten"[429] wurde.

Welcher der dargestellten Theorien ist aber zu folgen?

Den *effektivsten* Vertrauensschutz würde man erreichen, wenn man den erstgenannten Ansätzen (also nicht *Schünemann*) folgt und den Weg über § 16 StGB geht. Da es sich dann mit der Pflichtwidrigkeit aber entweder um ein Merkmal des äußeren Tatbestandes oder um ein auf die Rechtslage Bezug nehmendes normatives Tatbestandsmerkmal handelt, würde selbst die leichtfertigste Fehlbeurteilung der Pflichtenlage gemäß § 16 StGB den Vorsatz und damit die Strafbarkeit

---

424 Vgl. LK-Schünemann, § 266, Rn. 193.
425 LK-Schünemann, § 266, Rn. 193.
426 BGH Urteil vom 21.12.2005 – 3 StR 470/04 (LG Düsseldorf), NJW 2006, 522 ff.
427 So wörtlich LK-Schünemann, § 266, Rn. 193.
428 BGH NStZ 2006, 214, 217 (Rn. 22).
429 LK-Schünemann, § 266, Rn. 193.

ausschließen.[430] Vor diesem Hintergrund bestünde die Gefahr, dass der gewünschte Vertrauensschutz zwar in der Tat sehr *effektiv* umgesetzt würde, unter Umständen allerdings in sein Gegenteil verkehrt würde und zu einer maßlosen Übersicherung des Täters führt. Vorzugswürdig ist insgesamt *Schünemanns* Vorschlag, insbesondere weil diese Ansicht im Unterschied zu allen anderen, auch neueren Theorien eine vergleichsweise klare und für den Rechtsanwender gut nachvollziehbare Unterscheidung liefert: tatsächliche Umstände, die die Pflichtwidrigkeit begründen, sind Bezugspunkt des Vorsatzes und daher einer Lösung über § 16 StGB zugänglich. Handelt es sich demgegenüber um eine Frage der (rechtlichen) Wertung auf der Basis tatsächlicher Umstände erfolgt eine Lösung über § 17 StGB. Dieser Ansatz erscheint sachgerechter als der starre Weg über § 16 StGB, da somit ein im Ergebnis differenzierterer Vertrauensschutz zu erreichen ist. Für die Frage der Unvermeidbarkeit bei einer Behandlung nach § 17 StGB gelten grundsätzlich die allgemeinen Grundsätze.[431] *Schünemann* ist sich durchaus bewusst, dass auch bei seiner Lösung das Problem offen bleibt, wie die pflichtwidrigkeitsbezogenen Tatsachen von der darauf aufbauenden rechtlichen Wertung abzugrenzen sind.[432] Aus diesem Grund ist es an dieser Stelle angezeigt, einen entsprechenden Vorschlag für das „Risiko-Punkte-System" des Autors anzubieten.

b. Anwendung auf das „Risiko-Punkte-System"

Ausgehend von den im „Risiko-Punkte-System" denkbaren Irrtümern stellt sich die Frage, welcher Irrtum auf tatsächlichen Umständen (dann § 16 StGB) und welcher auf einer rechtlichen Fehlbewertung (dann § 17 StGB) basiert. Allen Irrtümern ist wie oben ausgeführt gemein, dass die Risikobeherrschung objektiv falsch erfolgte, das „Risiko-Punkte-System" mithin objektiv falsch angewendet wurde.[433] Nach dem differenzierten Ansatz *Schünemanns* ist daher zu fragen, wann sich der Anwender des „Risiko-Punkte-Systems" über tatsächliche Umstände geirrt hat bzw. wann er vielmehr basierend auf richtigen Tatsachen eine

---

430 So im Ergebnis auch LK-Schünemann, § 266, Rn. 193 m.w.N.; vgl. Hantschel, S. 84, die dieses „bloß kriminalpolitische Bedürfnis" als Begründung nicht ausreichen lassen möchte, da es eine „ergebnisorientierte Argumentation" sei.

431 Vgl. zum Vorschlag einer Abwägung im Einzelfall Fn. 434; vgl. zum Ganzen: Mü-Ko StGB-Joecks, § 17, Rn. 39 ff.; Schönke/Schröder-Sternberg-Lieben/Schuster, § 17, Rn. 13 ff.; NK StGB-Neumann, § 17, Rn. 53 ff.; BeckOK StGB-Heuchemer, § 17, Rn. 35 ff.; LK-Vogel, § 17, Rn. 34 ff.

432 LK-Schünemann, § 266, Rn. 193.

433 Vgl. die obige Abbildung der denkbaren Irrtumskonstellationen unter 3. Kapitel: § 2 B. II. 2.

falsche Wertung vorgenommen hat. Mit anderen Worten geht es um die Frage, in welchen Fällen tatsächliche Umstände kausal für die fehlerhafte Anwendung des „Risiko-Punkte-Systems“ waren, und in welchen Fällen eine rechtliche Wertung des Anwenders.

Wie oben dargestellt sind Irrtümer denkbar sowohl bei der Ermittlung der „Risiko-Basispunkte“ als auch bei der daran anschließenden Risikobeherrschung. Aufgrund dieses vorgegebenen zweistufigen Vorgehens könnte man (im Ergebnis zu Unrecht) vertreten, dass die Anzahl der ermittelten Basispunkte stets eine Tatsache darstellt, an welche die Beherrschung als eine Art (rechtliche) Wertung angeschlossen wird. Wäre sodann die falsche Anzahl (alleine!) kausal für die fehlerhafte Anwendung des „Risiko-Punkte-Systems“ (also bei relativ richtiger Risikobeherrschung), könnte man den Vorsatz gemäß § 16 StGB entfallen lassen, da der Anwender lediglich die Tatsache nicht kennt, dass ein tatsächlich höheres Risiko beherrscht werden muss.

Irrte sich der Anwender hingegen bei der Risikobeherrschung, wäre die Wertung über die erforderliche Beherrschung basierend auf der richtigen Tatsachengrundlage (= Anzahl der Basispunkte) kausal für die fehlerhafte Anwendung. In diesem Fall wäre demnach eine Lösung über § 17 StGB möglich.

Gleiches müsste sodann für den dritten Fall gelten, wenn aufgrund falscher Tatsachengrundlage zusätzlich relativ falsch beherrscht wird. Der Anwender irrt sich bei der Risikobeherrschung. Würde man hier § 16 StGB anwenden, bloß weil zufällig auch die Basispunkte falsch ermittelt wurden, würde man den Anwender gegenüber demjenigen bevorzugen, der zumindest relativ richtig beherrscht. In diesem Fall wäre es demnach sachgerechter ebenfalls bei der Risikobeherrschung anzusetzen und den Weg über § 17 StGB zu gehen.

Dieser Ansatz übersieht allerdings folgende Problematik: Aus der systematischen Ausgestaltung in Form eines (tatsächlichen) zweistufigen Vorgehens bei der Risikobeherrschung kann nicht gefolgert werden, dass dies auch gleichsam für die rechtlichen Kategorien „Tatsache“ und „Wertung“ gilt. Mit anderen Worten würde man es sich an dieser Stelle zu einfach machen, wenn man vertritt, dass die Basispunkte stets eine „Tatsache“ sind. Gleiches gilt für die Argumentation, die Beherrschung sei stets eine daran anschließende „Wertung“.

Entscheidend ist vielmehr die Situation im konkreten Einzelfall, wie es also zum jeweiligen Irrtum kommen konnte. Der richtige Ansatz ist daher in einer „Ursachenforschung“ zu sehen und nicht in einer pauschalierten Betrachtung von Tatsache (= Basispunkte als Ausgangspunkt der Beherrschung) und Wertung (= Beherrschung im Anschluss an die tatsächlich festgestellten Basispunkte).

Mit anderen Worten kann die falsche Ermittlung der „Risiko-Basispunkte" aufgrund falscher tatsächlicher Umstände, aber auch aufgrund einer fehlerhaften (Be-)Wertung dieser Umstände erfolgt sein. Die Ermittlung erfolgt schließlich wie oben ausgeführt anhand eines betriebswirtschaftlichen Gutachtens. Ein solches umfasst naturgemäß sowohl Tatsachen als auch daran anschließende Wertungen.

Gleiches gilt aber auch für die Risikobeherrschung: Auch hier können sowohl falsche Tatsachen als auch fehlerhafte Wertungen kausal für die fehlerhafte Beherrschung sein. So ist es bei der Risikobeherrschung zum einen denkbar, dass die tatsächlichen Anforderungen an den „Vertrauenstatbestand" nicht erfüllt sind, beispielsweise dann, wenn anstatt eines speziellen qualifizierten Rechtsanwaltes lediglich ein Student befragt wird. Ursache der fehlerhaften Beherrschung kann aber ebenso eine fehlerhafte Wertung sein, beispielsweise dann, wenn der Anwender davon ausgeht, dass es einer bestimmten Form der Absicherung gar nicht bedarf, er also rechtlich darüber irrt, wie das Risiko generell zu beherrschen ist („Risiko-Absicherungs-Relation").

Zusammenfassend lässt sich demnach festhalten, dass auch im „Risiko-Punkte-System" Abgrenzungsschwierigkeiten im Einzelfall bestehen können. Würde man den oben skizzierten pauschalen Ansatz vertreten, würde man die Vorteile, die *Schünemanns* differenzierter Ansatz mit sich bringt, gleich wieder verlieren. Erforderlich ist eine Untersuchung im Einzelfall: Hat der Anwender des „Risiko-Punkte-Systems" tatsächliche Umstände verkannt und infolgedessen das System objektiv fehlerhaft angewendet, liegt ein Tatbestandsirrtum vor und es entfällt nach § 16 Abs. 1 StGB der Vorsatz. Unerheblich hierbei ist, ob die falschen Tatsachen zu einer falschen Ermittlung der „Risiko-Basispunkte" oder zu einer falschen Risiko-Beherrschung geführt haben. Entscheidend ist, dass das System falsch angewendet wurde.

Gleiches gilt, wenn der Irrtum auf eine fehlerhafte (rechtliche) Wertung zurückzuführen ist – hier kann (abhängig vom Vorliegen der allgemeinen Voraussetzungen) ein Rechtsirrtum gemäß § 17 StGB gegeben sein. Dies kommt ebenfalls sowohl bei der Ermittlung der Basispunkte als auch bei der anschließenden Beherrschung in Betracht.

III. Schuld: Unvermeidbarer Verbotsirrtum

Wie soeben – aufgrund der zusammenhängenden Darstellung im Rahmen des Vorsatzes – ausgeführt, kann der Vertrauensschutz nur dann auf der Ebene der Schuld über § 17 StGB verwirklicht werden, wenn das „Risiko-Punkte-System" objektiv falsch angewendet wurde und sich der Täter bei einer rechtlichen

Wertung geirrt hat. Die Frage der Vermeidbarkeit beurteilt sich grundsätzlich anhand der allgemeinen Grundsätze.[434]

IV. Zwischenfazit

Nach Auffassung des Autors ist die bereits ex-ante objektiv falsche Anwendung des „Risiko-Punkte-Systems" in Verbindung mit einem Irrtum bei einer rechtlichen Wertung die einzige Konstellation, in welcher eine Realisierung des Vertrauensschutzes über § 17 StGB erforderlich ist. Wie oben bereits dargestellt hat der BGH in der Mannesmann-Entscheidung nicht klar Stellung bezogen, ob ein Irrtum über die Pflichtwidrigkeit dogmatisch auf der Ebene des Vorsatzes oder auf der Ebene der Schuld Berücksichtigung finden soll. Im System des Autors soll der Vertrauensschutz aber grundsätzlich im objektiven Tatbestand verwirklicht werden. Nur wenn dessen Grenzen irrtümlich überzogen werden, setzt sich der Vertrauensschutz über die Irrtumslehre auf der Vorsatz- bzw. Schuldebene fort.

Hingewiesen sei in diesem Zusammenhang auch darauf, dass der BGH zivil-[435] und strafrechtlich[436] in jüngerer Zeit dazu Stellung genommen hat, unter welchen Voraussetzungen bei der Einholung von Rechtsrat von einem unvermeidbaren Verbotsirrtum auszugehen ist. Da es sich bei der Einholung von Rechtsrat allerdings um einen „Kontrollmechanismus" im Sinne des „Risiko-Punkte-Systems" handelt, bleibt der Autor der Auffassung, dass der (auch vom BGH bezweckte) Vertrauensschutz im Rahmen der Untreue – wie

---

434 Im Einzelfall kann es aber angebracht sein, bei der Beurteilung der „Vermeidbarkeit" die erfolgten Bemühungen des Entscheidungsträgers bei der Risikobeherrschung in Relation zur Komplexität des konkreten Risikos zu setzen und ihm gegebenenfalls bei der Beurteilung der Unvermeidbarkeit etwas „entgegenzukommen", um die oftmals sehr schwierigen Wertungen im Rahmen der Untreue auch hier zu berücksichtigen; vgl. zum Ganzen: Mü-Ko StGB-Joecks, § 17, Rn. 39 ff.; Schönke/Schröder-Sternberg-Lieben/Schuster, § 17, Rn. 13 ff.; NK StGB-Neumann, § 17, Rn. 53 ff.; BeckOK StGB-Heuchemer, § 17, Rn. 35 ff.; LK-Vogel, § 17, Rn. 34 ff.; BGH, Urteil vom 03.04.2008 – 3 StR 394/07, BeckRS 2008, 06865; BGH, Urteil vom 11.10.2012 – 1 StR 213/10, GRUR 2013, 62 ff.; BGH, Urteil vom 04.04.2013 – 3 StR 521/12, NStZ 2013, 461 ff.

435 BGH, Urteil vom 20.09.2011 – II ZR 234/09 (OLG Hamburg), NZG 2011, 1271 ff.; BGH, Urteil vom 28.04.2015 – II ZR 63/14 (OLG Saarbrücken), BeckRS 2015, 10533 = NJW-Spezial 2015, 400 ff. = NJW-RR 2015, 988 ff.

436 BGH, Urteil vom 03.04.2008 – 3 StR 394/07, BeckRS 2008, 06865; BGH, Urteil vom 11.10.2012 – 1 StR 213/10, GRUR 2013, 62 ff.; BGH, Urteil vom 04.04.2013 – 3 StR 521/12, NStZ 2013, 461 ff.

oben ausführlich dargestellt – bereits im objektiven Tatbestand und nicht erst als unvermeidbarer Verbotsirrtum zu berücksichtigen ist. Die Gegenansicht verkennt, dass es sich bei Fällen von schützenswertem Vertrauen nicht um evidente Fälle der Untreue handelt, sodass aufgrund der notwendigen engen Auslegung des Tatbestandes des § 266 StGB derartige Fälle bereits objektiv aus dem Anwendungsbereich der Untreue herauszufiltern sind. Eine grundsätzliche Behandlung auf Vorsatz- bzw. Schuldebene wird diesem Erfordernis nach hier vertretener Auffassung nicht hinreichend gerecht und wird daher nur („hilfsweise") zur Umsetzung von Vertrauensschutz dogmatisch herangezogen, wenn eine Berücksichtigung im objektiven Tatbestand versagt, wenn sich der „Täter" bei Anwendung des „Risiko-Punkte-Systems" geirrt hat.

C. Anforderungen an die Absicherungsarten / „Vertrauenstatbestände" des „Risiko-Punkte-Systems" im Einzelnen

Unter B. wurde das „Risiko-Punkte-System" des Autors dogmatisch vorgestellt und abstrakt herausgearbeitet, dass anhand dieses Systems Vertrauensschutz in der Regel im objektiven Tatbestand dogmatisch zu verorten ist und die Pflichtwidrigkeit gegebenenfalls entfällt. Im folgenden Teil der Arbeit bleibt zu klären, *unter welchen Voraussetzungen* der so zu realisierende *Vertrauensschutz* im Einzelfall zur Anwendung kommt, wann also ein „Vertrauenstatbestand" im Einzelfall seine (bereits objektiv) schützende Wirkung entfaltet. Wie oben ausgeführt handelt es sich dabei um einen an die Auswahl des Absicherungsbausteins rückgekoppelten Gedankenschritt, in welchem der Entscheidungsträger dafür Sorge tragen muss, dass die Anforderungen des jeweiligen Bausteins eingehalten sind, der „Vertrauenstatbestand" deshalb grundsätzlich „greift" und sich das Vorstandsmitglied folglich auf den jeweiligen Baustein der Absicherung verlassen darf. Wie oben dargestellt führt die Erfüllung der Anforderungen des jeweiligen Bausteins nicht automatisch zu pflichtgemäßem Handeln im Sinne der Untreue, sondern nur dazu, dass sich der Entscheidungsträger auf den jeweiligen Baustein als Teil der Gesamtabsicherung verlassen darf. Für die Frage, ob pflichtgemäß gehandelt, also das Risiko ausreichend beherrscht wurde, ist die Kombination der Bausteine als Gesamtabsicherung entscheidend.

Wie oben ausgeführt kommen als Bausteine der Absicherung im „Risiko-Punkte-System" zum einen die so genannten „Kontrollmechanismen", zum anderen die „Kompetenz der Kollegen" in Betracht. Verkennt der Anwender des „Risiko-Punkte-Systems" die Anforderungen an den jeweiligen Baustein, ist zu fragen, ob Vertrauensschutz über die Irrtumslehre zu verwirklichen ist. Pflichtwidrigkeit ist dann grundsätzlich zu bejahen und Vertrauensschutz nicht im objektiven Tatbestand zu realisieren. Zu klären sind also die objektiven Anforderungen der 2. Stufe der Risikobeherrschung (2. Systemschritt, Stufe 2). Die Ermittlung der „Risiko-Basispunkte“ (1. Systemschritt) sowie die „Risiko-Absicherungs-Relation“ (2. Systemschritt, Stufe 1) sind wie oben beschrieben Fragen des Einzelfalles und können daher naturgemäß nicht weiter als oben geschehen abstrahiert werden.

Die im weiteren Verlauf gewählten „Vertrauenstatbestände“ (Bausteine) sind nicht als abschließende Kasuistik zu verstehen. Eine solche zu liefern, ist nicht Anspruch der vorliegenden Arbeit. Die Beispiele entsprechen vielmehr den frei gewählten Absicherungsarten im entwickelten „Risiko-Punkte-System“ und sind daher Ausgangspunkt verschiedener Situationen, an welche dogmatische Überlegungen des „Risiko-Punkte-Systems“ exemplarisch angeknüpft werden. Die Darstellung und Reihenfolge der Beispiele weicht dabei von der Chronologie des rechtstatsächlichen Teils bisweilen ab, da somit Lösungen sukzessive entwickelt werden und die einzelnen dogmatischen Gedanken aufeinander aufbauen können. Der spezifischen Beurteilung im „Risiko-Punkte-System“ wird stets eine zivilrechtliche bzw. aktienrechtliche Ausarbeitung vorangestellt. Aufgrund der Akzessorietät des Strafrechts können (und müssen) sich daraus ergebende Aspekte für die strafrechtliche Beurteilung „fruchtbar“ gemacht werden. In allen Varianten geht es letztlich darum, dass sich der Entscheidungsträger als Anwender des „Risiko-Punkte-Systems“ weitere Informationen beschafft, da er sein eigenes Informationsdefizit erkannt hat bzw. nicht alleine beurteilen möchte, ob die vorliegenden Informationen ausreichend sind. Die neu gewonnenen Informationen bzw. die Bestätigung der Richtigkeit der vorhandenen wird sodann zur Grundlage der endgültigen Entscheidung gemacht. Es handelt sich daher im Ergebnis um eine ausgedehnte Form des Vieraugenprinzips, dessen „Mantra (…) ebenso einfach wie unabweisbar ist: vier Augen sehen mehr als zwei (und damit) – möglicherweise, vermutlich, meist, immer – mehr Fehler als zwei“[437].

I. Vertrauensschutz nach Inanspruchnahme von „Kontrollmechanismen“

Zunächst werden diejenigen Konstellationen betrachtet, in denen Entscheidungsträger erkannt haben, dass sie ohne fremde Hilfe nicht in der Lage sind, die notwendige Entscheidung zu treffen und sich anhand eines der oben genannten Kontrollmechanismen absichern wollen.

437 Fischer/Krehl, StV 2012, 550, 554, wenn auch dort im Zusammenhang mit dem Vieraugenprinzip bei einer Revisionssache.

1. *Vertrauen auf externe rechtliche Beratung*

Die erste zu beurteilende Konstellation wirft die Frage auf, welche Anforderungen an externe rechtliche Beratung zu stellen sind bzw. wie der Anwender des „Risiko-Punkte-Systems" zu verfahren hat, um sich auf diese strafrechtlich verlassen zu dürfen. Mit anderen Worten soll beantworten werden, unter welchen Umständen sich der Anwender des „Risiko-Punkte-Systems" auf eingeholten externen Rechtsrat derart verlassen darf, dass bereits objektiv keine untreuerelevante Pflichtwidrigkeit zu sehen ist, sofern die übrigen Schritte des Systems ordnungsgemäß eingehalten sind und insbesondere die Gesamtabsicherung nicht zu beanstanden ist. Zur Veranschaulichung dient folgende Situation: *Ein Vorstandsmitglied einer AG möchte als Beschaffungsvorstand ein neues „Einkaufskonzept" im Unternehmen etablieren, ist sich aber nicht sicher, ob dieses Konzept mit der Rechtsordnung im Einklang steht. Zur Klärung dieser Frage beauftragt der Beschaffungsvorstand eine hochspezialisierte, externe Rechtsanwaltskanzlei. Die Rechtsanwaltskanzlei bestätigt die befürchtete unklare Rechtslage, vertritt aber eine Auslegung des Gesetzes, die „grünes Licht" für die Umsetzung gibt. Das Vorstandsmitglied setzt das Konzept daraufhin im Unternehmen um. Später stellt sich heraus, dass die Einschätzung der Kanzlei unzutreffend war und das etablierte Konzept gegen geltendes Recht verstößt. Die Geschäfte werden daraufhin rückabgewickelt, wodurch der AG ein erheblicher finanzieller Schaden entsteht.*

Objektiv ist in dieser Situation zur Beurteilung der Strafbarkeit allein entscheidend, ob durch die Umsetzung des neuen Konzeptes die Vermögensbetreuungspflicht verletzt wurde. Offenkundig hat das Vorstandsmitglied eine Betreuungspflicht für das Vermögen der AG (§§ 76, 93 AktG), ebenso eindeutig ist der Gesellschaft ein Vermögensnachteil entstanden.

a. Zivilrechtliche Beurteilung

Wie oben im Rahmen der Akzessorietät des Strafrechts dargestellt, kann dem Vorstandsmitglied kein strafrechtlicher Vorwurf gemacht werden, wenn sein Handeln zivilrechtlich erlaubt war. Hier erscheint es daher sinnvoll, vorab zu klären, unter welchen Voraussetzungen sich ein Vorstand – zivilrechtlich – auf den Absicherungsbaustein „Einschätzung externer rechtlicher Berater" verlassen darf.

aa. Kein Anwendungsbereich der Business Judgement Rule

Auf den ersten Blick handelt es sich bei dem zu beurteilenden Sachverhalt um eine Konstellation im Anwendungsbereich der Business Judgement Rule, also der Regelung des § 93 Abs. 1 S. 2 AktG, da auch rechtliche Risiken dem Begriff der unternehmerischen Entscheidung zu unterfallen scheinen, „denn wie auch bei anderen Tätigkeiten des Vorstands handelt dieser bei der Auslegung von Gesetzen und ihrer Anwendung auf konkrete Sachverhalte tendenziell unter Unsicherheit“[438]. In diesem Fall wären eine aktienrechtliche Pflichtverletzung und damit eine Strafbarkeit von vornherein ausgeschlossen, wenn es dem handelnden Vorstandsmitglied gelingt, die Voraussetzungen der Business Judgement Rule darzulegen und zu beweisen. Nach Auswertung der einschlägigen Literatur und Rechtsprechung ist bei der Annahme der eindeutigen Anwendbarkeit allerdings Vorsicht geboten, wenn es auch Stimmen in der Literatur gibt, die diese erste Einschätzung bestätigen. Problematisch in diesem Zusammenhang ist nämlich die Frage nach der Reichweite der Business Judgement Rule, namentlich ihre Anwendbarkeit, wenn es um Entscheidungen bei unsicherer Rechtslage geht. Ausgangspunkt der Diskussion ist, dass die Business Judgement Rule nur dann anwendbar ist, wenn es sich um eine Ermessensentscheidung und nicht um eine so genannte gebundene Entscheidung handelt. Diese Unterscheidung wird mit dem Vorrang der so genannten Legalitätspflicht begründet, wonach die Pflicht zu rechtmäßigem Handeln der unternehmerischen Freiheit vorgelagert ist.[439] Der „sichere Hafen“ der Business Judgement Rule kann also nicht erreicht werden, wenn es um gesetzliche Pflichten einschließlich von Treuepflichten geht.[440] Die Mitglieder des Vertretungsorgans schulden nach der Legalitätspflicht, das geltende Recht zu beachten, sich also gesetzestreu zu verhalten.[441] Bei offener Rechtslage ist den Mitgliedern des Vertretungsorgans zwar ein Handlungsspielraum zuzubilligen, der es ihnen erlaubt unter Abwägung von Chancen und Risiken nach pflichtgemäßem Ermessen einen für die Gesellschaft günstigen Rechtsstandpunkt einzunehmen – mit der Business Judgement Rule hat dies allerdings (trotz des „Ermessens“) nichts zu tun, da es sich – nach wie vor – um den Bereich der Legalitätspflicht handelt, also keine unternehmerische Entscheidung vorliegt.[442]

Gleichwohl wird von *Kocher* vertreten, dass bei unsicherer Rechtslage ein typisches Entscheidungsdilemma vorliegt, dem die Business Judgement Rule Rechnung tragen solle, wobei der Vorstand „rechtliche Risiken, die nach Wahrscheinlichkeit und Größe des möglichen Schadens im Vergleich zum möglichen

438 Spindler, in: Festschrift für Claus Wilhelm Canaris Band 2, S. 414.
439 Kocher, CCZ 2009, 215, 216 m.w.N.
440 Mü-Ko AktG-Spindler, § 93, Rn. 45.
441 Wagner, BB 2012, 651, 653 m.w.N.
442 Wagner, BB 2012, 651, 653 m.w.N.; dies entspricht offenbar auch der Ansicht des BGH, dazu unten.

geschäftlichen Vorteil relativ gering sind" in Kauf nehmen dürfe.[443] *Spindler* verweist darauf, dass auch die unternehmerischen Entscheidungen stets innerhalb eines rechtlichen Rahmens stattfinden und daher stets eine rechtliche Determinierung des Vorstandsverhaltens gegeben ist und der Prognosecharakter auch den fraglichen Entscheidungen bei rechtlicher Unsicherheit zugrunde liegt.[444] Im Ergebnis ist *Spindler* daher der Auffassung, dass die Business Judgement Rule zumindest entscheidende Hinweise für die Anforderungen an das Vorstandshandeln bei unsicherer Rechtslage geben kann, wenn sie auch direkt nicht anzuwenden ist.[445] Demgegenüber möchte *Schneider* keiner der beiden Auffassungen folgen[446]: Er vertritt die Auffassung, dass die Abgrenzung einer Ermessensentscheidung von einer gebundenen Entscheidung rein objektiv zu erfolgen habe und es insofern nicht auf die Kenntnis des Organmitglieds von der zutreffenden Rechtslage ankomme. Wenn ein Gericht später die getroffene Entscheidung als gebundene einstufe, sei daher ein Berufen auf die Business Judgement Rule ausgeschlossen; im Rahmen einer materiellen Prüfung des Gerichts könne das Organmitglied aber darlegen, dass alles unternommen wurde, um pflichtwidriges Verhalten zu vermeiden.

Eine ähnliche Sichtweise vertritt offenbar auch der BGH: In seinem Urteil vom 20.09.2011[447] hat er sich mit den zivilrechtlichen Pflichten eines organschaftlichen Vertreters einer Gesellschaft bei fehlender eigener Rechtskenntnis befasst und umfassend dazu Stellung genommen. Den Begriff „Business Judgement Rule" bzw. die entsprechende Vorschrift des § 93 Abs. 1 S. 2 AktG sucht man darin allerdings vergeblich. Der BGH baut sein Urteil vielmehr darauf auf, dass die Mitglieder des Vertretungsorgans die sorgfältige Führung der Geschäfte schulden und behandelt diese somit als Schuldner einer Leistung gegenüber der Gesellschaft.[448] Davon ausgehend stellt der BGH fest, dass ein Organmitglied wie jeder Schuldner grundsätzlich für einen Rechtsirrtum einstehen muss, wenn es schuldhaft gehandelt hat.[449] Der BGH hat die Rechtslage im konkreten Fall als

443 Kocher, CCZ 2009, 215, 217.

444 Spindler, in: Festschrift für Claus Wilhelm Canaris Band 2, S. 415.

445 Spindler, in: Festschrift für Claus Wilhelm Canaris Band 2, S. 415.

446 Schneider, DB 2011, 99, 100.

447 II ZR 234/09 (OLG Hamburg) – NZG 2011, 1271 ff.; bestätigt in: BGH, Urteil vom 28.04.2015 – II ZR 63/14 (OLG Saarbrücken) – NJW-RR 2015, 988 ff.

448 Wagner, BB 2012, 651, 651.

449 BGH, Urteil vom 20.9.2011 – II ZR 234/09 (OLG Hamburg) – NZG 2011, 1271, 1272 (Rn. 16); ebenso BGH, Urteil vom 28.04.2015 – II ZR 63/14 (OLG Saarbrücken) – NJW-RR 2015, 988, 991 (Rn. 28).

„gefestigt", also gerade nicht als „offen" oder „ungeklärt", beurteilt.[450] Aufgrund der dogmatischen Lösung über den „unvermeidbaren Rechtsirrtum" ist aber davon auszugehen, dass dieser Weg auch im Falle einer „offenen" Rechtslage vom BGH eingeschlagen werden würde – er also in derartigen Fällen den Anwendungsbereich der Business Judgement Rule nicht eröffnet sieht.

Unabhängig davon, ob man nun die Business Judgement Rule für anwendbar halten mag oder nicht – entscheidend sind doch vielmehr die Voraussetzungen, die der BGH für das Vorliegen eines unvermeidbaren Rechtsirrtums in derartigen Fällen aufgestellt hat. Diese Voraussetzungen stehen seit dem Urteil im Raum und müssten insofern ohnehin auch von den Befürwortern der Anwendung der Business Judgement Rule herangezogen werden, um den „sicheren Hafen" erreichen zu können. Dies müsste sodann wohl inzident im Rahmen der „angemessenen Informationsbasis" erfolgen.

bb. Voraussetzungen des BGH für einen unvermeidbaren Rechtsirrtum

Ausgangspunkt der Voraussetzungen ist die Annahme des BGH in seinem Urteil, dass ein Organmitglied wie jeder Schuldner grundsätzlich für einen Rechtsirrtum einstehen muss, wenn es schuldhaft gehandelt hat.[451] Er führt weiter aus, dass an das Vorliegen eines unverschuldeten Rechtsirrtums strenge Maßstäbe anzulegen sind, denn ein Schuldner müsse die Rechtslage sorgfältig prüfen, soweit erforderlich Rechtsrat einholen und die höchstrichterliche Rechtsprechung sorgfältig beachten.[452] Um den strengen Anforderungen an die dem Vorstand obliegende Prüfung der Rechtslage und die Beachtung von Gesetz und Rechtsprechung zu genügen, sei erforderlich, dass sich die Mitglieder des Vertretungsorgans ohne ausreichende eigene Sachkunde

- unter umfassender Darstellung der Verhältnisse der Gesellschaft und Offenlegung der erforderlichen Unterlagen
- von einem unabhängigen, für die zu klärende Frage fachlich qualifizierten Berufsträger beraten lassen und

---

450 BGH, Urteil vom 20.9.2011 – II ZR 234/09 (OLG Hamburg) – NZG 2011, 1271, 1274 (Rn. 28).

451 BGH, Urteil vom 20.9.2011 – II ZR 234/09 (OLG Hamburg) – NZG 2011, 1271, 1272 (Rn. 16); ebenso BGH, Urteil vom 28.04.2015 – II ZR 63/14 (OLG Saarbrücken) – NJW-RR 2015, 988, 991 (Rn. 28).

452 BGH, Urteil vom 20.9.2011 – II ZR 234/09 (OLG Hamburg) – NZG 2011, 1271, 1272 (Rn. 16).

- die erteilte Rechtsauskunft einer sorgfältigen Plausibilitätskontrolle unterziehen.[453]

Wie *Wagner*[454] zutreffend ausführt sind die getroffenen Leitlinien des BGH nicht neu, wurden hier allerdings erstmals für den Fall fehlender eigener Rechtskenntnisse des Organmitglieds getroffen, wobei hierbei vor allem auch Aussagen getroffen wurden, was den strengen Anforderungen, um in den „Genuss" des unverschuldeten Rechtsirrtums zu kommen, nicht genügt (also eine Art Negativliste).

Die „Negativliste" des BGH stellt sich im Einzelnen wie folgt dar[455]:

- „Eine schlichte Anfrage bei einer von dem organschaftlichen Vertreter für fachkundig gehaltenen Person durch die Gesellschaft (reicht) nicht aus"[456]: Das bedeutet also, dass sich das Organmitglied selbst an den „Rechtskundigen" wenden muss, selbst beraten werden muss und auch selbst die Plausibilitätskontrolle durchführen muss.[457]
- Da die Pflichten von Vorstand und Aufsichtsrat nebeneinander bestehen (vgl. § 93 Abs. 4 S. 2 AktG: Kein Haftungsausschluss bei Billigung durch den Aufsichtsrat) ersetzt eine Billigung des Aufsichtsrates eine eigene Prüfung des Vorstands nicht. „Der Vorstand kann sich (also) nicht unter Berufung auf eine unzutreffende Beratung durch den Aufsichtsrat im Rahmen seiner Aufsichtsratstätigkeit (...) entlasten"[458]. Oder anders gesagt: Nur weil der Aufsichtsrat einen Fehler gemacht hat, heißt das nicht, dass dies nicht zugleich für den Vorstand gelten kann.
- Im vorliegenden Fall bestätigte der BGH das Berufungsgericht dahingehend, dass eine mündliche Beratung nicht ausreichend war, „schon weil sie in diesem Fall, der (...) erkennbar weder einfach gelagert noch besonders

---

453 BGH, Urteil vom 20.9.2011 – II ZR 234/09 (OLG Hamburg) – NZG 2011, 1271, 1273 (Rn. 18); bestätigt in: BGH, Urteil vom 28.04.2015 – II ZR 63/14 (OLG Saarbrücken) – NJW-RR 2015, 988, 991 (Rn. 28).

454 Wagner, BB 2012, 651, 652 ff.

455 Vgl. die Aufzählung bei Wagner, BB 2012, 651, 652 f., der ausschlaggebend für die Aufnahme dieser Liste war.

456 BGH, Urteil vom 20.9.2011 – II ZR 234/09 (OLG Hamburg) – NZG 2011, 1271, 1273 (Rn. 18).

457 So auch Wagner, BB 2012, 651, 652.

458 BGH, Urteil vom 20.9.2011 – II ZR 234/09 (OLG Hamburg) – NZG 2011, 1271, 1273 (Rn. 20).

eilbedürftig war, die notwendige Plausibilitätsprüfung nicht erlaubte".[459] Die Konkretisierung des vorliegenden Falls im Nebensatz („nicht einfach gelagert", „nicht eilbedürftig") lässt allerdings darauf schließen, dass der BGH nicht generell ein schriftliches Gutachten für erforderlich hält, sodass im Einzelfall durchaus auch eine mündliche Rechtsauskunft ausreichend sein kann.[460] Insofern sei dieser Punkt auf der „Negativliste" nur der Vollständigkeit halber erwähnt; er darf aber nicht ohne weiteres auf andere Sachverhalte übertragen werden. Entscheidend ist die konkrete Situation im Einzelfall.

- Die Anforderungen an die geforderte Plausibilitätsprüfung sind nicht schon dadurch erfüllt, dass die Beratung durch eine renommierte Stelle erfolgt. Der BGH führt insofern aus, dass „das Vertrauen in die Fachkompetenz der Kanzlei (...) die Plausibilitätskontrolle nicht (ersetzt)".[461] Das Organmitglied muss also auch bei einer Kanzlei „mit gutem Namen" kritisch sein und darf der Beratung nicht blind vertrauen.
- Im gleichen Kontext ist es daher für die Entlastung auch nicht ausreichend, wenn das Organmitglied davon ausgegangen ist, dass die Rechtslage tatsächlich überprüft worden ist. Auch hier darf nicht blind vertraut werden. Im konkreten Fall war der BGH nämlich der Auffassung, dass „die bloße Annahme (...), dass bei der Erstellung des Abwicklungskonzeptes die rechtlichen Voraussetzungen der Sachlage geprüft wurden, (...) eine Beratung und gegebenenfalls eine Nachfrage (nicht ersetzt)".[462] In seiner Entscheidung vom 28.04.2015[463] hat der BGH allerdings in diesem Zusammenhang eine Konkretisierung herbeigeführt und einschränkend festgestellt, dass „eine Entlastung auf Grund eines Rechtsirrtums (...) nicht (verlangt), dass ein Prüfauftrag ausdrücklich für eine bestimmte Rechtsfrage erteilt wird, sondern nur, dass die Prüfung aus Sicht des nicht fachkundigen Organs die zweifelhafte Frage umfasst".[464] Der BGH führt weiter aus, dass sich das Organ entlasten kann, „wenn es sich nach den Umständen der Auftragserteilung

459 BGH, Urteil vom 20.9.2011 – II ZR 234/09 (OLG Hamburg) – NZG 2011, 1271, 1273 (Rn. 24).

460 So auch Wagner, BB 2012, 651, 652 m.w.N.

461 BGH, Urteil vom 20.9.2011 – II ZR 234/09 (OLG Hamburg) – NZG 2011, 1271, 1274 (Rn. 25).

462 BGH, Urteil vom 20.9.2011 – II ZR 234/09 (OLG Hamburg) – NZG 2011, 1271, 1273 (Rn. 22).

463 BGH, Urteil vom 28.04.2015 – II ZR 63/14 (OLG Saarbrücken) – NJW-RR 2015, 988 ff.

464 BGH, Urteil vom 28.04.2015 – II ZR 63/14 (OLG Saarbrücken) – NJW-RR 2015, 988, 991 (Rn. 30).

darauf verlassen durfte, die Fachperson habe im Rahmen der anderweitigen Aufgabenstellung auch die zweifelhafte Frage geprüft", „selbst wenn sich der dem sachkundigen Dritten erteilte Auftrag auf eine anderweitige Aufgabenstellung richtet".[465] Der BGH begrenzt in dieser jüngeren Entscheidung damit die Anforderungen an die Rechtskenntnisse juristischer Laien und stellt klar, dass „Plausibilitätskontrolle" nicht so weit gehen darf, dass gleichsam eine zweite eigenständige rechtliche Prüfung durchzuführen ist.[466]

- Im konkreten Fall aus dem Jahre 2011 wurde ferner auch keine Entlastung dadurch erreicht, dass „weder der Sacheinlagenprüfer noch das RegisterGer. (icht) die Untauglichkeit der Sacheinlage erkannt haben".[467] Insofern kann man wohl die obigen Aussagen zum „Verhältnis" von Aufsichtsrat und Vorstand übertragen: Nur weil ein zweiter (hier: zeitlich späterer, oben: früherer) Fehler gemacht wird, schließt das nicht den Fehler des Vorstands aus.

Nach alledem ergeben sich aus dem Urteil des BGH Konsequenzen für die tägliche Praxis im Unternehmen:

Nach den oben dargestellten positiven Anforderungen für die Annahme eines unverschuldeten Rechtsirrtums dürfen Organmitglieder dem eingeholten Rechtsrat nicht blind vertrauen, sondern müssen stets selbst die geforderte Plausibilitätskontrolle vornehmen,[468] wenn auch mit der Einschränkung der jüngeren BGH-Entscheidung aus 2015. Die Entscheidungsträger dürfen nicht einmal dann (blind) auf die Einschätzungen der Rechtsgutachten vertrauen, wenn mehrere Experten zum gleichen Ergebnis kommen und sich herausstellt, dass sie allesamt falsch lagen: Nicht einmal in diesem Fall soll der Vorstand von seiner zivilrechtlichen Haftung befreit sein.[469] Es erscheint allerdings zweifelhaft, ob die Vorstandsmitglieder den vom BGH gestellten Anforderungen an die Plausibilitätskontrolle – trotz der jüngsten Einschränkung – überhaupt gerecht werden können, nicht zuletzt aufgrund der Begrenztheit der Ressource Zeit – verminderte Anforderungen sollen nämlich nur im Falle einer besonders eilbedürftigen Entscheidung gelten.[470]

Wagner bringt es in diesem Zusammenhang auf den Punkt, wenn er schreibt, dass

---

465 BGH, Urteil vom 28.04.2015 – II ZR 63/14 (OLG Saarbrücken) – NJW-RR 2015, 988, 991 (Rn. 30).

466 NJW-Spezial 2015, 400, 401.

467 BGH, Urteil vom 20.9.2011 – II ZR 234/09 (OLG Hamburg) – NZG 2011, 1271, 1274 (Rn. 26).

468 So auch Wagner, BB 2012, 651, 652.

469 So auch Wagner, BB 2012, 651, 652.

470 Wagner, BB 2012, 651, 652.

„in dem Ganzen (…) ein Bruch zwischen rechtlichen Anforderungen und Realität offenkundig (wird), der sich damit begründen lässt, dass es nicht um eine moralische Vorwerfbarkeit geht, sondern einzig um eine Risikoallokation, also um die Antwort auf die Frage, wer das Risiko, wenn es sich realisiert, gerechterweise tragen soll – die Gesellschaft, bei der der Schaden eingetreten ist, oder das Organmitglied, indem es für diesen Schaden haftet. Der BGH formuliert dazu die Antwort in dem Sinne, dass „grundsätzlich der Schuldner [scil.: das Organmitglied] das Risiko [trifft], die Rechtslage zu verkennen"."[471]

Bezogen auf die hier zu beurteilenden Konstellation ergibt sich nach alledem Folgendes:

Sofern es dem Vorstandsmitglied der Ausgangssituation gelungen ist, die aufgestellten Anforderungen (insbesondere an die eigene Plausibilitätsprüfung) zu erfüllen, ist eine aktienrechtliche Haftung ausgeschlossen. Welche exakten und zugleich allgemeinen Anforderungen an die Plausibilitätskontrolle zu stellen sind, erschließt sich aus den Urteilsgründen allerdings nicht abschließend. Womöglich kann man dem BGH insofern aber auch keinen Vorwurf machen, allgemeine Grundsätze werden sich wohl erst im Laufe der Zeit ergeben. Die Negativliste, also erste Anhaltspunkte dafür, was gerade nicht ausreicht, um die Anforderungen zu erfüllen, stellen sicherlich einen guten Anfangspunkt dar, welcher durch das Urteil vom 28.04.2015 bereits eine erste inhaltliche Weiterentwicklung erfahren hat.

Sofern das Vorstandsmitglied die Anforderungen nicht erfüllt, eine aktienrechtliche Pflichtverletzung und damit eine Haftung zu bejahen ist, folgt daraus aber keinesfalls automatisch eine Strafbarkeit wegen Untreue („gravierende Pflichtverletzung" bzw. „asymmetrische Akzessorietät").[472] Dem obigen Zitat *Wagners* zustimmend, geht es bei der zivilrechtlichen Haftung weniger um moralische Vorwerfbarkeit als um die Frage, wer zivilrechtlich das Risiko für einen Vermögensschaden tragen soll. Ausgehend vom Strafrecht als „dem schärfsten Schwert des Staates" und dem damit einhergehenden „Ultima Ratio" Gedanken ist daher zu fordern, dass es der Regelfall ist, kein strafrechtlich relevantes Verhalten trotz zivilrechtlicher Haftung zu sehen. Erst wenn (aus strafrechtlicher Sicht) eine Verletzung der Vermögensbetreuungspflicht gegeben ist, erscheint der Einsatz eben dieses „Schwertes" notwendig. Mag es aus Sicht des BGH aufgrund haftungsrechtlicher Überlegungen zivilrechtlich notwendig sein, den Vorstand selbst bei mehreren gleichlautenden Rechtsgutachten nicht von seiner Haftung zu befreien, so muss dies keinesfalls „analog" für das Strafrecht gelten.

Wie die Rechtsprechung derartige Fälle in Zukunft strafrechtlich behandeln wird, bleibt es abzuwarten. Zu wünschen ist allerdings, dass die aktienrechtlichen

471 Wagner, BB 2012, 651, 652.

472 Vgl. oben 3. Kapitel: § 2 B. I. 2.

Überlegungen des BGH nicht unverändert auf das Strafrecht übertragen werden. Andernfalls ist vom „Ultima Ratio" Gedanken früher oder später nicht mehr viel übrig.

b. Strafrechtliche Beurteilung / Eigener Vorschlag im Lichte des „Risiko-Punkte-Systems"

Wie aber könnte man im konkreten Fall bestimmen, ob es sich um die Strafbarkeit begründende „gravierende Pflichtverletzung" handelt bzw. im Lichte des „Risiko-Punkte-Systems" formuliert, ob sich das Vorstandsmitglied strafrechtlich auf den Baustein „Einschätzungen des externen Rechtsberaters" verlassen durfte, ob also der „Vertrauenstatbestand" grundsätzlich „greift".

Unabhängig vom „Risiko-Punkte-System" wäre es wohl denkbar danach zu unterscheiden, wie „gravierend" die aktienrechtliche Pflichtverletzung war: So macht es doch durchaus einen Unterschied, ob das Organmitglied nahezu alles erfüllt hat, was der BGH an Voraussetzungen aufgestellt hat, im Ergebnis aber trotzdem haftet oder ob die Prüfung der Plausibilität „ins Blaue hinein" erfolgte oder die Rechtsgutachten offensichtlich fehlerhaft waren. Während man im ersten Fall wohl kaum von einem strafrechtlichen Vorwurf ausgehen würde, mag das im 2. oder 3. Fall zu Recht anders zu beurteilen sein. Im ersten Fall, wenn also nur knapp hinter den zivilrechtlichen Anforderungen zurückgeblieben wurde, erscheint es jedenfalls nicht unvertretbar – vor dem Hintergrund des „Ultima Ratio" Gedankens vielmehr geboten – keine Vermögensbetreuungspflicht verletzt zu sehen. Der Vorstand hat sich ja gerade bemüht, seine Betreuung adäquat zu erfüllen, konnte aber den sehr strengen Anforderungen im Ergebnis nicht gerecht werden. Darin neben der zivilrechtlichen Pflichtverletzung eine strafrechtliche zu sehen erscheint überzogen und wird auch dem der Untreue innewohnenden Gedanken, nämlich der vorsätzlichen Schädigung fremden Vermögens von innen heraus nicht gerecht.

Einen dritten Weg gehen zwei Strafsenate des BGH, wenn sie – ähnlich der obigen Zivilentscheidung – in Fällen von externem Rechtsrat auf der Ebene der Schuld Aussagen zur Unvermeidbarkeit eines Verbotsirrtums treffen:[473] Der Täter müsse für die Unvermeidbarkeit eines Verbotsirrtums grundsätzlich alle seine geistigen Erkenntniskräfte einsetzen und etwa aufkommende Zweifel durch Nachdenken

---

473 BGH, Urteil vom 03.04.2008 – 3 StR 394/07, BeckRS 2008, 06865; BGH, Urteil vom 11.10.2012 – 1 StR 213/10, GRUR 2013, 62 ff.; BGH, Urteil vom 04.04.2013 – 3 StR 521/12, NStZ 2013, 461 ff.; vgl. zum Ganzen: Mü-Ko StGB-Joecks, § 17, Rn. 39 ff.; Schönke/Schröder-Sternberg-Lieben/Schuster, § 17, Rn. 13 ff.; NK StGB-Neumann, § 17, Rn. 53 ff.; BeckOK StGB-Heuchemer, § 17, Rn. 35 ff.; LK-Vogel, § 17, Rn. 34 ff.

oder erforderlichenfalls durch Einholung verlässlichen und sachkundigen Rechtsrats beseitigen. Auch das Vertrauen auf einen solchen eingeholten anwaltlichen Rat könne aber nicht in jedem Fall einen unvermeidbaren Rechtsirrtum begründen. Erforderlich sei, dass der Täter von der Verlässlichkeit der Auskunft ausgehen durfte, wobei bei komplexen Sachverhalten und erkennbar schwierigen Rechtsfragen regelmäßig ein detailliertes, schriftliches Gutachten einzuholen sei. Davon abgesehen müsse der Rechtsrat stets von der notwendigen Sachkenntnis getragen sein, sodass Gefälligkeitsgutachten, die mehr zur Absicherung als zur Klärung erstellt wurden, keinen unvermeidbaren Verbotsirrtum begründen können. Erkennbar vordergründige und mangelhafte Auskünfte, die lediglich eine „Feigenblattfunktion" erfüllen, könnten den Täter ebenfalls nicht entlasten.

Geht man noch einmal einen Schritt zurück und versucht, die Situation in das „Risiko-Punkte-System" zu integrieren und Vertrauensschutz bereits im objektiven Tatbestand zu verwirklichen, ergibt sich folgende Argumentation:

Ausgangspunkt der Überlegungen ist das Grundprinzip des „Risiko-Punkte-Systems", nämlich die ordnungsgemäße Beherrschung des Risikos einer unternehmerischen Entscheidung als Anknüpfungspunkt für die untreuerelevante Pflichtwidrigkeit. Die relevante Fragestellung lautet nach wie vor, unter welchen Umständen der Treugeber, also die Aktionäre der AG, „genauso handeln" würden, wann also das Risiko in ihrem Sinne ordnungsgemäß „umschifft" wurde. Wie oben dargestellt ist die Anzahl der „Risiko-Basispunkte" einer unternehmerischen Entscheidung für jedes Unternehmen identisch, da das isolierte Geschäft und dessen Risiko gerade unabhängig von der Situation des Unternehmens beurteilt werden soll. Etwas anderes galt allerdings bereits oben für die ordnungsgemäße Vornahme der „Risiko-Absicherungs-Relation". Bei diesem Schritt war es nämlich entscheidend auf welche *Art und Weise* das objektiv gleiche Risiko im konkreten Unternehmen abgesichert werden muss, um die Interessen der Aktionäre des *konkreten* Unternehmens zu wahren. Entscheidend für die Pflichtwidrigkeit der Untreue ist schließlich das jeweils spezielle Innenverhältnis des Treupflichtigen zu seinem jeweiligen Treugeber. Eben diese Überlegungen sind nach der Auffassung des Autors auch auf die *Anforderungen an die konkrete Absicherung*, den konkreten „Vertrauenstatbestand" übertragbar. Auch hier müssen unter anderem die individuellen Gegebenheiten des Unternehmens berücksichtigt werden. Gleichwohl sind aber auch Kriterien denkbar, die aufgrund strafrechtsspezifischer Überlegungen bzw. Grundsätze für alle Unternehmen gleichsam gelten. Hier geht es dann nicht um die Unterschiede zwischen den jeweiligen Unternehmen, sondern um die Unterschiede des Strafrechts zum Zivilrecht. In beiden Fällen sollen exemplarische Vorschläge erarbeitet werden, was der Anwender des „Risiko-Punkte-Systems" zu beachten hat, was er also tun muss, um sich auf den „Vertrauenstatbestand" verlassen zu dürfen. Andererseits sind aber auch Grenzen dahingehend zu ziehen, was strafrechtlich nicht mehr von ihm verlangt werden kann.

Bei der Beurteilung des Kontrollmechanismus „externer Rechtsrat" sind die Anforderungen des BGH in obigen Entscheidungen ein erster Anhaltspunkt dafür, wie bei externem Rechtsrat zu verfahren ist. Soll allerdings wie hier im „Risiko-Punkte-System" Vertrauensschutz bereits im objektiven Tatbestand der Untreue verortet werden, müssen Kriterien für die objektive „Pflichtgemäßheit" und nicht für die „Unvermeidbarkeit eines Irrtums" entwickelt werden. Nach hiesiger Auffassung wird nur dann dem bei der Untreue relevanten Innenverhältnis ausreichend Rechnung getragen und der „Ultima Ratio" Gedanke des Strafrechts ausreichend berücksichtigt. Insofern wird nun der Versuch unternommen, Kriterien zu finden, die die Anforderungen an ein pflichtgemäßes „Umschiffen" vergleichbar bzw. unterscheidbar machen, wenn es um das Vertrauen auf externen Rechtsrat geht. Zur Verifizierung der gefundenen Kriterien wird dabei stets ein Vorschlag unterbreitet, durch welchen (Straf-)Rechtsgrundsatz das Kriterium seine Legitimation erhält.

(1) Erster Anknüpfungspunkt der Unterscheidbarkeit ist die erforderliche Qualität des externen Rechtsberaters. Während der BGH abstrakt fordert, dass die Beratung durch einen „fachlich qualifizierten Berufsträger" (Zivilrecht) bzw. mit „notwendiger Sachkenntnis" (Strafrecht) erfolgt, könnte man bei der Beurteilung der Pflichtwidrigkeit der Untreue die Frage aufwerfen, ob die jeweilige Qualität des Beraters den Anforderungen des konkreten Unternehmens genügt – und somit die konkreten Anforderungen an die (von den Treugebern individuell geforderte!) Risikobeherrschung erfüllt sind. Gemeint ist, dass bei der Auswahl des Beraters sowohl die Notwendigkeiten als auch die Möglichkeiten des jeweiligen Unternehmens berücksichtigt werden müssen. Während man (als Aktionär) von einem Vorstandsmitglied einer großen Aktiengesellschaft (in einer Größenordnung wie beispielsweise der SIEMENS AG) erwarten wird, dass er (auch) aufgrund der finanziellen Möglichkeiten „den besten Anwalt" beauftragt, kann man dies bei einem mittelständischen Betrieb kaum verlangen.

Dieser Gedanke findet seinen Niederschlag nicht zuletzt im Gleichheitsgebot in Art. 3 des Grundgesetzes (GG). Nach dem allgemeinen Gleichheitssatz im Sinne des Art. 3 Abs. 1 GG dürfen nicht gleiche Sachverhalte ungleich, aber auch nicht ungleiche Sachverhalte gleich behandelt werden. Überträgt man diesen Grundsatz auf die hier vorliegende Situation, kann man argumentieren, dass nicht alle Vorstandsmitglieder unabhängig von den Besonderheiten des jeweiligen Unternehmens bzw. des jeweiligen Treugebers die gleichen Anforderungen zu erfüllen haben müssen – sofern wesentliche Unterscheidungsmerkmale bestehen. Da es sich bei Grundrechten um so genannte öffentlich-rechtliche Abwehrrechte des Bürgers gegen den Staat handelt und es hier (wenn auch erst im Ergebnis) um die Beurteilung eines strafbaren Verhaltens (also letztlich um die Verhängung einer staatlichen Sanktion) geht, spricht auch dogmatisch nichts dagegen, die Gedanken des Grundgesetzes zu bemühen.

Nach alledem ist die erforderliche Qualität des externen Rechtsberaters taugliches Unterscheidungsmerkmal zur Beurteilung der Pflichtwidrigkeit.

(2) Anders als bei der zivilrechtlichen Lösung oben, erscheint es im Strafrecht ferner grundsätzlich ausreichend, wenn zwei Experten zur selben Lösung kommen und das Vorstandsmitglied dementsprechend handelt. Hier geht es nicht um das oft diskutierte Problem des so genannten „Opinion Shoppings“[474], denn es wird ja gerade von Anfang an dieselbe Einschätzung vorgetragen. Im Lichte der Risikobeherrschung des „Risiko-Punkte-Systems“ kann davon ausgegangen werden, dass die Treugeber einer AG mit einer Entscheidung nach doppelter Absicherung aus **objektiver ex-ante Sicht** im Zeitpunkt der Handlung[475] einverstanden wären. Bei doppelter Absicherung von einer *Verletzung* der Betreuungspflicht auszugehen, wäre darüber hinaus kaum mit der ratio der Untreue zu vereinbaren, die eine „vorsätzliche Schädigung von innen heraus“ sanktionieren soll. Während der BGH im obigen Fall die (rein finanzielle) Haftungsfrage zu klären versucht, geht es nun darum, in welchen Fällen sanktionswürdiges Unrecht begangen wurde. Vor dem Hintergrund, dass im Strafrecht als dem „schärfsten Schwert des Staates“ stets auch der „Ultima Ratio“ Grundsatz zu beachten ist, man sich also bewusst sein muss, dass das Strafrecht stets nur den „letzten Lösungsweg“ darstellen darf, ist der Autor der Auffassung, dass dies auch Berücksichtigung bei der Beurteilung finden muss, was in der konkreten Situation vom Anwender des „Risiko-Punkte-Systems“ erwartet werden darf.

(3) Eben diese Überlegungen kann man auch heranziehen, wenn man vertritt, dass bei der strafrechtlichen Beurteilung eine Plausibilitätskontrolle des externen Rechtsrates auf offensichtliche Fehler zu beschränken ist. Durch die Einholung des Rechtsrates hat der Anwender des „Risiko-Punkte-Systems“ gerade zum Ausdruck gebracht, dass er nicht in der Lage ist, alleine die erforderliche Entscheidung zu treffen; er hat die Situation als „gelb“ eingestuft. Um seiner Vermögensbetreuungspflicht gerecht zu werden, also das bestehende Risiko im

474 Einholen verschiedener Meinungen, bis die gewünschte (endlich) vertreten wird.

475 Vgl. dazu ausführlich 3. Kapitel: § 2 B. I. 3. b.

Sinne der Aktionäre „umschiffen" zu können, hat er sich die Einschätzung eines Experten besorgt. Würde man nun von ihm verlangen, diese Einschätzung besser als der Experte zu durchblicken, würde er zu Recht die Frage stellen, welchen Wert diese Einschätzung dann mit sich bringt. Aus diesem Grund ist mit den obigen Argumenten (Strafrecht als das schärfste Schwert des Staates, Ultima Ratio) zu verlangen, dass vom Anwender des „Risiko-Punkte-Systems" nur eine Plausibilitätskontrolle durchzuführen ist, die auf offensichtliche Fehler, also solche, die ein besonnener Bürger unschwer erkennen kann, zu beschränken ist.

(4) Ein weiterer Aspekt der Frage, was man vom Anwender des „Risiko-Punkte-Systems" zur Auslösung des Vertrauensschutzes erwarten kann, betrifft den erforderlichen Tiefgang der externen Prüfung in Relation zur Anzahl der ermittelten Basispunkte. Gemeint ist, dass sich der Anwender nicht in jeder Situation umfassend und so detailliert wie möglich extern beraten lassen muss, sondern dass ihm stets ein gewisses Augenmaß zuzubilligen ist. So kann es bei kleinem oder mittlerem Risiko zur Risikobeherrschung im Sinne des „Risiko-Punkte-Systems" ausreichend sein, ein Kurzgutachten erstellen zu lassen, während es bei hoher Risikostufe erforderlich sein kann, umfassend beraten zu werden und ein sehr ausführliches Gutachten einzuholen. In der Diktion des „Risiko-Punkte-Systems" bedeutet dies, dass ein Kurzgutachten geeignet sein kann, beispielsweise 3 ermittelte „Risiko-Basispunkte" aufzuwiegen, während dies bei 6 oder mehr Punkten nicht gelingen mag. Freilich sind diese Vorschläge erneut sehr abstrakt und müssen jeweils im konkreten Fall betrachtet werden; das „Risiko-Punkte-System" soll ja gerade keine abschließende Lösung, sondern „Handwerkszeug" zur weiteren Verwendung sein.

Geht es um den erforderlichen Tiefgang der Prüfung, muss vom Anwender des „Risiko-Punkte-Systems" auch stets die Kostenrelation beachtet werden bzw. beachtet werden *dürfen*. Externe rechtliche Beratung ist sehr kostspielig, insofern muss das abzusichernde Risiko auch stets in Relation zu den Beratungskosten gesetzt werden dürfen. Dies gilt umso mehr, wenn man sich verdeutlicht, dass die Erstellung eines teuren Gutachtens bei sehr niedriger Risikostufe seinerseits auch Anknüpfungspunkt für eine Untreuehandlung (Stichwort: Verschwendung) sein könnte. Auch aus diesem Grund muss dem Anwender des „Risiko-Punkte-Systems" zugebilligt werden, dass er den Tiefgang der externen Prüfung mit Augenmaß bestimmt. Oder mit anderen Worten: Auch auf eine oberflächlichere Prüfung darf sich der Anwender verlassen, wenn der Tiefgang derselben richtig in Relation zu Risiko und Beratungskosten erfolgte. In diesem Fall ist es angezeigt, die Anforderungen an den „Vertrauenstatbestand" als erfüllt anzusehen, auch wenn nicht umfassend geprüft wurde.

2. *Vertrauen auf die interne Rechtsabteilung*

Auch in der zweiten Konstellation bedient sich der Anwender des „Risiko-Punkte-Systems" eines Rechtsrates und schafft sich somit einen „Vertrauenstatbestand"; im Unterschied zu oben allerdings nicht von einem externen Rechtsberater, sondern mit Hilfe der unternehmensinternen Rechtsabteilung. Herauszuarbeiten sind die Gemeinsamkeiten und Unterschiede der notwendigen Anforderungen an das Vorstandsmitglied, um sich auf die Einschätzung der internen Rechtsabteilung als Baustein im Rahmen der Gesamtabsicherung verlassen zu dürfen. Zur Veranschaulichung wird auf obige Situation bezüglich der Einführung des neuen Einkaufskonzeptes durch den Beschaffungsvorstand Bezug genommen. Der exemplarische Sachverhalt ist hier so gestaltet, *dass das Vorstandsmitglied die Rechtslage nicht von einer externen Kanzlei, sondern von der internen Rechtsabteilung der Aktiengesellschaft überprüfen lässt. Auch hier stellt sich später heraus, dass die Einschätzung der Rechtsabteilung unzutreffend war.*

a. Zivilrechtliche Beurteilung

Der einzige Unterschied zu oben besteht schlichtweg darin, dass hier die interne Rechtsabteilung anstatt externer Rechtsanwälte mit der Überprüfung der Rechtslage beauftragt wurde. Die zu treffende Entscheidung des Vorstandsmitglieds und die rechtliche Grundlage, aufgrund derer es diese Entscheidung trifft, sind hingegen deckungsgleich zu oben. Insofern gelten die obigen Aussagen zur (Nicht-)Anwendbarkeit der „Business Judgement Rule" entsprechend. Diskussionswürdig (und damit die Existenzberechtigung für diese Abwandlung) ist aber die Frage, ob die obigen Ausführungen des BGH auch auf die interne Rechtsabteilung zu übertragen sind. Um es noch einmal ins Gedächtnis zu rufen, führte der BGH aus, dass es, um den strengen Anforderungen an die dem Vorstand obliegende Prüfung der Rechtslage und die Beachtung von Gesetz und Rechtsprechung zu genügen, erforderlich sei, dass sich die Mitglieder des Vertretungsorgans ohne ausreichende eigene Sachkunde unter umfassender Darstellung der Verhältnisse der Gesellschaft und Offenlegung der erforderlichen Unterlagen von einem unabhängigen, für die zu klärende Frage fachlich qualifizierten Berufsträger beraten lassen und die erteilte Rechtsauskunft einer sorgfältigen Plausibilitätskontrolle unterziehen.[476]

Entscheidend für die Frage nach der Übertragbarkeit auf die interne Rechtsabteilung sind folglich die Voraussetzungen im Mittel-Teil („unabhängiger, fachlich

---

476 BGH, Urteil vom 20.9.2011 – II ZR 234/09 (OLG Hamburg) – NZG 2011, 1271, 1273 (Rn. 18).

qualifizierter Berufsträger"). Die Offenlegung der Tatsachen sowie die Plausibilitätskontrolle nach Erhalt der Einschätzung können schließlich ohne weitere Probleme auch bei „Begutachtung im eigenen Haus" erfolgen. Insofern gelten hier die Ausführungen zu oben entsprechend.

aa. Merkmal der „Unabhängigkeit"

Ob es sich bei den Mitarbeitern der Rechtsabteilung um „unabhängige Berufsträger" handelt, ist jedenfalls auf den ersten Blick nicht selbstverständlich, stehen sie doch häufig in einem Erwartungskonflikt, weil nicht selten das geschäftsführende Organ ein bestimmtes Ergebnis herausfordert.[477] Daraus folgt allerdings nicht, dass bei den Mitarbeitern der Rechtsabteilung stets von einer Abhängigkeit auszugehen ist. Vielmehr wird in der Literatur überwiegend angenommen, dass auch die eigene Rechtsabteilung die erforderliche Unabhängigkeit aufweist, sodass es auch in diesen Fällen zu einem unverschuldeten Rechtsirrtum des nicht Sachkundigen kommen könne.[478]

Das BGH-Urteil vom 20.9.2011 klärt diese Frage nicht ausdrücklich. *Wagner*[479] geht auch auf diesen Problemkreis überzeugend ein, wobei Ausgangspunkt der Überlegungen ein Auszug aus dem besagten Urteil ist:

> *„Da den Beklagten nach den unter anderem vom Steuerberater der Schuldnerin geäußerten Bedenken habe klar sein müssen, dass die Kapitalerhöhung in Verbindung mit dem Anteilserwerb problematisch war, hätte zusätzlich zu der zur Zulässigkeit des beabsichtigten Geschäfts eingeholten Begutachtung der Kanzlei des Beklagten zu 3 eine weitere, vor allem unabhängige Meinung eingeholt werden müssen. Allein der Umstand, dass es denkbar erscheine, dass der Beklagte zu 3 als Mitglied der Kanzlei Einfluss auf die Begutachtung genommen habe, reiche aus, den Vorstandsmitgliedern sehr hohe Sorgfaltspflichten aufzuerlegen."*[480]

Wie *Wagner*[481] zutreffend beschreibt, könnte man aufgrund dieses Auszugs der Meinung sein, dass eine interne Rechtsabteilung niemals über die erforderliche Unabhängigkeit verfügen könne. In seinem Urteil habe der BGH schließlich den Ausführungen der Vorinstanz nicht widersprochen, die letztlich aussagen, dass die beim zu beurteilenden Sachverhalt eingeschaltete Kanzlei nicht über die geforderte Unabhängigkeit verfügte, weil das Aufsichtsratsmitglied der Gesellschaft

---

477 Schneider, DB 2011, 99, 103.

478 Wagner, BB 2012, 651, 655 m.w.N.

479 Wagner, BB 2012, 651 ff.

480 BGH, Urteil vom 20.9.2011 – II ZR 234/09 (OLG Hamburg) – NZG 2011, 1271, 1272 (Rn. 10).

481 Wagner, BB 2012, 651, 655 f.

theoretisch Einfluss auf den Inhalt des von ihr erteilten Rechtsrats hätte nehmen können. Insofern sind die Bedenken hinsichtlich der internen Rechtsabteilung zunächst absolut nachvollziehbar: Da die dortigen Mitarbeiter dem Vorstand unterstellt und insoweit (erst recht) weisungsabhängig sind, könnte man argumentieren, eine interne Rechtsabteilung würde niemals die notwendige Unabhängigkeit aufweisen.

Nach Aufwerfen des Problems überzeugt aber auch *Wagners* Lösungsansatz[482]: So ginge es bei der vom BGH geforderten Unabhängigkeit richtigerweise um die Konkretisierung, wann Vorstandsmitglieder von der Zuverlässigkeit des Experten ausgehen dürfen: Dies sei nur dann der Fall, wenn sie zu Recht der Überzeugung sein dürfen, dass der Rechtsrat unbeeinflusst von sachwidrigen eigenen Interessen (des Experten) und unbeeinflusst von sachwidrigen Interessen dritter Personen erfolgt ist. Das Vertrauen auf die Ausführungen des Experten sei nicht mehr schützenswert, wenn der Vorstand den Interessenkonflikt in der Person des Experten kennt oder kennen muss oder nicht ausschließen könne, dass ein Dritter manipulativen Einfluss bei der Erstellung des Rechtsrates genommen hat. Genau auf diese beiden Fälle will *Wagner* eine relevante mögliche Einflussnahme auf den Rechtsrat beschränken. Er vertritt zu Recht die Ansicht, dass eine Einwirkungsmöglichkeit der Vorstände selbst auf die interne (eigene) Rechtsabteilung demgegenüber ohne Relevanz sein muss, da eine solche zum einen aus eigenem Antrieb ungenutzt bleiben kann, zum anderen – und das ist wohl der entscheidende Aspekt – ihnen eine eigene Einflussnahme (natürlich) bekannt wäre. Insofern wäre dann von vornherein ein Vertrauen auf die Ausführungen der Rechtsabteilung ausgeschlossen. Davon abgesehen könnten die Vorstände theoretisch auch auf externe rechtliche Berater Einfluss nehmen, sodass insofern kein Unterschied zur Situation bei der internen Rechtsabteilung gegeben ist. In beiden Fällen gehe es vielmehr um die innere Unabhängigkeit selbst als um die theoretische Möglichkeit der Einflussnahme.

Diese Überlegungen überzeugen. Es gibt keinen Grund, der internen Rechtsabteilung die generelle Eignung als unabhängige Stelle abzusprechen. Entscheidend ist vielmehr die Situation im konkreten Einzelfall, sodass sich in erster Linie ein zivilprozessuales Beweisproblem ergibt, da die Vorstände darlegen und beweisen müssten, dass die eigene Rechtsabteilung im konkreten Fall nicht beeinflusst war, also die geforderte Unabhängigkeit aufwies.[483] Als Praxishinweise

---

482 Wagner, BB 2012, 651, 656.

483 So weiter Wagner, BB 2012, 651, 656.

schlägt *Wagner*[484] daher zum einen vor, die Unabhängigkeit und fachliche Weisungsfreiheit der eigenen Rechtsabteilung in den Richtlinien des Unternehmens verankern und überwachen zu lassen, zum anderen weiteren Problemfeldern durch die Grundsätze der organinternen Arbeitsteilung und vertrauensvollen Zusammenarbeit zu begegnen: Durch den letzteren Ansatzpunkt könne man nämlich zum Beispiel dem „Problem" begegnen, dass grundsätzlich auch nur ein individuelles Mitglied des Vorstands die Rechtsabteilung zu beeinflussen versucht. Dabei handelt es sich aber tatsächlich nur um ein theoretisches Problem, da diese Möglichkeit auch bei einer externen Beratung gegeben ist.

Die Annahme der möglichen fachlichen Unabhängigkeit der internen Rechtsabteilung wird nicht zuletzt auch durch eine zum 01.01.2016 in Kraft getretene Änderung der Bundesrechtsanwaltsordnung (BRAO) gestützt: § 46 Abs. 3 S. 1 BRAO regelt seither ausdrücklich, dass ein Unternehmensjurist dann anwaltlich tätig ist (Syndikusrechtsanwalt), „wenn das Arbeitsverhältnis durch (...) fachlich unabhängige und eigenverantwortlich auszuübende Tätigkeiten geprägt ist". Negativ regelt § 46 Abs. 3 S. 1 BRAO, dass eine fachlich unabhängige Tätigkeit gerade nicht ausübt, „wer sich an Weisungen zu halten hat, die eine eigenständige Analyse der Rechtslage und eine einzelfallorientierte Rechtsberatung ausschließen".

Demnach soll es auch für die Beurteilung der Unabhängigkeit im Sinne des § 46 BRAO auf die jeweilige Situation im Einzelfall ankommen. Die Möglichkeit einer fachlichen Unabhängigkeit ist nach der Neufassung nun aber ausdrücklich vom Gesetzgeber anerkannt.

Als Zwischenergebnis ist nach alledem festzuhalten, dass nach dem hier gefolgten Ansatz auch die interne Rechtsabteilung generell geeignet ist, als vom Vorstandsmitglied unabhängige Instanz einen Rechtsrat zu erteilen.

bb. Merkmal der „fachlichen Qualifikation"

Als weiteres Merkmal des BGH müsste die interne Rechtsabteilung auch die notwendige „fachliche Qualifikation" aufweisen können. Das hier verfolgte Argumentationsmuster verläuft ähnlich wie beim Merkmal der „Unabhängigkeit": Auch im Rahmen der fachlichen Qualifikation gibt es schlichtweg keinen vernünftigen Grund, warum man der internen Rechtsabteilung generell die notwendige Kompetenz absprechen sollte.[485] Vielmehr ist es auch hier angezeigt, die

---

484 Wagner, BB 2012, 651, 656.

485 Vgl. dazu Wagner, BB 2012, 651, 655 („Dass die Rechtsabteilung über die hinreichende fachliche Qualifikation verfügen *kann*, wird man indessen nicht bestreiten

konkrete Situation, also die Qualität der spezifischen Sachkunde im Einzelfall, zu betrachten.

Die zweifellos mögliche fachliche Qualifikation der internen Rechtabteilung wird nicht zuletzt dadurch offenkundig, dass der Gesetzgeber mit dem zum 01.01.2016 in Kraft getretenen Gesetz zur Neuordnung des Rechts der Syndikusanwälte[486] unter anderem geregelt hat, dass nunmehr auch Syndikusanwälten aufgrund ihrer Tätigkeit im Unternehmen ein Fachanwaltstitel verliehen werden kann: Die Gesetzesbegründung ist insofern eindeutig, wenn ausgeführt wird, dass „auf Grund der gesetzlichen Regelung, dass Syndikusanwälte anwaltlich tätig sind (Anm.: vgl. § 46 Abs. 2 S. 1 BRAO), (...) praktische Erfahrungen aus der Syndikusrechtsanwaltstätigkeit bei der Verleihung einer Fachanwaltsbezeichnung (...) nunmehr berücksichtigt werden (können)".[487] In der Vergangenheit war dies nicht ohne weiteres möglich, da der BGH vor der Neuregelung entschieden hatte, dass die Ausübung des Berufs des Syndikusanwalts nicht als selbstständige anwaltliche Tätigkeit im Sinne des § 5 FAO anzusehen war und die Syndikustätigkeit lediglich als „weitere Erfahrungen" berücksichtigt werden konnte, wenn bereits in nicht unerheblichem Umfang selbstständige anwaltliche Tätigkeit erbracht wurde.[488] Diese Rechtsprechung ist mit der Neufassung des § 46 BRAO überholt.[489]

Insbesondere nach dieser Neuregelung ist im Einzelfall für die Annahme der fachlichen Qualifikation einzig entscheidend, ob die Rechtsabteilung <u>tatsächlich</u> Spezialwissen in dem einschlägigen Rechtsgebiet aufweist[490] und nicht die Frage, ob es sich nun um eine „interne" oder „externe" Beratung handelt.

Nach alledem – und vor allem im Hinblick auf die Neufassung des § 46 BRAO – kann der Auffassung *Wagners*[491] gefolgt werden, der zu dem Ergebnis gelangt, dass sich die Vorstandsmitglieder in der konkreten Situation dafür entscheiden

---

können. (...) Entscheidend ist, dass die Rechtsabteilung das Rechtsgebiet, in dem sich eine Rechtsfrage stellt, auch tatsächlich selbst abdeckt, sofern nicht die Rechtsfrage einfach gelagert ist und deshalb ohne Spezialkenntnisse beantwortet werden kann.").

486 Gesetz vom 21.12.2015, Bundesgesetzblatt Teil I 2015 Nr. 55, 30.12.2015, S. 2517.

487 GesE Synd. BT-Drucks. 18/5201, 21 f.

488 Vgl. BGH, Beschluss vom 18. 6. 2001 – AnwZ(B) 41/00 (AnwGH Stuttgart), NJW 2001, 3130, 3130.

489 Vgl. zur Zielsetzung der Neuregelung: GesE Synd. BT-Drucks. 18/5201, 17 („Praktische Erfahrungen aus der Berufstätigkeit als Syndikusanwalt sind im Rahmen der Verleihung der Fachanwaltsbezeichnung, der Bewerbung für das Amt des Anwaltsnotars und der Zulassung als europäischer Rechtsanwalt bislang nicht oder nur begrenzt berücksichtigungsfähig").

490 So bereits Wagner, BB 2012, 651, 656.

491 Wagner, BB 2012, 651, 656 m.w.N.

können, auf die Beratung der eigenen Rechtsabteilung anstatt einer externen Stelle zu vertrauen und sich sodann selbst von deren spezifischer Sachkunde überzeugen müssen.[492] Insofern ist als Ergebnis festzuhalten, dass nichts dagegen spricht, die Ausführungen des BGH auch auf die interne Rechtsabteilung zu übertragen. Für den Ausschluss bzw. das Vorliegen der aktienrechtlichen Haftung gelten daher die obigen Ausführungen entsprechend.

b. Strafrechtliche Beurteilung / Eigener Vorschlag im Lichte des „Risiko-Punkte-Systems"

Dies muss dann aber konsequenterweise ebenso für die strafrechtliche Beurteilung gelten, sodass ein Vertrauen auf die interne Rechtsabteilung *nicht per se ausgeschlossen* sein kann. Oder entgegengesetzt formuliert: Aufgrund der Akzessorietät des Strafrechts kann somit Vertrauensschutz im Strafrecht grundsätzlich auch durch eine Einschätzung der internen Rechtsabteilung begründet werden. Auch in dieser Konstellation ist es daher wünschenswert, dass die aktienrechtlichen Überlegungen des BGH nicht unverändert auf das Strafrecht übertragen werden. Anknüpfungspunkt könnte auch hier im Rahmen der Pflichtverletzung der obige allgemeine Ansatz sein, nämlich eine Unterscheidung danach, wie gravierend die aktienrechtliche Pflichtverletzung im Einzelfall ist: Das Ergebnis wäre dann erneut der Ausschluss der Strafbarkeit beim Vorliegen nahezu aller zivilrechtlicher, also haftungsausschließender Voraussetzungen. Gegebenenfalls ergäbe sich aber auch hier eine abweichende Beurteilung im Einzelfall, wenn massiv und offenkundig gegen die Vorgaben des BGH verstoßen wurde.

Betrachtet man hingegen obige Ansätze zu den Anforderungen im „Risiko-Punkte-System", bestehen Gemeinsamkeiten, aber auch neue Aspekte:

(1) Auch bei einem Rechtsrat der internen Rechtsabteilung ist aufgrund der obigen Argumente (Kosten- bzw. Risikorelation / Strafrecht als Ultima Ratio) dem Anwender des „Risiko-Punkte-Systems" zuzugestehen, dass die Anzahl der „Risiko-Basispunkte" den Tiefgang der Prüfung bestimmt und die Plausibilitätskontrolle auf offensichtliche Fehler zu beschränken ist. Zwar entstehen bei der internen Rechtsabteilung anders als bei einer externen Beauftragung keine zusätzlichen „echten" Kosten; gleichwohl wird Arbeitszeit der Unternehmensjuristen eingesetzt, die für das Unternehmen ebenso einen finanziellen Wert hat. Insofern sind diese Handlungsgrundsätze dem

492 Die Sicherstellung einer „fachlich qualifizierten" internen Rechtsabteilung ist davon abgesehen auch im Lichte einer effektiven Compliance-Organisation im Unternehmen unerlässlich.

Anwender des „Risiko-Punkte-Systems“ zuzugestehen, ohne dass dadurch eine Pflichtwidrigkeit zu bejahen wäre.

(2) Ein Unterscheidungsmerkmal für die Anforderungen an das konkrete Vorstandsmitglied stellt die Größe / Spezialisierung der internen Rechtsabteilung dar. Gemeint ist, dass Vertrauensschutz eher von einer größeren und in spezialisierte Fachbereiche gegliederten Rechtsabteilung geschaffen werden kann, als beispielsweise dann, wenn diese aus lediglich einem Unternehmensjuristen besteht. So kann im Sinne des „Risiko-Punkte-Systems“ ein bestehendes Risiko im Zweifel nicht durch die Beurteilung einer „Universal-Ein-Mann-Rechtsabteilung“ ausreichend „umschifft“ werden, mit Hilfe einer großen Einheit, nach Rechtsgebieten spezialisiert, demgegenüber sehr wohl. Die entscheidende Frage ist stets, ob das Risiko aus Sicht der Aktionäre ausreichend beherrscht wird. Hier kann man erneut obige Gedanken zum Gleichheitssatz des Art. 3 GG fruchtbar machen: Anknüpfungspunkt der Ungleichbehandlung wäre demnach die Größe und Spezialisierung der internen Rechtsabteilung. Insofern ist es nach diesem Gedanken angezeigt, den Vorstand mit Zugriff auf die „große Einheit“ anders zu behandeln als denjenigen, der sich lediglich durch eine „Ein-Mann-Abteilung“ absichern kann. Um in der Diktion des „Risiko-Punkte-Systems“ zu bleiben, kann es demnach bei gleicher Anzahl an „Risiko-Basispunkten“ dem Vorstand der „großen Einheit“ gelingen, diese durch eine Absicherung bei der internen Rechtsabteilung „aufzuwiegen“ (= objektiv pflichtgemäß), während dies dem Vorstand mit Zugriff auf die „Ein-Mann-Abteilung“ gegebenenfalls nicht gelingt (= objektiv pflichtwidrig). Der „kleine“ Vorstand muss folglich zur Beherrschung des Risikos einen anderen Kontrollmechanismus (z.B. externe Beratung) wählen. In seinem Fall wären die Aktionäre andernfalls mit der gewählten Art der Beherrschung nicht einverstanden.

(3) Da es der Grundgedanke des „Risiko-Punkte-Systems“ ist, dass das festgestellte Risiko stets im Sinne der Aktionäre beherrscht werden muss, sind aber auch Situationen denkbar, in welchen selbst der Vorstand einer „großen Einheit“ einen weiteren Kontrollmechanismus in Gang setzen muss, um die Anzahl der „Risiko-Basispunkte“ „aufzuwiegen“ und so den Interessen des Treugebers gerecht zu werden. Kommt die interne Abteilung beispielsweise zu keinem eindeutigen Ergebnis, ist das festgestellte Risiko nicht beherrscht, sondern gerade manifestiert. In diesem Fall ist es nach den Grundsätzen des „Risiko-Punkte-Systems“ angezeigt, einen weiteren Kontrollmechanismus in Gang zu setzen, hier beispielsweise die externe, hochspezialisierte

Anwaltskanzlei, wenn die interne Rechtsabteilung die Fragestellung nicht hinreichend verlässlich beantworten kann.

(4) Sowohl in der „großen" wie in der „kleinen" Einheit kann der Vorstand den Ausführungen der Rechtsabteilung grundsätzlich nur dann vertrauen, wenn sichergestellt ist, dass diese unabhängig, also vom gesamten Vorstand unbeeinflusst, agieren kann. Auch wenn diese Anforderung letztlich eine Selbstverständlichkeit darstellt, lässt sich auch ein dogmatischer Beleg anführen: Wenn der Anwender des „Risiko-Punkte-Systems" die interne Rechtsabteilung so lange beeinflusst, bis sie (endlich) das von ihm gewünschte (und falsche) Ergebnis vertritt, ist ein Vertrauen auf diese „Absicherung" von vornherein ausgeschlossen. Das Vorstandsmitglied manipuliert in diesem Fall die interne Rechtsabteilung und treibt sie somit zum bewusst falschen Ergebnis der Prüfung. In dieser Konstellation zeigt sich augenscheinlich der Strafzweck der Untreue, nämlich das Verhüten der Schädigung fremden Vermögens *von innen heraus*. Bei Manipulation des Kontrollmechanismus hat sich das Vorstandsmitglied bewusst gegen die Interessen des Treugebers entschieden und nimmt dadurch exakt eine solche Handlung vor, die der Gesetzgeber als Untreue gegenüber dem Treugeber unter Strafe stellen möchte. Ein solcher „Kontrollmechanismus" kann dann keinerlei „Risiko-Basispunkte" „aufwiegen", sondern ist per se ungeeignet als Absicherungsbaustein einer Entscheidung.

3. *Vertrauen auf externe Unternehmensberater*

Dritter Kontrollmechanismus im „Risiko-Punkte-System" ist die Hinzuziehung eines externen Unternehmensberaters. Zur Veranschaulichung dient hierbei die Situation, dass *ein Beschaffungsvorstand einer AG ein neues „Einkaufskonzept" im Unternehmen etablieren möchte. Bedenken hinsichtlich der Gesetzmäßigkeit bestehen zu Recht nicht. Er ist sich allerdings nicht sicher, ob das neue Konzept tatsächlich profitabler als die bisherige Einkaufspraxis ist. Zur Klärung dieser Frage beauftragt er externe Unternehmensberater mit der Überprüfung der zu erwartenden Rentabilität. Das Gutachten der Unternehmensberater kommt zu dem Ergebnis, dass durch das neue Konzept tatsächlich erheblich größere Gewinne erzielt werden können. Daraufhin setzt der Beschaffungsvorstand das Konzept im Unternehmen um. Später stellt sich heraus, dass die Einschätzung der Unternehmensberater unzutreffend war. Der Gewinn wurde nicht vergrößert, sondern hat sich aufgrund des neuen Konzeptes sogar in einen Verlust verwandelt.*

a. Zivilrechtliche Beurteilung

Beim hier zu beurteilenden Sachverhalt handelt es sich um den klassischen Anwendungsbereich der Business Judgement Rule. Nach dieser in § 93 Abs. 1 S. 2 AktG normierten Regelung liegt eine Pflichtverletzung nicht vor, wenn das Vorstandsmitglied bei einer unternehmerischen Entscheidung vernünftigerweise annehmen durfte, auf der Grundlage angemessener Information zum Wohle der Gesellschaft zu handeln. Da es vorliegend um die Frage des Vertrauens auf externe Unternehmensberater geht, wurde das Beispiel zur Veranschaulichung so gewählt, dass eine unternehmerische Entscheidung unproblematisch gegeben ist, Sonderinteressen des Vorstands nicht ersichtlich sind und auch vom Handeln zum Wohle der Gesellschaft auszugehen ist. Einzig relevant ist daher die Frage, ob die Entscheidung auf einer angemessenen Informationsbasis getroffen wurde. Um diesem Erfordernis zu genügen, ist zum einen zu beachten, dass der Unternehmensberater als solcher ausreichend mit Informationen versorgt ist, zum anderen aber auch, dass es, um in den „Genuss" der Business Judgement Rule zu kommen, auch erforderlich sein kann, neben der Einschätzung des Unternehmensberaters noch weitere Grundlagen für die Entscheidungsfindung einzuholen, weil auch dessen Einschätzung als solche nur als ein Teil der „angemessenen Informationsgrundlage" für die Vorstandsmitglieder bewertet werden kann, gegebenenfalls also „weitere Standbeine" erforderlich sind. Kann eine Entscheidungsfindung auf „angemessener Informationsgrundlage" positiv belegt werden, ist eine zivilrechtliche Pflichtverletzung des Vorstandsmitgliedes ausgeschlossen. Aus dem Wortlaut der Vorschrift ergibt sich, dass nicht notwendigerweise alle denkbaren Erkenntnisquellen ausgeschöpft werden müssen, es reicht vielmehr aus, eine „angemessene" Tatsachenbasis zu schaffen.[493] Gelingt es dem Vorstandsmitglied, diese Anforderungen zu belegen, ist eine zivilrechtliche Haftung ausgeschlossen. Liegen die Voraussetzungen der Business Judgement Rule hingegen nicht vor bzw. können sie vom Vorstandsmitglied nicht belegt werden, muss das Gericht in diesem Fall positiv feststellen, ob die Pflichten des § 93 Abs. 1 S. 1 AktG verletzt wurden. Ob die Anforderungen der Business Judgement Rule erfüllt sind bzw. ob eine Pflichtverletzung gegeben ist, ist natürlich eine Frage des jeweiligen Einzelfalles und daher an dieser Stelle nicht zu vertiefen.

---

493 Henssler/Strohn-Dauner-Lieb, § 93, Rn. 22 m.w.N.; vgl. dazu auch 3. Kapitel: § 2 B. I. 1. c. aa. (4).

b. Strafrechtliche Beurteilung / Eigener Vorschlag im Lichte des „Risiko-Punkte-Systems“

Bei der strafrechtlichen Beurteilung ergeben sich hier nur wenige Abweichungen zu den Konstellationen, in denen es oben um die Einholung von Rechtsrat ging. Dies liegt daran, dass es sich in beiden Fällen um dogmatisch sehr ähnliche Kontrollmechanismen handelt. Ob im Ergebnis ein Rechtsrat oder unternehmerisches „Know-How“ vermittelt wird, ist nicht von maßgeblicher Bedeutung. Anknüpfungspunkt der strafrechtlichen Beurteilung bleibt die Frage, wann das Risiko der unternehmerischen Entscheidung im Sinne des Treugebers beherrscht wurde. Für den Fall der Hinzuziehung eines Unternehmensberaters werden im Folgenden Kriterien vorgeschlagen, mit deren Hilfe beurteilt werden soll, ob der Anwender des „Risiko-Punkte-Systems“ auf die Aussagen des Unternehmensberaters vertrauen durfte, ob der in Gang gesetzte Kontrollmechanismus als Baustein der Gesamtabsicherung geeignet war, die „Risiko-Basispunkte“ „aufzuwiegen“.

(1) Hinsichtlich der erforderlichen Qualität des Unternehmensberaters kann vollumfänglich auf die Ausführungen bei der Einholung von externem Rechtsrat verwiesen werden. Der Grundgedanke aus Art. 3 GG gebietet an dieser Stelle eine unterschiedliche Behandlung bzw. eine Berücksichtigung der Gegebenheiten im konkreten Unternehmen.

(2) Keine Unterschiede bestehen ferner beim erforderlichen Tiefgang der Prüfung. Auch bei der Einholung eines betriebswirtschaftlichen Gutachtens sind Kosten- und Risikorelation zu berücksichtigen.

(3) Ebenso genügt auch hier eine Plausibilitätskontrolle auf offensichtliche Fehler; ob ein Experte für Rechtsfragen oder für eine betriebswirtschaftliche Beurteilung eingeschaltet wurde, macht an dieser Stelle keinen Unterschied. In beiden Fällen wurde ein Kontrollmechanismus – ein unabhängiger Experte – eingesetzt, um der Vermögensbetreuungspflicht gerecht zu werden. Fehlendes Expertenwissen kann dem Anwender des „Risiko-Punkte-Systems“ nicht strafrechtlich vorgeworfen werden. Seine Aufgabe ist die Beherrschung des Risikos und dieser wird er bei diesem Kriterium bereits durch das Ingangsetzen des Kontrollmechanismus gerecht.

(4) Aufgrund der Einheit der Rechtsordnung kann auch strafrechtlich nicht zu verlangen sein, dass alle möglichen Informationsquellen ausgeschöpft werden. Da dies im Rahmen der Business Judgement Rule zivilrechtlich ausreichend ist, kann im Strafrecht aufgrund der Akzessorietät nicht mehr gefordert

werden. Ausreichend ist daher eine angemessene Informationsbasis. Diese wird im Wesentlichen bestimmt durch die unter (1) und (2) genannten Aspekte.

4. *Vertrauen auf konkrete interne Vorschriften*

Nach diesen im Ergebnis sehr ähnlichen „Kontrollmechanismen" wird im Folgenden der „Fremdkörper" des Vertrauensschutzes „interne Vorschriften" behandelt. Fremdkörper deshalb, weil bei diesem Kontrollmechanismus im Ergebnis gar kein Vertrauen *nötig* ist. Zur Veranschaulichung ist sich nun *der Beschaffungsvorstand nicht sicher, ob er einen anstehenden Deal alleine abschließen kann. Ein Blick in seine Unterlagen verschafft ihm (vermeintliche) Gewissheit: Eine interne Regelung der AG besagt nämlich, dass er als Beschaffungsvorstand offensichtlich erforderliche Einkäufe bei einer bestimmten Firma stets ohne Rücksprache mit dem Gesamtvorstand vornehmen soll, weil dieser Zulieferer seit Jahren als „bekannt und bewährt" gilt. Daraufhin tätigt er einen solchen Einkauf. Nach Lieferung stellt sich heraus, dass die Einkäufe erhebliche Mängel aufweisen. Unmittelbar nach der Lieferung wird der Zulieferer insolvent. Gewährleistungsansprüche der AG sind daher nicht durchzusetzen. Der AG entsteht dadurch ein erheblicher finanzieller Schaden. Diese Gefahr hätte der Beschaffungsvorstand bei entsprechender Recherche erkennen können.*

Im Unterschied zu den vorangegangenen Konstellationen erhält das Vorstandsmitglied hier durch die internen Vorschriften eine klare Handlungsanweisung, die ihm seine Entscheidung „abnimmt". Man könnte daher auch formulieren, dass das Vorstandsmitglied in dieser Konstellation kein Ermessen mehr hat, wie zu verfahren ist – die internen Vorschriften haben den fraglichen Fall bereits geregelt. Dies gilt in diesem Beispiel sowohl für die grundsätzliche Entscheidung des Einkaufs als auch für die Auswahl des Verkäufers.

a. Zivilrechtliche Beurteilung

Insofern kann man zivilrechtlich argumentieren, dass eine Haftung des Vorstands von vornherein ausgeschlossen sein muss, wenn die vorgenommene Handlung in einer internen Regelung durch den Treugeber exakt beschrieben und im Anschluss genauso ausgeführt wurde. Zulässig ist es, die einzelnen Pflichten eines Vorstandsmitglieds in der Satzung und im Anstellungsvertrag, soweit das Gesetz es zulässt, festzulegen bzw. in quantitativer Hinsicht (auf schuldrechtlicher Ebene) zu erweitern und dadurch den Rahmen seines

Pflichtenkreises zu konkretisieren.[494] Im hier zu beurteilenden Fall sollen aber keine neuen Pflichten des Vorstandsmitglieds durch die internen Regelungen begründet werden. Wenn bereits vertraglich neue Pflichten geschaffen werden können, muss es erst recht möglich sein, vertraglich bestehende Pflichten zu konkretisieren. Unabhängig davon, ob man in einem solchen Fall zivilrechtlich davon ausgehen möchte, dass aufgrund der Konkretisierung in der internen Regelung bereits keine Pflichtverletzung vorliegt, oder aufgrund der internen Regelung ein Verschulden des Vorstandsmitgliedes abzulehnen ist, wird man zu dem Ergebnis gelangen müssen, dass *jedenfalls eine Haftung* des Vorstandes ausgeschlossen ist.

Nach hiesiger Auffassung ist es (sach-)gerechter, bereits eine Pflichtverletzung abzulehnen, da der Mitarbeiter entsprechend der internen Handlungsanweisung agiert hat, also genau das getan hat, was im Innenverhältnis von ihm verlangt wurde. Er hat seine Pflicht gerade ordnungsgemäß erfüllt. Insofern ist kein Grund ersichtlich, warum er sich erst auf der Ebene des Verschuldens exkulpieren können sollte.

b. Strafrechtliche Beurteilung / Eigener Vorschlag im Lichte des „Risiko-Punkte-Systems“

Wesentlich für die hier vorliegende Arbeit ist allerdings die strafrechtliche Beurteilung der Frage, ob eine interne Regelung des Treugebers Vertrauensschutz für das Vorstandsmitglied entfalten kann, ob der Anwender des „Risiko-Punkte-Systems“ das bestehende Risiko ausreichend „umschiffen“ kann, wenn er nach den Vorgaben der internen Regelung handelt. Das Vorstandsmitglied hat auch in dieser Konstellation eine Entscheidung als „gelb“ eingestuft und daraufhin einen Kontrollmechanismus „in Gang gesetzt“. Da in einer internen Regelung des Treugebers seine Frage beantwortet wurde, hat er demgemäß gehandelt. Zur Beurteilung dieser Situation ist es sinnvoll, sich noch einmal den eigentlichen Grund für die Entwicklung des „Risiko-Punkte-Systems“ in Erinnerung zu rufen[495]:

> *Aufgrund der Akzessorietät des Strafrechts schließt zivilrechtlich zulässiges Verhalten die Pflichtwidrigkeit der Tathandlung der Untreue aus. Das Merkmal der Pflichtwidrigkeit muss im Lichte des zugrunde liegenden Rechtsverhältnisses, also des Innenverhältnisses zwischen Vermögensinhaber und Betreuer ausgelegt werden; es besteht eine Anbindung an zivilrechtliche Grundlagen. Wurde also die in Rede stehende Pflicht ausdrücklich und hinreichend*

494 Mü-Ko AktG-Spindler, § 93, Rn. 28.

495 Vgl. obigen Ausgangspunkt für das „Risiko-Punkte-System“.

konkret im Innenverhältnis durch den Treugeber geregelt, stellt eine Überschreitung der Grenzen dieser Vorgabe stets eine strafrechtlich gravierende Pflichtverletzung dar und es bedarf keiner weiteren Auslegung des Merkmals der Pflichtwidrigkeit. Ist dies nicht der Fall, bedarf es hingegen der Auslegung, was im Innenverhältnis als vereinbart gelten soll („wenn - dann"). Im „Risiko-Punkte-System" wird sodann vertreten, dass im Innenverhältnis bei unternehmerischen Entscheidungen stets davon auszugehen ist, dass der Treugeber eine Entscheidung nur dann toleriert, wenn eine Beherrschung des bestehenden Risikos erfolgt.

Beim Vertrauen auf konkrete interne Vorschriften des Treugebers bedarf es aber gerade *keiner Auslegung* des Innenverhältnisses, da die Vorschrift die Regelung im Innenverhältnis *ausdrücklich* zum Ausdruck bringt. Man muss sich also gerade nicht die Frage stellen, was im Innenverhältnis als vereinbart gelten soll, sodass es auf eine Auslegung und damit auch auf eine Risikobeherrschung anhand des „Risiko-Punkte-Systems" gar nicht ankommt. Der Treupflichtige muss daher auch gar kein Vertrauen in die interne Regelung haben. Vertrauen ist bei internen Vorschriften des Treugebers nicht notwendig – dieser Kontrollmechanismus ist insofern ein Fremdkörper. Bei den bisher betrachteten Kontrollmechanismen (externer Rechtsrat, Unternehmensberater) ging es stets darum, dem hypothetischen Willen des Treugebers durch Risikobeherrschung gerecht zu werden. Im „Risiko-Punkte-System" wird vertreten, dass es das ureigene Interesse des Treugebers ist, dass das Risiko finanzieller Nachteile beherrscht wird. Das Rechtsgut der Untreue ist schließlich das fremder Hand anvertraute Vermögen.[496] Hat sich der Wille des Treugebers in seiner internen Regelung ausdrücklich manifestiert, *wie mit seinem Vermögen zu verfahren* ist, sind hypothetische Überlegungen obsolet. Hat der Treugeber selbst die Ausübung der Vermögensbetreuungspflicht abschließend definiert, muss zur Pflichterfüllung nach dieser Vorgabe gehandelt werden.[497]

Da es sich dabei um eine konkrete Ausgestaltung des Willens des Treugebers handelt, stellen Abweichungen von dieser Vorgabe auch stets eine untreuerelevante Pflichtverletzung dar. Mit anderen Worten ist das Innenverhältnis

496 LK-Schünemann, § 266, Rn. 23.

497 In diesem Zusammenhang sei darauf hingewiesen, dass alleine durch die Aufstellung von „hausgemachten" Compliance-Regeln aber keine Vermögensbetreuungspflicht i.S.d. § 266 StGB entsteht: Eine Normverletzung ist nur dann pflichtwidrig, wenn die verletzte Rechtsnorm vermögensschützenden Charakter für das zu betreuende Vermögen hat, mag die Handlung auch nach anderen Normen pflichtwidrig sein, BGH NStZ 2011, 37, 37; Vgl. zum Ganzen: Michalke, Untreue – neue Vermögensbetreuungspflicht durch Compliance-Regeln, StV 2011, 245–251; Krause, Was bewirkt Compliance?, StraFo 2011, 437–446; vgl. den mit Wirkung vom 26.11.2015 neu gefassten Tatbestand des § 299 StGB, bei welchem interne Vorschriften strafbegründend herangezogen werden.

(für diese konkrete Handlung) eindeutig definiert. Da es sich bei der Untreue um ein Delikt zum Schutze des Vermögens des Treugebers von innen heraus handelt – das Delikt also gerade keine Lenkung des Treugebers selbst bezweckt – ist es auch irrelevant, wie sinnvoll oder nachvollziehbar die Ausgestaltung des Innenverhältnisses durch die interne Vorschrift ist. Abweichendes Handeln von einer internen Vorschrift des Treugebers ist daher grundsätzlich als Pflichtwidrigkeit im Sinne der Untreue zu qualifizieren. *Kubiciel* formuliert in diesem Zusammenhang, dass sich „der Täter (...) nämlich eine Dispositionsbefugnis über das Vermögen an(maßt), welche ihm ausdrücklich nicht übertragen worden ist. Er greift mit seiner Entscheidung in einen Organisationsbereich ein, welcher ihm verschlossen bleiben sollte und beeinträchtigt den Vermögensinhaber in seinem Recht, das Vermögen zur Ausübung seiner Freiheit zu nutzen."[498] *Kubiciel* kommt sodann auch zu dem Ergebnis, dass, wenn „der Vermögensbetreuungspflichtige diese Grenzen (überschreitet), (...) dies stets strafrechtlich gravierend (ist), insofern sich die ausdrückliche Vorgabe auf die Vermögensbetreuung bezieht."[499]

Umgekehrt kann eine Handlung im Einklang mit der internen Vorgabe des Treugebers keine Pflichtwidrigkeit darstellen. Nach Auffassung des Autors handelt es sich bei dieser Konstellation dogmatisch allerdings nicht erst um ein „tatbestandsausschließendes Einverständnis" des Treugebers. Vielmehr ist nach hiesiger Auffassung der objektive Tatbestand der Untreue schon gar nicht eröffnet, weil es an einem tatbestandsrelevanten – also grundsätzlich pflichtwidrigen – Verhalten fehlt, mit welchem „Einverständnis" bestehen könnte. Denn die Pflichtwidrigkeit setzt gerade ein den Vermögensinteressen des Geschäftsherrn zuwiderlaufendes Handeln voraus, mit der Folge, dass nur in dieser Konstellation ein zuvor erklärtes Einverständnis des Treugebers mit der vermögensmindernden Handlung die Tatbestandsmäßigkeit ausschließt.[500] Das Einverständnis kann also nur in jenen Konstellationen den Tatbestand der Untreue ausschließen, in welchen eine den Vermögensinteressen zuwiderlaufende Entscheidung getroffen wird, also außerhalb eines durch den Treugeber gesetzten Entscheidungskorridors.

Handelt ein Entscheidungsträger wie hier im Einklang mit internen Vorschriften, wird gerade keine Entscheidung getroffen, die den Vermögensinteressen des Treugebers zuwiderläuft, also grundsätzlich pflichtwidrig ist und

498 Kubiciel, NStZ 2005, 353, 358.
499 Kubiciel, NStZ 2005, 353, 358.
500 Vgl. Wessing/Krawczyk, NZG 2011, 1297, 1297.

gegebenenfalls eine Vermögensschädigung nach sich zieht. Der Treugeber selbst hat durch die Vorschriften festgelegt, auf welche Weise sein Vermögen betreut werden soll und geht dabei gerade nicht von einer Pflichtwidrigkeit aus. Das Handeln des Entscheidungsträgers steht daher gerade im Einklang mit den Interessen des Treugebers und es fehlt aus diesem Grund an einer tatbestandlich relevanten (weil pflichtwidrigen) Handlung des Entscheidungsträgers, die durch ein Einverständnis „neutralisiert" werden müsste. Die Beachtung der internen Vorgabe ist gerade Ausfluss der Pflichtgemäßheit. Für die Figur des „tatbestandsausschließenden Einverständnisses" bleibt dann kein Raum. Der Entscheidungsträger handelt bereits „originär" pflichtgemäß – nicht erst „dank" eines etwaigen Einverständnisses straflos.

Alternativ zum hier gewählten Anknüpfungspunkt, also der Ablehnung einer pflichtwidrigen Handlung, könnte man vertreten, dass bei konkreter Vorgabe im Innenverhältnis bereits eine Vermögensbetreuungspflicht des Vorstandsmitglieds abzulehnen und der Tatbestand der Untreue wiederum aus diesem Grund nicht eröffnet ist. Schließlich entspricht es dem Wesen der Untreue, dass eine eigene Dispositionsbefugnis über das Vermögen eingeräumt wurde. Dieser Ansatz übersieht allerdings, dass generell sehr wohl eine Dispositionsbefugnis übertragen ist und durch die interne Regelung lediglich deren Ausübung *für einen konkreten Einzelfall* vorgegeben ist. Insofern ist der Ansatz über die Ablehnung der Pflichtwidrigkeit sowohl dogmatisch treffender also auch lebensnäher. Denn der Treupflichtige soll ja gerade über das Vermögen des Treugebers disponieren, nur in dieser einen Situation eben konkret nach dessen Vorgaben. An einer generellen Vermögensbetreuungspflicht bestehen folglich dogmatisch wie tatsächlich keine Zweifel.

Nach Auffassung des Autors sind allerdings *in Extremfällen Ausnahmen* vom obigen Grundsatz zu machen, dass ein abweichendes Handeln von der internen Vorgabe stets pflichtwidrig bzw. ein Handeln im Einklang niemals pflichtwidrig sein kann. Dies soll dann der Fall sein, wenn sich kurzfristig äußere Umstände verändert haben und bei deren Kenntnis der Treugeber gar nicht anders könnte, als die internen Vorgaben anzupassen, um Vermögensnachteile abzuwenden. Stünde also beispielsweise im obigen Eingangsbeispiel *morgens in der Tageszeitung, dass die Insolvenz des Zulieferers kurz bevorsteht*, ist davon auszugehen, dass der Treugeber bei Kenntnis dieses Umstandes nicht wollen würde, dass ohne weiteres Verträge mit diesem Zulieferer abgeschlossen werden. Insofern ist vom Treupflichtigen zu fordern, dass er sich in solchen – aber auch nur derart evidenten – Fällen über die interne Vorgabe hinwegsetzt und im Interesse (und hier doch wieder mit dem hypothetischen Willen) des Treugebers bei Kenntnis der Umstände anders handelt als vom Treugeber zunächst vorgegeben. In derart evidenten Fällen muss man wohl sogar so weit gehen, dass gerade ein Handeln im Einklang mit der Vorgabe in diesem Fall pflichtwidrig wäre.

Diese Ausnahme lässt sich auch Untreue-dogmatisch begründen: Zum einen kann mit dem Schutzzweck der Untreue argumentiert werden. Sanktioniert werden soll nämlich die vorsätzliche Schädigung fremden Vermögens von innen heraus. Kennt der Treupflichtige die neuen Umstände, die eine Abkehr von der internen Vorgabe rechtfertigen und handelt er dementsprechend abweichend von der ursprünglichen Vorgabe, so verfolgt er damit doch gerade das Ziel, finanziellen Nachteil für den Treugeber abzuwenden und handelt damit nicht pflichtwidrig. Angenommen er würde in diesem Fall getreu der ursprünglichen Vorgabe handeln, kann nach hiesiger Auffassung die objektive Pflichtwidrigkeit angenommen werden. Diese Gegenüberstellung macht deutlich, dass Situationen denkbar sind, in denen ein gegensätzliches Handeln zur internen Vorgabe sogar nötig sein kann, gerade um pflichtgemäß zu handeln, sodass die Alternative zwangsläufig pflichtwidrig wäre. Insofern besteht aufgrund des Strafzweckes der Untreue bei derartigen Abweichungen trotz des oben aufgestellten Grundsatzes kein Strafbedürfnis. Für die Zulassung von Abweichungen in evidenten Extremfällen kann auch ein weiterer Gedanke fruchtbar gemacht werden: Ausgangspunkt ist die Tatsache, dass es sich beim Tatbestand der Untreue um ein so genanntes Sonderdelikt handelt. Täter kann nur sein, wer eine bestimmte Eigenschaft („Täterqualifikation") aufweist, welche in der Regel in einer außerstrafrechtlichen Pflichtenstellung besteht, sodass man auch von „Pflichtdelikten" sprechen kann.[501] Voraussetzung der Täterschaft der Untreue ist die Verletzung einer speziellen Vermögensbetreuungspflicht.[502] Der Vermögensbetreuungspflichtige steht demnach „in der Pflicht" des Treugebers; mit anderen Worten kann man auch sagen, dass er vom Treugeber ausgewählt wurde, um in seinem „Interessenkreis" tätig zu werden. Die Tätigkeit im „Interessenkreis" des Treugebers, also die Ausübung der „besonderen Pflicht" (die den Anwendungsbereich der Untreue erst eröffnet), rechtfertigt es nach Auffassung des Autors, in evidenten Fällen im Interesse des Treugebers von der internen Vorgabe abzuweichen, obwohl ausdrücklich eine andere Vorgabe besteht. Dieser Ansatz korrespondiert mit dem fehlenden Strafbedürfnis in derartigen Fällen, da ein Handeln im Einklang mit der Vorgabe gerade als Pflichtwidrigkeit beurteilt werden kann.

---

501 BeckOK StGB-von Heintschel-Heinegg, Lexikon des Strafrechts, Deliktstypen und ihre spezifischen Eigenschaften, Rn. 36; vgl. zum Ganzen: Roxin, AT II, § 25, Rn. 267 ff.

502 BeckOK StGB-von Heintschel-Heinegg, Lexikon des Strafrechts, Deliktstypen und ihre spezifischen Eigenschaften, Rn. 36.

Zusammenfassend ist festzuhalten, dass beim Kontrollmechanismus „interne Vorschriften" in Wahrheit gar kein Vertrauen notwendig ist. Der Treupflichtige ist beim Vorliegen interner Vorschriften von vornherein abgesichert[503], wenn er sich an die Vorgaben des Treugebers hält. Im „Risiko-Punkte-System" ist ein Handeln im Einklang mit der internen Vorschrift damit die bestmögliche Absicherung, die stets zum Aufwiegen der ermittelten „Risiko-Basispunkte" führen muss. Eine Strafbarkeit wegen Untreue scheidet dann von vornherein aus, sodass es auf schützenswertes Vertrauen hier nicht ankommen muss.

5. *Vertrauen auf die Zustimmung des Aufsichtsrats*

Für die Besprechung des Kontrollmechanismus „Aufsichtsrat" wird die Situation gewählt, dass *der Vorstand einer AG einstimmig ein konkurrierendes Unternehmen übernehmen möchte und sich des finanziellen Risikos der Übernahme bewusst ist. Derartige Geschäfte bedürfen laut der Geschäftsordnung des Vorstands der Zustimmung des Aufsichtsrats. Der Aufsichtsrat erteilt seine Zustimmung, das Unternehmen wird daraufhin gekauft. Später stellt sich heraus, dass dieser Kauf eine Fehlentscheidung war. Der AG entstand durch diesen Fehlkauf ein finanzieller Schaden.* Zu beurteilen ist an dieser Stelle allein, ob die Zustimmung des Aufsichtsrates zur Übernahme den Vorstand grundsätzlich entlasten kann, ob der Vorstand also durch Einschaltung des Aufsichtsrates das Risiko der unternehmerischen Entscheidung im Sinne des „Risiko-Punkte-Systems" beherrschen kann oder ob dieser Kontrollmechanismus in Wahrheit „wertlos" zur strafrechtlichen Absicherung des Vorstands ist.

a. Zivilrechtliche Beurteilung

Vorab ist zivilrechtlich zu klären, ob die Haftung des Vorstands durch die Einschaltung des Aufsichtsrates ausgeschlossen werden kann, ob also zivilrechtlicher Vertrauensschutz im Hinblick auf die Zustimmung des Aufsichtsrates besteht. Diese Frage kann unschwer gelöst werden, da sie bereits vom Gesetzgeber beantwortet wurde: § 93 AktG regelt die Sorgfaltspflicht und die Verantwortlichkeit der Vorstandsmitglieder einer Aktiengesellschaft. In Absatz 2 Satz 1 wird bestimmt, dass Vorstandsmitglieder, die ihre Pflichten verletzen, der Gesellschaft zum Ersatz des daraus entstehenden Schadens als Gesamtschuldner verpflichtet sind. Die hier relevante Frage, ob sich der Vorstand durch eine Einschaltung des Aufsichtsrates entlasten kann, ist in § 93 Abs. 4 S. 2 AktG geregelt:

---

503 Etwas anderes gilt nur, wenn wie oben beschrieben evident eine Abweichung von der internen Vorschrift erforderlich ist.

„Dadurch, dass der Aufsichtsrat die Handlung gebilligt hat, wird die Ersatzpflicht nicht ausgeschlossen."

Diese gesetzliche Regelung steht in Zusammenhang mit § 111 Abs. 1 und 4 AktG, wonach der Aufsichtsrat bezüglich der Geschäftsführung auf die Überwachung und die Verhinderung zuvor festgelegter Geschäftsarten beschränkt ist, also gerade nicht bindend (und damit entlastend) bestimmen kann, dass der Vorstand Handlungen positiv zu ergreifen hat.[504] Dem Aufsichtsrat obliegen keine Geschäftsführungsmaßnahmen.[505] Aus diesem Grund befreit die Erteilung der Zustimmung den Vorstand nicht von seiner eigenen Verantwortung für das von ihm initiierte Geschäft.[506] Die Sorgfaltspflicht des Vorstandes bleibt also von der Zustimmung des Aufsichtsrates vollkommen unberührt. Die Pflichten von Vorstand und Aufsichtsrat bestehen nebeneinander. Die vorab nach den allgemeinen Regeln festgestellte Pflichtverletzung des Vorstands bleibt also auch bei einer Billigung der Entscheidung durch den Aufsichtsrat „bestehen" – die zuvor erfolgte Zustimmung des Aufsichtsrates hat zivilrechtlich keinerlei Einfluss auf die Haftung des Vorstands. Der Kontrollmechanismus Aufsichtsrat begründet im Zivilrecht daher keinen Vertrauensschutz – und dies kraft Gesetzes.

b. Strafrechtliche Beurteilung / Eigener Vorschlag im Lichte des „Risiko-Punkte-Systems"

Zu klären bleibt die strafrechtliche Beurteilung, ob ein Aufsichtsratsbeschluss Vertrauensschutz für den Anwender des „Risiko-Punkte-Systems" begründen kann, ob der Kontrollmechanismus Aufsichtsrat also als Baustein der Gesamtabsicherung zur „Beherrschung" einer riskanten unternehmerischen Entscheidung geeignet ist – und somit anders zu beurteilen als im Zivilrecht.

Ein denkbarer Ansatzpunkt wäre es, dies zu verneinen und im Einklang mit dem Zivilrecht zu argumentieren. Die Pflichten von Vorstand und Aufsichtsrat stehen nebeneinander, eine zivilrechtliche Entlastung des Vorstandes ist gemäß § 93 Abs. 4 S.2 AktG ausgeschlossen. Der Vorstand muss selbst, also für sich betrachtet, sorgfaltsgemäß handeln und eine operative Entscheidung erarbeiten. Erst im Anschluss daran wird diese Entscheidung durch den Aufsichtsrat gebilligt. Der Aufsichtsrat ist gerade kein operatives Organ, seine Aufgabe ist gemäß § 111 Abs. 1 AktG vielmehr die Überwachung des Vorstands. Das „Tagesgeschäft" ist grundsätzlich nicht die Sache des Aufsichtsrates und es ist

504 Hüffer-Koch, § 93, Rn. 75.

505 Hölters-Hölters, § 93, Rn. 305.

506 Mü-Ko AktG-Habersack, § 111, Rn. 128.

zivilrechtlich nicht vorgesehen, dass sich der Vorstand beim Aufsichtsrat „Absolution" für solche Entscheidungen verschaffen kann. Man könnte insofern mit dem zivilrechtlichen Ergebnis auch im „Risiko-Punkte-System" argumentieren, dass die Zustimmung des Aufsichtsrates kein tauglicher Kontrollmechanismus ist, um Vertrauen beim Vorstand entstehen zu lassen. Denn anders als im Anwendungsbereich der Business Judgement Rule genügt es hier für eine Entlastung des Vorstands gerade nicht, wenn dem Aufsichtsrat alle Informationen offen gelegt wurden und sodann nach einer Plausibilitätskontrolle der Einschätzung des Aufsichtsrates gefolgt wird. Ist beispielsweise die Einschätzung eines externen Beraters (wie oben dargestellt) im Ergebnis „falsch", liegen aber die Voraussetzungen der Business Judgement Rule vor, ist eine Pflichtverletzung des Vorstands abzulehnen. Für eine „Beratung" durch den Aufsichtsrat gilt dies aber gerade nicht. Andererseits würde die klare Regelung in § 93 Abs. 4 S. 2 AktG unterlaufen. Insofern könnte man festhalten, dass beim Kontrollmechanismus Aufsichtsrat auch strafrechtlich kein schützenswertes Vertrauen entstehen kann, da der Vorstand zivilrechtlich weiß, dass er selbst – völlig losgelöst vom Aufsichtsrat – sorgfaltsgemäß agieren muss.

Dieser Ansatz verkennt aber die Aufgabe des „Risiko-Punkte-Systems", nämlich die Beantwortung der Frage, ob eine strafrechtlich relevante Pflichtwidrigkeit zu bejahen ist oder sich das Vorstandsmitglied auf einen „Vertrauenstatbestand" verlassen durfte, es also das Risiko der unternehmerischen Entscheidung im Sinne der Aktionäre durch die Kombination der Absicherungsbausteine „beherrscht" hat. Die zivilrechtliche Regelung ist zweifellos eindeutig. Allein die Tatsache, dass für die zivilrechtliche Frage der rein finanziellen Haftung die Billigung des Aufsichtsrates unerheblich ist, hat aber keine zwingenden Auswirkungen auf die strafrechtliche Beurteilung, ob eine Verletzung der Vermögensbetreuungspflicht vorliegt oder diese aufgrund schützenswerten Vertrauens abzulehnen ist.

Die zivilrechtliche Botschaft ist doch schlicht „allein aufgrund der Billigung des Aufsichtsrates keine Entlastung des Vorstands". Eine zivilrechtliche Pflichtverletzung kann also nicht „aus der Welt geschafft" werden. Um eine rein zivilrechtliche Pflichtverletzung geht es im Strafrecht aber nicht.

Das „Risiko-Punkte-System" wurde gerade entwickelt, um die relevante strafrechtliche Pflichtverletzung der Untreue greifbarer zu machen und im Einzelfall mit dem „Handwerkszeug" des Systems bestimmen zu können. Danach bedeutet Pflichtwidrigkeit „Nichtbeherrschung" des finanziellen Risikos der unternehmerischen Entscheidung. Die relevante Frage muss daher sein – unabhängig vom Zivilrecht – ob der Aufsichtsrat (im Sinne der Aktionäre als Treugeber des

Vorstands) ein probates Mittel – ein Kontrollmechanismus – zur Beherrschung des unternehmerischen Risikos für den Vorstand sein kann.

Nach Auffassung des Autors muss dies konsequenterweise – grundsätzlich – bejaht werden. Es ist nicht ersichtlich, warum es nicht Situationen geben soll, in denen aus Sicht der Aktionäre als Treugeber eine Absicherung durch den Aufsichtsrat möglich ist. Nicht zuletzt die stets geforderte besondere Qualifikation der individuellen Mitglieder ist geeignet, Vertrauen auf Entscheidungen des Aufsichtsrats zu begründen.[507] Es besteht insofern kein Grund, der Beteiligung des Aufsichtsrates jede strafrechtlich entlastende Wirkung (wie im Zivilrecht) von vornherein abzusprechen. Dass aber die Absicherung durch den Aufsichtsrat stets alleine ausreichend und daneben nicht die Einschaltung weiterer Kontrollmechanismen zur Beherrschung des Risikos im Sinne der Treugeber erforderlich ist, soll damit keinesfalls gesagt sein. Wie oben ausgeführt ist stets entscheidend, ob die gewählte Form der Absicherungskombination zu einem Aufwiegen der zuvor ermittelten „Risiko-Basispunkte" führt.[508] Seiner Art nach ist der Aufsichtsrat allerdings nach Auffassung des Autors grundsätzlich ein geeigneter Baustein zur „Entlastung" des Entscheidungsträgers im „Risiko-Punkte-System" – anders als oben ausgeführt im Zivilrecht.

6. *Vertrauen auf Beschlüsse der Hauptversammlung*

Ein Kontrollmechanismus im „Risiko-Punkte-System" kann ferner ein Beschluss der Hauptversammlung sein. Exemplarisch soll die Situation betrachtet werden, dass *auf Vorschlag des Vorstands von der Hauptversammlung der Vertrauens-AG nach § 119 Abs. 1 Nr. 2 AktG beschlossen wird, den Bilanzgewinn nicht als Dividende auszuschütten, sondern zu thesaurieren, also in die AG zu investieren. Kurze Zeit später wird die AG insolvent, was der Vorstand auch vor der Hauptversammlung hätte erkennen können.* In Abgrenzung dazu soll ferner die Konstellation beleuchtet werden, dass *der Vorstand einstimmig in ein riskantes Projekt investieren möchte. Nach Vorlage an die Hauptversammlung wird von dieser die Investition beschlossen; der Vorstand nimmt das Geschäft vor. Später stellt sich heraus, dass es sich um eine Fehlinvestition gehandelt hat, wodurch der AG ein erheblicher finanzieller Schaden entstanden ist.* Zu beurteilen ist erneut und in beiden Konstellationen, ob der Beschluss der Hauptversammlung den Vorstand entlasten kann, ein solcher

---

507 vgl. bspw. das Anforderungsprofil für Aufsichtsratsmitglieder der Commerzbank AG, abrufbar unter: www.commerzbank.de/media/konzern_1/konzerninfo/aufsicht/Anforderungsprofil_Aufsichtsrat.pdf (letzter Abruf: 06.02.2017).

508 Vgl. dazu 3. Kapitel: § 2 B. I. 3. c. bb. (2).

also für den Vorstand Vertrauensschutz entfaltet und somit angeführt werden kann, um sich gegen einen etwaigen Vorwurf der Untreue zu verteidigen.

a. Zivilrechtlicher Hintergrund

§ 119 AktG regelt die Machtverteilung zwischen dem Vorstand und der Hauptversammlung. Dabei bezieht sich die amtliche Überschrift der Norm, „Rechte der Hauptversammlung", insbesondere auf den ersten Absatz, in welchem die Beschlusskompetenz der Hauptversammlung auf die im Gesetz und in der Satzung ausdrücklich angesprochenen Fälle beschränkt wird. Insofern enthält der erste Absatz zunächst eine positive Kompetenzzuweisung an die Hauptversammlung, wenn er bestimmte, beispielhafte Aufgaben der Hauptversammlung zuweist.[509] Aus dem Umkehrschluss mit dem zweiten Absatz („Über Fragen der Geschäftsführung kann die Hauptversammlung nur entscheiden, wenn der Vorstand es verlangt.") ist in Absatz 1 ferner eine negative Kompetenzzuweisung enthalten, da sich daraus ergibt, dass die Hauptversammlung andere als die genannten Befugnisse gerade nicht haben soll.[510] Mit anderen Worten untermauert Absatz 2 also die Begrenzung der subsidiären Zuständigkeit durch die dort ausgesprochene Notwendigkeit einer vorherigen Anrufung der Hauptversammlung durch den Vorstand bei Fragen der Geschäftsführung.[511]

Während § 119 AktG letztlich also eine Zuständigkeitsregelung darstellt, ist die im Rahmen dieser Arbeit interessante „Enthaftung" des Vorstands in § 93 Abs. 4 S. 1 AktG geregelt: „Der Gesellschaft gegenüber tritt die Ersatzpflicht nicht ein, wenn die Handlung auf einem *gesetzmäßigen* Beschluss der Hauptversammlung beruht." Eine zivilrechtliche Ersatzpflicht ist demnach ausgeschlossen, auch wenn ein Vorstandsmitglied der Gesellschaft durch eine pflichtwidrige Handlung schuldhaft einen Schaden zugefügt hat. Hintergrund ist folgender Umstand: Da der Vorstand nach § 83 Abs. 2 AktG zur Ausführung des Hauptversammlungsbeschlusses verpflichtet ist, leuchtet es ein, dass diese Pflichterfüllung nicht zugleich eine Ersatzpflicht auslösen können soll.[512] Mit anderen Worten darf der Vorstand auf einen *gesetzmäßigen* Hauptversammlungsbeschluss vertrauen und muss keine spätere Haftung befürchten.

---

509 Mü-Ko AktG-Kubis, § 119, Rn. 1; Hüffer-Koch, § 119, Rn. 1.

510 Mü-Ko AktG-Kubis, § 119, Rn. 1.

511 Mü-Ko AktG-Kubis, § 119, Rn. 1.

512 Hüffer-Koch, § 93, Rn. 72.

Zivilrechtlich ist die Frage nach der Vorstandshaftung in diesem Fall eindeutig: Keine Haftung, wenn der Handlung ein *gesetzmäßiger* Beschluss der Hauptversammlung vorausging. Dabei macht es keinen Unterschied, ob es sich um eine festgeschriebene Aufgabe der Hauptversammlung handelte (§ 119 Abs. 1 AktG) oder der Vorstand den Beschluss eigeninitiativ herbeigeführt hat (Abs. 2), es also um eine Frage der Geschäftsführung ging. § 119 AktG regelt die Zuständigkeit, hat aber auf die Enthaftung des § 93 Abs. 4 S. 1 AktG keine weiteren Auswirkungen. Die beiden obigen Konstellationen sind daher im Hinblick auf die zivilrechtliche Enthaftung des Vorstands identisch zu beurteilen.

Etwas anderes gilt allerdings, wenn es sich um einen *rechtswidrigen* Beschluss der Hauptversammlung handelt: Nach der h.M. ist die oben beschriebene Ausführungspflicht des Vorstands nach § 83 Abs. 2 AktG auf gesetzmäßige Hauptversammlungsbeschlüsse begrenzt,[513] was sich schon daran zeige, dass dem Vorstand nach § 245 Nr. 4 AktG eine Befugnis zur Anfechtung von Beschlüssen der Hauptversammlung zustehe, die er auch pflichtgemäß wahrnehmen muss.[514] Handelt es sich um einen rechtswidrigen, nichtigen bzw. anfechtbaren, Beschluss, darf er vom Vorstand nicht ausgeführt werden.[515] Auf gesetzwidrige Beschlüsse können sich die den Beschluss ausführenden Vorstandsmitglieder nicht berufen.[516] Die in § 93 Abs. 4 S. 1 AktG geregelte Enthaftung greift nicht.

b. Strafrechtliche Beurteilung / Eigener Vorschlag im Lichte des „Risiko-Punkte-Systems“

Zu klären ist die strafrechtliche Beurteilung, ob ein Beschluss der Hauptversammlung Vertrauensschutz für den Anwender des „Risiko-Punkte-Systems“ begründen kann, ob der Kontrollmechanismus „Hauptversammlung“ also als Baustein der Gesamtabsicherung zur „Beherrschung“ einer riskanten unternehmerischen Entscheidung geeignet ist.

Wie oben bereits ausgeführt, ist die Pflichtwidrigkeit im Rahmen der Untreue abzulehnen, wenn das Handeln des Täters zivilrechtlich nicht zu beanstanden ist, er also darauf vertraut hat, dass die zivilrechtliche Beurteilung auch im Strafrecht gilt. Der zivilrechtliche Vertrauensschutz schlägt dann auf das Strafrecht durch.

Ebenfalls oben wurde bereits festgehalten, dass sich Umfang und Grenzen der Pflichten des potentiellen Täters der Untreue nach dem zugrunde liegenden

513 Spindler/Stilz-Fleischer, § 83, Rn. 9 m.w.N.; Mü-Ko AktG-Spindler, § 83, Rn. 18.
514 Mü-Ko AktG-Spindler, § 83, Rn. 18 m.w.N.
515 Henssler/Strohn-Dauner-Lieb, § 83, Rn. 6; Spindler/Stilz-Fleischer, § 83, Rn. 9.
516 Mü-Ko AktG-Spindler, § 93, Rn. 237.

Rechtsverhältnis richten, also eine Anbindung an zivilrechtliche Grundlagen gegeben ist.[517] Demnach muss dies auch im konkreten Fall gelten, wenn im Vertrauen auf einen gesetzmäßigen Hauptversammlungsbeschluss gehandelt wird: Die zivilrechtliche Wertung (Enthaftung) muss dann aufgrund der Akzessorietät auch ins Strafrecht übertragen werden. Bei einem rechtmäßigen Hauptversammlungsbeschluss ist dem Vorstand die Risikobeherrschung abgenommen. Die Aktionäre als Treugeber nehmen diese durch den rechtmäßigen Beschluss gerade selbst vor. Insofern bleibt an dieser Stelle kein Raum für eine Fehl- bzw. Nicht-Beherrschung des Risikos der unternehmerischen Entscheidung, und Vertrauen ist gar nicht erforderlich. Es muss gerade nicht gefragt werden, ob die Entscheidung im mutmaßlichen Interesse des Treugebers erfolgt, da der Treugeber in dieser Konstellation selbst und ausdrücklich durch den gesetzmäßigen Hauptversammlungsbeschluss entschieden hat. Im „Risiko-Punkte-System" ist ein solcher Beschluss damit die bestmögliche Absicherung, die stets zum Aufwiegen der ermittelten „Risiko-Basispunkte" führen muss. Vertrauen ist nicht erforderlich, es handelt sich wie bereits bei den internen Vorschriften um einen Fremdkörper unter den Absicherungsarten. Wenn sich der Vorstand an die Vorgaben des gesetzmäßigen Beschlusses hält (was er nach § 83 Abs. 2 AktG auch muss), hat er das Risiko ausreichend beherrscht. Für dieses Ergebnis spricht auch, dass größere Transparenz einer Entscheidung nicht zu erreichen ist. Insofern kann in diesem Fall nicht von der für die Untreue wesentlichen „Schädigung von innen heraus" gesprochen werden, da der Vorstand lediglich ausführendes Organ ist und die fragliche Entscheidung gar nicht selbst getroffen hat. Der Treugeber disponiert vielmehr selbst über das geschützte Rechtsgut Vermögen. Ein Bedürfnis nach einer auch nur möglichen Strafbarkeit wegen Untreue (als reines Fremdschädigungsdelikt) ist bei eigener gesetzmäßiger Disposition des Treugebers nach hiesiger Auffassung nicht zu erkennen. Würde man eine solche Strafbarkeit zulassen, ginge man über die gesetzgeberische Intention der als reines Vermögensdelikt ausgestalteten Vorschrift hinaus, sodass derartige Ansichten insbesondere im Lichte der vom BVerfG geforderten einschränkenden Auslegung des Untreuetatbestandes Anlass für heftige Kritik geben.[518]

Im Falle eines gesetzmäßigen Hauptversammlungsbeschlusses könnte man die strafrechtliche Entlastung des Vorstands dogmatisch auch über die Konstruktion

517 Fischer, § 266, Rn. 58.

518 Wessing/Krawczyk, NZG 2011, 1297, 1298 mit dem Hinweis auf die Kritik von bspw. Fischer, § 266, Rn. 99; Schönke/Schröder-Perron, § 266, Rn. 21a f.

eines „tatbestandsauschließenden Einverständnisses" erreichen,[519] wenn auch nicht abschließend geklärt ist, ob die Aktionäre die entsprechende Einwilligungskompetenz haben sollen.[520] Nach Auffassung des Autors soll aber bei Anwendung des hier vertretenen „Risiko-Punkte-Systems" bei Handlungen im Einklang mit einem gesetzmäßigen Beschluss bereits der objektive Tatbestand der Untreue mangels Pflichtwidrigkeit nicht eröffnet sein, sodass kein Raum für ein „tatbestandsausschließendes Einverständnis" bleibt. Es gelten die dogmatischen Überlegungen, die oben im Rahmen der internen Vorschriften entwickelt wurden, entsprechend: Handelt ein Entscheidungsträger nach den Vorgaben eines rechtmäßigen Hauptversammlungsbeschlusses, wird gerade keine Entscheidung getroffen, die den Vermögensinteressen des Treugebers zuwiderläuft, also grundsätzlich pflichtwidrig ist. Der Treugeber hat auch in dieser Konstellation, ebenso wie bei den internen Vorschriften, gesetzmäßig festgelegt, auf welche Weise sein Vermögen betreut werden soll. Das Handeln des Entscheidungsträgers steht daher gerade im Einklang mit den Interessen des Treugebers und es fehlt aus diesem Grund an einer tatbestandlich relevanten (weil pflichtwidrigen) Handlung des Entscheidungsträgers, die durch ein Einverständnis „neutralisiert" werden müsste. Der Entscheidungsträger handelt „originär" pflichtgemäß und nicht erst „dank" eines etwaigen Einverständnisses straflos.

Etwas anderes gilt nach hiesiger Auffassung aber dann, wenn es sich um einen *rechtswidrigen* Beschluss der Hauptversammlung handelt. In diesem Fall muss der Hauptversammlungsbeschluss nicht per se zu einem Ausschluss der untreuerelevanten Pflichtwidrigkeit führen, weil zivilrechtlich keine Enthaftung eintritt, die aufgrund der Akzessorietät auch im Strafrecht gelten müsste. Auf gesetzeswidrige Beschlüsse kann sich der Vorstand zivilrechtlich nicht berufen.[521]

Trotzdem kann nach Auffassung des Autors grundsätzlich auch ein rechtswidriger Hauptversammlungsbeschluss als Baustein der Absicherung einer Entscheidung herangezogen werden, weil die Rechtswidrigkeit im Einzelfall nicht immer ohne weiteres erkennbar ist und selbst von den Aktionären als Treugebern, die ja gerade wirksam über ihr Vermögen disponieren wollen, nicht immer erkannt wird. Aus diesem Grund kann man vom Vorstand jedenfalls

519 Vgl. zu den Grenzen des tatbestandsausschließenden Einverständnisses bei der Untreue: Wessing/Krawczyk, NZG 2011, 1297 ff.

520 Vom BGH offen gelassen in BGHSt 55, 266, 279 = NZG 2010, 1190, 1194; ablehnend Fischer, § 266, Rn. 102; zum Streitstand hinsichtlich der verschiedenen „Körperschaftstheorien" vgl. LK-Schünemann, § 266, Rn. 249 ff.

521 Vgl. obige Ausführungen zum zivilrechtlichen Hintergrund.

nicht uneingeschränkt verlangen, dass er in jeder Situation die Rechtswidrigkeit eines Beschlusses erkennt und einem solchen generell jede Vertrauenswirkung absprechen.

Nach hiesiger Auffassung ist eine differenzierte Betrachtung sachgerecht: Muss der Vorstand bei verständiger Betrachtung im Rahmen einer Art „Plausibilitätskontrolle" erkennen, dass es sich um einen rechtswidrigen Beschluss handelt, wird man ihm aus Sicht eines verständigen Treugebers das Vertrauen auf einen solchen Beschluss versagen müssen. Der Hauptversammlungsbeschluss ist dann per se ungeeignet als Baustein der Absicherung.

Kann der Vorstand die Rechtswidrigkeit demgegenüber nicht bei verständiger Würdigung erkennen, erscheint es auch aus Sicht des Treugebers, der die Rechtswidrigkeit in diesem Fall ebenso nicht ohne weiteres erkennen könnte, vertretbar, dem Vorstand zuzugestehen, den Hauptversammlungsbeschluss trotz seiner Rechtswidrigkeit als Baustein der Absicherung zu bewerten. Ein solcher Beschluss soll dann nicht wie im Falle der Gesetzmäßigkeit per se zu einem Ausschluss der Pflichtwidrigkeit führen, kann aber im Rahmen der Risikobeherrschung als Baustein des Systems Berücksichtigung finden.

Zu diskutieren ist zuletzt das Problem, dass in aller Regel kein einstimmiger gesetzmäßiger Beschluss der Hauptversammlung vorliegen wird, sondern einzelne Aktionäre anderer Ansicht sind und ein Handeln im Einklang mit dem Hauptversammlungsbeschluss gerade nicht in deren persönlichem Interesse erfolgt. Aus deren individueller Sicht wäre das Risiko bei einer Handlung im Einklang mit dem Beschluss gerade nicht beherrscht. Auch hier ist das Zivilrecht Ausgangspunkt der Überlegung: § 133 AktG regelt den Grundsatz der einfachen Stimmenmehrheit bei Beschlüssen der Hauptversammlung. In Absatz 1 heißt es dazu:

> *„Die Beschlüsse der Hauptversammlung bedürfen der Mehrheit der abgegebenen Stimmen (einfache Stimmenmehrheit), soweit nicht Gesetz oder Satzung eine größere Mehrheit oder weitere Erfordernisse bestimmen."*

Liegt diese einfache Stimmenmehrheit vor, ist der Vorstand nach § 83 Abs. 2 AktG verpflichtet, den Beschluss umzusetzen. Vorstandsmitglieder, die dieser Verpflichtung nicht nachkommen, machen sich unter Umständen nach § 93 AktG schadensersatzpflichtig.[522] Im Zusammenspiel mit diesen Normen sei noch einmal auf die Enthaftung des Vorstands gemäß § 93 Abs. 4 S. 1 AktG hingewiesen – sozusagen die „Kehrseite" der Ausführungspflicht. Gäbe es dieses Zusammenspiel nicht, befände sich der Vorstand bisweilen in einer „misslichen" Lage, da gegebenenfalls eine Haftung bei allen Handlungsalternativen drohen würde.

---

522 Hüffer-Koch, § 83, Rn. 6.

Dieses Regelungsgefüge muss nach hiesiger Auffassung auch auf das Strafrecht bzw. das „Risiko-Punkte-System" übertragen werden: Zunächst erfordert bereits die Akzessorietät, dass sich der zivilrechtliche Vertrauensschutz auf die Enthaftung auch im Strafrecht wiederfindet. Wenn der Vorstand schon zivilrechtlich „nichts zu befürchten" haben muss, gilt diese gesetzliche Wertung erst recht für das „schärfere" Strafrecht. Insofern kann es nicht darauf ankommen, ob der vertrauensbegründende Beschluss einstimmig oder nur aufgrund der einfachen Mehrheit beschlossen wurde. Mit anderen Worten könnte man sagen, dass der Vorstand die Vermögensinteressen der Aktionäre in ihrer Gesamtheit betreuen muss, wobei diese Treugeber durch den Hauptversammlungsbeschluss als Mittel des Aktienrechts einen einheitlichen Willen bilden können. Hält sich der Vorstand an einen gesetzmäßigen Mehrheitsbeschluss, ist eine Pflichtwidrigkeit nach Auffassung des Autors im „Risiko-Punkte-System" stets ausgeschlossen.

7. Vertrauen auf die Einschätzung von Behörden

Wie schon oben im rechtstatsächlichen Teil der Arbeit angesprochen, kann auch die Einschätzung einer Behörde Kontrollmechanismus bei einer unternehmerischen Entscheidung sein.[523] Nachdem oben aber bloß das tatsächliche Vorgehen in einem solchen Fall angedeutet wurde, bleibt nun zu klären, ob in rechtsdogmatischer Hinsicht auf eine solche Einschätzung einer Behörde vertraut werden kann. Exemplarisch sei davon ausgegangen, dass *der Vorstand der Vertrauens-AG Zweifel an der Gesetzmäßigkeit eines praktizierten Geschäftsmodells hat. Er übermittelt den Sachverhalt daher an die Staatsanwaltschaft zur Überprüfung. Die Staatsanwaltschaft leitet ein Ermittlungsverfahren wegen Bestechung und Untreue ein, kommt aber zu dem Ergebnis, dass das Geschäftsmodell gesetzmäßig ist und stellt das Verfahren nach § 170 Abs. 2 StPO ein. Der Vorstand führt daraufhin das Modell weiter durch. Nachdem im Verlauf der Zeit der Abteilungsleiter bei der Staatsanwaltschaft gewechselt hat, untersucht „der Neue" noch einmal das Geschäftsmodell und kommt – zutreffend – zu dem Ergebnis, dass das Geschäftsmodell gegen geltendes Recht verstößt. Alle Geschäfte werden rückabgewickelt, der AG entsteht ein erheblicher finanzieller Schaden.* Auch in dieser Konstellation soll überlegt werden, ob der Vorstand auf die erste Einschätzung der Staatsanwaltschaft vertrauen durfte, ob also ein geeigneter „Vertrauenstatbestand" im Sinne des „ Risiko-Punkte-Systems" gegeben ist, der als Baustein der Gesamtabsicherung

523 Zur Verwaltungsakzessorietät bei fehlerhaften Verwaltungsentscheidungen vgl. BeckOK StGB-Witteck, Lexikon des Strafrechts, Verwaltungsakzessorietät, Rn. 6 ff.

der riskanten Entscheidung im Zusammenspiel mit den übrigen Voraussetzungen des Systems die Pflichtwidrigkeit entfallen lassen kann.

In der gewählten Konstellation hat die Staatsanwaltschaft Ermittlungen wegen des Verdachts der Bestechung und der Untreue durchgeführt und dieses Verfahren nach § 170 Abs. 2 StPO eingestellt.

Festzuhalten ist dabei, dass die Einstellungsverfügung an sich keinen Vertrauensschutz im Sinne eines Schutzes vor erneuter Strafverfolgung entfalten kann, weil durch eine Einstellung nach § 170 Abs. 2 StPO gerade kein Verbrauch der Strafklage eintritt; die Einstellungsverfügung hat insofern keinerlei Rechtskraftwirkung.[524] Folglich kann das Verfahren auch bei gleicher Sach- und Rechtslage jederzeit wieder aufgenommen werden.[525] Aus diesem Grund wurde bereits vor über 35 Jahren von *Loos* festgehalten, dass die Einstellungsverfügung keinen Vertrauensschutz zu Gunsten des Beschuldigten begründet.[526]

Damit ist aber nur gesagt, dass eine Einstellungsverfügung aus sich heraus keine Rechtskraftwirkung hat und – vor diesem Hintergrund – keinen Vertrauensschutz begründet. Im obigen Beispiel könnte sich der Täter der Bestechung demnach nicht auf Vertrauensschutz wegen der zunächst erfolgten Einstellung berufen.[527] Mit anderen Worten kann er nicht mit dem formalen Akt der Einstellung argumentieren. Unbenommen wäre aber grundsätzlich die dogmatische Möglichkeit, aus der Einstellung einen Verbotsirrtum nach § 17 StGB abzuleiten.[528]

---

524 KK StPO-Moldenhauer, § 170, Rn. 23.

525 KK StPO-Moldenhauer, § 170, Rn. 23 mit dem Hinweis auf RGSt 67, 315, 316, OLG Hamm VRS 58, 33; Radtke NStZ 1999, 481, 483.

526 KK StPO-Moldenhauer, § 170, Rn. 23; Loos, JZ 1978, 592, 594.

527 Auch im „Mannesmann-Verfahren" wurde ein erstes Ermittlungsverfahren zunächst nach § 170 Abs. 2 StPO eingestellt. Dieser Umstand wurde unter anderem später nach der Einstellung gemäß § 153a StPO vom LG Düsseldorf aufgegriffen, um zu begründen, dass die Schwere der (möglichen) Schuld einer vorläufigen Verfahrenseinstellung nicht entgegen steht, vgl. die seinerzeitige Pressemitteilung Nr. 7/2006 des LG Düsseldorf vom 29.11.2006 (nicht mehr im Original abrufbar). Dennoch wurde auch in diesem Fall deutlich, dass eine Einstellung nach § 170 Abs. 2 StPO keinen Vertrauensschutz entfaltet, wenn die Ermittlungen dort auch im Nachgang – und nicht wie hier im Vorfeld – einer Entscheidung geführt wurden.

528 vgl. zum Ganzen: Mü-Ko StGB-Joecks, § 17, Rn. 39 ff.; Schönke/Schröder-Sternberg-Lieben/Schuster, § 17, Rn. 13 ff.; NK StGB-Neumann, § 17, Rn. 53 ff.; BeckOK StGB-Heuchemer, § 17, Rn. 35 ff.; LK-Vogel, § 17, Rn. 34 ff.; BGH, Urteil vom 03.04.2008 – 3 StR 394/07, BeckRS 2008, 06865; BGH, Urteil vom 11.10.2012 – 1 StR 213/10, GRUR 2013, 62 ff.; BGH, Urteil vom 04.04.2013 – 3 StR 521/12, NStZ 2013, 461 ff.

Hinsichtlich der Untreue gilt zunächst das gleiche: Auch hier hat die Einstellungsverfügung an sich keine Rechtskraftwirkung. Eine spätere Strafbarkeit wegen Untreue ist daher nicht aufgrund der formalen Einstellungsverfügung ausgeschlossen. Damit ist nach hiesiger Auffassung aber nicht gesagt, dass eine „Einstellung“ unter keinen Umständen schützenswertes Vertrauen begründen kann, sondern nur, dass die formale Verfügung an sich keine dahingehende Rechtswirkung besitzt.

Nach der hier im „Risiko-Punkte-System“ vertretenen Auffassung kann „die Einstellung“ dennoch Vertrauensschutz entfalten. Dieser Vertrauensschutz kann sich aber im Einklang mit der obigen Ansicht richtigerweise nicht aus dem formalen Akt, sondern nur aus den tatsächlichen Gegebenheiten der Einstellung ergeben.

Ausgangspunkt der dahingehenden Begründung ist die Tatsache, dass für die Untreue vor allem das Innenverhältnis zwischen Treugeber und Treunehmer entscheidend ist. Es muss in der Diktion des „Risiko-Punkte-Systems“ zur Bestimmung der Pflichtwidrigkeit die Frage gestellt werden, ob im Sinne des Treugebers, also der Aktionäre, das Risiko der unternehmerischen Entscheidung ausreichend beherrscht wurde. Wenn diese Frage positiv beantwortet werden kann (die ermittelten „Risiko-Basispunkte“ also durch den Kontrollmechanismus bzw. eine Kombination aufgewogen sind), ist die Pflichtwidrigkeit bereits im objektiven Tatbestand abzulehnen. Ein Rückgriff auf einen Verbotsirrtum gemäß § 17 StGB auf der Ebene der Schuld ist dann nicht mehr erforderlich.

Aufgrund der zentralen Bedeutung des Innenverhältnisses bei der Untreue ist es auch nicht widersprüchlich, dass zwar im Verhältnis des Täters zur staatlichen Strafverfolgung kein Vertrauensschutz durch die formale Einstellungsverfügung begründet wird (da kein Strafklageverbrauch und keine Rechtskraftwirkung), andererseits aber das Risiko im Innenverhältnis ausreichend beherrscht und mit einem Kontrollmechanismus abgesichert wurde, der im Ergebnis schützenswertes Vertrauen für die Verneinung der Pflichtwidrigkeit entstehen lässt. Der Bezugspunkt des Vertrauens ist demnach ein anderer bzw. handelt es sich um ein aliud, also eine andere Art des Vertrauens: Die fehlende Rechtskraftwirkung der formalen Einstellung regelt lediglich, dass sich der Täter nicht auf Strafklageverbrauch verlassen darf. Bezugspunkt eines solchen Vertrauens wäre daher die Nichtverfolgbarkeit der Tat aufgrund einer Einstellung. Die hier vertretene Ansicht bestreitet dies nicht, sieht aber einen weiteren möglichen Bezugspunkt des Vertrauens, nämlich das Vertrauen darauf, dass der gewählte Kontrollmechanismus als Baustein zur Absicherung des Risikos im Sinne des Treugebers möglich war und das Risiko der unternehmerischen Entscheidung unter anderem durch diesen ausreichend beherrscht worden ist. Mit anderen Worten sieht die hier vertretene Auffassung die Möglichkeit, dass eine Einstellung der Staatsanwaltschaft nach einer Ermittlung schützenswertes Vertrauen dahingehend begründet, dass die im Ermittlungsverfahren überprüfte unternehmerische Entscheidung im Anschluss pflichtgemäß getroffen werden kann. Denn die Tatsache, dass die formale Einstellungsverfügung keine unmittelbare Rechtskraftwirkung entfaltet, muss nicht zwangsläufig bedeuten, dass aufgrund der tatsächlich erfolgten Einstellung keine weitergehende Wirkung bei der Auslegung des Tatbestands der Untreue, namentlich bei der Pflichtwidrigkeit, möglich ist. Es ist kein Grund ersichtlich, warum ein Treugeber mit der Absicherung in Form einer staatsanwaltschaftlichen Ermittlung nicht einverstanden sein könnte.[529]

Ferner ist nicht ersichtlich, warum man einer privaten Beratung (externer Anwalt, interne Rechtsabteilung etc.) Vertrauenswirkung zusprechen sollte, dies aber bei einer staatlichen Einschätzung nicht möglich sein soll. Das Risiko besteht in beiden Konstellationen in einer unsicheren Rechtslage hinsichtlich der zu treffenden Entscheidung. Eine solche Absicherung (im Innenverhältnis gegenüber den Treugebern) muss dann aber auch mit Hilfe der Staatsanwaltschaft möglich sein. Nicht zuletzt deshalb, weil die Staatsanwaltschaft schließlich als die objektivste Behörde der Welt gilt, die von Amts wegen nicht nur die zur Belastung, sondern auch die zur Entlastung dienenden Umstände zu ermitteln hat, vgl. § 160 Abs. 2 StPO. Wenn also schon grundsätzlich auf eine private Einschätzung vertraut werden darf, muss dies erst recht für eine Einschätzung des Staates gelten.[530]

Ob die Einschätzung der Staatsanwaltschaft aber zum Aufwiegen der ermittelten „Risiko-Basispunkte" im konkreten Fall führt oder im Rahmen der Gesamtabsicherung weitere Bausteine zur ausreichenden Beherrschung erforderlich sind, ist wiederum eine Frage des Einzelfalles und kann aufgrund der Unterschiede der jeweiligen Fallgestaltung hier nicht abschließend geklärt

529 In diesem Zusammenhang sei darauf hingewiesen, dass außer im Falle einer aufgedeckten Steuerhinterziehung (vgl. § 153 AO) für Unternehmensverantwortliche zwar keine Informationspflichten gegenüber Behörden bestehen, wenn Straftaten aufgedeckt wurden, aber dennoch grundsätzlich zu empfehlen ist, die Ermittlungsbehörden frühzeitig einzubinden, um für ein etwaiges Verfahren eine Vertrauensbasis zwischen Unternehmen und Ermittlungsbehörden aufzubauen, vgl. dazu Sahan/Urban, in: Criminal Compliance Handbuch, § 35, Rn. 23 ff.

530 Gleiches kann gelten, wenn das Finanzamt über Jahre hinweg eine Art „Steuersparmodell" anerkannt hat, vgl. LG Essen, Urteil vom 08.07.2015, Az.: 42 O 4/14, S. 29 f., wenn auch dort nicht explizit auf mögliches Vertrauen Bezug genommen wird.

werden. Hier kam es vielmehr grundsätzlich darauf an, die Gründe aufzuzeigen, warum trotz der fehlenden Rechtskraftwirkung einer Einstellungsverfügung Vertrauensschutz entstehen kann.

II. Vertrauensschutz im Zwei-Personen-Verhältnis

Unter I. wurde betrachtet, unter welchen Voraussetzungen sich ein Entscheidungsträger auf den gewählten Kontrollmechanismus verlassen darf, wann der jeweilige Baustein der Gesamtabsicherung grundsätzlich (unabhängig von seiner Wertigkeit an „Risiko-Beherrschungspunkten") Vertrauensschutz entfalten kann. Wie oben ausgeführt, kann sich ein Vorstandsmitglied aber auch auf seine spezialisierten Kollegen verlassen und dadurch als Anwender des „ Risiko-Punkte-Systems" das ermittelte Risiko beherrschen. Während es bei den Kontrollmechanismen um ganz verschiedene Möglichkeiten der Absicherung – insbesondere auch um Einflüsse externer Personen und Einrichtungen – ging, steht nun jeweils im Fokus, unter welchen Voraussetzungen Vertrauen im Zwei-Personen-Verhältnis im gleichen Unternehmen grundsätzlich schützenswert ist.

Zu klären ist, unter welchen Voraussetzungen ein Vertrauen auf die Kompetenz der Kollegen möglich und somit grundsätzlich als Baustein der Gesamtabsicherung geeignet ist, zuvor ermittelte „Risiko-Basispunkte" aufzuwiegen. Zu unterscheiden ist dabei zwischen vertikalem und horizontalem Vertrauen. Zu untersuchen ist im Rahmen der Zwei-Personen-Verhältnisse ferner, in welchen Konstellationen der einleitend genannte Vertrauensgrundsatz Geltung beanspruchen kann und inwiefern allgemeine Überlegungen fruchtbar gemacht werden können.

1. Vertikale Arbeitsteilung

Vertikales Vertrauen auf verschiedenen Hierarchieebenen ist, wie im rechtstatsächlichen Teil der Arbeit gezeigt, grundsätzlich betriebswirtschaftlich erforderlich. Denn ohne die Delegation zahlreicher Aufgaben an nachfolgende Hierarchieebenen wäre eine effektive Arbeit der Unternehmensführung überhaupt nicht möglich.[531] Wie bereits oben herausgearbeitet, ist Vertrauen für die hier zu untersuchenden *unternehmerischen Entscheidungen des Vorstands* aber *nur dann* relevant, wenn ein Vorstandsmitglied Informationen zur Grundlage seiner eigenen Entscheidung macht, die ihm im Wege der vertikalen Arbeitsteilung von seinen Mitarbeitern der nachfolgenden Hierarchieebenen zugetragen

531 So auch Froesch, DB 2009, 722, 723 mit dem Hinweis, dass der Geschäftsleiter sogar zur Erfüllung seiner Pflichten zur Delegation gehalten sein kann, um eigene Überforderung zu vermeiden.

worden sind. Dies ist zum einen dann relevant, wenn eine Entscheidung eines Vorstandsmitglieds mit Einzelgeschäftsführungsbefugnis getroffen wird, zum anderen für das Einzelabstimmungsverhalten des Ressortleiters bei einem Gesamtvorstandsbeschluss. In vertikaler Richtung macht das keinen Unterschied.

Das Vertrauen eines Vorstandsmitglieds auf die vertikale Zuarbeit stellt als rechtstatsächliche Absicherungsmöglichkeit einen Baustein der Gesamtabsicherung im „Risiko-Punkte-System" dar. Wie oben gezeigt, ändert die betriebswirtschaftliche Notwendigkeit daran nichts. Im dogmatischen Teil der Arbeit ist zu klären, unter welchen Voraussetzungen dieser Baustein grundsätzlich (erneut: unabhängig von „Risiko-Beherrschungspunkten") Vertrauensschutz entfaltet, wann sich das Mitglied des Vorstands also auf seine Mitarbeiter verlassen darf. Um auch hier ein veranschaulichendes Beispiel voranzustellen, sei davon ausgegangen, dass *die „Vertrauens-AG" funktional*[532] *organisiert ist. Der Vorstand der AG möchte eine Änderung im Produktionsprozess etablieren / Der Ressortleiter möchte eine Einzelentscheidung treffen, um in der Zukunft Kosten einzusparen und den Gewinn der AG zu erhöhen. Der Produktionsvorstand P trifft seine Entscheidung auf Grundlage der Zuarbeiten, die Abteilungsleiter 3 und 4 erbracht haben. P ist nach den gelieferten Ergebnissen, davon überzeugt, die richtige Entscheidung zu treffen. Nach Umsetzung stellt sich später das Gegenteil heraus und der AG entsteht ein erheblicher finanzieller Schaden.*

Klarzustellen ist Folgendes: Gibt der Produktionsvorstand P die erhaltenen Informationen an seine Vorstandskollegen weiter und treffen diese ihre eigene Entscheidung beim Gesamtvorstandsbeschluss auf Grundlage eben dieser Informationen, gelten für die Frage nach dem schützenswerten Vertrauen der Kollegen die Grundsätze zur horizontalen Arbeitsteilung[533]. Denn für die unspezialisierten Kollegen im Vorstand ist allein entscheidend, dass es sich bei den erhaltenen Informationen um Spezialwissen aus dem Ressort der Produktion handelt.

Eine andere Frage ist aber, unter welchen Voraussetzungen sich der Ressortleiter P seinerseits auf die vertikal zugetragenen Informationen verlassen darf. Aufgrund der Akzessorietät des Strafrechts erfolgt erneut eine aktienrechtliche Vorbetrachtung im Hinblick auf die entsprechende zivilrechtliche Vorstandspflicht bei vertikaler Arbeitsteilung.

---

532 Möglich wäre auch eine divisionale Organisation: Entscheidend ist, dass es einen untergeordneten Mitarbeiter gibt, der nur einem Vorgesetzten (daher keine Matrix) verantwortlich ist.

533 Vgl. zur horizontalen Arbeitsteilung unten 2.

a. Aktienrechtliche Vorstandspflichten bei vertikaler Delegation

Wie bereits ausgeführt,[534] machen sich Vorstandsmitglieder einer Aktiengesellschaft gemäß § 93 Abs. 2 S. 1 AktG schadensersatzpflichtig, wenn sie ihre Pflichten verletzen. Nach allgemeiner Meinung im Aktienrecht gilt auch bei vertikaler Aufgabenverteilung, dass Vorstandsmitglieder gemäß § 93 Abs. 2 S. 1 AktG nur für eigenes Verschulden haften,[535] da es an entsprechenden Zurechnungsnormen für das Handeln von Mitarbeitern fehlt. Gemäß § 93 Abs. 1 S. 1 AktG haben die Vorstandsmitglieder einer Aktiengesellschaft bei ihrer Geschäftsführung *daher in eigener Person* die Sorgfalt eines ordentlichen und gewissenhaften Geschäftsleiters anzuwenden. Wie oben ausgeführt, beinhaltet diese Umschreibung konkreter die an § 76 Abs. 1 AktG anknüpfenden allgemeinen Verhaltensstandards der §§ 276 Abs. 2 BGB, 347 Abs. 1 HGB und fordert von den Vorstandsmitgliedern, wie ein pflichtbewusster selbstständig tätiger Leiter eines Unternehmens der konkreten Art, der nicht mit eigenen Mitteln wirtschaftet, sondern ähnlich wie ein Treuhänder fremden Vermögensinteressen verpflichtet ist, zu handeln.[536]

An diesem Grundsatz des Eigenverschuldens ändert also auch die vertikale Arbeitsteilung nichts. Es kommt nur auf eine eigene Pflichtverletzung der Mitglieder des Vorstands an. Durch die vertikale Verteilung ändern sich aber die *Anforderungen* an die Vorstandspflichten, sodass durchaus trotz vertikaler Delegation eine eigene Verletzung eben dieser „transformierten" Pflichten vorliegen kann. Liegt eine statthafte vertikale Delegation[537] an nachfolgende Hierarchieebenen vor, entfällt nämlich nicht die Verantwortlichkeit des jeweiligen Vorstandsmitglieds per se, sondern die Verantwortung erhält eine andere inhaltliche Ausgestaltung.[538] Literatur und Rechtsprechung nehmen diese Ausgestaltung in Anlehnung an die ausdifferenzierten Verhaltensvorgaben für die Übertragung deliktischer Verkehrspflichten vor (§§ 831, 823 bzw. § 31 BGB), denen zufolge der Delegierende bei der Auswahl (cura in eligendo), Einweisung (cura in instruendo) und Überwachung

---

534 Vgl. oben: Haftung von Organmitgliedern als Ausgangspunkt der so genannten „Business Judgement Rule".

535 Handbuch des Vorstandsrechts-Fleischer, § 8, Rn. 26 m.w.N.; Corporate Compliance Handbuch-Schmidt-Husson, § 6, Rn. 11.

536 Hüffer-Koch, § 93, Rn. 6 m.w.N.

537 Vgl. zur Pflichtverletzung wegen unzulässiger Delegation als solcher: Spindler/Stilz-Fleischer, § 93, Rn. 99; Handbuch des Vorstandsrechts-Fleischer, § 8, Rn. 27.

538 Handbuch des Vorstandsrechts-Fleischer, § 8, Rn. 28 m.w.N.; Corporate Compliance Handbuch-Schmidt-Husson, § 6, Rn. 12.

(cura in custodiendo) die erforderliche Sorgfalt walten lassen muss.[539] In diesem Zusammenhang hat auch der BGH bereits im Jahre 1994 entschieden, dass ein Geschäftsleiter für die ordnungsgemäße Auswahl, Einweisung, Information und Überwachung von Mitarbeitern einzustehen hat.[540]

Die Vorstandspflichten bei vertikaler Arbeitsteilung können folgendermaßen näher konkretisiert werden:

Die *Auswahlsorgfalt* beschreibt diejenigen Pflichten, die ein Vorstandsmitglied anzuwenden hat, wenn er das erste Mal eine neue Aufgabe an eine untergeordnete Hierarchieebene überträgt.[541] Dabei muss darauf geachtet werden, dass die Mitarbeiter die erforderlichen persönlichen und fachlichen Qualifikationen besitzen, wobei es hier jeweils auf den Einzelfall, beispielsweise auf die Komplexität der konkret übertragenen Aufgabe und die daraus resultierende Verantwortung ankommen soll.[542] So sollen strengere Sorgfaltspflichten gelten, wenn komplexere Aufgaben übertragen werden, die „mit erhöhter Verantwortung oder gar unternehmensgefährdenden Risiken" zusammenhängen.[543] Ferner sollen auch Informationen über etwaige Vorstrafen eingeholt werden, die im Zusammenhang mit der konkreten Aufgabe stehen.[544]

Im Rahmen der *Einweisungssorgfalt* wird von dem Vorstandsmitglied verlangt, dass der jeweilige Mitarbeiter in seinen Aufgabenbereich eingewiesen und ihm die übertragene Aufgabe vollständig und präzise erläutert wird.[545] Der Mitarbeiter soll informiert werden, an wer er berichten soll („Berichtslinien") und wie das

539 Spindler/Stilz-Fleischer, § 93, Rn. 100; Turiaux, DB 2004, 2199, 2205; Urban spricht in diesem Zusammenhang von „Auswahlsorgfalt", „Instruktionssorgfalt" und „Überwachungssorgfalt", GWR 2013, 106, 106; Hegnon hält darüber hinaus auch „die gehörige Organisation der Betriebsabläufe", die Bereitstellung von ausreichend personellen und sachlichen Ressourcen" und u.U. „die Pflicht der Geschäftsleiter zum Eingreifen" für erforderlich, CCZ 2009, 57, 58.

540 Vgl. BGHZ, 127, 336, 347; Spindler/Stilz-Fleischer, § 93, Rn. 101; Hölters, § 93, Rn. 47; Corporate Compliance Handbuch-Schmidt-Husson, § 6, Rn. 28 ff.

541 Handbuch des Vorstandsrechts-Fleischer, § 8, Rn. 30; Spindler/Stilz-Fleischer, § 93, Rn. 102; Corporate Compliance Handbuch-Schmidt-Husson, § 6, Rn. 29.

542 Vgl. BGHZ 127, 336, 347; Turiaux, DB 2004, 2199, 2205; Handbuch des Vorstandsrechts-Fleischer, § 8, Rn. 30; Spindler/Stilz-Fleischer, § 93, Rn. 102.

543 Handbuch des Vorstandsrechts-Fleischer, § 8, Rn. 30; Spindler/Stilz-Fleischer, § 93, Rn. 102.

544 Turiaux, DB 2004, 2199, 2205.

545 Handbuch des Vorstandsrechts-Fleischer, § 8, Rn. 31; Spindler/Stilz-Fleischer, § 93, Rn. 103; Corporate Compliance Handbuch-Schmidt-Husson, § 6, Rn. 31.

Unternehmen hinsichtlich Aufbau und Ablauf organisiert ist.[546] Unter Umständen kann es auch erforderlich sein, den Mitarbeiter – zu Beginn oder im Laufe der Zeit – auf besondere Gefahrenmomente bei der Aufgabenerfüllung aufmerksam zu machen, sodass sich die Einweisungssorgfalt in einem dynamischen Unternehmensumfeld zu einer ständigen Schulungs- und Fortbildungspflicht wandeln soll.[547]

Zuletzt hat das Vorstandsmitglied bei der *Überwachungssorgfalt* eine laufende Überwachung einzurichten und dafür Sorge zu tragen, dass die Mitarbeiter die delegierten Aufgaben ordnungsgemäß erfüllen.[548] Der Umfang der Überwachungspflicht ist dabei gesetzlich nicht festgelegt, nach Rechtsprechung und Literatur soll dieser stets von den Umständen des jeweiligen Einzelfalls abhängig sein.[549] Parameter könnten dabei die Art und Größe des Unternehmens, die Art und Bedeutung der delegierten Aufgabe oder die Erfahrung und Qualifikation des betreffenden Mitarbeiters sein.[550] Hinsichtlich der Einzelheiten kann ein Versuch der Konkretisierung in Anlehnung an die zu § 130 OWiG entwickelte Rechtsprechung unternommen werden:[551] So soll die Überwachungspflicht unter anderem ein Einschreiten bei Verdachtsmomenten[552], eine Unternehmensorganisation zur Vermeidung von Pflichtverletzungen[553] und eine laufende Kontrolle der Mitarbeiter[554] beinhalten. Einigkeit

---

546 Handbuch des Vorstandsrechts-Fleischer, § 8, Rn. 31; Spindler/Stilz-Fleischer, § 93, Rn. 103; Corporate Compliance Handbuch-Schmidt-Husson, § 6, Rn. 31.

547 Handbuch des Vorstandsrechts-Fleischer, § 8, Rn. 31; Spindler/Stilz-Fleischer, § 93, Rn. 103.

548 Vgl. BGHZ, 127, 336, 347; Turiaux, DB 2004, 2199, 2205; Handbuch des Vorstandsrechts-Fleischer, § 8, Rn. 32; Spindler/Stilz-Fleischer, § 93, Rn. 104.

549 Spindler/Stilz-Fleischer, § 93, Rn. 104 mit dem Hinweis auf BGH WuW/E BGH 2202, 2203.

550 Turiaux, DB 2004, 2199, 2206; Spindler/Stilz-Fleischer, § 93, Rn. 105.

551 Turiaux, DB 2004, 2199, 2205; Spindler/Stilz-Fleischer, § 93, Rn. 106; Zur Überwachung im Rahmen von § 130 OWiG vgl. KK OWiG-Rogall, § 130, Rn. 39 ff.

552 Vgl. zu den Einzelheiten: Spindler/Stilz-Fleischer, § 93, Rn. 107, wonach Vorstandsmitglieder Hinweisen auf Gesetzesverletzungen oder Unregelmäßigkeiten von Unternehmensangehörigen unverzüglich nachgehen müssen.

553 Vgl. zu den Einzelheiten: Spindler/Stilz-Fleischer, § 93, Rn. 108, wonach allgemeine Organisationsanforderungen sowie eine genaue Festlegung der Verantwortlichkeiten unter den Mitarbeitern erforderlich sein sollen.

554 Vgl. zu den Einzelheiten: Spindler/Stilz-Fleischer, § 93, Rn. 109 m.w.N.: „Danach sind stichprobenartige, überraschende Prüfungen erforderlich und regelmäßig auch ausreichend, sofern sie den Unternehmensangehörigen vor Augen halten, dass Verstöße entdeckt und geahndet werden können. Ist allerdings abzusehen, dass stichprobenartige Kontrollen nicht ausreichen, um die genannte Wirkung zu erzielen, so bedarf es anderer geeigneter Aufsichtsmaßnahmen. In solchen Fällen kann es geboten sein,

besteht ferner darüber, dass intensivere Aufsichtsmaßnahmen, also gesteigerte Überwachungspflichten, erforderlich sein sollen, wenn es in der Vergangenheit bereits einmal zu Unregelmäßigkeiten gekommen ist oder eine finanzielle Krise des Unternehmens vorliegt.[555] Umgekehrt ist anerkannt, dass alle Aufsichtsmaßnahmen eine äußere Grenze in ihrer objektiven Zumutbarkeit finden, was dazu führt, dass überzogene, von zu starkem Misstrauen geprägte Aufsichtsmaßnahmen nicht erfolgen müssen, da dies nicht zuletzt der Beachtung der Würde der Unternehmensangehörigen und der Wahrung des Betriebsklimas zuwiderliefe.[556] Insbesondere nach einer langjährigen vertrauensvollen Zusammenarbeit sinken die Anforderungen an die Überwachung.[557] Eine weitere Zumutbarkeitsschranke der Aufsichtsmaßnahmen ergibt sich aus dem Vertrauensgrundsatz, der in dieser Konstellation Anwendung finden soll.[558] Daraus ergibt sich, dass von den Vorstandsmitgliedern trotz vertikaler Delegation keine umfassende Kontrolle der Mitarbeiter in Gestalt eines nahezu flächendeckenden Kontrollnetzes zu verlangen ist, sondern sie vielmehr darauf vertrauen dürfen, dass die Mitarbeiter ihren Pflichten nachkommen.[559] Dieses Vertrauen wird solange geschützt, wie die Vorstandsmitglieder ihrer Überwachungspflicht genügen und insbesondere kein Anlass besteht, an der ordnungsgemäßen Erfüllung der delegierten Pflichten zu zweifeln.[560] Es ergibt sich also eine Grenze des Vertrauens, wo sich Vertrauen schon gar nicht bilden darf bzw. wo Vertrauen erschüttert ist: In diesem Fall kann keine entlastende Wirkung eintreten.[561]

Insofern gelten die Regeln, die einleitend zum Vertrauensgrundsatz ausgeführt wurden, entsprechend:[562] Derjenige, der sich selbst ordnungsgemäß verhält, sei es

---

überraschend umfassendere Geschäftsprüfungen durchzuführen." Zu beachten sei aber stets die Grenze der objektiven Zumutbarkeit.

555 Turiaux, DB 2004, 2199, 2206; Spindler/Stilz-Fleischer, § 93, Rn. 110.

556 Spindler/Stilz-Fleischer, § 93, Rn. 109.

557 Spindler/Stilz-Fleischer, § 93, Rn. 105; Handbuch des Vorstandsrechts-Fleischer, § 8, Rn. 33.

558 Spindler/Stilz-Fleischer, § 93, Rn. 109; Corporate Compliance Handbuch-Schmidt-Husson, § 6, Rn. 13; KK OWiG-Rogall, § 130, Rn. 42; BeckOK OWiG-Beck, § 130, Rn. 56.

559 Spindler/Stilz-Fleischer, § 93, Rn. 109; Corporate Compliance Handbuch-Schmidt-Husson, § 6, Rn. 13; KK OWiG-Rogall, § 130, Rn. 42; BeckOK OWiG-Beck, § 130, Rn. 56.

560 Corporate Compliance Handbuch-Schmidt-Husson, § 6, Rn. 13.

561 KK OWiG-Rogall, § 130, Rn. 42; BeckOK OWiG-Beck, § 130, Rn. 57.

562 Vgl. 1. Kapitel: § 2; vgl. Hannes, S. 193, die einer unveränderten Übertragung des Vertrauensgrundsatzes im Straßenverkehr auf arbeitsteiliges Verhalten im Zusammenhang mit Fahrlässigkeitsdelikten entgegentritt und sich für den Vertrauensgrundsatz als

im Straßenverkehr, als Beteiligter einer medizinischen Behandlung oder wie hier bei der Erfüllung seiner Überwachungsaufgabe, darf solange darauf vertrauen, dass sich auch die anderen (Verkehrsteilnehmer, Ärzte oder wie hier vertikale Mitarbeiter) ordnungsgemäß verhalten, bis es Anzeichen für deren Fehlverhalten gibt. Erst dann muss er sein Handeln, im Rahmen der vertikalen Arbeitsteilung seine Überwachungspflicht, entsprechend anpassen.

Wie oben ausgeführt, ist es auch denkbar, dass ein Vorstandsmitglied nicht auf die Zuarbeit eines Mitarbeiters der unmittelbar nächsten Hierarchieebene vertraut, sondern die Zuarbeit erst auf einer nachgeordneten Hierarchiestufe erbracht wird, also eine vertikale Delegation über mehrere Ebenen hinweg erfolgt.[563] In dieser Konstellation ergeben sich dann auf den einzelnen Ebenen inhaltlich unterschiedliche Leitungs-, Organisations- und Kontrollpflichten – eine Abstufung, die auch im Deliktsrecht bekannt ist und dort als so genannter „dezentraler Entlastungsbeweis" diskutiert wird.[564] Auch in diesem Zusammenhang kann daneben erneut auf die bei § 130 OWiG geltenden Grundsätze zurückgegriffen werden: Bereits die gesetzliche Regelung in § 130 Abs. 1 S. 2 OWiG gestattet die Bestellung von Aufsichtspersonen unterhalb der Leitungsebene, verlangt aber wiederum deren sorgfältige Auswahl und Überwachung durch die Vorstandsmitglieder.[565] Bei der daraus folgenden mehrstufigen Verteilung der Aufsichtspflichten kann nur dann eine ordnungsgemäße Aufsicht des Vorstands garantiert werden, wenn ein so genannter Organisationsplan aufgestellt wird, mithilfe dessen eine möglichst lückenlose Kontrolle zur Vermeidung betriebstypischer Pflichtverletzungen über die verschiedenen Ebenen hinweg zu erreichen ist.[566] Auch in dieser Konstellation gilt der Vertrauensgrundsatz; die Vorstandsmitglieder dürfen auf das Funktionieren der Überwachungsorganisation vertrauen, solange sie keinen konkreten Anlass haben, daran zu zweifeln,

---

eigenständiges Rechtsinstitut zur Bestimmung des Sorgfaltsmaßstabs in der arbeitsteiligen Welt ausspricht („Eine sorgfaltspflichtbeschränkende Wirkung des Vertrauensgrundsatzes erscheint jedoch bei arbeitsteiligem Zusammenwirken nicht sachgerecht, weil damit (sorgfaltswidrige) Handlung und (zum Sorgfaltsverstoß berechtigendes) Vertrauen voneinander abgeschichtet werden, was der untrennbaren Einheit von Handlung und Vertrauen nicht gerecht wird").

563 Vgl. dazu oben 2. Kapitel: § 1 B. II. 1. („überspringen einer Stufe").

564 Spindler/Stilz-Fleischer, § 93, Rn. 111 m.w.N.

565 Spindler/Stilz-Fleischer, § 93, Rn. 111; KK OWiG-Rogall, § 130, Rn. 70; vgl. Corporate Compliance Handbuch-Schmidt-Husson, § 6, Rn. 37 f. („Überwachung der Überwacher" als so genannte „Meta-Überwachung").

566 KK OWiG-Rogall, § 130, Rn. 70.

dass die Aufsichtspersonen unterhalb der Leitungsebene ihre Aufgabe korrekt erfüllen.[567] Dies gilt erneut nur dann, wenn die Vorstandsmitglieder die eigene Überwachungspflicht ordnungsgemäß wahrnehmen und dafür Sorge getragen haben, von etwaigen Missständen in der eingerichteten Überwachungsorganisation zuverlässig und frühzeitig zu erfahren.[568]

Für die hier vorliegende Arbeit ist es abschließend wichtig, noch einmal ausdrücklich klarzustellen, dass die genannten Grundsätze zu den Vorstandspflichten bei vertikaler Delegation nicht nur dann gelten sollen, wenn den Mitarbeitern (Geschäftsführungs-) Entscheidungen[569] übertragen wurden, sondern auch dann, wenn es sich („bloß") um Aufgaben, und somit auch um Zuarbeit, handelt.[570]

b. Strafrechtliche Beurteilung / Eigener Vorschlag im Lichte des „Risiko-Punkte-Systems"

Festzuhalten ist zunächst, dass sich auch bei vertikaler Arbeitsteilung Umfang und Grenzen der Pflichten des potentiellen Täters der Untreue nach dem zugrunde liegenden Rechtsverhältnis richten. Eine Anbindung an zivilrechtliche Grundlagen ist gegeben. Insofern kann auch im Falle von vertikaler Arbeitsteilung aufgrund der Akzessorietät des Strafrechts zivilrechtlich pflichtgemäßes Verhalten nicht strafrechtlich vorgeworfen werden. Sofern sich also ein Vorstand an die oben ausgeführten aktienrechtlichen Vorgaben gehalten hat, darf er davon ausgehen, dass er sich auch aus strafrechtlicher Sicht grundsätzlich auf die *Zuarbeit* des Mitarbeiter einer nachfolgenden Hierarchieebene verlassen durfte. Ob dies für ein pflichtgemäßes Handeln ausreichend ist, hängt wiederum davon ab, ob das Risiko im Wege der Gesamtabsicherung mit gegebenenfalls weiteren Bausteinen ausreichend beherrscht wurde.

Aufgrund der Asymmetrie der Akzessorietät[571] gilt umgekehrt aber nicht, dass sich ein Vorstandsmitglied automatisch strafbar machen würde, wenn nicht alle aktienrechtlichen Vorgaben im Detail (im Ergebnis soll es im Aktienrecht schließlich oftmals auch auf die Besonderheiten des Einzelfalls ankommen) erfüllt werden und gegebenenfalls eine zivilrechtliche Haftung droht. Die Strafbarkeit muss in diesem Fall *isoliert* bestimmt werden.

---

567 Corporate Compliance Handbuch-Schmidt-Husson, § 6, Rn. 37 f.

568 Corporate Compliance Handbuch-Schmidt-Husson, § 6, Rn. 38.

569 Leitungsentscheidungen dürfen demgegenüber nicht delegiert werden.

570 Spindler/Stilz-Fleischer, § 76, Rn. 65.

571 Vgl. oben 3. Kapitel: § 2 B. I. 2.

Wie bei den Kontrollmechanismen geht es auch im Folgenden ausschließlich darum, Kriterien für die gedankliche 2. Stufe der Absicherung zu bestimmen und einen Vorschlag zu liefern, unter welchen Voraussetzungen *grundsätzlich* die gewählte Absicherungsart (hier: Kompetenz eines Mitarbeiters auf vertikaler Ebene) als Baustein der Gesamtabsicherung Vertrauensschutz entfaltet. Wie im rechtstatsächlichen Teil ausgeführt, kann Arbeitsteilung im Unternehmen nur effektiv durchgeführt werden, wenn man den Entscheidungsträgern die Möglichkeit einräumt, sich im Wege der Delegation (hier: vertikal) auf Mitarbeiter bzw. Kollegen verlassen zu dürfen. Die Möglichkeit der vertikalen Delegation ist wie oben ausgeführt auch aktienrechtlich allgemein anerkannt.

Konsequenterweise muss diese Grundsatzentscheidung daher auch im hier vorgeschlagenen System Beachtung finden; zu beantworten bleibt, wann man sich auf die Entscheidung bzw. Zuarbeit eines spezialisierten Kollegen im vertikalen Verhältnis *strafrechtlich* verlassen darf.

Zunächst soll es auch im „Risiko-Punkte-System" bei vertikaler Delegation erforderlich sein, dass das Vorstandsmitglied ein „Grundmaß"[572] an Sorgfalt hinsichtlich Auswahl, Einweisung und Überwachung der vertikalen Mitarbeiter beachtet bzw. bei vertikaler Delegation über mehrere Ebenen hinweg dafür Sorge trägt, dass diese Pflichten auf der jeweiligen Ebene erfüllt werden („Organisationsplan"), wobei die oben genannten Prinzipien des Vertrauensgrundsatzes auch hier zur Anwendung kommen sollen. Dieses „Grundmaß" an Sorgfalt ist „Mindestvoraussetzung" dafür, dass *überhaupt* – also unabhängig vom Einzelfall – Vertrauen in Frage kommen kann. Dies soll deshalb gelten, da das Mitglied des Vorstands im Ergebnis jederzeit die Vermögensinteressen der Aktionäre zu betreuen hat. Bei § 266 StGB handelt es sich bekanntlich um ein Vermögensdelikt. Entscheidet sich ein Mitglied des Vorstands im Wege der vertikalen Arbeitsteilung bzw. Delegation für eine Abgabe von Aufgaben, ist dennoch davon auszugehen, dass die Aktionäre das Vorstandsmitglied nicht komplett von dieser Pflicht befreien wollen. Mit anderen Worten ist das für die Untreue relevante Innenverhältnis in diesem Sinne auszulegen. Dieser Ansatz ist auch konform mit den aktienrechtlichen Grundsätzen, da auch danach lediglich eine Transformation der Vorstandspflichten mit der vertikalen Delegation verbunden sein soll.

572 Würde man die Einhaltung der aktienrechtlichen Pflichten im Detail verlangen, wäre bei zivilrechtlicher Haftung stets auch eine Strafbarkeit gegeben. Dies ist aufgrund der asymmetrischen Akzessorietät des Strafrechts aber abzulehnen. Bei § 266 StGB ist relevant, ob der strafrechtliche Schutzbereich betroffen ist. Daher werden im Folgenden weitere Kriterien herausgearbeitet – ausgehend von § 266 StGB als Vermögensdelikt zum Schutze der Treugeber.

Wurde diese erste (Minimal-)Hürde für das Vertrauen genommen, stellt sich die Frage, unter welchen Voraussetzungen dem Spezialwissen der Kollegen – im Einzelfall – vertraut werden kann und die gewählte Art der Absicherung als Baustein der Gesamtabsicherung für sich genommen Vertrauensschutz entfaltet.

Ausgehend von § 266 StGB als Vermögensdelikt zum Schutze des individuellen Vermögens der Treugeber[573] knüpft das „Risiko-Punkte-System" des Autors an das unternehmerische, also finanzielle Risiko der Entscheidung an. Genau dieses Risiko gilt es im Sinne der Aktionäre zu beherrschen. Insofern bietet es sich an, dieses konkrete Risiko der Entscheidung des Vorstandsmitglieds (bzw. des Gesamtvorstands) auch bei den Anforderungen an das Vorstandshandeln bei vertikaler Arbeitsteilung zum Maßstab zu nehmen. Im System des Autors soll daher bei vertikaler Zuarbeit auf der 2. Stufe der Absicherung eine Abstufung anhand der ermittelten „Risiko-Basispunkte"[574] erfolgen:

Handelt es sich um ein geringes oder mittleres Risiko (0–7 „Risiko-Basispunkte") der Entscheidung des Vorstandsmitglieds (unabhängig davon, ob mit Einzelgeschäftsführungsbefugnis oder im Gesamtvorstand), erscheint es im Sinne der Aktionäre ausreichend, wenn das Vorstandsmitglied bei der Überwachung der vertikalen Ebene keine Fehler erkennen konnten. In dieser Konstellation hat das Vorstandsmitglied also seine „Grundpflicht" erfüllt, *bei dieser Gelegenheit* keine Fehler wahrnehmen können und kann sich aus diesem Grund wie oben beschrieben auf den Vertrauensgrundsatz berufen. Das Vorstandsmitglied darf in diesem Fall auf die vertikale Zuarbeit des spezialisierten Mitarbeiters vertrauen; der Baustein der Gesamtabsicherung entfaltet grundsätzlich Vertrauensschutz.

Handelt es sich demgegenüber um eine Entscheidung mit hohem Risikopotenzial (8–10 „Risiko-Basispunkte"), erscheint es im Sinne der Aktionäre erforderlich, dass sich das Vorstandsmitglied detailliert mit den Grundlagen der Entscheidung, also mit den aufgrund der Zuarbeit erhaltenen Informationen, befasst. Hier soll es nicht ausreichend sein, dass *bei Gelegenheit der Aufsicht* keine Unstimmigkeiten erkannt werden konnten. Vielmehr erscheint es bei sehr riskanten Entscheidungen angezeigt, dass das Vorstandsmitglied selbst im Vorfeld der Entscheidung die vertikal erhaltenen Informationen detailliert überprüft. Da es sich bei der Untreue um ein Vermögensdelikt zum Schutze der Treugeber

573 Fischer, § 266, Rn. 2.

574 Deren Anzahl ist wie oben ausgeführt für die gleiche zu treffende Entscheidung bei jedem Unternehmen identisch, also vergleichbar. Im Zentrum der Ermittlung steht nämlich die konkrete Entscheidung. Die Besonderheiten des konkreten Unternehmens werden aber bei der Ermittlung der konkreten Anzahl an Beherrschungspunkten berücksichtigt, vgl. oben „Risiko-Absicherungs-Relation".

handelt, ist es auch konsequent, dass sich mit steigendem finanziellem Risiko die Anforderungen an das Vorstandshandeln erhöhen. Allgemeine Überwachung ist dann nicht mehr ausreichend, um sich auf den Vertrauensgrundsatz zu berufen, da sich die Anforderungen an ordnungsgemäßes Vorstandshandeln bei hohem Risikopotenzial gerade verändert haben. Mit anderen Worten könnte man formulieren, dass der Vertrauensgrundsatz aufgrund einer besonders riskanten Situation einer Einschränkung bedarf und das Vorstandsmitglied sein Handeln entsprechend anzupassen hat. In der Diktion des Straßenverkehrs könnte man vergleichend sagen, es handelt sich dann um eine Situation, in welcher der Vertrauensgrundsatz eine Einschränkung erfahren muss, weil die aktuelle Verkehrslage eine erhöhte Gefährlichkeit des Straßenverkehrs mit sich bringt.[575]

Wie oben bei den Kontrollmechanismen ist es aber denkbar, dass die gewählte Absicherung (hier: Vertrauen auf die Zuarbeit eines spezialisierten Kollegen auf vertikaler Ebene) nicht alleine zum Aufwiegen der ermittelten „Risiko-Basispunkte" führt, sondern weitere Bausteine zur Gesamtabsicherung der unternehmerischen Entscheidung erforderlich sind. Die ermittelte Anzahl an Basispunkten wurde hier also bloß ein weiteres Mal auf der gedanklichen 2. Stufe der Absicherung herangezogen, um eine Abstufung für die Anforderungen für das „grundsätzliche" Entstehen von Vertrauensschutz bei vertikaler Zuarbeit bestimmen zu können.

Für die gefundenen Kriterien spricht, dass auf diese Weise ein praxisgerechter Ausgleich zwischen den Interessen der Aktionäre als Treugeber und den rechtstatsächlichen Gegebenheiten im Unternehmen erreicht werden kann. Vor dem Hintergrund der Untreue als Vermögensdelikt wäre es für die Aktionäre zum Schutze ihres Vermögens die „sicherste" Variante, wenn bei allen Entscheidungen ein hundertprozentiger Ausschluss des Risikos erfolgen würde. Dabei würde man aber – unabhängig davon, dass ein hundertprozentiger Risikoausschluss in aller Regel gar nicht möglich sein wird – übersehen, dass dies auch nicht unbedingt im Interesse der Aktionäre sein dürfte. Merkmal einer unternehmerischen Entscheidung ist schließlich gerade das Vorhandensein eines gewissen Risikos. Dieses Risiko nehmen die Aktionäre durch den Handel mit Aktien gerade in Kauf, da die Kehrseite des Risikos stets der finanzielle Gewinn ist. Aufgrund dieser Überlegungen kommt es für das pflichtgemäße Handeln im „Risiko-Punkte-System" auch nicht auf den Ausschluss des Risikos, sondern nur auf dessen Beherrschung an. Was die rechtstatsächlichen Gegebenheiten anbelangt, wurde im ersten Teil der Arbeit ausgeführt, dass ein Unternehmen nur dann effektiv wirtschaften kann,

575 Hannes, S. 47; Schönke/Schröder-Sternberg-Lieben/Schuster, § 15, Rn. 209.

wenn man den individuellen Personen im Wege der Arbeitsteilung zugesteht, dass Aufgaben verteilt werden und auf Kollegen vertraut werden darf. Ließe man dies nicht zu, könnte das Unternehmen nicht effektiv arbeiten.

Die oben genannten Kriterien versuchen also einen Ausgleich zwischen erforderlicher Risikobeherrschung und rechtstatsächlich erforderlichem Vertrauen zu erreichen. Bei Entscheidungen mit geringem und mittlerem Risikopotenzial ist der erforderlichen Risikobeherrschung durch die allgemeine Aufsicht bereits ausreichend Genüge getan, sodass sich die Effektivität des Unternehmens (im Sinne einer schnelleren Entscheidungsfindung) durchsetzen soll, die Notwendigkeit von Vertrauen überwiegt in der Abwägung. Die finanziellen Interessen der Aktionäre (also das Rechtsgut der Untreue) sind bereits ausreichend gewahrt.

Handelt es sich demgegenüber um ein hohes Risikopotenzial der Entscheidung, ist es erforderlich, dass die Effektivität des Unternehmens bzw. der Grad an Vertrauen zur Realisierung der erforderlichen Risikobeherrschung ein Stück weit zurückstehen muss. In diesem Fall ist es im finanziellen Interesse der Aktionäre (also zum Schutz des Rechtsguts der Untreue) angezeigt, dass eine vertiefte Auseinandersetzung mit der zu treffenden Entscheidung erfolgt und das Vertrauen auf die vertikale Zuarbeit zurückstecken muss und der Vertrauensgrundsatz eine Einschränkung erfährt. Mit anderen Worten: Nur wenn eine vertiefte Auseinandersetzung mit den Grundlagen der Entscheidung erfolgt, kann das hohe Risiko überhaupt ausreichend beherrscht werden. Und nur wenn diese Anforderungen erfüllt sind, kann die gewählte Absicherungsart als Baustein der Gesamtabsicherung für sich genommen Vertrauensschutz entfalten. Eine andere Frage bleibt, ob die Zusammensetzung der einzelnen Bausteine richtig gewählt wurde, also die Gesamtabsicherung der unternehmerischen Entscheidung ordnungsgemäß durchgeführt wurde und die Pflichtwidrigkeit deshalb abzulehnen ist.

c. Beibehaltung oder Anpassung der Kriterien bei unterschiedlichen Organisationsformen (funktional/divisional/Matrix)

Wie im rechtstatsächlichen Teil der Arbeit dargestellt, kann die arbeitsteilige Organisation eines Unternehmens verschieden gestaltet werden. Die gängigen Idealtypen, funktionale Organisation, divisionale Organisation und Matrixorganisation wurden am Beispiel der fiktiven „Vertrauens-AG“ dargestellt.[576]

Aufgrund dieser rechtstatsächlichen Gestaltungsmöglichkeit muss nun im dogmatischen Teil geklärt werden, ob die oben vertretenen Kriterien für schützenswertes Vertrauen auf die vertikale Zuarbeit eines Kollegen bei allen

576 Vgl. dazu im rechtstatsächlichen Teil der Arbeit „Idealtypen der Organisation“.

Organisationsformen passend sind oder eine Modifikation bei einzelnen Organisationsformen erfolgen muss.

Vor einem eigenen Vorschlag im „Risiko-Punkte-System“ ist auch hier eine aktienrechtliche Vorbetrachtung angezeigt:

Soweit ersichtlich wird diese Frage in der aktienrechtlichen Literatur im Zusammenhang mit vertikaler Arbeitsteilung – jedenfalls ausdrücklich – nicht beantwortet. Allenfalls allgemeine Ansätze sind erkennbar: Denn wie oben bereits ausgeführt, soll für das Ausmaß der vertikalen Überwachungspflicht auch die Organisation eines Unternehmens ein möglicher Parameter sein. Beispielsweise *Fleischer* führt in diesem Zusammenhang aus, dass sich „in erster Linie (…) die Überwachungsintensität an der Art, Größe und Organisation des Unternehmens sowie der Vielzahl der von ihm zu beachtenden Vorschriften auszurichten“[577] hat.

Im „Risiko-Punkte-System“ des Autors soll daher versucht werden, eine weitergehende Konkretisierung zu erreichen.

Festzuhalten ist zunächst, dass es für obige Kriterien keinen Unterschied macht, ob ein Unternehmen funktional oder divisional organisiert ist. In beiden Fällen handelt es sich in vertikaler Richtung um spezialisierte Ressorts. Nur der Bezugspunkt der Spezialisierung ist ein anderer. Insofern macht es bei der exemplarischen „Vertrauens-AG“ keinen Unterschied, ob ein Funktions- oder ein Produktmanager auf die Zuarbeit eines vertikalen Mitarbeiters vertrauen darf. In beiden Fällen handelt es sich um eine „Einlinienorganisation“.[578]

Etwas anderes kann sich aber bei der Matrix als „Mehrlinienorganisation“[579] ergeben, da es dort zu einer Kombination von funktionaler und divisionaler Organisation kommt. Bedenken hinsichtlich obiger Kriterien könnte man vor allem dann aufbringen, wenn der zuarbeitende Mitarbeiter „im Kreuz“ der Ressorts tätig ist, also – ein „Mehrliniensystem“ charakterisierend – sowohl einen funktionalen als auch einen divisionalen Vorgesetzen hat. Aufgrund dieser Doppelbelastung des zuarbeitenden Mitarbeiters könnte man folglich Zweifel an der Kompetenz seiner Zuarbeit aufbringen und obige Kriterien anpassen wollen, um eine effiziente Risikobeherrschung sicherzustellen. Diese Überlegung übersieht aber zum einen, dass sich die Ausrichtung der Pflichten des Vorstands am Risiko der von ihm zu treffenden Entscheidung orientieren soll. Zum anderen – und das ist der wesentliche Aspekt – muss die persönliche und fachliche Qualifikation des zuarbeitenden Mitarbeiters bereits bei der allgemeinen Aufsichtspflicht im Rahmen der „Auswahl“

577 Spindler/Stilz-Fleischer, § 93, Rn. 105.

578 Vgl. oben Parameter 2 bei „Gestaltungsparameter der Organisation“.

579 Vgl. oben Parameter 2 bei „Gestaltungsparameter der Organisation“.

berücksichtigt werden. Insofern muss auch an dieser Stelle eine dahingehende Prüfung stattfinden, ob der konkrete Mitarbeiter trotz Doppelbelastung in der Matrix in der Lage ist, die übertragenen Aufgaben ordnungsgemäß zu erfüllen. Dabei handelt es sich um einen so wesentlichen Aspekt (nämlich um die personelle Besetzung), dass dies auch im strafrechtlichen System des Autors im Rahmen der „Minimalvoraussetzung" für schützenswertes Vertrauen zu fordern ist. Es gilt auch hier die obige abgestufte Anwendung des Vertrauensgrundsatzes: Im Rahmen der allgemeinen Überwachung bei niedriger und mittlerer Risikostufe kann sich das Vorstandsmitglied auf den Vertrauensgrundsatz berufen, solange es seiner Aufsichtspflicht genügt und keine Zweifel daran haben muss, dass der Mitarbeiter seine Pflichten ordnungsgemäß erfüllt. Wurde der Mitarbeiter bereits falsch ausgewählt und ist er seinen Pflichten im „Kreuz der Matrix" gerade nicht gewachsen, ist eine Entlastung des Vorstandsmitglieds aufgrund des Vertrauensgrundsatzes ausgeschlossen. Das Vorstandsmitglied muss Zweifel haben. Bei mittlerer und hoher Risikostufe gilt demgegenüber auch bei einem vertikalen Mitarbeiter „im Kreuz" obige Einschränkung des Vertrauensgrundsatzes. Die Vorstandspflichten unterliegen aufgrund der hohen Risikostufe einer Veränderung. Eine allgemeine Überwachung ist dann nicht ausreichend, sondern ein eigenes detailliertes Befassen mit der Materie erforderlich.

2. *Horizontale Arbeitsteilung*

Nach der dogmatischen Untersuchung der vertikalen Arbeitsteilung bleibt bei den Zwei-Personen-Verhältnissen die Darstellung der horizontalen Arbeitsteilung. Im nächsten Abschnitt wird daher betrachtet, ob und wenn ja, unter welchen Voraussetzungen sich ein Mitglied des Vorstands auf das Spezialwissen eines Vorstandskollegen verlassen kann. Entscheidend ist hierbei, dass dieser spezialisierte Kollege, wie im rechtstatsächlichen Teil beschrieben, im Wege der Arbeitsteilung ein eigenes, spezielles, Ressort verantwortet. Anknüpfend daran sind wiederum zwei Konstellationen denkbar:

Handelt es sich um eine Aufgabe, die „nur" die Geschäftsführung des speziellen Ressorts betrifft, kann der spezialisierte Kollege in der Regel im Rahmen der eingeräumten Einzelgeschäftsführungsbefugnis selbst entscheiden. Aufgrund der dennoch bestehenden Gesamtverantwortung des Vorstands (dazu im Einzelnen sogleich) muss geklärt werden, unter welchen Voraussetzungen der nicht spezialisierte Kollege auf die Kompetenz dieser Entscheidung vertrauen darf, wann er also seiner Sorgfaltspflicht genügt.

Handelt es sich hingegen um eine so genannte „Leitungsaufgabe" (dazu ebenfalls sogleich) ist ein Gesamtvorstandsbeschluss erforderlich. Der spezialisierte

Kollege kann dennoch sein Spezialwissen gegenüber seinen fachfremden Kollegen vor der gemeinsamen Entscheidung zur Verfügung stellen, den übrigen Kollegen also zuarbeiten. Die zugetragenen Informationen macht dann jedes Vorstandsmitglied zur Grundlage seiner individuellen Entscheidung.

Um den Bezug zum rechtstatsächlichen Teil der Arbeit herzustellen, sei davon ausgegangen, dass *der Vorstand der „Vertrauens-AG" arbeitsteilig organisiert ist. Eine Änderung in einem speziellen Ressort soll in Zukunft Kosten einsparen und somit den Gewinn der AG deutlich erhöhen.*

In Konstellation 1 kann der zuständige Vorstand P die Entscheidung im Rahmen seiner Einzelgeschäftsführungsbefugnis alleine treffen.
In Konstellation 2 erläutert er seinen Vorstandskollegen die Informationen, auf deren Basis sodann einstimmig die Änderung vom Vorstand beschlossen wird. Die übrigen Vorstandsmitglieder gehen davon aus, dass diese Einschätzungen richtig sind.

In beiden Konstellationen stellt sich die Entscheidung später als falsch heraus: Statt dem erwarteten Gewinn ist der AG ein erheblicher finanzieller Schaden entstanden.

Wann also ist die Expertise des Vorstandskollegen zur Absicherung und somit zur Beherrschung im „Risiko-Punkte-System" aus strafrechtlicher Sicht in beiden Konstellationen geeignet:

Ausgangspunkt ist die im rechtstatsächlichen Teil der Arbeit dargestellte Entscheidung, ein Unternehmen bzw. den Vorstand in verschiedene Ressorts aufzuteilen. In einem ersten Schritt gilt es herauszuarbeiten, welche Auswirkungen diese Organisationsform auf die wahrzunehmenden Pflichten des jeweiligen Vorstandsmitglieds im horizontalen Verhältnis im Aktienrecht hat, sowohl bei Einzelentscheidungen als auch bei Gesamtvorstandsbeschlüssen.

a. Aktienrechtliche Vorstandspflichten bei horizontaler Delegation

aa. Aktienrechtliche Vorstandspflichten bei Entscheidung eines Kollegen mit Einzelgeschäftsführungsbefugnis im exklusiven Bereich seines Ressorts (Konstellation 1)

Grundsätzlich hat der Vorstand gemäß § 76 Abs. 1 AktG in eigener Verantwortung die Gesellschaft zu leiten. Besteht der Vorstand aus mehreren Personen, sind sämtliche Mitglieder nur gemeinschaftlich zur Geschäftsführung befugt, es sei denn in der Satzung oder Geschäftsordnung ist etwas anderes bestimmt, vgl. § 77 Abs. 1 S. 1, S. 2 HS 1 AktG. Wie oben bereits ausgeführt, ist in der Praxis eine Aufgabenverteilung zwischen den einzelnen Vorstandsmitgliedern heute absolut üblich; eine entsprechende Arbeitsteilung im Sinne einer solchen Geschäftsverteilung galt bereits zu Zeiten des Aktiengesetzes von 1937 als unerlässlich.[580] Dies deshalb, weil das gesetzliche Leitbild der Gesamtgeschäftsführung in sämtlichen Angelegenheiten der Gesellschaft den Anforderungen der Praxis in aller Regel nicht gerecht wird und sich insbesondere bei größeren Gesellschaften die vielfältigen, vom Vorstand zu treffenden Geschäftsführungsmaßnahmen nicht in allen Bereichen von allen Vorstandsmitgliedern gemeinschaftlich wahrnehmen lassen.[581] Wie im rechtstatsächlichen Teil der Arbeit vertieft behandelt, folgt aus diesem Umstand die Notwendigkeit einer Organisation und Delegation von Geschäftsführungszuständigkeiten.[582]

Klarzustellen ist aber, dass eine solche Delegation von Entscheidungen nur dann möglich ist, wenn es sich nicht um eine „Leitungsaufgabe" handelt, also um ein Aktionsfeld, das zum Kernbereich der Vorstandstätigkeit gehört und vom ihm deshalb nicht aus der Hand gegeben werden darf.[583] Trotz der bereits erfolgten Darstellung im rechtstatsächlichen Teil sei auch an dieser Stelle noch einmal darauf hingewiesen, dass trotz der Möglichkeit der Erteilung von Einzelgeschäftsführungsbefugnis im jeweiligen Ressort nämlich gewisse Mindestzuständigkeiten beim Gesamtvorstand verbleiben müssen. Denn der Gesetzgeber hat festgelegt, dass Aufgaben, die der Leitung des Unternehmens – und nicht nur der (bloßen) Geschäftsführung im jeweiligen Ressort – zuzuordnen sind (Leitungsaufgaben), dem Vorstand als Kollegialorgan vorbehalten sind, so beispielsweise die §§ 83, 90, 91, 92, 110 Abs. 1, 118 Abs. 2, 121 Abs. 2, 124 Abs. 3 S. 1, 170 und 245 Nr. 4 AktG.[584] Delegationsfähig sind demnach nur Maßnahmen der (einfachen) Geschäftsführung, die im Ergebnis nicht grundlegende oder wesentliche Fragen betreffen, nicht aber solche der Leitung der Gesellschaft.[585]

Ist also *keine „Leitungsaufgabe"* betroffen, kann eine Entscheidung deshalb von einem einzelnen Vorstandsmitglied mit *Einzelgeschäftsführungsbefugnis* im jeweiligen Ressort grundsätzlich *alleine* getroffen werden *(Konstellation 1)*.[586]

---

580 Wolf, VersR 2005, 1042, 1043 m.w.N.

581 Hölters-Weber, § 77, Rn. 27.

582 So auch Hölters-Weber, § 77, Rn. 27 w.w.N.

583 Fleischer, ZIP 2003, 1, 2; vgl. zum Ganzen: Corporate Compliance Handbuch-Schmidt-Husson, § 6, Rn. 18 ff.

584 Hüffer-Koch, § 76, Rn. 9; im Gesetzeswortlaut finden sich Formulierungen wie „der Vorstand hat", „der Vorstand kann" etc.

585 Hüffer-Koch, § 76, Rn. 8; Hegnon, CCZ 2009, 57, 58; vgl. Fleischer, ZIP 2003, 1, 2, der „die Ausarbeitung einer aktienrechtlichen Kernbereichslehre, die dem Vorstand allgemein angibt, welche Aufgaben er (…) übertragen darf und welche er als Gesamtorgan selbst wahrnehmen muss", fordert.

586 Vgl. in diesem Zusammenhang § 3 Abs. 4 der Geschäftsordnung für den Vorstand der SIEMENS AG: „Das einzelne Mitglied des Vorstands führt das ihm zugewiesene

Dies bedeutet aber nicht, dass die übrigen Vorstandsmitglieder in diesem Fall von ihrer eingangs genannten Gesamtverantwortung gemäß § 76 Abs. 1 AktG befreit wären. Die Verantwortung des Einzelnen ist auch dann nicht auf das übertragene Ressort beschränkt,[587] sondern jedes Vorstandsmitglied trägt die umfassende Verantwortung für die gesamte Geschäftsführung der Gesellschaft, die nach wie vor dem Vorstand als Organ obliegt.[588] Verantwortung besteht auch für die Einzelentscheidungen der spezialisierten Kollegen im Ressort.

Dies aber in gewandelter Form: Im Aktienrecht ist nämlich anerkannt, dass die erfolgte Geschäftsverteilung eine gewisse Beschränkung bzw. Modifikation der Verantwortlichkeit der Vorstandsmitglieder bewirkt. Dies soll insofern gelten, als die Handlungs- oder Ressortverantwortung lediglich bei dem ressortzuständigen Mitglied liegt und sich für die übrigen Vorstandsmitglieder die Verantwortung auf eine Überwachungs- und Kontrollpflicht beschränkt.[589] Aus dem Grundsatz der Gesamtverantwortung (trotz Arbeitsteilung) folgt daher eine allgemeine Aufsichtspflicht jedes Vorstandsmitglieds.[590] Bisweilen wird in diesem Zusammenhang auch von einer „abgeschwächten Überwachungspflicht" der ressortfremden Vorstandsmitglieder gesprochen.[591] Bei Verletzung dieser Pflicht handelt es sich sodann um eine eigene Pflichtverletzung des Mitglieds des Vorstands.[592]

Vorstandsressort in eigener Verantwortung. Soweit Maßnahmen und Geschäfte eines Vorstandsressorts zugleich ein anderes oder mehrere andere Vorstandsressorts betreffen, muss sich das Mitglied des Vorstands zuvor mit den anderen beteiligten Mitgliedern abstimmen. Wenn eine Einigung nicht zustande kommt, ist jedes beteiligte Mitglied des Vorstands verpflichtet, eine Beschlussfassung des Vorstands herbeizuführen. In diesem Fall hat die Maßnahme bis zur Entscheidung des Vorstands zu unterbleiben."

587 BGH NJW 1986, 54, 55; NJW 1995, 2850, 2851; BGHZ 133, 370, 377 f.

588 Hölters-Weber, § 77, Rn. 31 m.w.N.

589 Hölters-Weber, § 77, Rn. 31 mit dem Verweis auf BGHZ 133, 370, 376 f. und OLG Hamm AG 2012, 683 ff.

590 Hüffer-Koch, § 77, Rn. 14 f.; ; vgl. Corporate Compliance Handbuch-Schmidt-Husson, § 6, Rn. 40 f. mit dem Hinweis, dass diese Aufsichtspflicht generell nicht delegierbar ist, also auch nicht auf nur ein Vorstandsmitglied übertragen werden kann („Die Organbinnenkontrolle ist (…) nicht ressortfähig").

591 Hüffer-Koch, § 77, Rn. 15 m.w.N.

592 Vgl. Handbuch des Vorstandsrechts-Fleischer, § 8, Rn. 14 m.w.N.: „Gemäß § 93 Abs. 2 AktG haftet ein Vorstandsmitglied nur für eigenes Verschulden. Für eine Zurechnung des Fehlverhaltens von Vorstandskollegen fehlt eine gesetzliche Grundlage: § 278 BGB scheidet aus, weil ein Vorstandsmitglied nicht Erfüllungsgehilfe ist, sondern seine eigenen organschaftlichen Pflichten gegenüber der Aktiengesellschaft zu

Welche Reichweite hat aber die Überwachungspflicht bei Ressortverteilung? Oder um es im Lichte des Titels dieser Arbeit mit *Fleischer* zu formulieren: „Wie viel Vertrauen darf ein Vorstandsmitglied seinen Kollegen schenken, wie viel Misstrauen muss er ihnen entgegenbringen?"[593]

In der Literatur findet sich zur Beantwortung dieser Frage häufig der Hinweis, dass das Ausmaß der Überwachungspflicht von den Umständen des jeweiligen Einzelfalls abhängen soll.[594] Genannt werden hier als Parameter beispielsweise Unternehmensgröße, Organisationsstruktur (vgl. im rechtstatsächlichen Teil der Arbeit) und Geschäftsgegenstand.[595] Gleichwohl lassen sich bestimmte Pflichten der Überwachung auch verallgemeinern.

Einigkeit besteht zunächst darüber, dass sich die Vorstandsmitglieder über den wesentlichen Gang der Geschäfte und Entwicklungen im Gesamtunternehmen unterrichten müssen[596], also gerade keine „Chinese Walls" zwischen den Ressorts bestehen dürfen. Sie üben dabei eine Recht- und Zweckmäßigkeitskontrolle aus und sind angehalten, bei Bedarf in die Entwicklungen im fremden Ressort einzugreifen und zu intervenieren.[597] Liegen entsprechende Verdachtsmomente vor, müssen die Vorstandsmitglieder diesen Hinweisen auf Fehlentwicklungen im fremden Ressort unverzüglich nachgehen, um ihrer Überwachungspflicht gerecht zu werden.[598] In bestimmten Ausnahmesituationen soll eine gesteigerte

erfüllen hat. Auch für eine Haftung aus § 831 BGB bleibt kein Raum, da zwischen gleichberechtigten Vorstandsmitgliedern kein Abhängigkeitsverhältnis besteht."

593 Spindler/Stilz-Fleischer, § 77, Rn. 50; Fleischer, NZG 2003, 449, 453.

594 Fleischer, NZG 2003, 449, 453; Hüffer-Koch, § 77, Rn. 15; Hölters-Weber, § 77, Rn. 36.

595 Hüffer-Koch, § 77, Rn. 15; ausführlich dazu Fleischer, NZG 2003, 449, 453 ff.

596 Hölters-Weber, § 77, Rn. 34; Fleischer, NZG 2003, 449, 453.

597 Fleischer, NZG 2003, 449, 453; Hölters-Weber, § 77, Rn. 34; vgl. in diesem Zusammenhang auch § 3 Abs. 1 der Geschäftsordnung für den Vorstand der SIEMENS AG: „Die Mitglieder des Vorstands tragen gemeinsam die Verantwortung für die gesamte Geschäftsführung. Sie arbeiten kollegial zusammen und unterrichten sich gegenseitig laufend über wichtige Maßnahmen und Vorgänge in ihren Vorstandsressorts. Jedes Mitglied ist verpflichtet, bei schwerwiegenden Bedenken bezüglich einer Angelegenheit eines anderen Vorstandsressorts eine Beschlussfassung des Vorstands herbeizuführen, wenn die Bedenken nicht durch eine Aussprache mit dem anderen Mitglied des Vorstands behoben werden können. In diesem Fall hat die Maßnahme bis zur Entscheidung des Vorstands zu unterbleiben."

598 Spindler/Stilz-Fleischer, § 77, Rn. 52 und Fleischer, NZG 2003, 449, 453 mit dem Hinweis auf die entsprechende Rechtsprechungslinie von RG (HRR, 1929 Nr. 750; HRR, 1941 Nr. 132), BGH (WM 1986, 789; NJW 1986, 54, 55; BGHZ 133, 370, 377 f.) und BFH (BStBl II 1986, 384, 385; BStBl II 1998, 761, 763 f.).

Überwachungspflicht erforderlich sein und es müssen intensivere Aufsichtsmaßnahmen ergriffen werden, so zum Beispiel in finanziellen Krisenzeiten.[599] In extremen Fällen soll man sich dann gar nicht mehr auf den Kollegen verlassen dürfen, sondern eigene Kontrollmaßnahmen müssten sicherstellten, dass die gebotenen Handlungen im Nachbarressort tatsächlich vorgenommen werden.[600] *Wolf* gibt in diesem Zusammenhang zu bedenken, dass eine derartige Gewichtung des Misstrauensprinzips eine gefährliche Aushöhlung des Ressortprinzips und damit eine Gefährdung der arbeitsteiligen Funktionsfähigkeit des Kollegialorgans Vorstand bedeute.[601]

Aus der gegenseitigen Überwachungspflicht des Vorstands folgt ferner die Verpflichtung zur Installation eines vorstandsinternen Informationssystems als notwendige Voraussetzung effektiver gegenseitiger Kontrolle, wobei die konkrete Ausgestaltung dieses System im Ermessen des Vorstands liegen soll.[602]

Inwieweit daneben eine „laufende Überwachung" des Nachbarressorts erforderlich ist, wird unterschiedlich beurteilt. Am eindringlichsten hat sich *Fleischer* mit dieser Fragestellung beschäftigt und eine entsprechende Aufarbeitung geleistet, zunächst in einem Aufsatz im Jahre 2003[603], dessen Inhalte auch heute noch Gegenstand seiner Kommentierung in *Spindler/Stilz*[604] sind. Grundsätzlich dürfen danach die Anforderungen an die Aufsichtspflicht der Vorstandsmitglieder nicht überspannt werden, sodass in aller Regel eine kontinuierliche Verfolgung der Aktivitäten und Vorkommnisse in den Sitzungen des Gesamtvorstands ausreichend sein sollen.[605] Dem wird entgegengehalten, dass sich ein Vorstandsmitglied nicht auf das Bild verlassen dürfe, das er bei solchen Sitzungen gewinne.[606]

Fleischer vertritt sodann einen Mittelweg, der aufgrund seiner Bedeutung für die vorliegende Arbeit im Folgenden im Wortlaut abgedruckt ist,[607] nicht zuletzt deshalb, weil auch *Fleischer* sowohl Bezüge zum Vertrauensgrundsatz herstellt

---

599 Hölters-Weber, § 77, Rn. 36; Hüffer-Koch, § 77, Rn. 15; Spindler/Stilz-Fleischer, § 77, Rn. 53 und Fleischer, NZG 2003, 449, 453 mit dem Hinweis auf u.a. BGHZ 133, 370, 379 und BGH, DStR 2001, 633, 634.

600 Wolf, VersR 2005, 1042, 1044 m.w.N.

601 Wolf, VersR 2005, 1042, 1044.

602 Hölters-Weber, § 77, Rn. 35; Hüffer-Koch, § 77, Rn. 15; Spindler/Stilz-Fleischer, § 77, Rn. 54; Fleischer, NZG 2003, 449, 453.

603 Fleischer, NZG 2003, 449, 453 ff.

604 Spindler/Stilz-Fleischer, § 77, Rn. 55.

605 Fleischer, NZG 2003, 449, 455.

606 Fleischer, NZG 2003, 449, 455 m.w.N.

607 Fleischer, NZG 2003, 449, 455 (auf den Abdruck der Fußnoten wurde hier verzichtet).

als auch schützenswertes Vertrauen bereits auf der Ebene der Pflichtverletzung (hier im aktienrechtlichen Sinne) dogmatisch ansiedeln möchte:

> *„Den Vorzug verdient eine mittlere Linie: Einerseits wird man nicht dahinter zurückfallen dürfen, dass sich jedes Organmitglied über die im Gesamtvorstand erörterten Angelegenheiten ein eigenes Urteil bilden und die hierfür zugänglichen Informationsquellen ausschöpfen muss. Das schließt die Pflicht ein, darauf zu achten, dass die Berichterstattung der Vorstandskollegen keine wesentlichen Bereiche ausspart und etwaige Lücken durch Nachfragen zu schließen. Andererseits darf das Misstrauensprinzip nicht zur allgemeinen Regel erhoben werden. Hiergegen sprechen vor allem zwei Erwägungen: Zum einen müssen die Vorstandsmitglieder auf die primäre Ressortzuständigkeit ihres Kollegen Rücksicht nehmen. Damit verträgt sich keine umfassende Überwachungspflicht hinsichtlich jeder einzelnen Handlung eines Vorstandskollegen. Zum anderen setzt ein gedeihliches Miteinander in einem Kollegialorgan ein Mindestmaß an Vertrauen voraus. Das hat die Rechtsprechung auch in anderen Bereichen arbeitsteiligen Zusammenwirkens anerkannt und als sog. Vertrauensgrundsatz dem dogmatischen Zugriff zugänglich gemacht. Im Ergebnis wird man daher Schadensersatzansprüche gegen ein Vorstandsmitglied verneinen, wenn für ihn Fehlentwicklungen in einem Nachbarressort auch bei sorgfältiger und kritischer Begleitung der gesamten Geschäftsführung nicht erkennbar waren. In solchen Fällen fehlt es nicht erst am Verschulden, sondern bereits an einer Pflichtverletzung i.S. des § 93 I AktG."*

Diese Ansicht findet sich auch in der übrigen aktienrechtlichen Literatur wieder. So führt auch *Spindler* aus, dass sich eine Geschäftsverteilung auf gegenseitiges Vertrauen gründet und die zur Arbeitsteilung und zur Delegation entwickelten haftungsrechtlichen Grundsätze übertragen werden können:[608]

Dies gilt beispielsweise für die Regelung im Deliktsrecht, wonach der Pflichtige grundsätzlich darauf vertrauen kann, dass sich andere im Rahmen ihres Pflichtenkreises ordnungsgemäß verhalten, sofern keine greifbaren Zweifel daran bestehen. Es greift in diesem Zusammenhang der allgemein im Zivilrecht (aber auch in anderen Rechtsgebieten) für arbeitsteilige Prozesse anerkannte Vertrauensgrundsatz ein.[609] *Weber* stellt in diesem Zusammenhang fest, dass sich grundsätzlich jedes Vorstandsmitglied darauf verlassen darf, dass die übrigen Vorstandsmitglieder die ihnen zugewiesenen Ressorts ordnungsgemäß führen; auch nach seiner Auffassung gilt der Vertrauensgrundsatz.[610] Auch *Koch* gibt zu erkennen, dass er der Auffassung ist, dass Vorstandskollegen im normalen Geschäftsgang weitgehend auf eine pflichtgemäße Aufgabenerfüllung vertrauen dürfen.[611] Und *Wolf* resümiert, dass sich die Vorstände grundsätzlich auf die

608 Mü-Ko AktG-Spindler, § 77, Rn. 56.
609 Mü-Ko AktG-Spindler, § 93, Rn. 153; vgl. dazu auch 1. Kapitel: § 2.
610 Hölters-Weber, § 77, Rn. 36.
611 Hüffer-Koch, § 77, Rn. 15.

Richtigkeit der Angaben aus fremden Ressorts verlassen dürfen und eine Einschränkung dieses Vertrauensgrundsatzes hin zu einer aktiven Revisionspflicht nur für den Fall geboten sei, dass konkrete Anhaltspunkte für Pflichtwidrigkeiten, Funktionsstörungen oder die Fehlerhaftigkeit der erteilten Informationen bestehen.[612]

Vergleicht man nun im Hinblick auf den Vertrauensgrundsatz die Situation der allgemeinen Aufsichtspflicht bei Einzelgeschäftsführungsbefugnis eines Ressortverantwortlichen mit den einleitend dargestellten Konstellationen, in welcher der Vertrauensgrundsatz ebenfalls anerkannt wird,[613] ergeben sich bei genauerer Betrachtung Gemeinsamkeiten, aber auch Abweichungen.

Bei arbeitsteiligen medizinischen Maßnahmen gilt das Prinzip der strikten Arbeitsteilung mit der Konsequenz, dass mit dem Übergang der fachlichen Zuständigkeit auch die rechtliche Verantwortung übergeht.[614] Jeder Arzt habe daher grundsätzlich nur den Bereich zu verantworten, in den die von ihm übernommene Behandlung fällt.[615] Erst bei offensichtlichen Fehlleistungen eines Kollegen sei daher der Vertrauensgrundsatz eingeschränkt, eine bereits zuvor bestehende gegenseitige Überwachungspflicht bestehe aber nicht.[616] Der Grundsatz der Gesamtverantwortung für die gesamte im Wege der Arbeitsteilung separierte Tätigkeit gelte erst dann, wenn erkennbar Fehlleistungen eines Kollegen vorliegen.[617] Im Unterschied dazu besteht in der hier vorliegenden Konstellation von Anfang an eine allgemeine gegenseitige Überwachungspflicht der Vorstandsmitglieder, die sich auch bei Ressortverteilung aus dem Grundsatz der Gesamtverantwortung ergibt. Im Unterschied zu den Grundsätzen in der Medizin ist die Verantwortung gerade nicht auf das übertragene Ressort beschränkt.[618] Festzuhalten ist daher als erstes Vergleichsergebnis, dass der Vertrauensgrundsatz in der Medizin erst dann eingeschränkt ist, wenn konkrete Zweifel an einem Kollegen bestehen müssen. Im Unterschied dazu *kann* der Vertrauensgrundsatz in der hier vorliegenden Konstellation bereits früher eingeschränkt sein, nämlich dann, wenn ein Vorstandsmitglied seiner – hier gerade bestehenden – allgemeinen Aufsichtspflicht nicht ausreichend nachkommt, sich also selbst nicht ordnungsgemäß verhält – unabhängig davon, ob Zweifel an einem Kollegen bestehen.

---

612 Wolf, VersR 2005, 1042, 1046.

613 Vgl. 1. Kapitel: § 2.

614 Ulsenheimer-Bock, Rn. 199.

615 OLG Naumburg, MedR 2005, 232, 233.

616 Vgl. BGH NJW 1991, 1539, 1539; BGH VersR 1991, 695, 695.

617 Handbuch Widmaier-Erlinger/Warntjen, § 50, Rn. 55; Ulsenheimer-Bock, Rn. 204.

618 BGH NJW 1986, 54, 55; NJW 1995, 2850, 2851; BGHZ 133, 370, 377 f.

Eine Gemeinsamkeit der hier vorliegenden Konstellation lässt sich demgegenüber mit den vom BGH entwickelten Grundsätzen zur Arbeitsteilung am Bau erkennen, welche die soeben dargestellten Anwendungsvoraussetzungen des Vertrauensgrundsatzes stützt. In der einleitend ausgeführten ersten Entscheidung des BGH zur Begrenzung des Vertrauensgrundsatzes bei Arbeitsteilung am Bau[619] wurde festgelegt, dass eine „Trennung der Aufgaben- und Verantwortungsbereiche" nicht möglich ist, wenn eine einheitliche Gefahrenquelle vorliegt und der Vertrauensschutz nur dann umfassend in Betracht komme, wenn gerade klar abgrenzbare Aufgaben gegeben sind.[620] Ein Berufen auf den Vertrauensgrundsatz sei demnach ausgeschlossen, wenn es sich um einen einheitlichen Arbeitsvorgang handelt und lediglich eine interne Aufgabenverteilung vorgenommen wird.[621] Genauso ist es in der vorliegenden Konstellation: Man kann die gesetzlich vorgegebene Gesamtverantwortung des Vorstands bzw. die mit Entscheidungen der Geschäftsführung verbundenen Risiken für das Unternehmen als „einheitliche Gefahrenquelle" bezeichnen, die, ebenso wie eine einheitliche Gefahrenquelle auf einer Baustelle, trotz der Ressortverantwortung im Ganzen nicht getrennt werden kann. Die Gesamtverantwortung stellt den „einheitlichen Arbeitsvorgang" dar; durch die Ressortverteilung wird lediglich eine „interne Aufgabenverteilung" vorgenommen. Die Grundsätze des BGH sind folglich übertragbar und stützen das obige Ergebnis.

In die gleiche Richtung geht die eingangs erläuterte zweite Entscheidung des BGH zur Einschränkung des Vertrauensgrundsatzes bei Arbeitsteilung am Bau,[622] wonach „mehrere Personen (...), die an einer gefahrenträchtigen Baumaßnahme beteiligt sind, untereinander verpflichtet (sind), sich in zumutbarer Weise gegenseitig zu informieren und abzustimmen (...)."[623] Die gleiche Wertung besteht in der vorliegenden Konstellation aufgrund der gesetzlich vorgeschriebenen Gesamtverantwortung trotz Ressortverteilung.

Nicht zuletzt aufgrund dieser Parallelen zur Rechtsprechung des BGH erscheinen die oben entwickelten Kriterien für die Anwendung des Vertrauensgrundsatzes gerechtfertigt.

---

619 BGHSt 47, 224 ff. („Wuppertaler Schwebebahn").

620 Vgl. BGHSt 47, 224, 230 f.

621 Esser/Keuten, NStZ 2011, 314, 321.

622 BGHSt 53, 38 ff. („Goldberger Walter-Husemann-Schule").

623 BGHSt 53, 38, 43.

bb. Aktienrechtliche Vorstandspflichten bei Zuarbeit eines Vorstandskollegen bei Leitungsentscheidung des Gesamtvorstands (Konstellation 2)

Diese Grundsätze zur Überwachungspflicht gelten aber nicht, wenn wie oben beschrieben eine „Leitungsentscheidung" als Gesamtvorstandsbeschluss getroffen werden muss *(Konstellation 2).* Denn in dieser Konstellation ist gerade keine „normale" Entscheidung der Geschäftsführung betroffen, die im Wege arbeitsteiligen Zusammenwirkens auf einzelne Vorstandsmitglieder übertragen werden darf.[624] Bei einer Leitungsaufgabe handelt es sich um eine dem Gesamtvorstand vorbehaltene Führungsaufgabe.[625] Die in Konstellation 1 dargestellten aktienrechtlichen Anforderungen an die Vorstandspflicht wurden aber entwickelt, wenn ein einzelner Vorstand entscheidet und die übrigen lediglich eine Überwachungsaufgabe wahrnehmen sollen. In Konstellation 2 erfolgt hingegen eine gemeinsame Entscheidung *aller Vorstandsmitglieder.*

Welche Pflichten bestehen also in Konstellation 2?

Zunächst scheinen sich keine Besonderheiten zu ergeben. Es gilt die allgemeine Regelung des § 93 Abs. 1 S. 1 AktG, wonach Vorstandsmitglieder bei ihrer Geschäftsführung die Sorgfalt eines ordentlichen und gewissenhaften Geschäftsleiters anzuwenden haben.[626] Die Aufgaben des Vorstands kann man insofern grundsätzlich als „stattliches Pflichtenprogramm" verstehen.[627]

In der gewählten Konstellation 2 besteht bei näherer Betrachtung aber die Besonderheit, dass – trotz der gemeinsamen Entscheidung aller Vorstandsmitglieder – eine Zuarbeit durch einen spezialisierten Kollegen erfolgt und diese Zuarbeit Grundlage der individuellen Einzelentscheidung beim Gesamtvorstandsbeschluss ist.

In diesem Zusammenhang ist aktienrechtlich wiederum anerkannt, dass sich der Vorstand auch bei einer Leitungsaufgabe, also selbst im Bereich der nicht delegierbaren Aufgaben, stets von Kollegen und nachgeordneten Mitarbeitern unterstützen lassen kann, also nicht jede Maßnahme, die zur Erfüllung einer nicht delegierbaren Pflicht nötig ist, vom Vorstand selbst erledigt werden muss.[628] *Fleischer* spricht hier von einer „Marscherleichterung", die dem Vorstand dadurch zu

---

624 Spindler/Stilz-Fleischer, § 76, Rn. 9.

625 Spindler/Stilz-Fleischer, § 76, Rn. 14.

626 Vgl. dazu auch oben „Haftung von Organmitgliedern als Ausgangspunkt der so genannten Business Judgement Rule".

627 Fleischer, ZIP 2003, 1, 6.

628 Froesch, DB 2009, 722, 724; vgl. Turiaux, DB 2004, 2199, 2204; vgl. Hölters-Weber, § 77, Rn. 29.

Teil wird, dass er sich von verschiedener Seite unterstützender Hilfe versichern kann.[629] Eine Übertragung von vorbereitenden und ausschließlich ausführenden Aufgaben soll somit möglich bleiben, solange letztlich der Gesamtvorstand selbst wohlerwogen und in eigener Verantwortung entscheidet.[630] Treffend sind hierbei die Begrifflichkeiten von *Fleischer*, der die mögliche Vorbereitung von Entscheidungsvarianten und Beschlussvorlagen als *„decision shaping"* und die notwendig eigenverantwortliche Entscheidung des Vorstands als *„decision taking"* bezeichnet.[631]

Die delegierte Zuarbeit kann hier auch von einem *Mitglied des Vorstands* übernommen werden. In diesem Sinne führt beispielsweise *Fleischer* aus, dass „die Vorbereitung (...) durchaus einzelnen Vorstandsmitgliedern (...) überantwortet werden (kann) (...)"[632] und *Turiaux* stellt fest, dass „die praktische Vorbereitung und Umsetzung der Entscheidungen (...) jedoch grundsätzlich einzelnen Vorstandsmitgliedern übertragen werden (kann) (...)".[633]

Nach alledem bestehen keine Zweifel an der Zulässigkeit der Zuarbeit durch ein Mitglied des Vorstands in Vorbereitung eines Gesamtvorstandsbeschlusses. Nicht geklärt wird dadurch aber, ob sich bei Inanspruchnahme einer solchen Zuarbeit die Pflichten der übrigen Vorstände ändern bzw. daran angepasst beurteilt werden müssen.

Soweit ersichtlich wird diese Frage in der aktienrechtlichen Literatur – jedenfalls ausdrücklich – nicht beantwortet.

Anhaltspunkte bestehen aber: So fordert *Turiaux*, dass die „übrigen Mitglieder ausreichend informiert werden müssen, damit sie im Falle von Abweichungen vom gemeinsamen Entschluss eingreifen können"[634]. Daran anknüpfend könnte man folgern, dass auf der anderen Seite auch eine Pflicht zur Informationsbeschaffung der übrigen Mitglieder bestehen soll.

Turiaux führt weiter aus, dass „die Vorbereitung und die Umsetzung auch dieser Leitentscheidungen (...) einzelnen Vorstandsmitgliedern oder auch Dritten übertragen werden (kann), solange der Gesamtvorstand die Maßnahmen angemessen überwacht (...)"[635]. Daraus könnte man folgern, dass sich die Pflicht

629 Fleischer, ZIP 2003, 1, 6.
630 Froesch, DB 2009, 722, 724; Fleischer ZIP 2003, 1, 6; Spindler/Stilz-Fleischer, § 76, Rn. 20.
631 Fleischer, ZIP 2003, 1, 6; Spindler/Stilz-Fleischer, § 76, Rn. 20.
632 Spindler/Stilz-Fleischer, § 76, Rn. 20.
633 Turiaux, DB 2004, 2199, 2204.
634 Turiaux, DB 2004, 2199, 2204.
635 Turiaux, DB 2004, 2199, 2204.

der übrigen Vorstandsmitglieder auch bei Zuarbeit für einen Gesamtvorstandsbeschluss in eine „Überwachungspflicht" transformieren soll. Wie eine solche „Überwachungspflicht" im Detail ausgestaltet sein könnte, bleibt indes offen.

Und auch *Fleischer* scheint sich für eine Anpassung der Vorstandspflichten auszusprechen, wenn er resümiert, dass die herausgearbeiteten Leitungsaufgaben „in aller Regel eine immanente Pflichtenreduzierung" enthalten.[636] Wörtlich führt *Fleischer* daran anknüpfend folgendes weiter aus:

> *„Die Planungsverantwortung erstreckt sich lediglich auf die Richtlinien der Unternehmenspolitik und mit der Organisationsverantwortung ist stets nur die Organisation in ihren wesentlichen Grundzügen gemeint. Einzelheiten sind delegierbar und müssen in großem Umfang auch delegiert werden. Ähnlich verhält es sich mit der Finanz- und der Informationsverantwortung, die vor allem institutionelle Züge tragen: Der Vorstand hat zu veranlassen, dass ein wirkungsvolles Kontroll- und Berichtssystem eingerichtet und personell angemessen ausgestattet wird; seine nähere Ausformung darf er anderen überlassen. Dass diese zurückgenommene Pflichtenintensität dem gesetzlichen Vorstellungsbild entspricht, belegt beispielhaft § 91 Abs 1 AktG: Der Vorstand „hat dafür zu sorgen", dass die erforderlichen Handelsbücher geführt werden, die technische Durchführung darf er delegieren."*[637]

Dieser zusammenhängende Ausschnitt veranschaulicht die obige Aussage, dass auch *Fleischer* offenbar dazu tendiert, die Anforderungen an die Vorstandspflichten bei Zuarbeit für einen Gesamtvorstandsbeschluss anzupassen bzw. zurückzunehmen. Dass er ausdrücklich von „Delegation" und exemplarisch von einem „Kontroll- und Berichtssystem" spricht, lässt nach hiesiger Auffassung den möglichen Schluss zu, dass es im Ergebnis zu einer Umwandlung der Vorstandspflicht in eine Überwachungspflicht nach erfolgter Delegation kommen soll, obwohl es um eine Leitungsaufgabe geht.

Da es dem Vorstand überlassen ist, ob er die Zuarbeit von einem Vorstandsmitglied oder auf nachfolgenden Hierarchieebenen erbringen lässt und vor einer gemeinsamen Vorstandsentscheidung notwendigerweise ein Bericht erfolgen muss, spricht nach Auffassung des Autors mehr dafür, auf die obigen aktienrechtlichen Grundsätze bei vertikaler Delegation zurückzugreifen.

Denn obwohl es sich bei dem zuarbeitenden Mitglied des Vorstands um Delegation auf der horizontalen Ebene handelt – jedenfalls wenn man nur das Organigramm betrachtet –, passen die obigen aktienrechtlichen Grundsätze zur Überwachung bei horizontaler Delegation nicht. Dort entscheidet schließlich das Vorstandsmitglied mit Einzelgeschäftsführungsbefugnis und die übrigen Vorstände werden nicht unbedingt von jeder einzelnen Entscheidung in Kenntnis

---

636 Spindler/Stilz-Fleischer, § 76, Rn. 20.

637 Spindler/Stilz-Fleischer, § 76, Rn. 20; Fleischer, ZIP 2003, 1, 6.

gesetzt. Hier erfolgt demgegenüber eine gemeinsame Entscheidung auf *der Basis* der Zuarbeit. Insofern ist diese Konstellation 2 eher der vertikalen Arbeitsteilung angenähert, sodass es sinnvoll erscheint, die dortigen Grundsätze auch auf diesen Fall anzuwenden. Dieses Ergebnis ist somit eine Weiterentwicklung der obigen Ausführungen von *Turiaux* bzw. *Fleischer*, die anerkennen, dass auch bei Leitungsentscheidungen des Gesamtvorstands Delegation im Sinne von Vorarbeit für eine Entscheidung möglich ist und die Vorstandspflichten einer Anpassung bedürfen. Wie genau diese Anpassung zu erfolgen hat, wird aber nicht abschließend beantwortet. Nach hier vertretener Auffassung ist es naheliegend, in dieser Konstellation auf die aktienrechtlichen Grundsätze bei vertikaler Delegation zurückzugreifen; es bedarf demnach keiner „neuen" Ausgestaltung des Pflichtenprogramms..

b. Strafrechtliche Beurteilung / Eigener Vorschlag im Lichte des „Risiko-Punkte-Systems"

Wie oben bei der vertikalen Arbeitsteilung richten sich auch bei horizontaler Arbeitsteilung Umfang und Grenzen der Pflichten des potentiellen Täters der Untreue nach dem zugrunde liegenden Rechtsverhältnis. Auch hier ist eine Anbindung an zivilrechtliche Grundlagen gegeben. Auch hinsichtlich der Akzessorietät gilt das oben Gesagte entsprechend: Sofern sich also ein Vorstand an die oben ausgeführten – *nun horizontalen* – aktienrechtlichen Vorgaben gehalten hat, darf er davon ausgehen, dass er sich auch aus strafrechtlicher Sicht auf die getroffene Entscheidung (Konstellation 1) bzw. die Expertise (Konstellation 2) des jeweiligen Kollegen im Einzelfall verlassen durfte. Für sich genommen entfaltet der Baustein dann Vertrauensschutz. Ob dies für ein pflichtgemäßes Handeln im Sinne der Untreue ausreichend ist, hängt wiederum davon ab, ob das Risiko im Wege der Gesamtabsicherung mit gegebenenfalls weiteren Bausteinen ausreichend beherrscht wurde.

Relevant ist auch hier aufgrund der Asymmetrie der Akzessorietät die gegenteilige Situation, wenn nicht alle aktienrechtlichen Vorgaben im Detail (im Ergebnis soll es im Aktienrecht auch bei der *horizontalen Arbeitsteilung* oftmals auf die Besonderheiten des Einzelfalls ankommen) erfüllt werden.

Auch für die horizontale Arbeitsteilung soll ein eigener Vorschlag entwickelt werden.

Wie im rechtstatsächlichen Teil ausgeführt, kann Arbeitsteilung im Unternehmen *auch horizontal* nur effektiv durchgeführt werden, wenn man den Entscheidungsträgern die Möglichkeit einräumt, sich im Wege der Delegation auf Vorstandskollegen verlassen zu dürfen. Dieses Ergebnis wird erneut von der aktienrechtlichen Bestandsaufnahme gestützt, da auch dort anerkannt ist, dass trotz der Gesamtverantwortlichkeit des Vorstands nach § 76 AktG grundsätzlich eine Aufteilung in verschiedene Vorstandsressorts (Einzelgeschäftsführung) bzw. die Zuarbeit bei Gesamtvorstandsbeschlüssen möglich und zulässig sein muss.

Diese Grundsatzentscheidung muss auch für die horizontale Ebene im System des Autors Beachtung finden; zu beantworten bleibt, wann man sich auf die Entscheidung eines spezialisierten Kollegen bei Einzelgeschäftsführungsbefugnis bzw. auf die spezialisierte Zuarbeit eines Vorstandskollegen bei einem Gesamtvorstandsbeschluss als Baustein der Gesamtabsicherung einer unternehmerischen Entscheidung verlassen darf.

aa. Anforderungen bei Vertrauen auf die Einzelentscheidung (Konstellation 1)

Aufgrund der Akzessorietät ist festzuhalten, dass es in Bezug auf den konkreten Baustein der Absicherung auch strafrechtlich ausreichend ist, wenn die obigen aktienrechtlichen Anforderungen an die allgemeine Aufsichtspflicht aufgrund der Gesamtverantwortung des Vorstands erfüllt wurden. Gleiches galt mit anderem aktienrechtlichen Bezugspunkt bei der vertikalen Delegation. Im „Risiko-Punkte-System" des Autors erfolgt die Bestimmung der Pflichtwidrigkeit anhand der Frage, ob das finanzielle Risiko der Entscheidung im Sinne der Aktionäre ausreichend beherrscht wurde. Aus diesem Grund wurde oben bei der vertikalen Delegation eine Abstufung anhand der „Risiko-Basispunkte" vorgenommen und die Vorstandspflichten bzw. die Anforderungen an den „Vertrauenstatbestand" in Abhängigkeit zur Risikostufe bestimmt. Während bei kleinem und mittlerem Risiko die ordnungsgemäße Aufsicht ausreichend war, wurde bei hohem Risiko ein detailliertes Befassen mit der Entscheidungsgrundlage gefordert.[638]

Vor dem Hintergrund der Untreue als Vermögensdelikt zum Schutze der Treugeber erscheint diese Abstufung nach wie vor gerechtfertigt, wenn es um Anforderungen an die Vorstandspflichten bei Ausübung der Aufsicht geht.

In der hier vorliegenden Konstellationen soll aber nicht das Vertrauen desjenigen beurteilt werden, der selbst eine Einzelentscheidung im Rahmen seiner Einzelgeschäftsführungsbefugnis trifft[639], sondern vielmehr das Vertrauen

---

638 Die Bestimmung der Risikostufe erfolgt in einem vorgelagerten ersten Schritt bei der Ermittlung der „Risiko-Basispunkte", vgl. dazu 3. Kapitel: § 2 B. I. 3. c. aa.; zu den denkbaren Konstellationen infolge einer falschen Bewertung der Risikostufe vgl. die Schaubilder in 3. Kapitel: § 2 B. I. 3. d. (richtige Anwendung des „Risiko-Punkte-Systems" trotz falscher Risikostufe) sowie in 3. Kapitel: § 2 B. II. 2. (Irrtumskonstellationen).

639 Diese Betrachtung erfolgte oben bei der vertikalen Arbeitsteilung.

desjenigen Vorstandsmitglieds, das selbst gar nicht entscheidet, aber aufgrund der aktienrechtlichen Gesamtverantwortung gleichwohl für die getroffene Entscheidung verantwortlich ist. Insofern muss er auch hier auf die Entscheidung des Kollegen vertrauen. Wann aber ist dieses Vertrauen grundsätzlich schützenswert?

Da das hier zu beurteilende Vorstandsmitglied in diesen Fällen oftmals gar keine Kenntnis von der Entscheidung seines Kollegen besitzt, ist eine Abhängigkeit seiner Pflichten von der Risikostufe der Entscheidung nicht möglich. Aus diesem Grund müssen hier – im Unterschied zu oben – Kriterien gefunden werden, die für alle Risikostufen gleichsam gelten (können).

Aufgrund der in diesen Fällen vorgenommenen internen Geschäftsverteilung und der damit einhergehenden persönlichen Ressortverantwortlichkeit desjenigen Vorstandsmitglieds, das die Entscheidung trifft, ist es auch strafrechtlich erforderlich, die Pflichten der übrigen Vorstandsmitglieder auf eine allgemeine Überwachung in Anlehnung an das Aktienrecht zu beschränken. Wie bei der vertikalen Delegation muss es strafrechtlich aber auch hier ausreichend sein, wenn ein „Grundmaß an Aufsichtspflicht" eingehalten wurde. Ist dies der Fall, darf auf die ordnungsgemäße Einzelentscheidung des Vorstandskollegen bzw. auf seine Kompetenz vertraut werden und der Vertrauensgrundsatz kommt unter den oben ausgeführten Voraussetzungen zur Anwendung.

Für dieses Ergebnis sprechen die folgenden Erwägungen:

Vor dem Hintergrund der Risikobeherrschung ist dieses Ergebnis das einzig zweckmäßige. Denn da der nicht entscheidende Vorstand gar keine Kenntnis von der im Einzelfall bestehenden Risikostufe besitzt, kann man ihm nicht mehr als eine allgemeine, latente Aufsicht über seinen Vorstandskollegen abverlangen. In diesen Fällen beschränkt sich seine Vermögensbetreuungspflicht notwendigerweise auf die ordnungsgemäße Aufsicht.

Auch aus rechtstatsächlicher Sicht ist dieses Ergebnis passend, da der nicht entscheidende Vorstand in der Realität auch gar keine weitere Handhabe hat.

Auch in Beziehung zum Aktienrecht ist dieses Ergebnis konsequent: Aufgrund der internen Geschäftsverteilung ist es den übrigen Vorständen nämlich ohne besonderen Anlass gar nicht erlaubt, in den normalen Geschäftsbetrieb der Kollegen einzugreifen.[640] Eine eigene detaillierte Befassung mit der Materie „lediglich" aufgrund hoher Risikostufe wäre daher aktienrechtlich gar nicht

640 Vgl. Spindler/Stilz-Fleischer, § 77, Rn. 48: „Zugleich stehen ihm (Anm. d. Verf.: dem Ressortverantwortlichen) kraft seiner Ressortzuständigkeit Gestaltungsspielräume zur Verfügung, die von den anderen Vorstandskollegen zu beachten sind. Ein ständiges „Hineinregieren" in sein Ressort ist damit nicht vereinbar"; vgl. Corporate Compliance Handbuch-Schmidt-Husson, § 6, Rn. 34: „Ohne besonderen Anlass darf

zulässig, weil abgesehen von allgemeiner Beaufsichtigung nicht in den Geschäftsbereich der übrigen Vorstandsmitglieder eigenmächtig „hineinregiert" werden darf, sich die unmittelbar verwaltende Tätigkeit vielmehr nur auf den eigenen Geschäftsbereich beschränkt.[641]

Zuletzt passt dieses Ergebnis auch zu der betriebswirtschaftlich gewählten Organisationsform: Da eine interne Geschäftsverteilung vorgenommen wurde, wurde damit auch die grundsätzliche Entscheidung für die Möglichkeit von Einzelentscheidungen geschaffen. Davon ausgehend ist es nur konsequent, dass nicht allen Vorständen die gleichen Pflichten auferlegt werden. Wie oben ausgeführt ist die Transformation der Pflichten der ressortfremden Vorstände im Aktienrecht aus diesem Grund allgemeine Meinung und der Vertrauensgrundsatz grundsätzlich anwendbar. Im Strafrecht muss dieser Umstand somit ebenfalls beachtet werden, da sich die Vorstandspflichten im Rahmen der Untreue stets am zivilrechtlichen Innenverhältnis zu orientieren haben.

bb. Anforderungen bei Vertrauen auf die Zuarbeit (Konstellation 2)

Bei der Beurteilung der aktienrechtlichen Vorstandspflichten wurde bereits ausgeführt, dass die Situation bei Zuarbeit durch ein Mitglied des Vorstands im Vorfeld eines Gesamtvorstandsbeschlusses stark der Situation bei vertikaler Arbeitsteilung angenähert ist. Aus diesem Grund ist es konsequent auf die obigen Kriterien zurückzugreifen, die im „Risiko-Punkte-System" für vertikale Arbeitsteilung entwickelt wurden. Auch bei Zuarbeit durch einen Vorstandskollegen soll es daher zunächst erforderlich sein, dass die übrigen Vorstände das zuarbeitende Mitglied ordnungsgemäß beaufsichtigen. Grundsätzlich kann auch hier Sorgfalt bei „Auswahl", „Einweisung" und „Überwachung" verlangt werden. So sollen die übrigen Vorstandsmitglieder dafür Sorge tragen, dass der zuarbeitende Kollege persönlich und fachlich in der Lage ist, die erforderliche Zuarbeit überhaupt zu leisten („Auswahl")[642]. Ferner wird man verlangen können, dass man sich darüber austauscht, welche konkrete Zuarbeit erforderlich ist und wie diese geleistet werden könnte („Einweisung"), bevor sich die Aufsicht auf eine allgemeine Überwachung hinsichtlich etwaiger Auffälligkeiten beschränkt.

sich ein Vorstandsmitglied oder Geschäftsführer nicht störend in das Ressort eines anderen einmischen".

641 Mü-Ko AktG-Spindler, § 77, Rn. 56.

642 Da wie eingangs beschrieben auf die Kriterien der vertikalen Arbeitsteilung zurückgegriffen wird, ist es nach hiesiger Auffassung zweckmäßig, auch die dortigen Begrifflichkeiten zur Veranschaulichung zu verwenden.

Allerdings muss auch hier ein Grundmaß an Sorgfalt ausreichend sein.[643] Dieses Grundmaß als „Mindestvoraussetzung“ ist nach hiesiger Auffassung wie bei der vertikalen Delegation auch hier die Grundlage dafür, dass überhaupt Vertrauen auf die Zuarbeit in Frage kommen kann. Dies soll deshalb gelten, da der Vorstand als gemeinschaftliches Organ die Vermögensinteressen der Aktionäre zu betreuen hat. Trotz der zulässigen Zuarbeit eines Vorstandskollegen ist deshalb davon auszugehen, dass die Aktionäre dennoch die gesetzgeberische Grundwertung des § 76 AktG (gemeinsame Leitung) beachtet wissen wollen, zumal es sich nun – im Unterschied zu oben bei der vertikalen Delegation – sogar um eine Leitungsentscheidung handelt. Mit anderen Worten ist das für die Untreue relevante Innenverhältnis auch hier entsprechend auszulegen.

Wurde diese erste (Minimal-)Hürde genommen und haben die übrigen Vorstandsmitglieder ihre Aufsichtspflicht hinsichtlich der Zuarbeit erfüllt, stellt sich die Frage, unter welchen Voraussetzungen dem Spezialwissen des Kollegen vertraut werden darf und die gewählte Art der Absicherung grundsätzlich[644] Vertrauensschutz entfaltet.

Aufgrund der Annäherung an die Situation bei vertikaler Arbeitsteilung kann der dortige Ansatz erneut fruchtbar gemacht werden: Das „Risiko-Punkte-System“ des Autors knüpft an das unternehmerische (finanzielle) Risiko der Entscheidung an. Genau dieses Risiko gilt es im Sinne der Aktionäre zu beherrschen. Insofern bietet es sich an, dieses konkrete Risiko der Entscheidung auch bei den Anforderungen an das Vorstandshandeln bei Zuarbeit durch einen Vorstandskollegen zum Maßstab zu nehmen. Im System des Autors soll daher auch hier das gleiche gelten wie bei den Kriterien bei vertikaler Arbeitsteilung und auf der 2. Stufe der Absicherung eine Abstufung anhand der ermittelten „Risiko-Basispunkte“[645] erfolgen.

Bezogen auf Konstellation 2 bedeutet dies Folgendes:

Handelt es sich um ein geringes oder mittleres Risiko (0–7 „Risiko-Basispunkte“) der Entscheidung, erscheint es im Sinne der Aktionäre ausreichend,

643 Vgl. oben Fn. 572.

644 Im Ergebnis entscheidend ist natürlich auch hier ein Aufwiegen von Basispunkten durch Beherrschungspunkte. Hier geht es erneut um die grundsätzlichen Anforderungen an die Absicherung – unabhängig von Wertigkeiten.

645 Deren Anzahl ist wie oben ausgeführt für die gleiche zu treffende Entscheidung bei jedem Unternehmen identisch, also vergleichbar. Im Zentrum der Ermittlung steht nämlich die konkrete Entscheidung. Die Besonderheiten des konkreten Unternehmens werden aber bei der Ermittlung der konkreten Anzahl an Beherrschungspunkten berücksichtigt, vgl. oben „Risiko-Absicherungs-Relation“.

wenn die übrigen (also nicht zuarbeitenden) Vorstände bei ihrer Überwachung der Zuarbeit keine Fehler erkennen konnten. In dieser Konstellation haben die Vorstände also ihre Überwachungspflicht erfüllt, *bei dieser Gelegenheit* keine Fehler wahrnehmen können und können sich aus diesem Grund wie oben beschrieben auf den Vertrauensgrundsatz berufen. Sie dürfen in diesem Fall auf die Zuarbeit des Vorstandskollegen vertrauen; die Absicherung entfaltet grundsätzlich Vertrauensschutz.

Handelt es sich demgegenüber um eine Entscheidung mit hohem Risikopotenzial (8–10 „Risiko-Basispunkte"), erscheint es im Sinne der Aktionäre erforderlich, dass sich alle Vorstandsmitglieder detailliert mit den Grundlagen der Entscheidung befassen, es also nicht ausreicht, dass *bei Gelegenheit der Überwachung* keine Unstimmigkeiten erkannt werden konnten. Vielmehr erscheint es bei sehr riskanten Entscheidungen angezeigt, dass alle Entscheidungsträger im Vorfeld der Entscheidung die Zuarbeit des Kollegen hinterfragen, indem sie sich von dem Spezialisten ausführlich die Materie erklären lassen und anhand dessen eine eigene Überprüfung anstellen.[646] Ist das Ergebnis plausibel, dürfen sie der Zuarbeit vertrauen.

Im Ergebnis ergeben sich demnach *keine Veränderungen* zu den Kriterien bei der vertikalen Delegation. Insofern ist es auch hier denkbar, dass die gewählte Art der Absicherung („Zuarbeit eines spezialisierten Kollegen") nicht alleine zum Aufwiegen der ermittelten „Risiko-Basispunkte" führt, sondern weitere Bausteine bei der Gesamtabsicherung der unternehmerischen Entscheidung erforderlich sind. Die ermittelte Anzahl an Basispunkten wurde auch hier bloß ein weiteres Mal auf der 2. Stufe der Absicherung herangezogen, um eine Abstufung für die Anforderungen für das „grundsätzliche" Entstehen von Vertrauensschutz bei Zuarbeit eines Vorstandskollegen bestimmen zu können.

Für die gefundenen Kriterien sprechen die gleichen Erwägungen wie oben bei der vertikalen Arbeitsteilung. Auch hier wird ein praxisgerechter Ausgleich zwischen den Interessen der Aktionäre als Treugeber und den rechtstatsächlichen Gegebenheiten im Unternehmen erreicht. Auch bei einem Gesamtvorstandsbeschluss wäre es für die Aktionäre natürlich die „sicherste" Variante, wenn ein

646 Die Bestimmung der Risikostufe erfolgt in einem vorgelagerten ersten Schritt bei der Ermittlung der „Risiko-Basispunkte", vgl. dazu 3. Kapitel: § 2 B. I. 3. c. aa.; zu den denkbaren Konstellationen infolge einer falschen Bewertung der Risikostufe vgl. die Schaubilder in 3. Kapitel: § 2 B. I. 3. d. (richtige Anwendung des „Risiko-Punkte-Systems" trotz falscher Risikostufe) sowie in 3. Kapitel: § 2 B. II. 2. (Irrtumskonstellationen).

hundertprozentiger Risikoausschluss erfolgen würde. Die obigen Gegenargumente[647] gelten aber auch hier.

Auch bei einem Gesamtvorstandsbeschluss schaffen die obigen Kriterien einen Ausgleich zwischen erforderlicher Risikobeherrschung und rechtstatsächlich erforderlichem Vertrauensschutz. Bei Entscheidungen mit geringem und mittlerem Risikopotenzial ist der erforderlichen Risikobeherrschung durch die allgemeine Überwachung und Kontrolle bereits ausreichend genüge getan, sodass sich die Effektivität des Unternehmens (im Sinne einer schnelleren Entscheidungsfindung) durchsetzen soll, die Notwendigkeit von Vertrauen überwiegt in der Abwägung. Die Interessen der Aktionäre sind bereits ausreichend gewahrt. Ob es sich dabei um eine Risikoentscheidung im Rahmen der Einzelgeschäftsführungsbefugnis handelt (so bei der vertikalen Delegation oben) oder um einen Gesamtvorstandsbeschluss (so hier), macht dabei keinen Unterschied. Für die vorgenommene Abwägung gilt das gleiche.

Handelt es sich demgegenüber um ein hohes Risikopotenzial der Entscheidung, gilt ebenfalls das bei der vertikalen Delegation Gesagte entsprechend. Auch bei einem Gesamtvorstandsbeschluss muss dann die Effektivität des Unternehmens bzw. der Grad an Vertrauen zum Wohle der Risikobeherrschung ein Stück weit zurücktreten. Im Interesse der Aktionäre ist es auch hier angezeigt, dass eine vertiefte Auseinandersetzung *aller Vorstandsmitglieder* (bei vertikaler Delegation: nur des Einzelgeschäftsführungsbefugten) mit den Grundlagen der Entscheidung erfolgt und das Vertrauen auf die Zuarbeit des Vorstandskollegen zurücksteht. Allgemeine Überwachung ist dann nicht mehr ausreichend, um sich auf den Vertrauensgrundsatz zu berufen, da sich die Anforderungen an ordnungsgemäßes Vorstandshandeln bei hohem Risikopotenzial gerade verändert haben. Nur wenn eine vertiefte Auseinandersetzung *aller Vorstandsmitglieder* mit den Grundlagen der Entscheidung erfolgt, kann das hohe Risiko überhaupt ausreichend beherrscht werden.[648]

Und nur wenn diese Anforderungen erfüllt sind, kann die gewählte Absicherungsart als Baustein der Gesamtabsicherung für sich genommen Vertrauensschutz entfalten. Eine andere Frage bleibt auch hier, ob die Zusammensetzung der einzelnen Bausteine richtig gewählt wurde, also die Gesamtabsicherung der

---

647 Hundertprozentiger Ausschluss ist bereits tatsächlich kaum möglich; davon abgesehen auch gar nicht unbedingt im Interesse der Aktionäre.

648 Bei der vertikalen Delegation war hingegen nur die vertiefte Auseinandersetzung eines Vorstandsmitglieds erforderlich, da dort auch nur dieser alleine entscheiden konnte.

unternehmerischen Entscheidung ordnungsgemäß durchgeführt wurde und die Pflichtwidrigkeit deshalb im Ergebnis abzulehnen ist.

c. Beibehaltung oder Anpassung der Kriterien bei unterschiedlichen Organisationsformen (funktional/divisional/Matrix)

Wie bereits bei der vertikalen Arbeitsteilung muss erneut geklärt werden, ob die oben vertretenen Kriterien für schützenswertes Vertrauen auf das Spezialwissen eines Vorstandskollegen bei allen Organisationsformen passend sind oder eine Modifikation bei einzelnen Organisationsformen erfolgen muss.

Vor einem eigenen Vorschlag im „Risiko-Punkte-System" ist auch hier eine aktienrechtliche Vorbetrachtung angezeigt:

Wie bei der Reichweite der aktienrechtlichen Vorstandspflichten bei Ressortverteilung angesprochen, findet sich in der Literatur häufig der Hinweis, dass das Ausmaß der Überwachungspflicht von den Umständen des jeweiligen Einzelfalls abhängen soll.[649] Die Intensität der Überwachungspflicht könne nicht allgemein umschrieben werden, sondern richte sich nach Unternehmensgröße, Organisationsstruktur, Geschäftsgegenstand und konkreten Umständen des Einzelfalls.[650] Einer der Parameter, der die Einzelfälle voneinander abgrenzen kann, soll also grundsätzlich auch die Organisationsstruktur sein.[651]

Die dahin gehenden Ausführungen in der Literatur erschöpfen sich aber in dieser allgemeinen Aussage und bringen keine weiteren Kriterien hervor: So wird beispielsweise ausgeführt, dass bei der Bestimmung der Überwachungsintensität „bei der zur Verselbständigung tendierenden Spartenorganisation höhere Anforderungen zu stellen sein (können) als bei einer funktionalen Organisation".[652] Ebenso allgemein gehalten ist der Hinweis, dass „auch aus (der) konkrete(n) Art der Geschäftsverteilung (…) unterschiedliche Überwachungspflichten folgen (können), da etwa Spartenorganisation eher zur Verselbständigung tendiert als funktionale Organisation"[653] oder die dahingehende Einschätzung, „ob bei einer Spartenorganisation ein höheres Maß an Überwachung des jeweiligen Spartenvorstandsmitglieds durch die anderen Vorstandsmitglieder erforderlich ist, lässt sich kaum verallgemeinern, da es entscheidend auf die Risikolage und den Tätigkeitsbereich des Unternehmens sowie die überantworteten Aufgaben ankommt"[654].

---

649 Fleischer, NZG 2003, 449, 453; Hüffer-Koch, § 77, Rn. 15; Hölters-Weber, § 77, Rn. 36.

650 Hüffer-Koch, § 77, Rn. 15.

651 Hüffer-Koch, § 77, Rn. 15; ausführlich dazu Fleischer, NZG 2003, 449, 453 ff.

652 Fleischer, NZG 2003, 449, 453.

653 Hüffer-Koch, § 77, Rn. 15a.

654 Mü-Ko AktG-Spindler, § 77, Rn. 64.

Trotz der denkbaren Variablen im Einzelfall soll nach diesem aktienrechtlichen Einblick der Versuch einer Verallgemeinerung unternommen werden, um die oben vertretenen Kriterien für das „Risiko-Punkte-System" an die verschiedenen Organisationsformen anzupassen.

aa. Entscheidung eines Kollegen mit Einzelgeschäftsführungsbefugnis im exklusiven Bereich seines Ressorts

Wie oben bei der Ausarbeitung der Kriterien dargestellt, besteht die Besonderheit bei einer Entscheidung mit Einzelgeschäftsführungsbefugnis für die übrigen Vorstände darin, dass sie unter Umständen gar keine Kenntnis von der konkreten Entscheidung des Kollegen besitzen. Aus diesem Grund reicht eine allgemeine Überwachung aus.

An diesem Umstand vermag auch die Art der Unternehmensorganisation nichts zu ändern. Dass es sich um funktionale oder divisionale Ressorts handelt, ändert nichts daran, dass eine Entscheidung in diesem Ressort von einem einzelnen Vorstandsmitglied mit Einzelgeschäftsführungsbefugnis ohne Kenntnis der Vorstandskollegen getroffen werden kann. Insofern ist unabhängig von der Organisationsform an obigem Ergebnis festzuhalten und eine allgemeine Aufsicht für ausreichend zu erachten.

Denkbar wäre es allerdings, die *Anforderungen an diese allgemeine Aufsicht* von der Organisationsform abhängig zu machen. So könnte man von den übrigen Vorstandsmitgliedern größere Aufsicht verlangen, wenn das Unternehmen divisional organisiert ist, weil es hierbei häufig zu „Unternehmen im Unternehmen" kommt, wobei die einzelnen Divisionen stark verselbstständigt seien können.[655] Um dieser Verselbstständigung entgegenzuwirken bzw. um zu vermeiden, dass sich die Vorstandsmitglieder aufgrund der Verselbstständigung der einzelnen Divisionen ihrer Gesamtverantwortung entziehen, erscheint es bei divisionaler Organisation stets angebracht, jedenfalls die Einrichtung eines umfassenden „Reporting-Systems" im Sinne eines aktiven Austauschs statt einer bloß passiven Überwachung zu verlangen, damit sichergestellt ist, dass die spezifische Gefahr der divisionalen Organisation – nämlich das Bestehen von Unternehmen im Unternehmen, die im Extremfall völlig unabhängig voneinander agieren können – zu bannen. Von den Vorstandsmitgliedern ist insbesondere bei dieser Organisationsform zu verlangen, dass sie besonderes Augenmerk auf einen Gesamtüberblick über das Unternehmen legen und sich nicht in den einzelnen „Unternehmen im Unternehmen" verlieren, für die sie gegebenenfalls jeweils Einzelgeschäftsführungsbefugnis besitzen.

655 Vgl. dazu oben „Idealtypen der Organisation: Divisionale Organisation".

Entscheidend war hier vor allem zu zeigen, dass die oben gefundenen Kriterien grundsätzlich keiner Anpassung bedürfen, es im Einzelfall aber angebracht sein kann, die gewählte Organisationsform bei der Ausgestaltung der allgemeinen Überwachung zu berücksichtigen. Dieser Umstand ändert allerdings nichts an der grundsätzlichen Anwendbarkeit der gefundenen Kriterien.

bb. Zuarbeit eines Vorstandskollegen bei Leitungsentscheidung des Gesamtvorstands

Bei der Zuarbeit eines Vorstandskollegen im Vorfeld eines Gesamtvorstandsbeschlusses entsprechen die gefundenen Kriterien im Wesentlichen denen der vertikalen Arbeitsteilung.

Während bei der soeben beurteilten Einzelentscheidung mit Einzelgeschäftsführungsbefugnis keine Anpassung der Kriterien in Abhängigkeit von der gewählten Organisationsform des Unternehmens erforderlich war, ist dies bei Zuarbeit eines Vorstandsmitglieds und anschließendem Gesamtvorstandsbeschluss mitunter anders zu beurteilen.

Dabei wird es auch darauf ankommen, ob es bei funktionaler und divisionaler Organisation um eine Entscheidung geht, die grundsätzlich den exklusiven Bereich[656] eines eingerichteten Ressorts betrifft oder ob es sich vielmehr um eine solche Entscheidung handelt, die gerade bei gegenteiliger Organisationsform nur einen Bereich beträfe und aus diesem Grund in der gewählten Organisation sämtliche Ressorts tangiert. Denn auch in diesem Fall steht der Zuarbeit eines Vorstandsmitglieds nichts entgegen.

Bei der Matrixorganisation wird eine Anpassung der Kriterien erforderlich sein, wenn es sich um eine Entscheidung in der Schnittmenge vorhandener Ressorts handelt.

(1) Beibehaltung der gefundenen Kriterien im Falle einer Entscheidung im Kern eines Ressorts bei funktionaler Organisation, divisionaler Organisation und Matrixorganisation

Bei der Ermittlung der obigen Kriterien bestand die Ausgangssituation, dass der Vorstandskollege Spezialwissen in einem bestimmten Bereich aufweist und deshalb die entsprechende Zuarbeit vor einem Gesamtvorstandsbeschluss übernimmt. Dabei macht es keinen Unterschied, ob es sich um einen funktionalen

656 Exklusivität meint an dieser Stelle hinsichtlich der Thematik. Es geht gerade nicht um die exklusive Entscheidungskompetenz, da diese aufgrund der Erforderlichkeit eines Gesamtvorstandsbeschlusses gerade nicht gegeben ist.

oder um einen divisionalen Bereich handelt. Wie im rechtstatsächlichen Teil der Arbeit festgestellt, spielte es für die fiktive „Vertrauens-AG" keine Rolle, ob ein Vorstandsmitglied in einer funktionalen Organisation ein „Produktionsspezialist" oder aber bei divisionaler Organisation ein „Spezialist für Produkt 1" ist: In beiden Fällen liegt Spezialwissen vor, lediglich der Bezugspunkt der Spezialisierung und damit der Gegenstand des Vertrauens ist unterschiedlich. Geht es also um eine gemeinsame unternehmerische Entscheidung des Vorstands auf dem Gebiet der vorhandenen Spezialisierung, also im exklusiven Kernbereich eines Ressorts, kommen die obigen Kriterien zur Anwendung, unabhängig davon, ob das Ressort funktional oder divisional spezialisiert ist.

Dass in einer Matrixorganisation sowohl funktionale als auch divisionale Ressorts vorhanden sind, ändert daran nichts. Es handelt sich lediglich um eine Kombination von funktionaler und divisionaler Organisation. Wenn eine Entscheidung im exklusiven Bereich eines Ressorts zu treffen ist, hat das jeweilige Vorstandsmitglied auch bei der Matrix Spezialwissen gegenüber seinen Kollegen, sodass die obigen Kriterien uneingeschränkt anzuwenden sind.

(2) Anpassung der gefundenen Kriterien im Falle einer divisionalen Entscheidung bei funktionaler Organisation bzw. im Falle einer funktionalen Entscheidung bei divisionaler Organisation

Etwas anderes muss sich aber nach hiesiger Auffassung bei der Abwandlung ergeben, wenn – wie auch schon im rechtstatsächlichen Teil der Arbeit angesprochen – eine Entscheidung getroffen werden soll, die aufgrund der Organisation keinem Ressort zugeordnet werden kann, weil für das betroffene Gebiet gerade kein eigenes Ressort existiert. Denkbar wäre dies zum Beispiel bei funktionaler Organisation für eine Entscheidung im Zusammenhang mit „Produkt 1". Denn aufgrund der funktionalen Organisation gibt es dann gerade keinen Spezialisten für „Produkt 1" sondern nur diverse Funktionsvorstände, die alle mit Produkt 1 beschäftigt sind – aber jeder nur in seinem Funktionsbereich. Gleiches gilt beispielsweise bei divisionaler Organisation für eine Entscheidung im Zusammenhang mit „Beschaffung": Auch hier gäbe es gerade keinen Spezialisten für die Funktion „Beschaffung" sondern nur solche für die einzelnen Divisionen.

In beiden Beispielen der Abwandlung haben also „Alle und Keiner" der Vorstände Spezialwissen, wenn die Entscheidung nicht exklusiv einem Ressort zugeordnet werden kann. Geht es um Zusammenhänge mit dem bestehenden eigenen Ressort, ist aber davon auszugehen, dass der jeweilige Vorstand bei konkreten Fragen doch über Spezialwissen verfügt. Auch in diesem Fall kann daher Zuarbeit geleistet werden, auf die sich das Vertrauen der Vorstandskollegen beziehen muss. Nach Ansicht des Autors müssen die obigen Kriterien dann aber angepasst werden. In einem ersten Schritt erfolgt ein Vorschlag, an welcher Stelle des „Risiko-Punkte-Systems“ dies am besten erfolgen kann,[657] in einem zweiten Schritt auf welche Art und Weise.

Zunächst wird festgestellt, dass eine Verschiebung der Risikostufe, also eine Bewertung der zu treffenden unternehmerischen Entscheidung mit einer höheren Anzahl an „Risiko-Basispunkten“ ausscheidet. Denn die Vergabe der „Risiko-Basispunkte“ soll sich im System ausschließlich am finanziellen Risikopotenzial der Entscheidung orientieren – unabhängig von den rechtstatsächlichen Gegebenheiten im einzelnen Unternehmen.[658] Eine identische Entscheidung hat in allen Unternehmen die gleiche Anzahl an Basispunkten. Die Besonderheiten eines Unternehmens spielen erst im Rahmen der Absicherung bei der Vergabe der „Risiko-Beherrschungspunkte“ eine Rolle.[659]

Die hier erforderliche Anpassung kann aber auch nicht bei der Vergabe der „Risiko-Beherrschungspunkte“ vorgenommen werden. Denn bei dieser Vergabe („Risiko-Absicherungs-Relation“) soll bestimmt bzw. hinterfragt werden, welche Absicherungsarten *dem Grunde nach* im Unternehmen zur Verfügung stehen und welche Absicherungsart (oder -kombination) im konkreten Unternehmen erforderlich ist, um die ermittelten Basispunkte aufzuwiegen. Hierbei sollen Besonderheiten des jeweiligen Unternehmens berücksichtigt werden, wie etwa die Risikobereitschaft der Treugeber. Um obiges Beispiel zur Verdeutlichung noch einmal zu bemühen[660], soll es hier etwa einen Unterschied machen, ob von den Treugebern gerade spekulative Geschäfte gewünscht sind oder nach dem Unternehmensziel weitestgehend vermieden werden sollen. Je nachdem, wie sich das Innenverhältnis im konkreten Fall darstellt, kann die gleiche Absicherungsart im einen Unternehmen mehr, im anderen weniger Beherrschungspunkte entfalten. Da dort aber nur die Absicherungsarten als solche betrachtet werden, muss die

---

657 Obwohl die Entscheidung durch den Gliederungsstandort („C. Anforderungen an die Absicherungsarten“) bereits getroffen ist, soll folgend noch eine Begründung geliefert werden.

658 Vgl. oben bei der Einführung des „Risiko-Punkte-Systems“.

659 Vgl. oben bei der „Risiko-Absicherungs-Relation“.

660 Vgl. oben bei der „Risiko-Absicherungs-Relation“: Betrachtet wurden zwei verschiedene Gesellschaften: die eine hatte es sich zur Aufgabe gemacht, Gelder für kranke Kinder zu erwirtschaften und diese gewinnbringend, aber absolut sicher anzulegen. Die andere Gesellschaft betreibt für ihre Anleger hochspekulative Geschäfte und schüttet die Gewinne an diese aus. Beide Gesellschaften haben nun die Möglichkeit durch das gleiche – riskante – Geschäft die bereits erwirtschafteten Gewinne spürbar zu vermehren.

erforderliche Anpassung an die betriebswirtschaftlichen Gegebenheiten auf der 2. Stufe der Absicherung, also bei den Anforderungen an den gewählten „Vertrauenstatbestand“, vorgenommen werden. Denn dort geht es im Unterschied zur „Risiko-Absicherungs-Relation“ nicht um die Beherrschung *dem Grunde nach*, sondern um *inhaltliche Anforderungen* an die Absicherungsart zur Entstehung von schützenswertem Vertrauen.

Nachdem der Standort der Anpassung damit geklärt wurde, soll nun die Art und Weise erläutert werden:

Wie oben festgestellt kann Vertrauen in diesen Konstellationen eine Rolle spielen, obwohl kein bestehendes Ressort exklusiv betroffen ist. Die Tatsache, dass also Fälle denkbar sind, in denen auch hier – zwar nicht aufgrund der Organisation aber doch tatsächlich – „ein Spezialist“ vorhanden ist, stellt eine partielle Überschneidung zu den Fällen der exklusiven Spezialisierung dar. Diese Überschneidung rechtfertigt aber keine Anwendung der obigen Kriterien. Denn die dortigen Grundsätze passen nur dann, wenn eine Entscheidung zu treffen ist, bei welcher tatsächlich auch nur ein exklusiver Spezialist vorhanden ist und aufgrund seiner Spezialisierung die Zuarbeit erbringt. Nur dann ist die allgemeine Überwachung durch die „Nicht-Spezialisten“ ausreichend, um sich auf den Spezialisten aufgrund seiner Expertise verlassen zu dürfen. Wissen die Vorstände nun aber, dass es bei der konkreten Fragestellung aufgrund der betrieblichen Organisation gerade keinen erklärten Spezialisten gibt, sondern vielmehr jedes Ressort betroffen ist, die Auswahl des Zuarbeiters also „willkürlich“ ist, kann eine allgemeine Überwachung nicht ausreichen, um sich auf individuelle Aussagen verlassen zu können. Denn nur wenn ein erhebliches Maß an Spezialisierung vorhanden ist, ist davon auszugehen, dass entsprechendes Vertrauen aus Sicht der Treugeber im Innenverhältnis „toleriert“ bzw. sogar befürwortet würde. Muss der einzelne Vorstand aber Zweifel an einer exklusiven Spezialisierung haben, ist ihm aufgrund der Auslegung des Innenverhältnisses mehr abzuverlangen.

Nach Auffassung des Autors kann diese Konstellation dogmatisch genauso gelöst werden wie bei einer Entscheidung im Kern eines Ressorts bei hoher Risikostufe. Allgemeine Überwachung ist dann nicht mehr ausreichend, um sich auf den Vertrauensgrundsatz zu berufen, da sich die Anforderungen an ordnungsgemäßes Vorstandshandeln verändert haben, obwohl nur ein geringes oder mittleres Risikopotenzial gegeben ist. Denn wenn es aufgrund der Organisation keinen exklusiven Spezialisten gibt, ist es gerechtfertigt, auch bei bereits geringer Risikostufe höhere Anforderungen an die Absicherung einer Leitungsentscheidung zu stellen. Von den Entscheidungsträgern, also allen Mitgliedern des Gesamtvorstands, ist dann zu verlangen, dass sie sich gegenseitig über ihren Kenntnisstand informieren und sich individuell vertieft mit der fraglichen Materie befassen. Nur wenn die Ausführungen des zuarbeitenden Kollegen einer solchen Hinterfragung standhalten, darf darauf vertraut werden und die Einschätzungen zur Grundlage der individuellen Entscheidung gemacht werden. Nur dann sind die Anforderungen an die Absicherungsart nach hiesiger Auffassung erfüllt. Diese Lösung hat zum Vorteil, dass die Anforderungen an die Absicherungsart somit der betriebswirtschaftlichen Unternehmensorganisation angepasst werden und den rechtstatsächlichen Gegebenheiten Rechnung tragen.

(3) Beibehaltung/Anpassung der gefundenen Kriterien bei Entscheidung in der Schnittmenge der Ressorts bei Matrixorganisation

Bereits oben wurde festgehalten, dass die gefundenen Kriterien auch in der Matrixorganisation keiner Anpassung bedürfen, wenn eine unternehmerische Entscheidung im exklusiven Bereich eines funktionalen oder divisionalen Ressorts getroffen werden soll. Denkbar ist aber auch die Situation, dass die Entscheidung gerade in der Schnittmenge eines funktionalen und eines divisionalen Ressorts erfolgen soll. Anders als bei funktionaler und divisionaler Organisation besteht bei der Matrix die Besonderheit, dass es dann tatsächlich zwei erklärte Spezialisten gibt. Dies wäre beispielsweise dann der Fall, wenn es in der „Vertrauens-AG" bei einer Entscheidung im Bereich der „Produktion" ganz konkret um das „Produkt 1" geht. In der Matrix gibt es dann sowohl ein spezialisiertes Vorstandsmitglied für die Funktion „Produktion" als auch eines für die Division „Produkt 1".

Zu überlegen ist, ob die oben gefundenen Kriterien an diese rechtstatsächliche Besonderheit angepasst werden müssen. Nach hiesiger Auffassung kann man dabei zwei Konstellationen voneinander abgrenzen und auch dogmatisch unterschiedlich beurteilen:

Denn für die Handlungsanforderungen für die unspezialisierten Vorstandsmitglieder, also alle Beteiligte außer den Spezialisten für „Produktion" und „Produkt 1", kann es nach Auffassung des Autors keinen Unterschied machen, ob die Entscheidung im exklusiven Bereich eines Ressorts oder einer Schnittmenge derselben getroffen werden muss. Auch in der Schnittmenge dürfen die unspezialisierten Entscheidungsträger davon ausgehen, dass individuelles Spezialwissen vorhanden ist. Die Situation ist insofern nicht mit der unter (2) behandelten Konstellation vergleichbar, da es dort gerade keinen Spezialisten aufgrund der gewählten Organisationsform – sondern nur gegebenenfalls tatsächlich – gab. Hier gibt es hingegen sogar zwei Spezialisten aufgrund der Organisation. Aus diesem Grund erscheint es auch unter dem Aspekt der Risikobeherrschung im Sinne der Aktionäre als Treugeber gerechtfertigt, wenn sich das Vorstandshandeln an der gewählten Organisationsform orientieren darf. Dann können aber in dieser Situation keine höheren Anforderungen an das Handeln der unspezialisierten Vorstandsmitglieder gestellt werden als bei einer Entscheidung im exklusiven Kernbereich nur eines vorhandenen Ressorts. Aus diesem Grund sollen die obigen Kriterien – jedenfalls für die unspezialisierten Vorstandsmitglieder – nach hiesiger Auffassung nicht angepasst werden. Es bleibt bei der oben getroffenen Abstufung: Allgemeine Überwachung bei geringem und mittlerem Risiko, detaillierte Befassung bei hohem Risiko.

Abweichend zu beurteilen sind aber gegebenenfalls die Anforderungen an die beiden (!) Spezialisten, in deren Schnittmenge die Entscheidung zu treffen ist, wenn ihre Informationen (=Zuarbeit) nicht deckungsgleich sind und sie sich wechselseitig vertrauen wollen. Sind die Informationen, die sie an ihre Kollegen weitergeben, hingegen identisch, ist kein wechselseitiges Vertrauen denkbar bzw. erforderlich.

Davon ausgehend, dass die Informationen nicht identisch sind und wechselseitiges Vertrauen auch zwischen den Spezialisten möglich ist, stellt sich die Frage nach den Handlungsanforderungen. Auch hier erscheint eine Differenzierung dogmatisch sinnvoll:

Handelt es sich um Informationen, die dem exklusiven Kernbereich des informierenden Spezialisten zuzuordnen sind (exklusive Themen der „Produktion" bzw. exklusive Themen von „Produkt 1"), müssen für den informierten Spezialisten die allgemeinen Grundsätze gelten. Tatsächlich ist er hinsichtlich der konkreten Informationen kein Spezialist mehr. Aus diesem Grund soll auch er so behandelt werden, als ginge es um eine Entscheidung im exklusiven Bereich des Ressorts des Kollegen. Er wird daher den unspezialisierten Vorstandsmitgliedern gleichgestellt, obige Abstufung kommt zur Anwendung, eine Anpassung der Kriterien ist nicht erforderlich.

Handelt es sich hingegen um Informationen des informierenden Spezialisten, die sich (auch) auf das Ressort des informierten Spezialisten beziehen, ist es unter dem Aspekt der Risikobeherrschung erforderlich, dass auch eine detaillierte Befassung des informierten Spezialisten mit der Materie erfolgt. Denn aufgrund der getroffenen Organisationsform geht es dann (auch) um einen Bereich, der diesem exklusiv zugeordnet wurde. Bei Auslegung des Innenverhältnisses ist es nicht ersichtlich, warum er sich auf eine allgemeine Überwachung zurückziehen können sollte, wenn es um Informationen (auch) seines Ressorts geht. Die Kriterien müssen dann an die Anforderungen bei hoher Risikostufe angepasst werden.

III. Vertrauensschutz bei „Outsourcing“ und „Offshoring“

Wie im rechtstatsächlichen Teil dargestellt, kann ein Unternehmen auch dergestalt organisiert sein, dass Zuarbeit im Wege des „Outsourcing“ (durch ein anderes Unternehmen) oder des „Offshoring“ (gleiches Unternehmen, aber Standort in einem anderem Land) erfolgt. Als letzter Aspekt des dogmatischen Teils der Arbeit soll daher geklärt werden, unter welchen Voraussetzungen Vertrauen auf die Zuarbeit von Mitarbeitern bei diesen Organisationsmodellen schützenswert ist.

Um es vorwegzunehmen: Beide Konstellationen können nach hiesiger Auffassung im Ergebnis im Gleichlauf mit den Grundsätzen der vertikalen Arbeitsteilung gelöst werden.

Nach einer (soweit erforderlichen) aktienrechtlichen Vorbetrachtung ist zu zeigen, dass die Kriterien des „Risiko-Punkte-Systems“ bei vertikaler Arbeitsteilung sowohl bei „Outsourcing“ als auch bei „Offshoring“ angewendet werden können. Allenfalls bei der „Minimalvoraussetzung“ für Vertrauen (Grundmaß an Sorgfalt) sollte man die Besonderheiten der „Organisationsformen“ *im Einzelfall* berücksichtigen.

1. Aktienrechtlicher Meinungsstand

In der aktienrechtlichen Literatur erfolgt eine Auseinandersetzung mit „*Outsourcing*“ insbesondere dann, wenn es um die Frage geht, welche Leitungsaufgaben beim Gesamtvorstand verbleiben müssen bzw. welche Unternehmensfunktionen auf Dritte ausgelagert werden können. Aktienrechtlich sollen solche Funktionsauslagerungen immer daran zu messen sein, ob sie die unübertragbare Führungsverantwortung des Vorstands beeinträchtigen.[661] Der Leitungsbereich darf nicht betroffen sein.[662] Insofern kann an dieser Stelle umfassend auf die obigen Ausführungen zur Leitungsaufgabe des Vorstands verwiesen werden. Die dahinter stehenden Überlegungen sind identisch. Aus diesem Grund begegnet das „Outsourcing“ solcher Hilfsfunktionen keinen Bedenken, die nur in sehr lockerer Verbindung zum Kernbereich des Unternehmens stehen.[663] In diesem Fall wird sich in aller Regel die hier interessante Frage, inwieweit auf Zuarbeit eines Outsourcing Partners vertraut werden darf, aber gar nicht stellen.

661 Spindler/Stilz-Fleischer, § 76, Rn. 66; Fleischer, ZIP 2003, 1, 10.

662 Mü-Ko AktG-Spindler, § 76, Rn. 18.

663 Spindler/Stilz-Fleischer, § 76, Rn. 66; Fleischer, ZIP 2003, 1, 10, jeweils mit dem Hinweis auf die Schulbeispiele Gebäudereinigung und Sicherheitsdienst.

Interessanter sind die Fälle, in denen unternehmenswesentliche Teilbereiche oder Hilfsfunktionen ausgelagert werden.[664] Aber auch hier gelten die Ausführungen hinsichtlich der Leitungsaufgabe des Vorstands: Er hat die Pflicht, die sich aus seiner Organstellung ergebende Leitungsfunktion selbst wahrzunehmen, die Auslagerung darf aus diesem Grund nicht die unübertragbare Führungsverantwortung des Vorstandes beeinträchtigen.[665] Sofern diese Grenzen eingehalten werden, wird aber auch bei unternehmenswesentlichen Teilbereichen die Auslagerungsfähigkeit grundsätzlich bejaht, wenn der Vorstand zweierlei Aspekte beachtet.[666]

Fleischer führt in diesem Zusammenhang aus, dass der Vorstand „zum einen bei der Auswahl und Einweisung des Dienstleistungsunternehmens dafür zu sorgen (hat), dass eine sachgerechte Aufgabenwahrnehmung in gleicher Weise gewährleistet ist wie bei unternehmensinterner Delegation"[667] und der Vorstand „zum anderen (...) das fehlende arbeitsrechtliche Weisungsrecht durch schuldrechtliche Vereinbarungen ersetzen (müsse), die ihm auch weiterhin die Wahrnehmung seiner Steuerungs- und Informationsverantwortung ermöglichen"[668]. Darüber hinausgehende Delegationsgrenzen soll es nicht geben.[669] Ähnlich lesen sich die Voraussetzungen bei *Spindler*, wenn dieser ausführt, dass „der Vorstand (...) die eingesetzten Personen dabei sorgfältig auszuwählen, einzuweisen und zu überwachen (hat)"[670] und „er (...) dafür sorgen (muss), dass eine sachgerechte Aufgabenwahrnehmung in gleicher Weise gewährleistet ist wie bei der unternehmensinternen Delegation, etwa durch Einräumung von Informations-, Kontroll- und Prüfungsrechten im Auslagerungsvertrag, die sicherstellen, dass die ordnungsgemäße Erledigung der ausgelagerten Aktivitäten und Prozesse jederzeit kontrolliert werden kann und ein kurzfristiges Eingreifen möglich ist"[671]. Zwar könnte man vor diesem Hintergrund vertreten, dass aus betriebswirtschaftlicher Sicht die Auslagerung wenig sinnvoll ist, wenn man das gleiche Aufgabenspektrum zu erfüllen hat wie bei interner Delegation; dem ist allerdings entgegenzuhalten, dass die Erledigung der Aktivitäten als solche sehr wohl ausgelagert werden kann und „nur" die Überwachung beim auslagernden Unternehmen sichergestellt sein muss. Auf diese Art und Weise will man erreichen,

664 Spindler/Stilz-Fleischer, § 76, Rn. 66; Fleischer, ZIP 2003, 1, 10.
665 Mü-Ko AktG-Spindler, § 76, Rn. 18.
666 Spindler/Stilz-Fleischer, § 76, Rn. 66; Fleischer, ZIP 2003, 1, 10.
667 Spindler/Stilz-Fleischer, § 76, Rn. 66; Fleischer, ZIP 2003, 1, 10.
668 Spindler/Stilz-Fleischer, § 76, Rn. 66; Fleischer, ZIP 2003, 1, 10.
669 Spindler/Stilz-Fleischer, § 76, Rn. 66; Fleischer, ZIP 2003, 1, 10.
670 Mü-Ko AktG-Spindler, § 76, Rn. 18.
671 Mü-Ko AktG-Spindler, § 76, Rn. 18.

dass sich das auslagernde Unternehmen nicht durch die Auslagerung als solche gerade der Verantwortung entzieht, die es ganz selbstverständlich hätte, wenn es sich um eine unternehmensinterne Delegation handeln würde.

Dieses Ergebnis ist auch vor dem Hintergrund der schützenswerten Interessen der Treugeber sachgerecht, die im Einzelfall nicht mitbestimmen können, ob einzelne Aktivitäten im Unternehmen erbracht oder an Dritte ausgelagert werden.

Festzuhalten ist daher, dass sich die Vorstandspflichten aus aktienrechtlicher Sicht beim „Outsourcing" wie folgt darstellen: Zunächst hat der Vorstand die gleiche Aufsichtspflicht wie bei vertikaler Delegation. Erforderlich ist hierbei Sorgfalt bei der Auswahl, der Einweisung und der Überwachung. Dazu kommen müssen Regelungen, die es sicherstellen, dass das fehlende arbeitsrechtliche Weisungsrecht überwunden wird und es dem Vorstand aufgrund dieser Regelungen trotz unternehmensexterner Delegation möglich bleibt, seiner Überwachungspflicht nachkommen zu können.

Demgegenüber gibt es – soweit ersichtlich – für den hier relevanten Aspekt des Vertrauens keine aktienrechtliche Literatur im Zusammenhang mit „*Offshoring*". Dies ist aber auch nicht weiter verwunderlich, da es sich aktienrechtlich um eine normale unternehmensinterne vertikale Delegation handelt. Wie im rechtstatsächlichen Teil ausgeführt, besteht die Besonderheit nur darin, dass sich die Mitarbeiter in einem anderen Land bzw. einer ausländischen Zweigestelle des gleichen Unternehmens befinden. Nach hiesiger Auffassung können daher die aktienrechtlichen Grundsätze zur vertikalen Arbeitsteilung ohne weiteres bei „Offshoring" Anwendung finden.

2. Anwendung der Kriterien der vertikalen Arbeitsteilung

Nach Auffassung des Autors können die zur vertikalen Arbeitsteilung entwickelten Kriterien des „Risiko-Punkte-Systems" auch bei „Outsourcing" und „Offshoring" angewendet werden.

Da es sich beim „Offshoring" im Ergebnis um eine gewöhnliche vertikale Delegation handelt, bedarf es bereits aus diesem Grund keiner Anpassung der obigen Kriterien. Die im rechtstatsächlichen Teil erörterten Schwierigkeiten müssen zwar bei der *laufenden Überwachung* der Mitarbeiter im Einzelfall berücksichtigt werden, an den Kriterien als solches ändert dies aber nichts.

Auch beim „Outsourcing" ist keine Modifikation erforderlich. Für das dort geforderte „Grundmaß" an Sorgfalt hinsichtlich Auswahl, Einweisung und Überwachung macht es keinen Unterschied, ob es sich um eine unternehmensinterne oder eine unternehmensexterne Delegation handelt. Der Vorstand muss aber berücksichtigen, dass das Fehlen des arbeitsrechtlichen Weisungsrechts durch anderweitige vertragliche Vereinbarungen aufgefangen werden muss. Dies muss er aber bereits im eigenen Interesse tun, da er andernfalls nicht in der Lage ist, sein „Grundmaß" an Sorgfalt bei der Überwachung auszuüben. Insofern ist auch dieser Umstand kein Anlass, die Kriterien als solche zu modifizieren, sondern wirkt sich nur im Rahmen der allgemeinen Sorgfalt aus.

Unter dem Gesichtspunkt der Risikobeherrschung im Interesse der Aktionäre bzw. vor dem Hintergrund der Untreue als Vermögensdelikt zum Schutze der Treugeber ist es ebenfalls angezeigt, die obigen Kriterien anzuwenden und auch bei „Outsourcing" und „Offshoring" eine Abstufung anhand der zuvor ermittelten „Risiko-Basispunkte" vorzunehmen. Es ist nicht ersichtlich, warum die dort geforderten Vorstandspflichten in diesen Fällen reduziert werden sollten. Die Situationen sind mit der unternehmensinternen vertikalen Delegation identisch („Offshoring") bzw. sehr vergleichbar („Outsourcing"). Insbesondere ist nicht ersichtlich, warum bei interner Delegation eine detaillierte Befassung bei hoher Risikostufe erfolgen sollte und bei externer Delegation hingegen nicht. Nach Auffassung des Autors fordert der Schutzzweck der Untreue dies vielmehr in beiden Konstellationen, um Schäden vom individuellen Vermögen der Treugeber abzuwenden.

Nach alledem sollen im „Risiko-Punkte-System" die für die vertikale Arbeitsteilung gefundenen Kriterien und die damit verbundene Abstufung auch bei „Outsourcing" und „Offshoring" Anwendung finden: Allgemeine Überwachung bei geringem und mittlerem Risiko, detaillierte Befassung bei hohem Risiko.

4. Kapitel: Schlussbetrachtung; praktische Anwendung der gefundenen Ergebnisse

„Ist ein Risikogeschäft Gegenstand der Anklage, so wird die Anklage selbst zum Risikogeschäft." Diese Aussage des ehemaligen Vorsitzenden Richters am BGH Armin Nack aus dem Jahre 1992 hat *Waßmer* bereits 1995 in der Einleitung seiner Dissertation verwendet, um den seinerzeitigen Zustand der Praxis zu beschreiben.[672] Der strafrechtliche Umgang mit unternehmerischen Risikoentscheidungen war bereits damals aktuell und ist auch heute – mehr als 20 Jahre später, trotz Business Judgement Rule und diverser BGH-Entscheidungen – nicht abschließend geklärt.

Risikoentscheidungen sind stets mit einem Ermessensspielraum der Entscheidungsträger verbunden. Klingt dies zunächst einmal nach dem Zugeständnis von Freiheiten, birgt gerade das eingeräumte Ermessen aber erhebliche Gefahr für die betroffenen Personen im Unternehmen. Denn nicht selten kommt es zu Ermittlungsverfahren gegen Funktionsträger wegen früher getroffener Entscheidungen; ursächlich sind hier oftmals gerade die „Zwänge der Ermessensausübung".[673]

Beukelmann ist zuzustimmen, dass Vorstände bereits beinahe reflexartig verklagt werden, wenn ihre getroffene Entscheidung sich im Nachhinein, also ex post, als vermeintlich falsch herausstellt – der konkrete Vorwurf ist regelmäßig unter anderem die falsche Gewichtung der Entscheidungsgrundlagen oder eine unzureichende Informationsgrundlage.[674] Auch die Business Judgement Rule hat hier keine Klarheit gebracht. Entscheidungsträger sind nach wie vor – zu Recht – verunsichert und die unternehmerische Tätigkeit bisweilen aus diesem Grund gelähmt.

In diesem Zusammenhang hat der Deutsche Juristentag im September 2014 unter anderem den Reformbedarf beim gesellschaftsrechtlichen Haftungsrecht erörtert. Im Zentrum standen dabei die Themen „Innenhaftung des Vorstands und der Aufsichtsratsmitglieder", „Durchsetzung der Haftung", „Regulierte Unternehmen" und „Öffentliche Unternehmen".[675] Nicht zuletzt aufgrund der nicht

672 Waßmer, S. 1.

673 Beukelmann, NJW-Spezial 2012, 568.

674 Beukelmann, NJW-Spezial 2012, 568.

675 Vgl. die Beschlüsse des 70. Deutschen Juristentags: www.djt.de/fileadmin/downloads/70/140919_djt_70_beschluesse_web_rz.pdf, Seite 17 ff. (letzter Abruf: 06.02.2017).

abschließend aufgearbeiteten Bankenskandale wird aber bisweilen bezweifelt, dass sich die Politik auf wirksame Haftungsbegrenzungen verständigen wird.[676] Die dahingehende Diskussion ist in vollem Gange. Einer der Beschlüsse der Abteilung Wirtschaftsrecht auf dem 70. Deutschen Juristentag 2014 wurde mit 46:28:9 Stimmen angenommen und lautet wie folgt:

> *„Es sollte klargestellt werden, dass ein Vorstandsmitglied grundsätzlich auf die ordnungsgemäße Wahrnehmung der Ressortverantwortlichkeit eines anderen Vorstandsmitglieds vertrauen darf, solange keine konkreten Anhaltspunkte für Fehlentwicklungen vorliegen."*[677]

Dieser Umstand belegt einmal mehr, dass das Thema „Vertrauen" auch im Gesellschaftsrecht aktueller denn je und auch dort keinesfalls abschließend geklärt ist. Gerade in diesem Beschluss kommt insbesondere der Wunsch nach Vertrauensschutz zum Vorschein, um der bestehenden Unsicherheit der Entscheidungsträger zu begegnen.

In vielen Fällen der Vergangenheit war eine vermeintlich falsche Entscheidung aber nicht nur der Auslöser eines zivilrechtlichen Verfahrens, in dem gesellschaftsrechtliche Schadensersatzsprüche zu klären waren. Vielmehr wurde parallel zum Zivilverfahren auch vor den Strafgerichten verhandelt. So gibt bzw. gab es beispielsweise sowohl ein zivilrechtliches als auch ein strafrechtliches BayernLB-Verfahren. Gleiches gilt für die Aufarbeitung im Zusammenhang mit der Stuttgarter LBBW. Hat man in derartigen Zivilverfahren zumindest „Instrumente" wie die Business Judgement Rule zur Hand, kann man bei der Auslegung des sehr weit gefassten Tatbestands der Untreue aufgrund der allgemein anerkannten asymmetrischen Akzessorietät des Strafrechts nur begrenzt darauf zurückgreifen.

Das Ziel der vorliegenden Arbeit ist es daher, den *strafrechtlichen Vertrauensschutz* durch Absicherung unternehmerischer Entscheidungen zu untersuchen. Im Rahmen dessen ist das „Risiko-Punkte-System" entstanden, ein Vorschlag zur Ermittlung bzw. (präventiv) zum Ausschluss der untreuerelevanten Pflichtwidrigkeit bei unternehmerischen Entscheidungen einer Aktiengesellschaft.

---

676 Kopp, Deutscher AnwaltSpiegel, Ausgabe 24, 03. Dezember 2014, 6, 6 mit dem Hinweis, dass die strenge Rechtsprechung des BGH („ARAG/Garmenbeck", „Siemens/Neubürger" u.a.) keinen Anlass zur Hoffnung auf die Aufweichung der Verfolgungspflicht von Pflichtverletzungen des Vorstands durch den Aufsichtsrat gibt.

677 Beschluss Nr. 5 der Abteilung für Wirtschaftsrecht, abrufbar unter: www.djt.de/fileadmin/downloads/70/140919_djt_70_beschluesse_web_rz.pdf, Seite 18 (letzter Abruf: 06.02.2017).

Im rechtstatsächlichen Teil erfolgt in § 1 zunächst die Darstellung, wie ein Unternehmen betriebswirtschaftlich organisiert werden kann (A.) und welche tatsächliche Rolle Vertrauen bei den jeweiligen Organisationsformen und auf den verschiedenen Hierarchieebenen besitzt (B.). In § 2 erfolgt sodann eine rechtstatsächliche Betrachtung, welche ausgewählten Absicherungsmöglichkeiten bei unternehmerischen Entscheidungen bestehen, worauf sich also das Vertrauen eines Entscheidungsträgers im Vorfeld einer Entscheidung (und insbesondere bei einer Aktiengesellschaft) beziehen kann.

Nach dieser rechtstatsächlichen Vorarbeit stellt das dogmatische 3. Kapitel das Kernstück der Arbeit dar.

Im *Vorfeld* der dogmatischen Untersuchung stand zunächst die Frage, ob die Grundüberlegungen des in der Einleitung ausgeführten Vertrauensgrundsatzes, nämlich das „einander vertrauen dürfen", auch auf den Bereich von Wirtschaftsunternehmen übertragbar sind.

Da es bei Entscheidungen von Wirtschaftsunternehmen strafrechtlich regelmäßig um die Untreue gemäß § 266 StGB geht, sollte dogmatisch nicht geklärt werden, ob ein Fahrlässigkeitsvorwurf erhoben werden kann (so originär beim Vertrauensgrundsatz), sondern ob – und wenn ja an welcher Stelle und unter welchen Voraussetzungen – im Tatbestand der Untreue schützenswertes Vertrauen dogmatisch verankert werden kann und ob dabei grundsätzliche Erwägungen des Vertrauensgrundsatzes fruchtbar gemacht werden können. Der dogmatische Teil der Arbeit konzentriert sich daher ausschließlich auf den Tatbestand der Untreue.

Nach einer dahingehenden Negativabgrenzung, wann es auf Vertrauensschutz gerade nicht ankommt (§ 1), macht ein Vorschlag zur dogmatischen Realisierung von Vertrauensschutz im Tatbestand der Untreue (§ 2) den weitaus größten Teil der Arbeit aus.

Ausgehend von § 266 StGB als typisches Wirtschaftsdelikt bei unternehmerischen Entscheidungen (A.) erfolgt die dogmatische Verortung von Vertrauen im Straftatbestand der Untreue (B.).

Nach einer allgemeinen Betrachtung wird das „Herzstück" der hier vorliegenden Arbeit eingeführt, das selbst entwickelte „Risiko-Punkte-System" (B. I. 3.). Dieses System gibt auch den Ausschlag für den Untertitel der Untersuchung, da es sich dabei gleichsam um „einen Vorschlag zur Bestimmung der untreuerelevanten Pflichtwidrigkeit bei Vorstandsentscheidungen einer Aktiengesellschaft" handelt. Nach Einführung dieses Systems werden die im rechtstatsächlichen Teil gefundenen Ergebnisse in das System integriert.

Unter C. werden daher die dogmatischen Anforderungen an die im rechtstatsächlichen Teil gefundenen Absicherungsarten dargestellt und dabei jeweils ein eigener Vorschlag im „Risiko-Punkte-System“ erbracht, unter welchen Voraussetzungen Vertrauensschutz realisiert werden kann, wann sich der Entscheidungsträger also auf den jeweiligen Baustein der Gesamtabsicherung verlassen darf.

Im Einzelnen geht es dort um die dogmatische Betrachtung von Vertrauensschutz nach der Inanspruchnahme von Kontrollmechanismen (I. 1.–7.), Vertrauensschutz im Zwei-Personen-Verhältnis (II. 1.–2.) sowie um Vertrauensschutz bei Outsourcing und Offshoring (III.), also allen Bausteinen, die im Rahmen der Absicherung zur Verfügung stehen sollen. Diese Betrachtung erfolgt stets im Tatbestand der Untreue.

Auch das „Risiko-Punkte-System“ kann (und will) kein Allheilmittel zur Generalisierung aller Variablen des Einzelfalls sein. Eine hundertprozentige Verallgemeinerung ist aufgrund der Bedeutung des individuell gestaltbaren Innenverhältnisses im Rahmen der Untreue nicht möglich. Das „Risiko-Punkte-System“ ist aber so aufgebaut, dass bestehende Variablen auf der entsprechenden Stufe Berücksichtigung finden können (so zum Beispiel bei der „Risiko-Absicherungs-Relation“ = 1. Stufe der Absicherung im System)[678]. Entscheidungsträger müssen sich dort nach Ermittlung der „Risiko-Basispunkte“[679], also der Risikostufe der Entscheidung, die Frage stellen, mit Hilfe welcher Bausteine der Absicherung sie in der Lage sind, das bestehende finanzielle Risiko zu „beherrschen“. Zu berücksichtigen sind bei dieser Relation die konkreten Umstände des jeweiligen Unternehmens. Zu fragen ist an dieser Stelle deshalb auch, welche Möglichkeiten der Absicherung *konkret* bestehen und was im jeweiligen Unternehmen zur Beherrschung des Risikos *konkret* erforderlich ist.

Das „Risiko-Punkte-System“ ist somit ein Instrument, um, insbesondere auch einer Rückbetrachtung standhaltende, also nachvollziehbare Entscheidungen präventiv treffen zu können. Zudem gibt das System aber auch die Möglichkeit, gerade die Rückbetrachtung vorzunehmen, also erst im Nachgang beurteilen zu können, ob eine nachvollziehbare Entscheidung getroffen wurde. Bei Beachtung der Prüfungsschritte des Systems und entsprechender *Dokumentation* der Erwägungen im Vorfeld einer Entscheidung kann es somit ein probates Mittel für Entscheidungsträger sein, um der Gefahr eines späteren strafrechtlichen Vorwurfs wegen Untreue frühzeitig entgegenwirken zu können.

---

678 Vgl. dazu 3. Kapitel: § 2 B. I. 3. c. bb. (1).

679 Vgl. dazu 3. Kapitel: § 2 B. I. 3. c. aa.

In das System integriert wird eine dahingehende Ausarbeitung, welche Voraussetzungen erfüllt werden müssen, um den verschiedenen Bausteinen der Absicherung im Vorfeld einer Entscheidung *vertrauen* zu dürfen („Anforderungen an die gewählte Art der Absicherung“ = gedankliche 2. Stufe der Absicherung im System)[680]. Die entsprechenden Ergebnisse werden hier zwar in das System eingearbeitet, können aber auch allgemeine Geltung beanspruchen, da die Anforderungen an den jeweiligen Absicherungsbaustein auch isoliert betrachtet werden könnten. Ob diese Vorschläge nun im „Risiko-Punkte-System“ oder auf andere Weise dogmatische Verortung im Tatbestand der Untreue finden, ist im Ergebnis für die Anforderungen als solche unerheblich. Das System des Autors ist ein Vorschlag in der bestehenden Diskussion.

Für seine präventive Funktionsfähigkeit bzw. den tatsächlichen Mehrwert im Unternehmensalltag ist dieses System vor allem angewiesen auf eine umfassende *Dokumentation* seiner Anwender. Nur so können diese späteren Vorwürfen entgegentreten und die Nachvollziehbarkeit einer Entscheidung auch belegen.

Dabei sollte im Vorfeld einer Entscheidung zunächst festgehalten werden

- von welcher Risikostufe
- aus welchen Gründen

ausgegangen wurde. Betriebswirtschaftliche Gutachten können an dieser Stelle empfehlenswert sein („Risiko-Basispunkte“[681]). Ob dies im Einzelfall erforderlich ist und in welcher Tiefe eine derartige Prüfung ratsam ist, muss anhand der konkreten Situation im Unternehmen entschieden werden.

Im nächsten Schritt sollte eine dahingehende Dokumentation erfolgen

- auf welche Arten eine „Beherrschung“ des Risikos im betroffenen Unternehmen möglich erschien und
- für welche konkrete Art man sich
- aus welchen Gründen

entschieden hat („Risiko-Absicherungs-Relation“[682]).

Im letzten Schritt bleibt schriftlich zu fixieren, dass die Anforderungen an den konkreten Absicherungsbaustein eingehalten wurden („Anforderungen an die Absicherungsarten“[683]). Der erforderliche Umfang der Dokumentation ist dabei abhängig von der Absicherungsart. Orientierung können dabei die Ausführungen

---

680 Vgl. dazu 3. Kapitel: § 2 C.

681 Vgl. dazu 3. Kapitel: § 2 B. I. 3. c. aa.

682 Vgl. dazu 3. Kapitel: § 2 B. I. 3. c. bb. (1).

683 Vgl. dazu 3. Kapitel: § 2 C.

des Abschnitts C. in § 2 des 3. Kapitels der vorliegenden Arbeit sein. So kann es bei Vertrauen auf die „Kontrollmechanismen“ beispielsweise sinnvoll sein, zu dokumentieren, warum man sich für einen konkreten externen Rechtsberater und nicht für einen anderen entschieden hat, aufgrund welcher Erwägungen man der Auffassung ist, dass eine Einschätzung des Aufsichtsrates zutreffend ist, wie eine interne Richtlinie ausgelegt und verstanden wird oder warum man davon ausgeht, dass ein Beschluss der Hauptversammlung rechtmäßig zustande gekommen ist und entsprechend der Vorgabe gehandelt wurde. Bei Vertrauen auf die „Kompetenz der Kollegen“ im Zwei-Personen-Verhältnis ist beispielsweise eine dahingehende Dokumentation zu raten, dass die Anforderungen bei der Auswahl und Einweisung umgesetzt wurden und auch die laufende Überwachung tatsächlich gelebt wurde. Bestenfalls existiert ein konkretes Protokoll über die erfolgten Überwachungsmaßnahmen und den stattgefundenen Informationsaustausch. Im Hinblick auf den „Vertrauensgrundsatz“ könnte Teil der Dokumentation auch eine Art „Logbuch“ sein, das belegt, dass es bei Gelegenheit der Überwachung gerade zu keinen Beanstandungen gekommen ist und es folglich zu keinem Zeitpunkt einen Grund gab, an den Kollegen bzw. den Mitarbeitern zu zweifeln. Sofern eine vertikale Delegation über mehrere Hierarchieebenen erfolgte, sollten ferner die erforderlichen Organisationspläne archiviert werden, um die Aufgabenstruktur im Bedarfsfall nachvollziehen und das jeweilige Vorstandsmitglied entlasten zu können. Aufgrund der abgestuften Überwachungspflicht in Abhängigkeit von der jeweiligen Risikostufe der unternehmerischen Entscheidung ist es ferner von Vorteil, aussagekräftig zu dokumentieren, aufgrund welcher Erwägungen (betriebswirtschaftliche Gutachten etc.) in der jeweiligen Konstellation von welcher Risikostufe einer Entscheidung ausgegangen wurde und welche Schlüsse daraus für die eigenen Handlungspflichten gezogen wurden. Nur so kann man später (ex-post) belegen, dass die Überlegungen ex-ante bei Absicherung der fraglichen Entscheidung zutreffend und nachvollziehbar waren und Rückschaufehler bei der Aufarbeitung der fehlgeschlagenen Entscheidung vermeiden.

Eine solche Dokumentation ist ferner auch unabhängig vom Strafrecht ratsam, da bei „missglückten“ unternehmerischen Entscheidungen wie gesagt stets auch die gesellschaftsrechtliche Haftung droht. Auch dort kann „entlastendes Material“ erforderlich werden; eine zivil- und strafrechtliche Doppelverwertung ist also möglich. Insofern ist den Anwendern des hier vorgestellten Systems auch aus diesem Grund zu raten, bei der erforderlichen Dokumentation größte Sorgfalt walten zu lassen und bereits im Vorfeld einer unternehmerischen Entscheidung das Ende im Blick zu behalten.

Literaturverzeichnis

Anforderungsprofil für Aufsichtsratsmitglieder der Commerzbank AG, Stand: Dezember 2011, abrufbar unter: www.commerzbank.de/media/konzern_1/konzerninfo/aufsicht/Anforderungsprofil_Aufsichtsrat.pdf, letzter Abruf: 06.02.2017.

Arzt, Gunther / Weber, Ulrich / Heinrich, Bernd / Hilgendorf, Eric, Strafrecht Besonderer Teil, 2. Auflage, Bielefeld 2009 (zit.: Arzt/Weber-Bearbeiter, 2. Auflage).

Arzt, Gunther / Weber, Ulrich / Heinrich, Bernd / Hilgendorf, Eric, Strafrecht Besonderer Teil, 3. Auflage, Bielefeld 2015 (zit.: Arzt/Weber-Bearbeiter, 3. Auflage).

Bea, F. X. / Schweitzer, M. (Hrsg.), Allgemeine Betriebswirtschaftslehre, Band 2: Führung, 10. Auflage, Konstanz München 2011 (zit.: Bea/Schweitzer-Bearbeiter).

Beckemper, Katharina, Anmerkung zu BGH, Urteil vom 06.12.2001 – 1 StR 215/01 (LG Offenburg), NStZ 2002, 322–326.

Becker, Iris, Die Versteckten Kosten von „Kultur" – Wege zur Überwindung von kultureller Distanz am Beispiel von Indien, KMU LIFE 1/09, 17–19, abrufbar unter: www.lets-bridge-it.com/downloads/kulturschock_kmu_life.pdf, letzter Abruf: 06.02.2017.

Beck'scher Online-Kommentar StGB, Stand: 01.09.2016, Edition: 32, Hrsg.: von Heintschel-Heinegg, Bernd (zit.: BeckOK StGB-Bearbeiter).

Beck'scher Online-Kommentar OWiG, Stand: 15.10.2016, Edition: 13, Hrsg.: Graf, Jürgen-Peter (zit.: BeckOK OWiG-Bearbeiter).

Beschlüsse des 70. Deutschen Juristentags Hannover 2014, abrufbar unter: www.djt.de/fileadmin/downloads/70/140919_djt_70_beschluesse_web_rz.pdf, letzter Abruf: 06.02.2017.

Beukelmann, Stephan, Untreuestrafbarkeit und unternehmerisches Risiko, NJW-Spezial 2012, 568.

Bihr, Dietrich / Philippsen, Josef, Qualitätsaspekte bei der Arbeit von Aufsichtsratsgremien – Grundsätze ordnungsgemäßer Überwachung für Aufsichtsräte, DStR 2011, 1133–1137.

Brammsen, Joerg, Vorstandsuntreue – Aktienrechtliche Unternehmensführung auf dem Prüfstand des § 266 StGB –, Wistra 2009, 85–91.

Bundesrechtsanwaltskammer, Stellungnahme der Bundesrechtsanwaltskammer zum Grünbuch über die Unschuldsvermutung vom 26. April 2006 (KOM(2006)174), BRAK-Stellungnahme-Nr. 18/2006, abrufbar unter: www.brak.de/zur-rechtspolitik/stellungnahmen-pdf/stellungnahmen-europa/2006/juni/stellungnahme-der-brak-2006-18.pdf, letzter Abruf: 06.02.2017.

Burr, Wolfgang / Stephan, Michael / Werkmeister, Clemens, Unternehmensführung, 2. Auflage, München 2011.

Corell, Christian, Strafrechtliche Verantwortlichkeit durch Mitwirkung an Kollegialentscheidungen auf der Leitungsebene von Wirtschaftsunternehmen bei vorsätzlichen Begehungsdelikten, Köln Berlin Bonn München 2007.

Creutz, Marcus, Die Stunde der Anwälte, Handelsblatt Online vom 29.05.2009, abrufbar unter: www.handelsblatt.com/unternehmen/handel-dienstleister/top-wirtschaftsjuristen-die-stunde-der-anwaelte/3187298.html, letzter Abruf: 06.02.2017.

Deutsches Institut für Compliance, Pressemitteilung vom 12.08.2014: „Compliance muss sich lohnen" – DICO legt Gesetzesvorschlag vor, abrufbar unter: www.dico-ev.de/wp-content/uploads/2016/11/PM_DICO_Compliance-Anreiz-Gesetz__2_.pdf, letzter Abruf: 06.02.2017.

Dierlamm, Alfred, Neue Entwicklungen bei der Untreue – Loslösung des Tatbestands von zivilrechtlichen Kategorien?, StraFo 2005, 397–404.

Dinter, Lasse, Der Pflichtwidrigkeitsvorsatz der Untreue: Zugleich ein Beitrag zur gesetzlichen Bestimmtheit des § 266 StGB, 1. Auflage, Heidelberg 2012.

Duttge, Gunnar, Arbeitsteilige Medizin zwischen Vertrauen und strafbarer Fahrlässigkeit, ZIS 2011, 349–353.

Eidam, Lutz, Zum Ausschluss strafrechtlicher (Fahrlässigkeits-) Verantwortlichkeit anhand des Vertrauensgrundsatzes – ein Überblick, JA 2011, 912–917.

Esser, Robert / Keuten, Christian, Strafrechtliche Risiken am Bau – Überlegungen zum Tatbestand der Baugefährdung (§ 319 StGB) und seinem Verhältnis zu §§ 222, 229 StGB –, NStZ 2011, 314–322.

Falkenhausen, Joachim Freiherr von, Die Haftung außerhalb der Business Judgement Rule. Ist die Business Judgement Rule ein Haftungsprivileg für Vorstände?, NZG 2012, 644–651.

Feddersen, Dieter, Der Antagonismus zwischen der Business Judgement Rule des Gesellschaftsrechts und der Anwendung des § 266 StGB durch die Strafverfolgungsbehörden und -gerichte, in: Humaniora: Medizin – Recht – Geschichte, Festschrift für Adolf Laufs zum 70, Geburtstag, Berlin Heidelberg 2006, 1169–1192.

Fest, Timo, Darlegungs- und Beweislast bei Prognoseentscheidungen im Rahmen der Business Judgement Rule, NZG 2011, 540–542.

Fischer, Thomas / Krehl, Christoph, Strafrechtliche Revision, „Vieraugenprinzip", gesetzlicher Richter und rechtliches Gehör, StV 2012, 550–559.

Fischer, Thomas, Strafgesetzbuch mit Nebengesetzen, 64. Auflage, München 2017.

Fleischer, Holger (Hrsg.), Handbuch des Vorstandsrechts, 1. Auflage, München 2006 (zit.: Handbuch des Vorstandsrechts-Bearbeiter).

Fleischer, Holger, Vertrauen von Geschäftsleitern und Aufsichtsratsmitgliedern auf Informationen Dritter – Konturen eines kapitalgesellschaftsrechtlichen Vertrauensgrundsatzes, ZIP 2009, 1397–1406.

Fleischer, Holger, Zum Grundsatz der Gesamtverantwortung im Aktienrecht, NZG 2003, 449–459.

Fleischer, Holger, Zur Leitungsaufgabe des Vorstands im Aktienrecht, ZIP 2003, 1–1.

Froesch, Daniel, Managerhaftung – Risikominimierung durch Delegation?, DB 2009, 722–72.

Geschäftsordnung für den Vorstand der Deutsche Bank AG gemäß Beschluss des Aufsichtsrats vom 18. Mai 2016, abrufbar unter: www.db.com/ir/de/download/GO_Vorstand_18_05_2016.pdf, letzter Abruf: 06.02.2017.

Geschäftsordnung für den Vorstand der Siemens Aktiengesellschaft in der ab 1. Oktober 2015 geltenden Fassung, abrufbar unter: www.siemens.com/investor/pool/en/investor_relations/downloadcenter/governance_geschaeftsordnung_vorstand.pdf, letzter Abruf: 06.02.2017.

Gesetzesantrag des Landes Nordrhein-Westfalen, Entwurf eines Gesetzes zur Einführung der strafrechtlichen Verantwortlichkeit von Unternehmen und sonstigen Verbänden, abrufbar unter: www.justiz.nrw.de/JM/leitung/jumiko/beschluesse/2013/herbstkonferenz13/TOP_II_5_Gesetzentwurf.pdf, letzter Abruf: 06.02.2017.

Gesetzesentwurf der Bundesregierung, Entwurf eines Gesetzes zur Unternehmensintegrität und Modernisierung des Anfechtungsrechts (UMAG), Deutscher Bundestag, 15. Wahlperiode, Drucksache 15/5092, abrufbar unter: http://dip21.bundestag.de/dip21/btd/15/050/1505092.pdf, letzter Abruf: 06.02.2017 (zit.: RegE UMAG BT-Drucks. 15/5092).

Gesetzesentwurf der Fraktionen der CDU/CSU und SPD, Entwurf eines Gesetzes zur Neuordnung des Rechts der Syndikusanwälte, Deutscher Bundestag, 18. Wahlperiode, Drucksache 18/5201, abrufbar unter: http://dipbt.bundestag.de/dip21/btd/18/052/1805201.pdf, letzter Abruf: 06.02.2017 (zit.: GesE Synd. BT-Drucks. 18/5201).

Hannes, Miriam, Der Vertrauensgrundsatz bei arbeitsteiligem Verhalten, 1. Auflage, Aachen 2002.

Hantschel, Ulrike, Untreuevorsatz: Eine Untersuchung zu Begriff und Beweis des Vorsatzes bei § 266 StGB, 1. Auflage, Berlin 2010.

Hart, Dieter, Vertrauen, Kooperation und Organisation, Probleme der Zusammenarbeit, der Übergabe und an Schnittstellen im Arzthaftungsrecht, in: Humaniora Medizin – Recht – Geschichte, Festschrift für Adolf Laufs zum 70, Geburtstag, Berlin Heidelberg 2006, 843–879.

Hauschka, Christoph, Grundsätze pflichtgemäßer Unternehmensführung – Entwurf eines Gesetzes zur Unternehmensintegrität und Modernisierung des Anfechtungsrechts (UMAG), ZRP 2004, 65–67.

Hauschka, Christoph / Moosmayer, Klaus / Lösler, Thomas (Hrsg.), Corporate Compliance, Handbuch der Haftungsvermeidung im Unternehmen, 3. Auflage, München 2016 (zit.: Corporate Compliance Handbuch-Bearbeiter).

Hegnon, Oliver, Aufsicht als Leitungspflicht, Umfang persönlich wahrzunehmender Aufsichtspflichten von Geschäftsleitern bei vertikaler Arbeitsteilung aus gesellschafts- und strafrechtlicher Sicht, CCZ 2009, 57–62.

Henssler, Martin / Strohn, Lutz (Hrsg.), Gesellschaftsrecht: BGB, HGB, PartGG, GmbHG, AktG, GenG, UmwG, InsO, AnfG, IntGesR, 3. Auflage, München 2016 (zit.: Henssler/Strohn-Bearbeiter).

Hermes, Heinz-Josef / Schwarz, Gerd, Outsourcing: Chancen und Risiken, Erfolgsfaktoren, rechtssichere Umsetzung, 1. Auflage, München 2005.

Herzberg, Rolf, Das vollendete vorsätzliche Begehungsdelikt als qualifiziertes Versuchs-, Fahrlässigkeits- und Unterlassungsdelikt, JuS 1996, 377–384.

Hillenkamp, Thomas, Risikogeschäft und Untreue, NStZ 1981, 161–168.

Horn, Norbert, Die Haftung des Vorstands der AG nach § 93 AktG und die Pflichten des Aufsichtsrats – Zugleich Besprechung der Urteile des Bundesgerichtshofs vom 21. April 1997, ZIP 1997, 883, und des OLG Düsseldorf vom 28. November 1996, ZIP 1997, 27, im Fall ARAG/Garmenbeck, ZIP 1997, 1129–1139.

Höffler, Katrin: Risikokriminologie, Monatsschrift für Kriminologie und Strafrechtsreform (MschrKrim) 2012, 95 (4), 252–268.

Hölters, Wolfgang (Hrsg.), Aktiengesetz Kommentar, 2. Auflage, München 2014 (zit.: Hölters-Bearbeiter).

Hüffer, Uwe, Aktiengesetz, Beck'sche Kurz-Kommentare, 11. Auflage, München 2014 (zit.: Hüffer-Bearbeiter, 11. Auflage).

Hüffer, Uwe / Koch, Jens, Aktiengesetz, Beck'sche Kurz-Kommentare, 12. Auflage, München 2016 (zit.: Hüffer-Bearbeiter).

Hungenberg, Harald / Wulf, Thorsten, Grundlagen der Unternehmensführung, 5. Auflage, Berlin Heidelberg 2015.

Jakobs, Günther, Untreue-Vorwurf wegen Verletzung gesellschaftsrechtlicher Sonderpflichten – Mannesmann/Vodafone, NStZ 2005, 276–278.

Karlsruher Kommentar zum Gesetz über Ordnungswidrigkeiten, 4. Auflage, München 2014, Hrsg.: Senge, Lothar (zit.: KK OWiG-Bearbeiter).

Karlsruher Kommentar zur Strafprozessordnung mit GVG, EGGVG und EMRK, 7. Auflage, München 2013, Hrsg.: Hannich, Rolf (zit.: KK StPO-Bearbeiter).

Kaspar, Johannes, Grundprobleme der Fahrlässigkeitsdelikte, JuS 2012, 16–21.

Kindler, Peter, Unternehmerisches Ermessen und Pflichtenbindung – Voraussetzungen und Geltendmachung der Vorstandshaftung in der Aktiengesellschaft, ZHR 162 (1998), 101–119.

Knauer, Christoph, Die Kollegialentscheidung im Strafrecht – Zugleich ein Beitrag zum Verhältnis von Kausalität und Mittäterschaft, 1. Auflage, München 2001.

Kocher, Dirk, Zur Reichweite der Business Judgement Rule, CCZ 2009, 215–221.

Kock, Martin / Dinkel, Renate, Die zivilrechtliche Haftung von Vorständen für unternehmerische Entscheidungen. Die geplante Kodifizierung der Business Judgement Rule im Gesetz zur Unternehmensintegrität und Modernisierung des Anfechtungsrechts, NZG 2004, 441–448.

Kopp, Reinhold, Tone from the Top – Geschäftsleitung und Aufsichtsorgan müssen beim Thema Compliance sachgerecht kooperieren, Deutscher AnwaltSpiegel, Ausgabe 24, 03.12.2014, 6–8, abrufbar unter: www.deutscheranwaltspiegel.de/wp-content/uploads/2014/12/02_Kopp.pdf, letzter Abruf: 06.02.2017.

Kosiol, Erich, Organisation der Unternehmung, 2. Auflage, Wiesbaden 1976.

Krause, Daniel, Was bewirkt Compliance?, StraFo 2011, 437–446.

Krüger, Wilfried, Organisation der Unternehmung, 3. Auflage, Stuttgart Berlin Köln 1994.

Kubiciel, Michael, Gesellschaftsrechtliche Pflichtwidrigkeit und Untreuestrafbarkeit, NStZ 2005, 353–361.

Langenbucher, Katja, Vorstandshandeln und Kontrolle. Zu einigen Neuerungen durch das UMAG, DStR 2005, 2083–2090.

Laufer, Hartmut, Vertrauen und Führung – Vertrauen als Schlüssel zum Führungserfolg, 1. Auflage, Offenbach 2007.

Laufs, Adolf / Kern, Bernd-Rüdiger (Hrsg.), Handbuch des Arztrechts, 4. Auflage, München 2010 (zit.: Laufs/Kern-Bearbeiter).

Leipold, Klaus, Plädoyer gegen die Einführung eines Unternehmensstrafrechts, in: Recht und Politik – Festschrift für Peter Gauweiler, München 2009, 375–386.

Leipold, Klaus, Unternehmensstrafrecht – Eine rechtspolitische Notwendigkeit?, ZRP 2013, 34–37.

Leipziger Kommentar zum Strafgesetzbuch, Großkommentar, Band 1, Einleitung, §§ 1–31, 12. Auflage, Berlin 2007, Hrsg.: Laufhütte, Heinrich Wilhelm / Rissing-van Saan, Ruth / Tiedemann, Klaus (zit.: LK-Bearbeiter).

Leipziger Kommentar zum Strafgesetzbuch, Großkommentar, Band 9/Teil 1, §§ 263–266b, 12. Auflage, Berlin/Boston 2012, Hrsg.: Laufhütte, Heinrich Wilhelm / Rissing-van Saan, Ruth / Tiedemann, Klaus (zit.: LK-Bearbeiter).

Leite, Alaor, Vorsatz und Irrtum bezüglich der Pflichtwidrigkeit bei der Untreue (§ 266 StGB) – Pflichtwidrigkeit als gemischtes Blankett- bzw. gesamttatbewertendes Merkmal?, GA 2015, 517–529.

Loos, Fritz, Probleme der beschränkten Sperrwirkung strafprozessualer Entscheidungen, JZ 1978, 592–600.

Lüderrsen, Klaus, Bemerkungen zum Irrtum über die Wahrnehmung fremder Vermögensinteressen im Sinne des § 266 StGB, in: Festschrift für Christian Richter II – Verstehen und Widerstehen, Baden-Baden 2006, 373–378.

Lüderssen, Klaus, Entkriminalisierung des Wirtschaftsstrafrechts II, Baden-Baden 2007.

Macharzina, Klaus / Wolf, Joachim, Unternehmensführung: Das internationale Managementwissen Konzepte – Methoden – Praxis, 9. Auflage, Wiesbaden 2015.

Marwedel, Niklas, Der Pflichtwidrigkeitsvorsatz bei § 266 StGB – Jagd nach einem weißen Schimmel, ZStW 2011, 548–569.

Matt, Holger, Missverständnisse zur Untreue – eine Betrachtung auch zum Verhältnis von (Straf-)Recht und Moral, NJW 2005, 389–392.

Merkt, Hanno, Der Syndikusanwalt und Corporate Governance, NJW 2014, 2310–2315.

Michalke, Regina, Untreue – neue Vermögensbetreuungspflicht durch Compliance-Regeln, StV 2011, 245–251.

Münchener AnwaltsHandbuch, Verteidigung in Wirtschafts- und Steuerstrafsachen, 2. Auflage, München 2014, Hrsg.: Volk, Klaus (zit.: Handbuch Volk-Bearbeiter).

Münchener AnwaltsHandbuch, Strafverteidigung, 2. Auflage, München 2014, Hrsg.: Widmaier, Gunter / Müller, Eckhart / Schlothauer, Reinhold (zit.: Handbuch Widmaier-Bearbeiter).

Münchener Kommentar zum Aktiengesetz, Band 2, §§ 76–117, MitbestG, DrittelbG, 4. Auflage, München 2014, Hrsg.: Goette, Wulf / Habersack, Mathias / Kalss, Susanne (zit.: Mü-Ko AktG-Bearbeiter).

Münchener Kommentar zum Aktiengesetz, Band 3, §§ 118–178, 3. Auflage, München 2013, Hrsg.: Goette, Wulf / Habersack, Mathias / Kalss, Susanne (zit.: Mü-Ko AktG-Bearbeiter).

Münchener Kommentar zum Strafgesetzbuch, Band 1, §§ 1–37, 3. Auflage, München 2017, Hrsg.: Joecks, Wolfgang / Miebach, Klaus (zit.: Mü-Ko StGB-Bearbeiter).

Münchener Kommentar zum Strafgesetzbuch, Band 4, §§ 185–262, 2. Auflage, München 2012, Hrsg.: Joecks, Wolfgang / Miebach, Klaus (zit.: Mü-Ko StGB-Bearbeiter).

Münchener Kommentar zum Strafgesetzbuch, Band 5, §§ 263–358, 2. Auflage, München 2014, Hrsg.: Joecks, Wolfgang / Miebach, Klaus (zit.: Mü-Ko StGB-Bearbeiter).

Nomos Kommentar Strafgesetzbuch, 4. Auflage, Baden-Baden 2013, Hrsg.: Kindhäuser, Urs / Neumann, Ulfrid / Pfaeffgen, Hans-Ullrich (zit.: NK StGB-Bearbeiter).

Peters, Kai, Angemessene Informationsbasis als Voraussetzung pflichtgemäßen Vorstandshandelns, Die AG 2010, 811–817.

Pfaefgen, Walter, Dogmatische Grundlagen, Anwendungsbereich und Formulierung einer Business Judgement Rule im künftigen UMAG, AG 2004, 245–261.

Priester, Hans-Joachim, Neue Entwicklungen im Recht der Hauptversammlung – UMAG und jüngste Rechtsprechung, DNotZ 2006, 403–418.

Programmheft 70. Deutscher Juristentag Hannover 2014, abrufbar unter: www.djt.de/fileadmin/downloads/70/djt_70_Programmheft_140910.pdf, letzter Abruf: 06.02.2017.

Puppe, Ingeborg, Strafrecht Allgemeiner Teil: im Spiegel der Rechtsprechung, 3. Auflage, Baden-Baden 2016.

Radtke, Henning, Bestandskraft staatsanwaltlicher Einstellungsverfügungen und die Identität des wiederaufgenommenen Verfahrens, NStZ 1999, 481–485.

Renzikowski, Joachim, Strafrechtliche Haftung bei Arbeitsteilung am Bau. StV 2009, 443–446.

Rotsch, Thomas (Hrsg.), Criminal Compliance Handbuch, 1. Auflage, Baden-Baden 2015.

Roxin, Claus, Strafrecht Allgemeiner Teil Band I: Grundlagen. Der Aufbau der Verbrechenslehre, 4. Auflage, München 2006.

Roxin, Claus, Strafrecht Allgemeiner Teil Band II: Besondere Erscheinungsformen der Straftat, 1. Auflage, München 2003.

Saliger, Frank, Das Untreuestrafrecht auf dem Prüfstand der Verfassung, NJW 2010, 3195–3198.

Satzger, Helmut / Schluckebier, Wilhelm / Widmaier, Gunter (Hrsg.), StGB Kommentar, 3. Auflage, Köln 2016 (zit.: SSW StGB-Bearbeiter).

Satzung der Siemens Aktiengesellschaft, Fassung April 2016, abrufbar unter: www.siemens.com/investor/pool/en/investor_relations/downloadcenter/satzung_0102_1039422.pdf, letzter Abruf: 06.02.2017.

Schneider, Uwe, Anwaltlicher Rat zu unternehmerischen Entscheidungen bei Rechtsunsicherheit. Ein Beitrag zum Management der Organhaftung, DB 2011, 99–103.

Schönke/Schröder, Strafgesetzbuch, 29. Auflage, München 2014, Gesamtredaktion: Eser, Albin (zit.: Schönke/Schröder-Bearbeiter).

Schröder, Christian, Untreue durch Investitionen in ABS-Anleihen, NJW 2010, 1169–1174.

Schünemann, Bernd, Der Bundesgerichtshof im Gestrüpp des Untreuetatbestandes, NStZ 2006, 196–203.

Schünemann, Bernd, Die „gravierende Pflichtverletzung" bei der Untreue: dogmatischer Zauberhut oder taube Nuss?, NStZ 2005, 473–476.

Schünemann, Bernd, Wider verbreitete Irrlehren zum Untreuetatbestand, ZiS 2012, 183–194.

Seibert, Ulrich, Berufsopponenten – Anfechtungsklage – Freigabeverfahren – Haftungsklage: Das UMAG, eine Rechtsfolgenanalyse, NZG 2007, 841–846.

Smith, Adam, Der Wohlstand der Nationen, Eine Untersuchung seiner Natur und seiner Ursachen, Aus dem Englischen übertragen und mit einer Würdigung von Horst Claus Recktenwald, München 1974.

Spickhoff, Andreas, Die Entwicklung des Arztrechts 2014/2015, NJW 2015, 1728–1734.

Spindler, Gerald / Stilz, Eberhard (Hrsg.), Kommentar zum Aktiengesetz Band 1: §§ 1–149, 3. Auflage, München 2015 (zit.: Spindler/Stilz-Bearbeiter).

Spindler, Gerald, Die Haftung von Vorstand und Aufsichtsrat für fehlerhafte Auslegung von Rechtsbegriffen, in: Festschrift für Claus Wilhelm Canaris zum 70. Geburtstag, Band II, München 2007, 403–428.

Spindler, Gerald, Die Reform der Hauptversammlung und der Anfechtungsklage durch das UMAG, NZG 2005, 825–831.

SK-StGB: Systematischer Kommentar zum Strafgesetzbuch, Band IV, §§ 212–266b StGB, 8. Auflage, Köln 2013 (zit.: SK StGB-Bearbeiter).

Theile, Hans, Strafbarkeitsrisiken der Unternehmensführung aufgrund rechtswidriger Mitarbeiterpraktiken – Kann die Nichteinrichtung einer Compliance-Organisation eine strafbare Untreue nach § 266 StGB begründen? –, Wistra 2010, 457–462.

Thema Compliance sachgerecht kooperieren, Deutscher AnwaltSpiegel, Ausgabe 24, 03. Dezember 2014, 6–8.

Thommen, Jean-Paul / Achleitner, Ann-Kristin, Allgemeine Betriebswirtschaftslehre – Umfassende Einführung aus managementorientierter Sicht, 7. Auflage, Wiesbaden 2012.

Timpe, Gerhard, Der Vertrauensgrundsatz, StraFo 2016, 11–22.

Turiaux, André, Vorstandshaftung ohne Grenzen? – Rechtssichere Vorstands- und Unternehmensorganisation als Instrument der Risikominimierung, DB 2004, 2199–2207.

Ulmer, Peter, Die Aktionärsklage als Instrument zur Kontrolle des Vorstands- und Aufsichtsratshandelns – Vor dem Hintergrund der US-Erfahrungen mit der shareholders' derivative action, ZHR 163 (1999), 290–342.

Ulsenheimer, Klaus, Arztstrafrecht in der Praxis, 5. Auflage, Heidelberg 2015 (zit.: Ulsenheimer-Bearbeiter).

Urban, Nele, Organhaftung begrenzen? Möglichkeiten der Pflichtendelegation, GWR 2013, 106–109.

Vahs, Dietmar / Schäfer-Kunz, Jan, Einführung in die Betriebswirtschaftslehre, 7. Auflage, Stuttgart 2015.

Wagner, Jens, Die Rolle der Rechtsabteilung bei fehlenden Rechtskenntnissen der Mitglieder von Vorstand und Geschäftsführung, BB 2012, 651–658.

Waßmer, Martin Paul, Untreue bei Risikogeschäften, 1. Auflage, Heidelberg 1997.

Wessing, Jürgen / Krawczyk, Lucian, Grenzen des tatbestandsauschließenden Einverständnisses bei der Untreue, NZG 2011, 1297–1299.

Wicke, Hartmut, Der CEO im Spannungsverhältnis zum Kollegialprinzip Gestaltungsüberlegungen zur Leitungsstruktur der AG, NJW 2007, 3755–3758.

Wöhe, Günter / Döring, Ulrich / Brösel, Gerrit, Einführung in die allgemeine Betriebswirtschaftslehre, 26. Auflage, München 2016.

Wolf, Martin, Wider eine Misstrauenspflicht im Kollegialorgan „Vorstand", VersR 2005, 1042–1047.

Zeitler, Maria, Unternehmensberatungen – Supermann für vier Jahre, Karriere Spiegel am 19.03.2012, abrufbar unter: www.spiegel.de/karriere/berufsleben/ueberblick-ueber-den-job-des-unternehmensberaters-a-821628.html, letzter Abruf: 06.02.2017.

Criminalia

Abhandlungen aus den gesamten Strafrechtswissenschaften

Der Herausgeber der Reihe war bis zu seiner Emeritierung Vorstand des "Instituts für die gesamten Strafrechtswissenschaften" der Universität München. Das Programm der Reihe ist im Untertitel genannt. In ihr werden veröffentlicht Schriften zum Strafrecht und Strafverfahrensrecht, zu Kriminologie und Kriminalpolitik, zu den rechtstheoretischen und rechtssoziologischen Grundlagen des Strafrechts und zu seiner Geschichte. Die Reihe läßt deutsche und ausländische Wissenschaftler zu Wort kommen und will dazu einladen, an der Fortentwicklung aller Bereiche des Strafrechts über die Grenzen hinaus mitzuwirken.

Criminalia

Herausgegeben von Klaus Volk

Band 1 Ulrich Schroth: Vorsatz als Aneignung der unrechtskonstituierenden Merkmale. 1994.

Band 2 Torsten Poeck: Wartepflicht und Wartedauer des § 142 Abs. 1 Nr. 2 StGB. Ein Vorschlag zur Bestimmung der Wartelänge anhand rechtsprechungsanalytischer und empirischer Überlegungen. 1994.

Band 3 Tobias Schmid: Die Vergabe von Wirtschaftssubventionen und strafrechtliche Verantwortlichkeit gem. § 264 StGB (Subventionsbetrug). 1994.

Band 4 Erwin Lohner: Der Tatverdacht im Ermittlungsverfahren. Begriff, rechtliche Ausgestaltung, praktische Handhabung und Kontrolle am Beispiel der polizeilichen Verdachtsfeststellung. 1994.

Band 5 Gunther Lehleiter: Der rechtswidrige verbindliche Befehl. Strafrechtsdogmatische Untersuchung, demonstriert am Beispiel des militärischen Befehls. 1995.

Band 6 Dirk Steiner: Das Fairneßprinzip im Strafprozeß. 1995.

Band 7 Isabell Schwegler: Der Subsumtionsirrtum. 1995.

Band 8 Klaus Andreas Fischer: Die strafrechtliche Beurteilung von Werken der Kunst. 1995.

Band 9 Johannes Fredrikus Nijboer: Beweisprobleme und Strafrechtssysteme / Proof and Criminal Justice Systems. Rechtsvergleichende Aufsätze / Comparative Essays. 1995. 2. Auflage 1997.

Band 10 Winfried Hassemer / Karin Matussek: Das Opfer als Verfolger. Ermittlungen des Verletzten im Strafverfahren. 1996.

Band 11 Bettina Grunst: Steuerhinterziehung durch Unterlassen. 1996.

Band 12 Hans-Jörg Schwab: Täterschaft und Teilnahme bei Unterlassungen. 1996.

Band 13 Christos Mylonopoulos: Komparative und Dispositionsbegriffe im Strafrecht. 1998.

Band 14 Christina Erfurth: Verdeckte Ermittlungen. Problemlösung durch das OrgKG? 1997.

Band 15 Stephan Weber: Überstellung in den Heimatstaat. Ein internationales Konzept wider den Strafvollzug in der Fremde. Zugleich ein Beitrag zum Recht der internationalen Vollstreckungshilfe in Strafsachen. 1997.

Band 16 Bert Götting: Gesetzliche Strafrahmen und Strafzumessungspraxis. Eine empirische Untersuchung anhand der Strafverfolgungsstatistik für die Jahre 1987 bis 1991. 1997.

Band 17 Lars Otte: Der durch Menschen ausgelöste Defensivnotstand. 1998.

Band 18 Gregor Rieger: Die mutmaßliche Einwilligung in den Behandlungsabbruch. 1998.

Band 19 Yu-hsiung Lin: Richtervorbehalt und Rechtsschutz gegen strafprozessuale Grundrechtseingriffe. 1998.

Band 20 Sandra Pellkofer: Sockelverteidigung und Strafvereitelung. 1999.

Band 21 Christine Ferschl: Das Problem des unmittelbaren Zusammenhangs beim erfolgsqualifizierten Delikt. 1999.

Band 22 Peter König: Strafbarer Organhandel. 1999.

Band 23 Stefan Stauder: Die allgemeinen defenses des New York Penal Law. Eine rechtsvergleichende Untersuchung. 1999.

Band 24 Malte Merz: "Bewußte Selbstschädigung" und die Betrugsstrafbarkeit nach § 263 StGB. Zugleich ein Beitrag zur Zweckverfehlungslehre. 1999.

Band 25 Marc Tully: Poena sine Culpa? *Strict-Liability*-Sanktionen und Europäisches Gemeinschaftsrecht. 2000.

Band 26 Susanne Götting: Beweisverwertungsverbote in Fällen gesetzlich nicht geregelter Ermittlungstätigkeit. Durch V-Leute, Scheinaufkäufer und Privatleute. 2001.

Band 27 Christiane Hölscher: Der Rechtsschutz und die Mitteilungspflichten bei heimlichen strafprozessualen Zwangsmaßnahmen. 2001.

Band 28 Tobias Windhorst: Der Rechtsbegriff der "schweren Gesundheitsschädigung". Zugleich ein Beitrag zum 6. StrRG. 2001.

Band 29 Andrea Schmucker: Die "Dogmatik" einer strafrechtlichen Produktverantwortung. Das fahrlässige Unterlassen als Institut der Produktkriminalität. 2001.

Band 30 Stephan Beukelmann: Prävention von Computerkriminalität. Sicherheit in der Informationstechnologie. 2001.

Band 31 Markus B. Alder: Die Strafzumessungsrichtlinie der USA in ihrem Kontext mit Plea Bargaining. 2001.

Band 32 Tobias Brandis: Beweisverbote als Belastungsverbote aus Sicht des Beschuldigten? 2001.

Band 33 Britta Wolff: Begünstigung, Strafvereitelung und Hehlerei. Geschichtliche Entwicklung und Abgrenzung zur Beihilfe. 2002.

Band 34 Angelika Laitenberger: Die Strafbarkeit der Verbreitung rassistischer, rechtsextremistischer und neonazistischer Inhalte. Unter besonderer Berücksichtigung der Verbreitung über Netzwerke. Ein Rechtsvergleich. 2003.

Band 35 Antonia Seitz: *Die Todesstrafe ist keine Strafe*. Von der Beteiligung bedeutender Mediziner an Fragestellungen um Verbrechen und Strafe, unter besonderer Berücksichtigung der Todesstrafe 1865 bis 1933 im deutsch-italienischen Vergleich. 2003.

Band 36 Ro-Seop Park: Die Wahrheitsfindung im Ermittlungsverfahren. 2003.

Band 37 Ingo Jeckel: Schadenswiedergutmachung gem. § 46a Nr. 2 StGB über anwaltliche Schlichtungsstellen. Schlichtungsablauf und Auswirkungen auf das Strafverfahren. 2003.

Band 38 Katja Kassing: Ehrverletzende Personalsatire in Deutschland, Österreich, der Schweiz und England. 2004.

Band 39 Stefan Poller: Verbandsgeldbuße und Steueranspruch. 2004.

Band 40 Anna Trüstedt: Das Verbot von Börsenkursmanipulationen. 2004.

Band 41 Marialena Papachristou: Die strafrechtliche Behandlung von Börsen- und Marktpreismanipulationen. 2006.

Band 42 Verena Käbisch: Markenschutz im Strafrecht. Die Rechtslage in Deutschland und den USA. 2006.

Band 43 Dominik Härtl: Wahlstraftaten. Die §§ 107 ff. StGB im System des Rechts. 2006.

Band 44 Erick Gatgens: Ermessen und Willkür im Straf- und Strafverfahrensrecht. Eine dogmatische und rechtstheoretische Untersuchung zu den Grundlagen strafjuristischer Entscheidungsfindung. 2007.

Band 45 Christian A. Sirch: Die Strafbarkeit der Parteispendenakquisition. Ein Beitrag zum Tatbestand der Vorteilsannahme. 2008.

Band 46 Brigitte Bauer: Untreue durch Cash-Pooling im Konzern. 2008.

Band 47 Meng Yang: Die Strafbarkeit der Vorbereitungshandlung des Delikts nach dem deutschen und chinesischen StGB. 2009.

Band 48 Martin Patz: Die Effektivität der Strafrechtspflege. 2009.

Band 49 Maren Stölting: Das Tatbestandsmerkmal des fremden Vermögens bei der Untreue zum Nachteil von Personengesellschaften am Beispiel der GmbH & Co. KG. 2010.

Band 50 Seong Jin Choi: Patientenverfügung und Patientenautonomie zwischen Rechtsdogmatik und Rechtswirklichkeit. 2010.

Band 51 Nikolaus Föbus: Die Insuffizienz des strafrechtlichen Schutzes von Geschäfts- und Betriebsgeheimnissen nach § 17 UWG. 2011.

Band 52 Maximilian Heiß: Bestechung und Bestechlichkeit im geschäftlichen Verkehr. Die strafrechtliche Erfassung in Deutschland und England. Ein Vergleich. 2011.

Band 53 Lea Staudt: Medizinische Richt- und Leitlinien im Strafrecht. Eine Untersuchung zur Möglichkeit der Bestimmung der unerlaubten Handlung beim Fahrlässigkeitsdelikt mit Hilfe medizinischer Richt- und Leitlinien. 2012.

Band 54 Petr Kottek: Die Kooperation von deutschen Unternehmen mit der US-amerikanischen Börsenaufsicht SEC. Grenzen der strafprozessualen Verwertbarkeit unternehmensinterner Ermittlungen. 2012.

Band 55 Dong Lyoul Kim: Grundlagen der strafrechtlichen Aufarbeitung von DDR-Unrecht und Möglichkeiten ihrer Übertragung auf die Bewältigung nordkoreanischen Systemunrechts. 2012.

Band 56 Katharina Hermannstaller: Die Mehrlingsreduktion aus strafrechtlicher Sicht. 2014.

Band 57 Benjamin Kertai: Sicherheit, Risiko und Opferschutz. Anlässe der Strafgesetzgebung und Möglichkeiten wissenschaftlicher Einflussnahme. 2014.

Band 58 Claudia Karl: Die Bedeutung der Abgrenzung von Tat- und Rechtsfrage in der strafprozessualen Revision. Vor dem Hintergrund der neueren obergerichtlichen Rechtsprechung. 2016.

Band 59 Martina Oberhofer: Aberglaube und Unverstand in der Lehre von Versuch und Rücktritt. 2016.

Band 60 Maximilian Heim: Strafrechtlicher Vertrauensschutz durch Absicherung unternehmerischer Entscheidungen. Zugleich ein Vorschlag zur Bestimmung der untreuerelevanten Pflichtwidrigkeit bei Vorstandsentscheidungen einer Aktiengesellschaft. 2017.

www.peterlang.com

www.ingramcontent.com/pod-product-compliance
Ingram Content Group UK Ltd.
Pitfield, Milton Keynes, MK11 3LW, UK
UKHW021848290926
8980IPUK00005B/708

9 783631 722183